Défense et illustration de l'action internationale

L'exemple de l'OIT

Logiques politiques

Créée en 1991 par Pierre Muller, puis dirigée par Yves Surel, la collection « Logiques politiques » a pour vocation principale de publier des ouvrages de science politique, ainsi que des livres traitant de thématiques politiques avec un autre angle disciplinaire (anthropologie, économie, philosophie, sociologie). Elle rassemble des recherches originales, tirées notamment de travaux de doctorat, ainsi que des ouvrages collectifs sur des problématiques contemporaines. Des séries thématiques sont également en cours de développement, l'une d'entre elles visant à publier des ouvrages de synthèse sur les systèmes politiques des États-membres de l'Union européenne.

Dernières parutions

Éric LAFOND, *Nous n'avons pas les élus que nous méritons. Fabriquer la démocratie dont nous avons besoin,* 2025.

Diana DĂNIȘOR, *L'extrémisme politique. Miroir troublant de notre époque*, 2025.

Jérôme DEVILLARD, *Repenser la démocratie ensemble. Une réflexion commune pour un modèle commun*, 2025.

Wassim TAYSSIR, *La politique étrangère d'Emmanuel Macron. Une grandeur revisitée*, 2024.

Jérémy MOREL, *2022 : Prérogative présidentielle, Scrutin insincère ?, Analyse des données de base de l'élection : inscrits, blancs et nuls, abstentions, reports et exprimés en faveur des principaux candidats*, 2024.

Denis BOURG, *Coexistence des blocs de l'Est et de l'Ouest (1953-1994). Les clés de la guerre froide*, 2024.

Denis BOURG, *Naissance et consolidation d'un monde bipolaire (1917-1954). Pour comprendre la guerre froide*, 2024.

Abel DEMBELE, *La politique africaine des États-Unis de Clinton à Obama. Ruptures et continuités*, 2024.

Henri BOYER, *Quarante ans de politique linguistique en Catalogne (1978-2017),* 2024.

Alain Serge MESCHERIAKOFF, *La Ve République en question*, 2024.

Jean-Michel Servais

Défense et illustration de l'action internationale

L'exemple de l'OIT

L'Harmattan

Du même auteur :

Nombreux livres et articles en matière de droits international, européen et comparé du travail. Ils ont été publiés en anglais, espagnol, français, allemand, bulgare, portugais, japonais, russe et grec. On peut citer:

- *Droit international du travail,* Bruxelles, Larcier, 2015; édition anglaise: *International Labour Law* 7ème éd., La Haye, Kluwer, 2022; édition espagnole Buenos Aires, Heliasta, 2011.

- *Droit social de l'Union européenne*, 4ème éd., Bruxelles, Bruylant, 2021.

- *International Social Security Law*, 4ème éd., La Haye, Kluwer, 2022.

- "Organisation internationale du travail", *Répertoire de Droit international Dalloz*, Paris, Dalloz, 2020.

- *Droits en synergie sur le travail. Eléments de droits international et comparé du travail* Bruxelles, Bruylant, 1997. Traduction portugaise: *Elementos de Direito Internacional e Comparado do Trabalho* São Paulo, LTr, 2001.

5-7, rue de l'École-Polytechnique – 75005 Paris
www.editions-harmattan.fr
ISBN : 978-2-336-52063-6
EAN : 9782336520636

INTRODUCTION

Ce livre pourrait dérouter. Il ne s'intègre à aucun genre d'ouvrage traditionnel. Il ne cherche pas à tout dire sur le droit de l'Organisation internationale du travail (OIT). D'autres y sont consacrés. Il ne consiste pas à décrire, d'une manière plus ou moins autobiographique, mes expériences dans une institution supranationale. Grand serait alors le risque d'ennuyer le lecteur.

Son objet est à la fois plus modeste et plus ambitieux: tirer de la pratique du droit comparé acquise par mes activités et de ma connaissance des problèmes sociaux, vécus personnellement ou à travers des collègues proches, une réflexion sur la capacité d'une organisation internationale à étudier, analyser et résoudre par le droit des questions qui dépassent les limites d'un État, par leur ampleur ou par leurs effets. Je ne traiterai pas, sinon incidemment, de la collecte et de l'analyse des données sur le travail ainsi que de l'assistance technique au développement social, autres volets essentiels des activités de l'Organisation.

Ma vie professionnelle s'est déroulée pour l'essentiel dans cet environnement, singulièrement à l'OIT où j'ai servi plus de 33 ans à Genève, mais aussi à Bangkok et à Beyrouth. Mon travail m'a conduit à rencontrer d'innombrables problèmes sociaux, à contribuer à les résoudre avec des succès divers certes, mais plus nombreux que je ne pouvais l'espérer au départ. Mon métier m'a permis de collaborer avec des femmes et des hommes de hautes qualités intellectuelles et morales au dévouement quelquefois admirable, de visiter une grande majorité des pays de la planète, de croiser des personnalités qui ont marqué l'histoire contemporaine, Nelson Mandela, Vaclav Havel, Bill Clinton, Luiz Inácio Lula da Silva, Mikhaïl Gorbatchev, Souha Arafat et tant d'autres au contact desquels je me suis beaucoup enrichi.

J'avais déjà observé, que toute personne qui a du pouvoir est portée à en abuser. J'ai découvert les dangers d'une vision utopique entretenue par l'aveuglement de militants et la démagogie de gouvernants. J'ai appris, ainsi que l'écrivait Robert Musil[1], qu'il n'est pas possible de produire synthétiquement une vie juste, comme on fabrique du caoutchouc ou de l'azote. Il n'y a pas de Prométhée heureux. Les manifestations vivantes de l'esprit humain ne se laissent pas dresser contrairement à celles des souris

[1] *L'homme sans qualités*, Paris, Le Seuil (Points), 1982, 116, p.714.

dans un laboratoire! Toujours subsistera une tension entre morale et politique, toujours luttera la première contre des intérêts égoïstes et le désir de dominer. Il faut se résoudre au pragmatisme.

Cela posé, bien des idées ne sont pas mises en œuvre parce qu'elles semblent impossibles alors qu'elles sont jugées telles parce qu'elles ne sont pas tentées. Pour le dire avec les mots d'une vieille chanson brésilienne: lorsqu'on rêve seul, ce n'est qu'un rêve, lorsque nous rêvons ensemble c'est le début de la réalité.

Incertain est ainsi le chemin d'un fonctionnaire des Nations-Unies, porté par un idéal, mais confronté aux "faits inconfortables" de Max Weber[2], et à une actualité sans cesse en mouvement. Le but de cet ouvrage n'est pas, par conséquent, de traiter sous une forme exhaustive et purement abstraite de l'intervention internationale, des concepts, des catégories, des institutions que l'on rencontre sur ce thème. Il est moins encore de présenter d'une manière complète les grandes catégories d'initiatives socio-politiques qui dépassent le cadre national. Fréquemment d'ailleurs les résultats de ces investigations restent incertains sinon hasardeux, oubliant que le but réside à accroître la part du bonheur dans la vie des êtres humains. Mon approche se veut impressionniste à partir de connaissances mûries dans l'action.

L'ambition est d'accompagner le chercheur, le praticien, l'étudiant qui s'aventure sur ces voies, de lui suggérer le type de résultats qu'il peut raisonnablement espérer de son périple — ils sont plus tangibles que, pessimiste il pouvait le penser, moins spectaculaires qu'idéaliste il pouvait le rêver — et les certitudes qu'il doit abandonner au plus vite s'il veut faire œuvre de science. Les fausses routes abondent en effet, comme les notions rien qu'à moitié comprises et les résultats mal interprétés.

Une première partie, forcément théorique, reprend l'examen du système normatif de l'OIT soulignant l'esprit dans lequel il fut conçu. L´Organisation encourage les États par divers moyens à se convaincre de l'utilité des conventions récemment votées, à s'en inspirer même sans ratification, puis à s'engager juridiquement à les respecter s'ils se sentent en mesure de le faire. D'autres types d'instruments sont également utilisés. Pour surmonter les difficultés rencontrées, priorité est donnée au dialogue et, le cas échéant, à une médiation encadrée par les normes internationales du travail.

---

[2] *Le Savant et le politique*, Paris, La Découverte, 2003.

L'utilisation du droit comparé pour modifier sur des points précis le droit en vigueur constitue évidemment une technique largement utilisée. Que l'on ne se méprenne pas: il ne s'agit nullement de remplacer un système par un autre, mais de voir comment une disposition d'un droit étranger peut, telle quelle ou en l'aménageant, aider à la solution du problème rencontré.

Même si ses limites sautent aux yeux, la pratique a montré l'efficacité de cette méthode dans l'état actuel de la société internationale. Vaines sont en revanche les condamnations vides d'effets par des instances qui ne sont pas des tribunaux, qui n'en ont pas le pouvoir coercitif.

Suivant une distinction habituelle, l'ouvrage sépare rapports collectifs et individuels de travail. Les relations professionnelles occupent une place fondamentale à l'OIT, institution tripartite. Je débuterai dès lors une seconde partie avec l'examen de la liberté d'association syndicale et patronale et de ses manifestations, domaine où l'action de l'Organisation a été spectaculaire. Ces résultats demeurent peu connus en dehors d'un cercle d'initiés vu la volonté assumée de ne pas donner une large publicité aux succès obtenus et d'éviter ainsi que le gouvernement critiqué perde la face. Ceux qui peuvent s'attribuer de telles réussites en témoigneront tous: les médiations à venir se verraient compromises, avec le gouvernement concerné ou avec d'autres.

Une troisième partie traite des conditions de travail et de la sécurité sociale. Elle aborde les questions de discriminations fondées sur le genre et la situation des travailleurs migrants, thèmes qui ont pris, au fil des ans, beaucoup de mon temps. Ce sera l'occasion de tirer des exemples vécus une leçon sur les obstacles non seulement juridiques, mais institutionnels et socio-économiques à la mise en œuvre des dispositions protectrices.

L'époque est compliquée, difficile à vivre pour bien des travailleurs entre inflation, éco-anxiété, perte d'horizons, violences fortement médiatisées. Elle est plus malaisée encore à comprendre, dans la mesure où tous les repères et les institutions du monde ancien sont remis en question. Les distinctions entre féminin et masculin, travail et loisir, humains et machines se brouillent ou s'estompent. Il faut ajouter à ces délimitations en voie de remaniement, celles entre le local et le global, le réel et le virtuel, le vrai et le faux. De quoi déconcerter le droit du travail dont les piliers les plus solides semblent vaciller, voire s'effondrer[3]. Une dernière partie réfléchit par conséquent à l'avenir de l'activité internationale en matière de

[3] Voir plus généralement R.-P. Droit, "Penser une époque de mutations", *Le Monde des livres*, 28 avril 2023, p.8.

travail et aux mesures susceptibles d'améliorer l'efficience des normes dans ce domaine.

Une problématique traverse l'ensemble des sujets abordés, celle fondamentale et lancinante, de la précarité. Elle a un effet délétère sur les garanties sociales dans les régions les moins riches, y compris sur la législation théoriquement en vigueur. Les objectifs proclamés de lutte contre la pauvreté, la fin annoncée de l'économie informelle, ou du moins sa réduction drastique, résonnent comme des formules incantatoires souhaitées plus que réalisées. Il faut chercher ailleurs une issue décente.

L'examen est mené d'un point de vue comparatif, utilisant les normes internationales du travail comme cadre de référence et objectif à atteindre. Je me focaliserai sur les thèmes évoqués plus haut et laisserai délibérément d'autres de côté parce qu'ils correspondent moins à mon parcours. Il en va ainsi des activités sectorielles. Certains passages, plusieurs sections viennent de textes que j'ai publiés de divers côtés. Compris ici dans un sujet plus vaste, ils ont été en bonne partie réécrits.

Je souhaite que les développements consacrés à chacun des sujets traités contribuent à mieux appréhender le rôle du droit — et du juriste — face aux développements sociaux contemporains. Ils devraient en tout cas rendre plus évidente encore la nécessité, souvent évoquée, rarement respectée, d'étudier ces questions d'un œil serein, à l'abri du dogmatisme et des idéologies.

Une introduction à un livre doit être brève. Je voudrais cependant, lecteur, avant que vous ne poursuiviez, formuler un avertissement. Il y a peu de chance de comprendre quoi que ce soit à l'œuvre de cette vénérable Institution qu'est l'OIT, si l'on ressent seulement de la nostalgie, alors qu'un fort espoir affleure et que beaucoup attendent quelque chose de l'élan qui la porta, jeune, à rompre les liens où certains voulaient la tenir, et partir, amarres larguées, à la recherche de sauvegardes sociales nouvelles. Les mondes disparus sont faits pour être refondés. Ce livre n'aborde certes pas tous les aspects de cette dynamique. Mais Montesquieu n'écrivait-il pas dans *L'Esprit des lois*[4] qu'il ne faut pas toujours tellement épuiser un sujet qu'on ne laisse rien au lecteur? "Il ne s'agit pas de faire lire, mais de faire penser".

---

[4] L XI, 20.

Partie I. Les paramètres du droit de l'OIT

L'OIT naquit de la question sociale, c'est-à-dire de la condition quelquefois désastreuse des ouvriers pendant l'ère industrielle triomphante. Elle est fille des pays industrialisés de l'époque, dont beaucoup situés en Europe. Elle s'opposa dès sa création à une vision exclusivement économique du progrès, rappelant que c'étaient d'enfants, de femmes et d'hommes qu'il s'agissait, que ceux-ci méritaient respect et protection. La date – on sortait en 1919 d'une guerre où périrent tant d'ouvriers devenus soldats – n'était pas due au hasard, et bien connue sa filiation avec les mouvements pour la défense juridique des travailleurs[5]. Tournée vers l'action concrète, elle intégra les confédérations patronales et syndicales à ses structures et à ses activités. Privilégiant à l'origine l'élaboration de normes juridiques, elle prit immédiatement en compte l'argument de concurrence commerciale interétatique.

La décision, pour cette raison en particulier, de traiter les problèmes sociaux dans une perspective internationale l´a amenée à se charger de trois tâches que précise sa Constitution : la recherche ainsi que la collecte et la diffusion d'informations sur des problèmes de travail ; l'examen de ces questions, ou de certaines d'entre elles, par les délégués à la Conférence annuelle et au Conseil d'administration (CA) dans le but d'élaborer des normes internationales ou de formuler d'autres politiques communes ; le contrôle des normes ainsi adoptées par des procédures de rapports réguliers et de plaintes.

Un premier chapitre souligne combien la procédure d'adoption des conventions et recommandations vise à créer une dynamique positive, à inciter les États à les mettre en œuvre, singulièrement à ratifier les conventions.

Le second porte sur les autres normes utilisées pour atteindre les objectifs fixés à l'Institution et sur la problématique de la "soft law" par rapport à la "hard law".

Un troisième chapitre place le système de contrôle de tous ces instruments dans le contexte politique mouvant dans lequel il fonctionne et examine comment ce dernier l´a façonné.

---

[5] Voir mon livre International Labour Law, Alphen aan den Rijn, Kluwer, 7ème ed. 2022, §§ 1-8.

Chapitre 1. L'adoption des normes. La technique au service de la promotion

Section I – L'élaboration, premier exercice de droit comparé

Les normes adoptées au fil des ans couvrent aujourd'hui la plupart des questions de droit du travail et de sécurité sociale. Les développements récents de l'organisation du travail, comme dans l'économie des plateformes numériques, n'ont pas encore fait l'objet d'un traitement actualisé, mais l´OIT s'y prépare[6]. Les juridictions compétentes en matière sociale restent également en dehors de leur champ d'action.

Paragraphe 1 – Le choix des moyens

Appelé à rédiger de nouvelles règles juridiques, le législateur international se trouve confronté à des objectifs contradictoires, aux traditionnelles tensions entre les préoccupations des chefs d'entreprise et des salariés, voire d'autres groupes, et à la nécessité de les harmoniser avec l'intérêt général. D'évidentes divergences existent également entre gouvernements selon leur système politique et leur développement économique. Des choix doivent s'opérer, fruits de négociations parfois informelles, de concessions réciproques, voire d'arbitrages délicats de manière à trouver ce minimum de consensus qui permettra à la norme d'être adoptée, puis réellement observée.

Ce type d'accord sur les principes de base d'une réglementation fait souvent défaut aujourd'hui ; d'où la remise en cause de pans entiers du droit du travail. Le compromis paraît d'ailleurs d'autant plus problématique que les confédérations syndicales et même patronales éprouvent, elles-mêmes, plus de difficultés que par le passé à tenir un discours unitaire au nom de l'ensemble de ceux qu'elles représentent.

Les normes, au contenu technique précis sur les conditions d'emploi, l'administration du travail et la sécurité sociale focalisent le plus clair des débats sur la meilleure synthèse possible entre objectifs économiques et protection du travail polémiques. L'accord se réalise plus facilement sur un thème comme la sécurité et la santé au travail que sur d'autres (le temps de travail en particulier).

---

[6] Document *GB.347/POL/PV*, paragraphe 69.

Ces difficultés ont poussé à rechercher une solution dans une catégorie de normes au caractère obligatoire moins immédiat. Ces dernières couvrent des dispositions de caractère programmatique et essentiellement incitatif : elles fixent des buts à atteindre à travers des actions de promotion et leur mise en pratique fait appel à des modes non juridiques de régulation: définition de projets politiques ; mesures économiques ; campagnes d'information, de formation ; recours à une régulation de *soft law*, etc. En bref, elles traduisent la volonté de réglementer par la fixation d'objectifs, en s'inspirant des méthodes modernes de gestion des ressources humaines. Générales et souples dans leur formulation, elles ne contiennent pas d'obligation de résultat pour un employeur ou une autre personne, mais une obligation de moyen à charge le cas échéant des États eux-mêmes : mener certaines activités, élaborer ou mettre en œuvre certains projets, encourager certaines manières de procéder, etc.

Ces normes se rencontrent en premier lieu dans les domaines de l'emploi, de la formation professionnelle ou de la lutte contre la discrimination. La convention (n° 187) sur le cadre promotionnel pour la sécurité et la santé au travail, 2006, constitue un autre exemple. Elles cherchent à rendre l'action des pouvoirs publics dans ces matières plus cohérente et plus systématique ; elles créent des mécanismes et des structures appropriés aux programmes choisis ; elles prévoient, quelquefois, des mesures concrètes sur le marché du travail et les moyens d'en évaluer l'efficacité. En matière d'emploi, certaines de ces mesures apparaissent orientées davantage vers l'immédiat (ainsi le lancement d'un projet de services d'urgence), alors que d'autres tendent à jeter les bases d'une stratégie de lutte contre le chômage (comme la refonte du système de formation professionnelle ou, plus simplement, des incitations à la mobilité géographique ou professionnelle). Chaque fois, l'instrument insiste sur la collaboration des associations d'employeurs et de travailleurs.

Des dispositions directement contraignantes peuvent cohabiter dans une même loi avec ces normes programmatiques. Les législations sur l'égalité de chances et de traitement en fournissent de nombreuses illustrations : à côté des mesures de promotion, d'autres règles frappent de nullité les actes discriminatoires commis dans le domaine considéré. Bien plus, ces normes d'un autre type et les dispositions techniques peuvent s'articuler sur un même sujet (par exemple la santé au travail), comme le font les lois dites cadres et leurs règlements d'application. Les premières fixent alors des principes de base, que les secondes complètent par des dispositions spécifiques.

Le concept de normes programmatiques couvre aussi les règles qui facilitent directement les communications entre groupes sociaux et autres institutions, afin de leur permettre de trouver entre eux une solution aux problèmes identifiés[7] ; comme on l'a dit, elles " entourent un processus ". Beaucoup de dispositions concernant les rapports collectifs de travail tombent dans cette catégorie.

Paragraphe 2 – L'élaboration et l'adoption: la recherche du consensus

Le processus d'élaboration et d'adoption de ces instruments tend à leur donner une valeur universelle significative pour une majorité de législateurs nationaux. Je le rappelle brièvement. Le premier rapport, rédigé par le Secrétariat, relève du droit comparé. Sa lecture attentive révèle l'influence de certains droits, influence qui varie selon les sujets traités, celle par exemple des droits anglo-américains dans la lutte contre les discriminations ou dans la promotion de la santé au travail. Elle manifeste également un souci d´équilibre entre des visions différentes des rapports collectifs à propos des droits syndicaux ou de la représentation des travailleurs dans l'entreprise. J'y reviendrai. La phase de préparation comprend également l'envoi de questionnaires détaillés à tous les États Membres afin de connaître leurs lois et pratiques.

La procédure suivie au sein de la Conférence internationale du Travail (CIT), assemblée générale de l'Organisation, rappelle à bien des égards les travaux parlementaires, avec un passage en commission. Elle s'en distingue toutefois par un trait important, la composition tripartite de l'organe chargé d'adopter les textes nouveaux. La présence à la Conférence, de délégués employeurs et travailleurs aux côtés des représentants gouvernementaux, transforme les travaux en véritables négociations collectives. Le règlement de la CIT renforce cet élément quand il demande aux gouvernements de consulter les organisations les plus représentatives d'employeurs et de travailleurs avant d'arrêter définitivement leurs

[7] Voir aussi sur ce point B. Hepple (dir. de publ.), *The Making of Labour Law in Europe. A Comparative Study of 9 Countries up to 1945*, London, Mansell, 1986, p. 10; J. Habermas "Law as medium and law as institution", dans G. Treubner (dir. de publ.), *Dilemmas of Law in the Welfare State*, W. de Gruyter, Berlin, 1986; T. Treu "Strikes in essential services in Italy: an extreme case of pluralistic regulation", *Comparative Labor Law Journal*, Vol. 15(4), été 1994, pp. 461 et ss; C. Barnard et S. Deakin, "Corporate governance, European governance and social rights", dans B. Hepple (dir. de publ.), *Social and Labour Rights in a Global Context. International and Comparative Perspectives*, Cambridge University Press, 2002, pp. 122-150.

réponses aux questionnaires préparatoires et leurs observations sur des projets d'instruments[8].

La Conférence procède en principe à une double lecture, avant de voter les conventions et recommandations à la majorité qualifiée des deux tiers des présents. La longueur du mécanisme, sa lenteur par conséquent, est souvent critiquée. Mais comment agir autrement pour trouver un commun dénominateur entre des États au développement économique et au système socio-politique et juridique différents? La pluralité des visions de la justice sociale, et la diversité des niveaux de richesse rendent la tâche peu aisée. Le droit international du travail cherche également à concilier la vision volontariste des droits anglo-américains, et celle plus protectrice des droits écrits d'Europe continentale.

Tout le mécanisme, fait de consultations successives et de négociations en commission, vise à obtenir le plus large soutien possible en vue d´obtenir de nombreuses ratifications et une mise en œuvre sans restrictions. Le caractère négocié du processus d'élaboration implique dans ces conditions une participation active de l'ensemble des délégations, ou du moins d'une large majorité d'entre elles.

Dans bien des pays, employeurs et syndicats ont l'habitude de discuter entre eux. Ils conservent cette manière d'opérer à la Conférence annuelle. Ils peuvent par conséquent arriver à un accord entre eux en commission, sans concertation véritable avec les délégués gouvernementaux. Ensemble, ils forment cinquante pour cent des voix en plénière. Celle d'un nombre limité du troisième groupe suffit par conséquent à l'adoption du texte (la Suède a eu longtemps comme politique de voter avec les partenaires sociaux si ceux-ci se mettaient d'accord). Il reste que les gouvernements, et la majorité qui les appuie aux Parlements nationaux, décident seuls des ratifications. Il est par conséquent primordial que le plus grand nombre possible d'entre eux souscrivent à la norme nouvelle. Voilà bien une tâche importante du secrétariat du BIT chargé de la commission : impliquer les délégués gouvernementaux dans cette négociation.

Comme mes collègues, j'ai souvent entendu les représentants de pays pauvres se plaindre du manque de considération pour leurs difficultés propres dans les instruments adoptés avant leur indépendance, spécialement pour les conditions misérables dans lesquelles vivait une

---

[8] De même, des résumés des réponses et des observations de ces organisations doivent être inclus dans les rapports du BIT sur ces questions, lorsqu'elles ne figurent pas dans les réponses des gouvernements, mais sont présentés séparément. Sur tout ceci, voir les articles 38 et 39 du règlement de la Conférence, tels que modifiés.

partie importante de leur population. L'état de leurs ressources ne leur permettait pas aujourd'hui encore de participer pleinement à la procédure d'élaboration des normes : leurs administrations du travail ne comptaient pas un personnel suffisant pour répondre, de manière substantielle, aux questionnaires préparatoires, et leurs délégations à la Conférence annuelle ne comprenaient pas un nombre assez élevé de personnes pour participer activement à toutes les commissions où s'élaborent les normes.

L'OIT a cherché à s'adapter à ces situations. De très nombreuses conventions ont été révisées. D'autres instruments ont fait l'objet d'un réexamen qui a conduit à un résultat semblable, même s'il n'y a pas eu révision proprement dite des normes anciennes. L'Organisation s'est efforcée de faciliter la participation de tous les États membres à la création des normes et de leur rendre les procédures de contrôle ainsi que le contenu des conventions et recommandations plus familières. En tant que responsable régional à Bangkok ou à Beyrouth, j'ai demandé fréquemment aux experts juristes, membres des équipes affectées au bureau régional ou local d'organiser des réunions d'information et des missions spéciales à cet effet, voire de mener une coopération technique plus ciblée. Le Centre international de formation de l'OIT à Turin a contribué à ces activités d'assistance et de formation. Organiser ces activités à Genève ou en Italie immédiatement avant ou après les réunions officielles de l'Organisation a souvent permis aux délégués concernés d'économiser les billets d'avion au siège.

J'examinerai à la fin de ce livre les obstacles que rencontrent en outre ces États dans l'application des conventions, et par conséquent les défis que posent les normes universelles quand les conditions économiques divergent grandement.

Section II –Techniques utilisées pour l'intégration dans les droits internes

Paragraphe 1 – Deux mots en anglais, un seul en français

Les conventions et les recommandations adoptées contiennent des dispositions que l'on nomme "normes" en français, mais "standards" en anglais. Ce terme se traduirait plus exactement par "modèles" ou "principes directeurs" destinés à influencer les États, non à leur créer l'obligation de les introduire dans leur ordre juridique. Ce n'est que par la ratification d'une convention que les "standards" deviennent "norms". On perd souvent de vue, dans les débats publics, que ces règles constituent d'abord une source d'inspirations. L'expérience montre cependant le caractère essentiel de cette première étape dans l'activité normative de l'Organisation.

Celle-ci encourage les États à réfléchir sérieusement à la mise en œuvre des nouveaux instruments selon des méthodes qui vont bien au-delà du droit international classique.

Dès l'adoption d'une convention ou d'une recommandation, les gouvernements doivent la soumettre à leurs autorités compétentes, "en vue de la transformer en loi ou de prendre des mesures d'un autre ordre"[9]. Cette obligation garantit que les autorités législatives soient informées de l'instrument et décident, le cas échéant, de l'accueillir dans leur ordre juridique ou de prendre d'autres dispositions. Puisque l'objectif est de susciter un débat, les gouvernements doivent accompagner la soumission de propositions explicites, le faire dans tous les cas, et non pas seulement lorsqu'ils estiment la ratification possible. Rien ne les empêche de formuler des recommandations négatives.

Les États doivent faire rapport sur ces démarches et sur leur résultat. L´inaction peut les amener à devoir se justifier à la CIT. Il faut avoir écouté leurs réponses embarrassées pour comprendre la portée de la mesure. Les problèmes se révèlent parfois très réels dans le cas des États fédéraux, même s'ils peuvent également servir d'excuse. Pour les conventions qui ne sont pas de la compétence fédérale exclusive, la Constitution de l'OIT leur demande de conclure avec les États fédérés des arrangements en vue d'une soumission aux autorités législatives soit fédérales soit des États fédérés et de consulter ces derniers sur les suites à donner[10].

La soumission permet également aux milieux intéressés, et à travers eux à l'opinion publique, d'être informés de l'adoption.

Toujours pour favoriser l'application des normes, les États sont encore tenus, à la demande du Conseil d'administration du BIT[11], de fournir des rapports sur les conventions non ratifiées et les recommandations, sur les raisons qui empêchent la ratification, sur les difficultés de leur mise en œuvre et sur les mesures déjà prises afin de se conformer à leurs dispositions. Ces rapports, examinés pareillement par les organes de

---

[9] Art. 19 de la Constitution de l'OIT. Une pratique constante considère que l'autorité dont il s'agit est législative ; cette interprétation résulte clairement du texte constitutionnel. Cette autorité est, du moins dans les Etats démocratiques, le Parlement.

[10] Article 19, paragraphe 7.

[11] On sait que l'on distingue l'Organisation internationale du travail (OIT) qui est l'institution intergouvernementale, du Bureau internationale du travail (BIT) qui constitue son secrétariat.

contrôle de l'OIT, constituent une riche source de droit comparé dont la lecture reste, il est vrai, passablement aride.

Les autorités publiques doivent en outre communiquer ces différents rapports aux organisations professionnelles les plus représentatives qui peuvent les pousser à l'action par des interventions dans le pays ou à l´OIT.

On ne peut pas sous-estimer l'importance de cette approche proactive, relayée par les experts de l'Organisation dans leurs contacts au siège à Genève, dans les bureaux décentralisés et en visite dans les pays concernés. J'ai ainsi pu observer, au début des années 2000, à quel point la réforme du code du travail libanais s'inspirait de ces normes, même non ratifiées,[12] combien celles sur la représentation des travailleurs influençait la législation bahreïni et même celle d'Arabie saoudite puisque des conseils du personnel y ont été créés dans les entreprises de plus de 100 travailleurs, progrès modeste certes, mais bien réel. Dans ce dernier pays et aux Emirats Arabes Unis, s'organisent des courses de chameaux et l'on parie sur le vainqueur. Des enfants d'émigrés servaient de jockeys en raison de la légèreté de leur poids; ils étaient attachés à l'animal pour éviter de tomber. Forme incontestable de travail des enfants, cette pratique fut interdite sur les instances de l'OIT et les conventions pertinentes, ratifiées.[13]

Les nombreuses réformes des législations latino-américaines du travail se sont toutes inspirées du droit de l'OIT, même si elles ne l'ont pas toujours suivi. C'est avec ces normes à l'esprit que, jeune fonctionnaire, j'ai conseillé le gouvernement grec sur la mise à niveau de ses dispositions sociales avant son intégration à l'Union européenne (UE). D'autres ont agi de même quand les pays d'Europe centrale et orientale demandèrent leur adhésion.

Plus récemment, sous la pression médiatique liée à la coupe du monde de football /2022, le Qatar a pris plusieurs mesures pour mettre fin à des abus criants. A la veille de cet événement, mes collègues ont très précisément détaillé les progrès réalisés et ceux qui restaient à faire à l'égard des migrants, pour le recrutement, le libre choix de l'emploi, le paiement des salaires dus, la protection contre les accidents de travail dans la

---

[12] Voir également: K. Son, " L'impact des traités internationaux se limite-t-il aux Etats qui les ont ratifiés? L'influence des conventions de l'OIT relatives à la protection de la maternité dans 160 pays entre 1883 et 2018", RIT, vol. 162, n°2 (2023), pp. 271-299.

[13] Les Emirats arabes Unis avaient déjà ratifiés la convention n°138 sur l'âge minimum, 1973 en 1998.

construction, le travail domestique, l'amélioration de l'accès à la justice et le dialogue social[14]

Autre exemple, les programmes *Better Work* de l'OIT rassemblent gouvernement, entreprises nationales, marques et détaillants, syndicats et travailleurs de l'industrie du vêtement pour améliorer les conditions de travail et le respect des droits des travailleurs. Des évaluations d'entreprise sont réalisées chaque année. Le programme n'évalue pas si la législation nationale respecte les conventions de l'OIT, tâche qui relève de ses organes de contrôle. Si, toutefois, la législation nationale ne suit pas ses normes fondamentales, les entreprises participantes sont évaluées quant à leur conformité à celles-ci. Dans le programme *Better Work* pour le Cambodge, l'OIT est chargée de mettre en place un système de suivi et d'effectuer des visites dans les entreprises concernées. Le projet, initié conjointement par l'OIT et les États-Unis, vise à améliorer la situation des travailleurs dans les entreprises textiles du pays. Elle débouche sur une évaluation détaillée volontaire et consensuelle des cas. L'inscription au programme est une condition pour obtenir une licence d'exportation[15].

Les normes servent en outre de source d'inspiration aux groupements régionaux qui cherchent à harmoniser les législations sociales de leurs membres ou aux entreprises qui élaborent un code de conduite, comme en matière de santé au travail. Les instruments de l'OIT sont également utilisés, j'y reviendrai, par des firmes privées de consultants, des associations d'entrepreneurs, des syndicats et des gouvernements quand ils préparent des documents servant de fondement à des initiatives sociales. Des références aux normes de l'OIT ont été introduites dans des lois ou des accords de commerce qui subordonnent des avantages tarifaires au respect de droits sociaux minimaux. Elles figurent enfin dans des instruments d'institutions internationales, comme le Pacte mondial des Nations Unies ou les Principes directeurs de l'OCDE à l'intention des multinationales.

La Constitution de l'OIT contient enfin certaines normes, certains principes fondamentaux auxquels les États ont adhéré en y entrant et qu'il leur incombe de respecter, même sans avoir ratifié les conventions spécifiques sur la question. Cette approche a singulièrement prévalu dans la procédure de plaintes devant le Comité de la liberté syndicale. Il est vrai

---

[14] https://www.ilo.org/global/lang--fr/index.htm 22 novembre 2022.

[15] https://betterwork.org/where-we-work/Cambodia; R Sok, *Les droits fondamentaux collectifs des travailleurs à l'épreuve des engagements de responsabilité sociale des entreprises multinationales au Cambodge*, Lyon, Université Lumière de Lyon II, thèse, 2022, pp.172-212.

que le droit d'association professionnelle participe des fondements de l'Organisation.

Paragraphe 2 – Les effets particuliers de la ratification

Pour la majorité des instruments, la question de leur intégration revient à se demander si un pays possède, à un moment donné, la capacité de ratifier et d'appliquer les normes qui y sont contenues. Le débat a par conséquent un caractère technique autant qu'économique et porte sur des dispositions spécifiques à introduire dans la loi nationale.

La ratification est l'acte purement volontaire et souverain par lequel un État s'engage à mettre en œuvre les dispositions d'un instrument international, en l'occurrence d'une convention de l'OIT. Les mécanismes nationaux d'incorporation de ces règles varient. Ils sont fonction du système — moniste ou dualiste — adopté dans chaque pays et de la nature des normes internationales —*directement exécutoire* ou non — dont il s'agit. Quel que soit leur système constitutionnel, les États doivent s'assurer que la convention est appliquée, et par conséquent, qu'elle est connue des praticiens. Tous les fonctionnaires internationaux chargés du contrôle diront l'importance de prendre le cas échéant d'autres mesures, même législatives et de donner à l'instrument ratifié la publicité voulue par son insertion au Journal officiel ou par exemple à la fin de l´édition du code du travail. Certaines conventions se réfèrent d'ailleurs expressément aux modalités d'application, y compris à des adjonctions à la législation nationale.

Les mesures nécessaires pour rendre effectives les dispositions d'une convention dépendront du type de normes dont il s'agit. Une majorité d'entre elles possèdent un contenu technique précis et appellent souvent pour leur mise en œuvre un ajustement du droit national et/ou des aménagements d'ordre administratif (en matière d'inspection du travail par exemple). On observera quelquefois l'introduction par l'intermédiaire d'une norme internationale de techniques venant d'un autre droit.

Le paragraphe 4 de la recommandation n°111 de 1958 concernant la discrimination demande par exemple que des organismes soient créés pour faire comprendre et admettre les principes qu'elle prône, pour recevoir et examiner des plaintes et remédier, si besoin est par la conciliation, à toute pratique incompatible et, en cas d'échec, formuler un avis ou statuer sur des mesures correctrices. Le recours à ces autorités administratives autonomes s'inspire du droit américain. On le retrouve dans la directive européenne n° 2000/43 du 29 juin 2000 sur l'égalité entre personnes de race ou d'origine ethnique différente et dans la législation d'États membres de l'UE[16]. La directive n° 2006/54 du 5 juillet 2006 sur l'égalité de chances et de traitement entre hommes et femmes en matière d'emploi contient également une disposition à cet effet.

Les normes fondamentales de l'OIT peuvent exiger de l'État une simple abstention; plus souvent, elles lui imposent une action positive de promotion de la liberté syndicale et de la négociation collective, d'abolition du travail forcé et de celui des enfants, d'égalité de chances et de traitement ; elle sera alors d'ordre juridique ou non selon le cas.

Des accords collectifs de travail peuvent dans certains cas constituer les mesures nécessaires à l'application des conventions de l'OIT. Quelques-unes le prévoient expressément : il en va ainsi, pour des raisons évidentes, de certains instruments programmatiques déjà évoquées (comme la convention n° 100 de 1951 sur l'égalité de rémunération) ou concernant un secteur particulier (comme la convention n° 101 de 1952 sur les congés payés dans l'agriculture ou diverses conventions maritimes)[17]. Autrement, les limites de cette méthode de mise en œuvre des normes de l'OIT sont bien connues. Elles tiennent au champ d'application des accords collectifs (même en cas d'extension), à leur durée de validité, voire en Grande-Bretagne, à la mesure de leur caractère obligatoire. C'est la raison pour laquelle la directive de l'UE n° 2017/159 du 19 décembre 2016 donne des effets *erga omnes* à l'accord relatif à la mise en œuvre de la convention de l'OIT n° 188 sur le travail dans la pêche, 2007, conclu le 21 mai 2012 entre la Confédération générale des coopératives agricoles de l'Union européenne (Cogeca), la Fédération européenne des travailleurs des transports (ETF) et l'Association des organisations nationales d'entreprises de pêche de l'Union européenne (Europêche).

Les normes de l'Organisation font l'objet, de manière récurrente de vives critiques sur leur manque de réalisme et leur absence d'impact concret sur les législations et les pratiques nationales. On a souligné le déclin des ratifications depuis 1989 (non sans quelquefois des arrière-pensées politiques), le ralentissement avéré du rythme d'adoption de

---

[16] COM(2014) 2 final/ SWD(2014) 5 final; Commission européenne, *EaSI. Le nouveau programme de l'UE pour l'emploi et la politique sociale*, Luxembourg, Office des publications de l'UE, 2013, pp.11-12.

[17] L'article 1 de la convention n° 158 de 1982 sur le licenciement les mentionne expressément avec les sentences arbitrales et les décisions judiciaires. Il en va de même de l'article 12 de la convention n° 183 de 2000 sur la protection de la maternité qui ajoute encore « de toute autre manière conforme à la pratique nationale ». Voir C. W. Jenks, « The Application of International Labour Conventions by means of Collective Agreements », *Zeitschrift für Ausländisches Öffentliches Recht und Völkerrecht*, 19, 1958 (Kohlhammer) pp. 197-224.

nouvelles normes et le caractère plus âpre des discussions préparatoires ; en même temps, plusieurs recommandations ont vu le jour, sans constituer le complément d'un instrument contraignant.

Il reste que le nombre total des ratifications reste plus que significatif comme le montre le tableau repris en annexe II. C'est particulièrement vrai des conventions dites fondamentales sur la liberté syndicale (n° 87) et la libre négociation collective (n°98), sur l'abolition du travail forcé (n° 29 et n° 105) et du travail des enfants (n° 138 et n° 182) ainsi que de l'égalité de chances et de traitement (n° 100 et n° 111) qui ont été ratifiées (au 5 septembre 2025) par respectivement 158, 168, 181, 178, 177, 187, 174 et 175 des 187 États Membres de l'Organisation. La référence à ces instruments dans la Déclaration de 1998 relative aux principes et droits fondamentaux au travail a sans aucun doute contribué à ce résultat remarquable. Il reste à observer si l'inclusion en juin 2022 des conventions n° 155 et n° 187 permettra d'obtenir un niveau comparable.[18]

Paragraphe 3– Les difficultés des pays pauvres

Les critiques se font particulièrement vives à propos des formes précaires de travail, surtout dans les petites et très petites entreprises des pays en développement et leur ultime expression dans l'économie informelle. La question est de déterminer la mesure dans laquelle la protection du travail peut s'étendre en pratique à ces activités qui restent peu perméables à l'influence des règles juridiques nationales ou internationales. J'y reviendrai en détaillant le contenu de ces dispositions.

On sait que les pays pauvres se sont plaints du manque de considération sur les obstacles qu'ils rencontraient dans la mise en œuvre des normes de l'OIT. La question a été largement débattue. Des moyens ont été trouvés pour y pallier sinon y remédier. J'observe que l'évolution récente des ratifications continue à prouver un engagement clair à l'égard des conventions, y compris de la part de ces pays[19].

L'OIT considère que tout système juridique national doit intégrer de très nombreux facteurs politiques historiques, sociaux et culturels, et une composante économique. Il ne propose par conséquent que des règles minimales, des principes de base qui peuvent s'implanter dans la plupart, sinon dans tous les systèmes nationaux. La Constitution de l'Organisation le précise dans une formule souvent citée: en "formant" une convention

---

[18] Elles comptent déjà au 5 septembre 2025 respectivement 87 et 73 ratifications.

[19] Voir la liste des dernières ratifications sur le site du BIT sous www.ilo.org/dyn/**normlex**/fr.

ou une recommandation, sa Conférence annuelle doit "avoir égard aux pays dans lesquels le climat, le développement incomplet de l'organisation industrielle ou d'autres circonstances particulières rendent les conditions de l'industrie essentiellement différentes"[20].

La problématique concerne les techniques juridiques capables d'associer l'unité de la convention et la pluralité des pays appelés à l'appliquer. La dialectique du commun et du particulier commande la détermination de la relation entre ordre théorique et pratique souhaitée, c'est-à-dire l'étude des outils juridiques qui aménagent un droit idéal dans le sens de sa réalisation concrète.

La prétention de voir les rapports entre deux États ou leurs ressortissants basés sur les mêmes droits, c'est-à-dire sur la réciprocité, constitue un principe traditionnel du droit des gens. Quand une souveraineté "solidaire" tend à se substituer à une souveraineté "solitaire", pour utiliser la formule chère à Mireille Delmas-Marty, des critères de différenciation cherchent toutefois à prendre en compte les disparités du développement dans la réalisation conjointe de valeurs partagées[21].

Les auteurs d'un instrument juridique international, attachés à en promouvoir la mise en œuvre, ont maintes fois défini des critères de modulation tenant compte des difficultés particulières des pays dont l'économie et les structures étatiques ne sont pas suffisamment développées. Ils ont intégré des clauses et des formules de souplesse pour faciliter l'intégration de ses dispositions dans les droits nationaux. Ils ont en outre offert un choix de moyens, juridiques ou non, pour en assurer l'exécution.

En quelques mots, les conventions internationales du travail laissent aux États le choix entre plusieurs possibilités eu égard à leur contenu et à leur champ d'application : elles permettent de ratifier seulement certaines parties d'un instrument ou offrent l'option entre plusieurs parties dont les exigences diffèrent ; elles autorisent l'exclusion de certaines catégories de travailleurs, voire de secteurs économiques déterminés. Elles contiennent des dispositions pour une application graduelle, des exceptions temporaires. Ces clauses donnent aux États la faculté de mettre en œuvre

[20] Art. 19, paragr. 3.

[21] M. Delmas-Marty, K. Martin-Chenut, C. Perruso (dir.), *Sur les chemins d'un jus commune universalisable*, Paris, Mare & Martin (Collection de l'Institut des sciences juridique et philosophique de la Sorbonne), 2021 et ma contribution conjointement avec S. Maljean -Dubois et M. Rota " Outils juridiques d'articulation entre le commun et le particulier", pp. 363-379.

les normes de protection dans le secteur moderne de l'économie, sans attendre leur extension à des branches d'activité plus traditionnelles.

Les conventions de l'OIT contiennent plus généralement des expressions porteuses de flexibilité, telles que "si nécessaire", "dans les cas appropriés", "au besoin", "dans la mesure du possible", "conformément aux conditions et à la pratique nationale". Je relève que la marge d'interprétation ainsi laissée aux autorités nationales limite le pouvoir des organes internationaux chargés du contrôle des normes supranationales.

Des conventions de l'OIT permettent à l'État qui ratifie de ne pas appliquer certaines normes si des dispositions nationales procurent une protection équivalente. Des clauses à cet effet présentent une utilité lorsque les articles à mettre en œuvre ont un caractère très technique. Ainsi la convention n°188 sur le travail dans la pêche, 2007, autorise-t-elle un État qui n'est pas en mesure de respecter les dispositions de l'annexe III (relatives au logement à bord des bateaux de pêche) d'adopter des dispositions légales ou règlementaires, ou d'autres mesures substantiellement équivalentes (article 28 § 2). La convention n°186 du travail maritime, 2006, contient une facilité similaire avec un champ d'application plus large, (article VI §3). Si de telles dispositions constituent quelquefois le seul moyen de produire un texte, il ne me paraît pas souhaitable d'en étendre l'usage au-delà des circonstances qui l'imposent pour l'adoption de l'instrument envisagé. Elles manquent en effet de la précision nécessaire pour permettre un contrôle rigoureux.

La flexibilité peut encore porter sur les méthodes d'exécution: j'ai observé que certaines dispositions autorisent les pays à donner effet à un instrument non seulement par une loi ou un règlement, mais aussi par l'usage, la convention collective, les décisions des tribunaux, les sentences arbitrales ou même des instructions administratives. Le recours à ces procédés reste limité en pratique. D'autres moyens encore sont utilisés. La CIT limite fréquemment les normes contenues dans une convention à des principes généraux et la complète par une recommandation comprenant des dispositions plus précises et plus détaillées, mais sans caractère obligatoire. L´Organisation a enfin, je viens de le mentionner, adopté des conventions programmatiques, fixant certains objectifs et demandant aux États d'élaborer des politiques, d'établir des programmes pour les atteindre, au lieu de comporter des obligations juridiques précises auxquelles les pays doivent se conformer.

L'OIT a entrepris aussi un effort beaucoup plus substantiel en faveur des pays moins favorisés à travers, notamment, des programmes de coopération technique. Encore faut-il que progrès économique et social aillent de pair et, si le réalisme commande de ne pas accélérer le second par rapport au premier, la justice, comme les stratégies éprouvées de développement sur lesquelles je reviendrai, veulent que le social ne soit pas sacrifié à l'économique. C'est l'équilibre à rechercher entre une indispensable souplesse et une rigueur tout aussi nécessaire.

Chapitre II. La dynamique de la "hard law" et de la "soft law"

La voie juridique fait appel à la contrainte. Elle n'est pas la seule option dans la mise en œuvre d'objectifs sociaux. D'autres méthodes coexistent qui font principalement appel à la rationalité et à la persuasion. Ces dernières comprennent la formulation de propositions, la conclusion d'engagements politiques, l'adoption de mesures économiques, le lancement d'initiatives de formation et de campagnes d'information ainsi que l'élaboration de "normes" techniques (par opposition à juridiques) et de directives pratiques. Ces divers moyens peuvent être mis en œuvre sans recourir à des mesures de portée juridique.

Il n'est pas très heureux de parler alors de "soft law". Positiviste, on pourrait écrire que les deux termes hurlent d'être accouplés. Les instruments de cette nature peuvent certes lier l'institution qui les décide, posséder au-delà une valeur interprétative, clarifier les obligations des institutions concernées, créer des attentes légitimes, leurs effets juridiques restent peu contraignants. Cette dernière observation n'enlève rien à leur utilité que défendent, par exemple, les pays de l'Union européenne dans la coordination de leurs efforts en faveur de l'emploi. La situation socio-économique empêche bien des fois d'adjoindre cette dimension qui assurerait permanence et coercition. Tous les sujets ne prêtent d'ailleurs pas de la même manière à un traitement juridique.

J'envisagerai les principaux instruments adoptés en plus des conventions, avec l'intention de montrer la dynamique qui les sous-tend. Les paragraphes qui suivent traitent des recommandations, des déclarations, des résolutions, des règlements-types et des recueils de directives pratiques.

Section 1 – Les recommandations depuis l'origine

Les procédures d'élaboration des recommandations correspondent *mutatis mutandis* à celles des conventions. La décision d'adopter l'une et/ou l'autre revient à la CIT en fonction de considérations techniques, mais également dans la recherche d'une majorité de votants. Cette préoccupation politique a prévalu par exemple dans le cas des recommandations non jointes à une convention sur les travailleurs âgés, 1980, ou sur la relation de travail, 2006. Si un projet de convention n'obtient pas au vote final la majorité requise des deux tiers, mais seulement une majorité simple, la Conférence peut même décider au dernier moment de la renvoyer au Comité de rédaction pour la transformer en recommandation[22].

Cette dernière constitue un instrument de référence sans valeur obligatoire dont les dispositions incitent les pays à s'inspirer dans leur politique sociale, leur législation et leur pratique. En pratique, le respect de la disposition d'une recommandation qui complète celle d'une convention peut laisser présumer la bonne application de cette dernière. Les recommandations entraînent en outre l'obligation pour les États d'en assurer le suivi au même titre que pour les conventions.

Section 2 – Les déclarations privilégiées plus récemment

Le terme " déclarations " recouvre des instruments de politique sociale très divers quant à leur origine – et par conséquent à leur poids – et quant à leur contenu. Elles peuvent être adoptées par la Conférence elle-même, le Conseil d'administration ou d'autres organes de l'Organisation .L'usage du mot souligne à la fois l'importance du contenu et la volonté de l'exprimer avec une certaine solennité ; on le réserve normalement à des textes de référence de la CIT ou du CA. Le contenu de ces instruments varie aussi considérablement selon qu'ils proclament des principes fondamentaux, des objectifs essentiels de l'Organisation, ou qu'ils contiennent des normes techniques d'un niveau variable de généralité.

Certaines déclarations ont connu, à l'OIT, un destin particulier. On sait que la Conférence en adopta une à Philadelphie en 1944 pour actualiser les buts et les objectifs de l'Organisation tout en insistant sur quelques principes de base. Les délégations préférèrent cette formule à une modification directe de la Constitution parce qu'un amendement constitutionnel aurait pris du temps avant d'entrer en vigueur alors qu'un *aggiornamento* s'imposait rapidement pour que l'OIT fasse entendre sa voix dans le système nouveau des Nations Unies. Cela dit, la réforme de la Constitution de 1945-1946 consacra la valeur juridique du document : son article 1er tel que modifié se réfère expressément à la déclaration et précise que son texte figure en annexe.

Le développement des entreprises multinationales dans les années 1960 et 1970 provoqua d'intenses débats dans les forums internationaux. La

[22] Articles 19 de la Constitution et 41 du règlement de la Conférence.

difficulté de réconcilier les points de vue écarta toute possibilité d'élaborer une convention internationale du travail sur le sujet. Le Conseil d'administration adopta le 16 novembre 1977 une Déclaration de principes tripartite, instrument non contraignant, qu'il amenda par la suite.

L'annexe II porte sur une gamme d'outils opérationnels: un mécanisme de suivi régional, un dialogue entre entreprises et syndicats, et une procédure d'interprétation. L'OIT apporte son assistance à l'échelle des pays aux gouvernements, aux employeurs et aux travailleurs. Elle encourage les uns et les autres à désigner des points focaux nationaux sur une base tripartite afin de promouvoir sa mise en œuvre. Le texte prévoit enfin une procédure d'examen des conflits liés à son application et précise qu'elle ne peut se substituer ni aux recours nationaux, ni aux procédures de contrôle de l'OIT ni aux demandes des gouvernements d'obtenir du Bureau une interprétation informelle des conventions et recommandations.

Les controverses ont évolué. Elles se focalisent plus généralement aujourd'hui sur le processus de mondialisation et sur ses conséquences sociales. C'est à ces préoccupations qu'a voulu répondre la Déclaration relative aux principes et droits fondamentaux au travail et son suivi votée par la Conférence en 1998. Le document se présente comme "promotionnel"[23] avec le but de traduire les valeurs de l'OIT en programmes de développement intégré. Il rappelle les obligations nées de l'adhésion à l'OIT et à ses principes constitutionnels, en dehors même de toute ratification des conventions fondamentales correspondant aux principes qu'elle énumère. Il souligne l'engagement politique d'en assurer le respect, d'en promouvoir la réalisation dans la pratique économique et sociale et de faire rapport à cet effet.

L'instrument cite les principes fondamentaux suivants : la liberté d'association et la reconnaissance effective du droit de négociation collective; l'élimination de toute forme de travail forcé ou obligatoire et l'abolition effective du travail des enfants; l'élimination de la discrimination en matière d'emploi et de profession; la garantie d'un milieu de travail sûr et salubre. Les méfaits du covid-19 ont certainement précipité l'adjonction de cette dernière sauvegarde en 2022.

La mise en œuvre incombe aux États, avec l'aide de l'OIT. Celle-ci doit mobiliser à cet effet tous " ses moyens constitutionnels, pratiques et budgétaires " ; le document se réfère spécifiquement aux ressources

---

[23] Paragraphe 4 du dispositif.

extérieures et à la recherche d'une assistance d'autres organisations internationales. Il prévoit un mécanisme de suivi dont les modalités figurent en annexe ; ce dernier ne peut, cela va sans dire, se substituer aux mécanismes de contrôle établis ou entraver leur fonctionnement[24]. La Déclaration a attiré d'importantes contributions de donateurs, notamment pour l'abolition du travail des enfants; elle a participé au succès de la campagne de ratification des conventions fondamentales de l'OIT, et au-delà à la vulgarisation des droits et principes qui y sont contenus.

L'instrument a cependant soulevé des interrogations sur le risque qu'elle n'affaiblisse l'ensemble du système normatif de l'Organisation. Certains[25] ont insisté sur son caractère non contraignant et le danger de se focaliser uniquement sur des droits dits fondamentaux, oubliant les autres dont on ne peut pas sous-estimer l'importance pour la vie, la santé et le bien-être des travailleurs. Des doutes se sont également élevés sur la mise en œuvre réelle de ces principes quand des pays aussi peuplés que la Chine, les États-Unis d'Amérique ou l'Inde n'ont pas encore ratifié un instrument aussi fondamental que la convention n°87 sur la liberté syndicale.[26] D'autres auteurs ont en revanche défendu la nécessaire souplesse du marché du travail[27] et la capacité du document à répondre aux contraintes entrepreneuriales. Ces positions divergentes représentent clairement deux visions, autant sinon plus politiques que techniques, de l'avenir de la protection de l'emploi. La première se préoccupe davantage des garanties indispensables aux salariés, la seconde, du développement des entreprises dont les bénéfices devraient normalement profiter au personnel.

La CIT a encore adopté en 2008 et en 2019 d´autres déclarations. Une première, "sur la justice sociale pour une mondialisation équitable ", invite à établir de nouveaux partenariats avec des entités non étatiques ainsi que des acteurs économiques tels que les entreprises multinationales ou les syndicats opérant à l'échelon sectoriel mondial, afin de renforcer l'efficacité des programmes et des activités opérationnels de l'OIT. Une

---

[24] Paragraphe 2 de l'annexe.

[25] Ph. Alston, 'Core Labour Standards' and the Transformation of the International Labour Rights Regime', *European Journal of International Law*, Vol. 15, No. 3, 2004, pp. 457–521; *Ibid.* 'Facing up the complexities of the ILO's core labour standards agenda', *European Journal of International Law*, Vol. 16, No. 3, 2005, pp. 467–480. Voir le paragraphe 49 ci-dessus.

[26] G. von Potobsky,. 'El devenir de las normas internacionales del trabajo', *Revista de Derecho Social – Latinoamérica*, n° 3 – 2007; J.M. Thouvenin et d'A. Trebilcock (dir. de publ.), (dir. de publ.), *Droit international social*, tome 1, Bruxelles, Bruylant, 2013, pp.177.

[27] F. Maupain, 'Revitalization, not retreat: the real potential of the 1998 ILO Declaration for the unversal protection of workers' rights', *European Journal of International Law*, Vol. 16, No. 3, 2005, pp. 452–454; B. Langille, 'Core labour rights – the true story (reply to Alston)', *European Journal of International Law*, Vol. 16, No. 3, 2005, pp. 409–437.

seconde adoptée à l'occasion de son centenaire, cherche à dynamiser l'action de l'Institution face aux transformations profondes de l'organisation du travail sous l'effet de l'innovation technologique, de l'évolution démographique, des changements environnementaux et climatiques. Elle rappelle que les normes internationales du travail revêtent une importance primordiale pour l'OIT.

Section 3 – Les résolutions, autres instruments à géométrie variable

Le terme "résolution"[28] recouvre également des décisions de politique sociale très diverses quant à leur origine et à leur contenu. Elles peuvent être adoptées par la Conférence elle-même, le Conseil d'administration ou d'autres organes de l'Organisation. En bref, il s'agit, ici comme dans les autres organisations internationales, de conseils ("guidances") à ceux auxquels ils sont adressés (gouvernements, patrons, syndicats, voire au secrétariat lui-même) dont l'importance dépend de l'organe qui adopte le texte et de ses destinataires. Une résolution comme celle sur l'économie sociale et solidaire, votée par la Conférence en 2022, a certainement un poids particulier, moindre toutefois que celui d'une recommandation, et évidemment d'une convention. Une résolution qui porte sur la composition du tribunal administratif de l'OIT ou le barème des contributions est simplement un texte portant décision.

Le parallélisme avec la pratique des Nations Unies peut apporter un éclairage supplémentaire, même si chacune des deux institutions a sa propre charte fondamentale. On lit dans le *Manuel de l'Assemblée générale* [29] que les "résolutions sont des expressions formelles de l'opinion ou de la volonté des organes des Nations Unies. Elles concernent en général des questions de fonds". Les décisions en revanche "sont un autre type d'action formelle prise par les organes de l'ONU. Elles concernent souvent des questions de procédure, comme les élections, les nominations, heure et lieu des futures sessions. Elles sont aussi parfois utilisées pour enregistrer l'adoption d'un texte qui représente le consensus des membres d'un organe donné".

"Les résolutions et décisions de l'Assemblée générale ont le même statut juridique. Les résolutions … reflètent les points de vue des États

[28] On peut encore mentionner les conclusions de réunions organisées à l'OIT : A. Wisskirchen et Ch. Hess, *Manuel à l'usage des employeurs sur les activités normatives de l'OIT*, Genève, BIT, 2002, pp. 53-54.
[29] Point 3.5, p.52.

Membres, formulent des recommandations de politique générale, confient des tâches au Secrétariat de l'ONU et aux organes subsidiaires de l'Assemblée générale et prennent des décisions sur toutes les questions concernant le budget de l'ONU. À l'exception des décisions concernant les paiements aux budgets ordinaires et de maintien de la paix de l'ONU, les résolutions ou les décisions … ne sont pas contraignantes pour les États Membres. La mise en œuvre des recommandations de politique contenues dans les résolutions ou les décisions incombe à chaque État Membre". Relevons que les NU utilisent deux mots, résolutions et décisions, quand l'OIT n'en utilise traditionnellement qu'un, résolution.

Section 4 – Les recueils de directives pratiques et les principes directeurs: rien que des modèles

En matière de santé au travail spécialement, on cherche aujourd'hui, à développer la prévention plutôt que le traitement curatif, à limiter les textes législatifs ou réglementaires, à encourager la mise au point par les pouvoirs publics et/ou les organisations professionnelles de normes et de directives pratiques qui n'ont généralement pas force de loi, mais qui s'adaptent rapidement à l'évolution technologique.

Dans le passé déjà, l'OIT avait élaboré des règlements-types d'hygiène et de sécurité du travail. Plus récemment, elle a publié des recueils de directives pratiques qui définissent des principes directeurs à l'intention des pouvoirs publics, des employeurs, des travailleurs, des entreprises et des organismes chargés de la protection de la sécurité et de la santé au travail (tels les comités de sécurité dans les entreprises). Ce ne sont pas des instruments contraignants. Ils rassemblent, sur un sujet donné, un ensemble de connaissances et d'expériences à l'égard des conflits possibles, des problèmes réels et des compromis suggérés dans les politiques à choisir.

Ils existent pour des secteurs particuliers (l'agriculture, la construction, la construction navale, les mines à ciel ouvert, les mines de charbon, l'industrie du fer et de l'acier, celle des métaux non ferreux, ou celle des forêts par exemple), pour la protection des travailleurs contre certains risques (tels les radiations, les produits chimiques, l'amiante, les lasers, les écrans et les substances aéroportées), et sur certaines mesures à prendre en matière de santé et de sécurité (l'enregistrement et les déclarations des accidents du travail et des maladies professionnelles, la protection des données personnelles des travailleurs, la gestion de la santé et de la sécurité dans différents secteurs professionnels, la santé, la sécurité et les conditions de travail lors du transfert de technologies vers les pays en développement, les principes éthiques pour la surveillance de la santé de travailleurs, etc.)

Ces recueils n'ont pas vocation à remplacer les législations ou les réglementations nationales ni les normes acceptées. Ils viennent compléter les conventions et recommandations et proposer des orientations pratiques détaillées, sans créer d'obligations juridiques. Ils peuvent aussi, comme pour la protection des données personnelles, être préférés à des instruments plus formels lorsque le sujet ne se prête pas, ou pas encore, à une action normative sophistiquée. Ils sont rédigés après consultations approfondies des gouvernements et des organisations patronales et syndicales, puis un examen au sein d'une réunion technique d'experts et/ou de représentants des milieux professionnels. Leur publication est soumise à l'approbation du Conseil d'administration. Des réunions d'experts, tenues à l'initiative de l'OIT, peuvent aussi adopter des directives techniques.

Le Conseil d'administration autorisa en 2006 la publication et la dissémination d´un cadre multilatéral de l'OIT sur les migrations de travail (principes et lignes directrices non contraignants pour une approche fondée sur les droits de la migration de travail), issu d'une rencontre de spécialistes. Il répond aux nombreuses demandes d'obtenir des orientations pratiques afin de maximiser les avantages de la migration de main-d'œuvre pour toutes les parties.

Enfin, la CIT a adopté, en juin 2009, un texte intitulé "Surmonter la crise: un Pacte mondial pour l'emploi". Cet instrument mondial préconisait un ensemble de mesures non contraignantes que les pays, avec l'appui d'institutions régionales ou multilatérales, pouvaient prendre afin d'atténuer l'impact de la crise financière et économique de 2008 et accélérer le redressement du marché de l'emploi. Il suggérait une relance productive axée sur l'investissement, l'emploi et la protection sociale, un renforcement des systèmes de protection sociale et du respect des normes internationales du travail.

Section 5 – Les instruments normatifs de soft law: une évaluation

La voie de la contrainte n'est pas la seule à mettre en œuvre une politique sociale. L'efficacité de la protection ne gagnera toutefois rien à l'affaiblissement de l'impérativité des normes du travail ni à une excessive focalisation sur la " soft law ". La persuasion et la conciliation ne fonctionnent pas s'il n'existe pas au bout du processus une sanction qui puisse s'appliquer[30]. Nier l'utilité de cette dernière porte le risque de voir les États revenir sur les engagements qu'ils ont contractés à l'égard des conventions ratifiées. Des mécanismes non contraignants peuvent sans aucun doute compléter avec profit les procédures juridiques ; ils ne peuvent pas les remplacer, si l'on ne veut pas démanteler les garanties offertes aux travailleurs. J'y reviendrai à la fin de ce livre.

Les recommandations ont été conçues pour compléter une convention ou pour la remplacer si aucune majorité ne souhaitait donner un caractère contraignant à des dispositions sur un thème donné. Elles continuent à tenir cette place.

Le rôle des déclarations est plus ambigu. Seule celle de Philadelphie, intégrée à la Constitution de l´OIT, possède une valeur contraignante pour les États Membres. Les autres ont quelquefois été votées avec pompe, fréquemment par une vaste majorité sinon à l'unanimité. Elles peuvent constituer un engagement politique fort. Celle de 1998, je l'ai dit, s'est avéré un puissant moteur de promotion et de ratification des conventions importantes sur lesquelles elle se base. Elle a permis à l'Organisation, comme celle de 2008 sur la justice sociale pour une mondialisation équitable, de faire entendre la voix du social au sein de cénacles mondiaux comme le G.7 ou le G. 20.

Elles se limitent toutefois à formuler des encouragements adressés aux pays, aux entreprises et aux syndicats pour qu'ils adoptent ou appuient une certaine politique sociale. On ne peut en aucune façon les interpréter dans un sens qui réduit la force et l'influence du corpus juridique de l'Institution. Très réel est le danger qu'elles affectent les activités normatives de l'Organisation en déplaçant ses priorités. Bien plus, elles ne garantissent pas les droits fondamentaux ainsi privilégiés contre des attaques frontales comme le montre la controverse récente sur la reconnaissance du droit de grève, analysée plus loin. Le caractère non obligatoire des déclarations risque d'éroder la place qui est laissée aux conventions dans les programmes, de susciter la confusion avec les normes soumises à ratification, d'entamer l'efficience de celles-ci, et plus généralement de créer des doutes sur la capacité de l'Organisation à réaliser ses objectifs. La déception serait alors à la mesure des espoirs éveillés.

---

[30] Voir également B. Hepple, *Labour Law and Global Trade*, Hart Publishing, Oxford and Portland, Oregon, 2005, p. 274

Chapitre III. Le contrôle en perspective

La ratification d'une convention de l'OIT n'entraîne pas seulement l'obligation d'en respecter les dispositions, mais aussi celle de collaborer au contrôle de leur application. Un système sophistiqué, quelquefois mal compris, en assure le contrôle (I). Rappelons le brièvement avant de le situer dans le contexte des relations inter- et transnationales (II).

Section I – Un système sophistiqué

Ce contrôle comprend deux voies complémentaires, l'une fondée sur l'envoi de rapports réguliers, l'autre sur des plaintes (I). Des procédures spéciales existent pour protéger la liberté d'association syndicale et patronale ainsi que dans des situations particulières (II). Ces diverses procédures comportent l'intervention à la fois de comités représentatifs tripartites et d'un organe indépendant. Le contrôle comprend ainsi dans tous les cas, à la fois un examen technique rigoureux de la situation et une discussion de type politique où la volonté de dialoguer et de convaincre l'emporte clairement sur la menace de sanctions.

La Constitution de l'Organisation prévoit la possibilité de soumettre un ultime recours à la Cour internationale de Justice (CIJ), autrefois à sa devancière la Cour permanente de justice internationale (CPJI).[31] Elles se sont également vu confier l'interprétation de la Constitution et des conventions. Longtemps, ces juridictions furent peu utilisées, et une seule fois pour l'interprétation d'une convention. L'affaire concernait la convention n°4 de 1919 sur le travail de nuit des femmes ; la majorité de la CPJI décida dans un avis consultatif du 15 novembre 1932 que le texte s'appliquait aussi aux femmes qui occupent des postes de surveillance ou de direction et n'effectuent pas normalement un travail manuel[32]. Le CA a finalement décidé en novembre 2023, à la suite d'une longue controverse sur laquelle je reviendrai, de demander à la CIJ un avis sur l'interprétation de la convention no 87 à propos du droit de grève.[33]

La Conférence adopta en 1945 un amendement constitutionnel qui ajoutait un deuxième paragraphe à l'article 37 de la Constitution. Le

[31] Articles 29, 31 s. et 37.

[32] Dans d'autres affaires, la Cour permanente de Justice internationale a interprété des dispositions constitutionnelles.

[33] Voir Conseil d'administration (349ebis session -spéciale), Genève, BIT, *document GB.349bis/INS/1/1.*

Conseil d'administration y reçut le pouvoir d'établir un tribunal *ad hoc* pour le règlement rapide de toute question ou difficulté dans l'interprétation d'une convention. Les raisons invoquées étaient d'ordre pratique. Il n'a encore jamais été utilisé. La proposition fut lancée lors du débat que je viens d'évoquer sur le droit grève. Elle n'a pas abouti. Il est vrai qu'existe déjà une procédure devant la CIJ. Plus fondamentalement, les partenaires sociaux préfèrent normalement conserver sous leur supervision l'interprétation des textes qu'ils ont adoptés, et ne pas la confier à une instance indépendante. Les conventions collectives de travail nationales ou transnationales en fournissent de nombreux exemples.

Paragraphe 1 - Les procédures générales: l'épée de Damoclès

On a souvent décrit les procédures de contrôle de l'OIT. Elles se basent sur des rapports réguliers ou des plaintes[34]. Rappelons-les brièvement. Lorsqu'il a ratifié une convention de l'OIT, un Etat a l'obligation — inscrite dans la Constitution de l'Organisation — de faire rapport périodiquement sur la mise en œuvre de l'instrument. Il doit en outre communiquer son rapport aux organisations nationales représentatives d'employeurs et de travailleurs. Ces dernières peuvent à leur tour envoyer toute appréciation critique qu'elles jugent appropriée.

Une commission d'experts indépendants (Commission d'experts pour l'application des conventions et recommandations, CEACR) analyse ces rapports et ces remarques, de même que toute autre information disponible. Si elle décèle des difficultés dans l'application d'un instrument, elle formule des commentaires et les transmet directement au gouvernement intéressé; dans les cas les plus importants, elle les publie dans le rapport qu'elle soumet chaque année à la Conférence internationale du Travail. Celle-ci constitue en son sein, à chaque session, une commission spécialement chargée de l'application des normes, où se discutent, avec un représentant du gouvernement mis en cause, les situations les plus graves et la manière de surmonter les problèmes rencontrés. Elle fait rapport à la Conférence, en séance plénière, où un cas peut encore être débattu.

Autre forme de contrôle valable pour toutes les conventions ratifiées, l'examen de plaintes — dans certains cas appelées réclamations —

[34] Voir ainsi la rubrique "Organisation internationale du travail" que j'ai rédigée au, *Répertoire Dalloz - Droit du Travail,* Paris, Dalloz, 2018; *Répertoire Dalloz – Droit international,* Paris, Dalloz, 2020, §§ 96-102.

déposées à l'encontre d'un Etat pour violation de normes ratifiées, présente évidemment un caractère aléatoire: il est fonction de la décision de soumettre des allégations et du contenu de celles-ci.

L'analyse d'experts qualifiés, à l'autorité reconnue, constitue une première étape pour amener un changement positif. Sinon la publicité donnée aux rapports et aux débats au sein de la Conférence ou du Conseil d'administration entraîne souvent un changement significatif. Ces scénarios se produisent en général à propos de commentaires qui portent sur des dispositions très techniques relatives aux conditions de travail et à la sécurité sociale, ou sur des instruments programmatiques qui appellent les États à impulser des politiques. Ce sont de très loin les plus fréquents, sinon les mieux connus.

La méthode, faite de pressions et de persuasion, comporte des limites, surtout quand le point soulevé, en particulier sur une convention relevant des droits fondamentaux au travail, est fortement lié à la structure ou à la vision politique du pays. Le BIT dispose alors de divers moyens pour inciter un gouvernement à accepter le dialogue : appels plus ou moins insistants au gouvernement, contacts personnalisés pris avec les délégués du gouvernement concerné à la CIT ou avec l'aide des bureaux extérieurs. Les moyens modernes de communication à distance facilitent ces démarches. Le Directeur général peut même envoyer sur place un fonctionnaire de confiance pour démêler l'affaire, avec l'argument qu'une sortie positive de crise vaut mieux qu'un déballage public. Les procédures engagées servent alors de repoussoir en cas d'échec de la médiation.

De très nombreux dossiers ont ainsi été démêlés, sans que cela soit largement connu lorsque tant l'Organisation que l'État concerné sont satisfaits des résultats et qu'il est par conséquent inutile d'humilier un pays qui a réagi positivement.

Quand enfin les allégations ont une singulière gravité et la coopération s'avère médiocre, le Directeur général peut désigner plus formellement un représentant chargé d'établir sur place des contacts préalables, d'obtenir de premières informations et de souligner l'importance d'une complète collaboration aux diverses phases de la procédure. Si en effet la procédure est en principe écrite et que les organes de contrôle décident avant tout sur dossier, d'autres formules permettent d'obtenir des informations plus détaillées et plus précises. C'est spécialement le cas des missions dites de "contacts directs", où un représentant de l'OIT, choisi ou non parmi les fonctionnaires du Bureau, est envoyé sur place pour relever les faits et rechercher une solution.

Ces missions ne consistent pas encore en des enquêtes internationales au sens fort ; elles permettent au contraire à la personne choisie de nouer le dialogue avec les parties concernées, de discuter les problèmes rencontrés, de clarifier la situation et d'établir un climat propice à la recherche des solutions.

Le CA peut enfin saisir une Commission d'enquête, composée de personnalités éminentes choisies pour leur indépendance d'esprit. Après un examen approfondi de l'affaire, et normalement des auditions ainsi qu'une visite sur place sauf opposition – rare - du gouvernement, la Commission consigne dans un rapport ses constatations sur tous les points de fait permettant de préciser la portée de la contestation ainsi que ses recommandations éventuelles sur les mesures à adopter et le calendrier pour les réaliser. Le Directeur général assure la publication du document après l'avoir communiqué au Conseil d'administration et aux gouvernements intéressés.

Chacun de ceux-ci, ultime étape, doit lui signifier dans les trois mois s'il accepte ou non les recommandations et, dans la négative, s'il désire soumettre le différend à la CIJ. Celle-ci peut confirmer, amender ou annuler les conclusions et recommandations de la Commission d'enquête ; sa décision n'est pas susceptible d'appel. Aucune action de ce type n'a jusqu'à présent été introduite auprès de la Cour.

Paragraphe 2 –Les procédures particulières pour les affaires les plus délicates

La liberté d'association pour les travailleurs et les employeurs revêt une importance toute spéciale pour une Organisation composée non seulement de représentants gouvernementaux, mais aussi patronaux et syndicaux. C'est la substance même de l'OIT qui est atteinte en cas de grave violation des droits syndicaux. Aussi cette dernière a-t-elle établi dans cette hypothèse une procédure spéciale. Les États, mais également les organisations patronales et syndicales peuvent déposer des plaintes à ce propos devant un Comité de la liberté syndicale (CLS), organe tripartite constitué par le Conseil d'administration en son sein.

Dans les cas les plus graves, le Conseil peut établir une Commission d'investigation et de conciliation, si en particulier les violations alléguées concernent des États Membres qui n'ont pas ratifié les conventions sur la liberté syndicale ou à la négociation collective. Grand est le parallélisme avec la Commission d'enquête. Ici encore, il se compose de personnalités — trois en principe — connues pour leur autorité morale, leur objectivité et leurs compétences techniques. La Commission d'investigation et de conciliation est essentiellement un organe d'examen, mais elle est autorisée à discuter avec le gouvernement intéressé les situations qui lui ont été renvoyées, en vue du règlement des difficultés par un accord. Elle fait rapport au Conseil d'administration.

La procédure suivie, on s'en souviendra, ne requiert pas la ratification par l'État critiqué de telle ou telle convention en matière de liberté syndicale. Elle n'exige pas même son consentement dans le cas concret, si ce n'est pour établir la Commission elle-même.

La manière de procéder devant le CLS n'est pas très formaliste. La plainte doit être formulée par écrit et signée par le représentant habilité, mais un télégramme, voire une carte postale suffit. Au-delà, la procédure s'inspire largement des principes généraux du droit judiciaire. Le Comité peut décider, bien qu'il le fasse rarement, d'entendre les parties ou l'une d'entre elles en vue d'obtenir des données plus complètes sur une affaire et, éventuellement ici encore, d'examiner les issues possibles, de tenter une conciliation.

Des garanties existent en faveur du gouvernement accusé d'atteintes aux droits syndicaux. D'une manière générale, les méthodes de travail du Comité sont conçues pour inspirer confiance aux États concernés. Si, en effet, ce dernier dispose de divers moyens (toujours, mais pas uniquement, la publicité) pour inciter un gouvernement à accepter le dialogue, la collaboration de celui-ci est importante pour obtenir une issue heureuse à l'affaire.

Un mot encore sur la nécessaire coordination entre les procédures de contrôle. La CEACR s'est fait une règle, si une autre instance de l'OIT examine une affaire, d'attendre les conclusions de celle-ci avant de se prononcer sur une question soulevée. Elle s'est toutefois référée régulièrement aux conclusions et recommandations adoptées, même à titre intérimaire, par le CLS. S'agissant des questions de fait dont traite ce dernier, certaines apparaissent comme trop ponctuelles pour un examen par la Commission d'experts. D'autres, en revanche, se réfèrent à des pratiques constantes ou généralisées qui mettent en cause, de manière durable, l'application des conventions sur la liberté syndicale. Lorsque le pays intéressé a ratifié la convention pertinente, le CLS attire sur les conclusions auxquelles il a abouti sur des points de droit l'attention de la CEACR qui assure le suivi.

Quand enfin des problèmes se sont posés et que les voies habituelles du contrôle ne permettaient pas de les résoudre, des procédures supplémentaires d'enquêtes et d'études ont été mises sur pied. Elles ont porté surtout sur la liberté syndicale, l'abolition du travail forcé et la discrimination dans l'emploi. Le Conseil d'administration a également mis sur pied une procédure spéciale pour examiner les suites données à la Déclaration de principes tripartite sur les entreprises multinationales et la politique sociale de 1977. La Déclaration de 1998 relative aux principes et droits fondamentaux au travail contient encore un double mécanisme de suivi.

Section II – Le système de contrôle en contexte

Paragraphe 1 – La guerre froide et la montée en puissance des pays dits en développement

La première guerre mondiale a bouleversé l'environnement politique et social dans lequel les premières tentatives de réglementation internationale avaient vu le jour. Tous les belligérants, y compris du côté allemand, soulignaient les souffrances et les sacrifices des ouvriers au cours de cette période et la dette de gratitude envers eux. De puissantes organisations, politiques et syndicales, au caractère international très marqué, représentaient les travailleurs. Ces mouvements se divisaient en révolutionnaires, qui avaient triomphé en Russie, et réformateurs, partisans de changements profonds, mais pacifiques. La crainte d'une révolution bolchévique constitua sans aucun doute pour des hommes politiques comme Clémenceau ou Lloyd George, les Premiers ministres français et britannique, une raison d'appuyer la proposition de créer, par le Traité de Versailles, une institution consacrée au travail dans le cadre de la Société des Nations. Ils désiraient améliorer rapidement le sort des ouvriers et des millions de soldats à démobiliser, afin d'éviter un basculement de type soviétique.

Les tensions entre pays libéraux à économie de marché et communistes à économie planifiée s'observèrent par conséquent depuis les origines de l'OIT. Elles connurent une pause puisque ni l'URSS ni les États-Unis ne participèrent immédiatement à la nouvelle Organisation. Ils adhérèrent l'un et l'autre en 1934. La montée du fascisme et la guerre 1939-1945 vinrent alors perturber gravement les activités de l'Institution.

La bataille idéologique reprit avant même la fin du conflit. Le Président des États-Unis, Franklin Roosevelt, et le Premier Ministre britannique, Winston Churchill, rendirent publique le 14 août 1942 à bord du "Potomac", "quelque part sur l'océan Atlantique" une déclaration commune contenant un ensemble de principes qui devaient constituer les bases de la paix future. Cette "Charte de l'Atlantique" mettait l'accent sur la libération de la peur – c'est le respect des droits de l'homme – et du besoin – c'est la lutte contre la pauvreté. Elle inspira les rédacteurs de la Déclaration que la Conférence internationale du Travail adopta en 1944 à Philadelphie pour actualiser les objectifs de l'Organisation et souligner des priorités. Ce document de référence fut solennellement annexé à la Constitution de celle-ci.

La Déclaration met un accent particulier sur les droits de la personne humaine, spécialement la liberté d'association (et d'expression) et l'égalité de chances et de traitement. L'Organisation les plaça au centre de son action. Elle n'avait pas attendu ce moment pour s'engager dans le combat en faveur des droits de l'homme, mais elle le fit avec une vigueur renouvelée. Elle adopta peu après les deux conventions cardinales sur la liberté syndicale, la convention n° 87 en 1948 et la convention n° 98, l'année suivante. En 1957, elle vota la convention n° 105 contre le travail forcé (qui faisait suite à une autre convention, n° 29, sur le travail forcé, de 1930) et en 1958, la convention n° 111 concernant la discrimination en matière d'emploi et de profession ; auparavant, en 1951, elle avait déjà adopté une convention, n° 100, sur l'égalité de rémunération.

A cette époque également, fut créé le CLS. L'Organisation entreprit en outre des enquêtes et des études spéciales dans les domaines du travail forcé, de la liberté syndicale et de la discrimination face à des situations spécifiques. Elle créa en 1951, en commun avec les Nations Unies, un Comité spécial du travail forcé, dont un Comité du BIT poursuivra les travaux jusqu'en 1959. Elle chargea, en 1955, un Comité – dit McNair, du nom de son Président – d'examiner l'indépendance des organisations d'employeurs et de travailleurs.

Le Conseil d'administration demanda par la suite au Bureau d'entreprendre une série d'enquêtes sur la situation syndicale dans la pratique nationale ; elles furent réalisées de 1958 à 1963 aux États-Unis, au Royaume-Uni, en URSS, en Suède, en Malaisie et en Birmanie (Myanmar), à l'invitation des gouvernements de ces pays. Une autre étude eut lieu en Espagne à l'époque franquiste (1967), quand de nombreuses plaintes en violation des droits syndicaux étaient déposées contre ce pays, d'autres, auxquelles j'ai participé, en Hongrie, Norvège, Espagne (postfranquiste), Yougoslavie et Autriche, de 1982 à 1984.

Des missions, menées depuis 1978 en Israël et dans les territoires arabes occupés examinent les questions d'égalité sous ces différents aspects liés au travail. Je pris part, puis dirigeai plusieurs d'entre elles, y compris durant les "intifadas" (insurrections palestiniennes). Je mentionnerai enfin les suites données à la Déclaration concernant la politique d'*apartheid* de la République sud-africaine, adoptée en 1964 et amendée à plusieurs reprises (elle fut notamment étendue à la Namibie).

Ces questions de droits de l'homme firent l'objet de débats houleux, liés à la lutte pour la décolonisation (et contre l'*apartheid*) et pour la démocratie ; ainsi, les pays de l'Europe communiste firent l'objet de très nombreuses dénonciations pour violations de la liberté syndicale, pour travail forcé et discriminations dans l'emploi. Elles ont constitué l'un des principaux terrains d'affrontement entre États de l'Est et de l'Ouest, aux temps de la guerre froide, singulièrement entre l'URSS et les États-Unis d'Amérique[35].

Plus fondamentalement, la présence de l'URSS à l'OIT continuait de susciter les difficultés qu'avait provoquées son adhésion en 1934. Elles devinrent plus sérieuses dans la mesure où avait grossi le nombre des États qui appartenaient maintenant au " bloc communiste ". Le tripartisme, principe fondateur de l'OIT, se voyait fondamentalement nié dans l'idéologie et la pratique de ces pays. Ceux-ci bannissaient en principe les firmes privées, et les chefs d'entreprises publiques n'apparaissaient que comme des fonctionnaires dépendant hiérarchiquement du ministère concerné.

Quant aux syndicats, s'ils existaient – l'affiliation était même fortement encouragée de diverses façons –, ils étaient subordonnés (sur la base, le plus souvent, d'un texte constitutionnel) au Parti communiste au pouvoir. Les rapports entre ce dernier, le gouvernement et le mouvement syndical firent régulièrement l'objet d'un examen par les organes de contrôle de l'OIT. Ils conclurent clairement, et à plusieurs reprises, que l'allégeance au Pouvoir et le monopole syndical imposé constituaient des violations de la convention n° 87 sur la liberté syndicale et la protection du droit syndical. Ils formulèrent aussi des observations sur la manière dont ces pays respectaient les conventions n° 29 sur le travail forcé, de 1930, et n° 111 concernant la discrimination (emploi et profession), de 1958.

Une très vive controverse s'ensuivit. Les délégués d'URSS mirent en cause l'impartialité des instances de supervision et, s'agissant du CLS, jusqu'à ses fondements. Ce faisant, ils s'attiraient évidemment la sympathie

---

[35] Pour plus de détails voir A. Alcock, *History of the International Labour Organization*, Londres, Macmillan, 1971, pp. 252 et ss. ; M. Tortora, *Institution Spécialisée et Organisation Mondiale: Étude Des Relations de l'OIT avec la SDN et l'ONU*, Bruxelles, Bruylant, 1980, pp. 357 et ss.

de nombreux États en développement qui, même sans reprendre la doctrine marxiste-léniniste, connaissaient des structures similaires et, partant, des critiques semblables de la part des organes de l'OIT. Une majorité de circonstances aboutit même, plus d'une fois[36], à la non-adoption, par la CIT, du rapport de sa Commission de l'application des conventions et recommandations.

Il n'est pas sans intérêt de revenir sur les termes de ce débat. Certaines libertés publiques sont essentielles à l'exercice normal des activités des syndicats et des organisations patronales : la liberté d'association certes, mais aussi les garanties de la sécurité personnelle, les libertés de réunion, d'opinion et d'expression, la protection contre les immixtions arbitraires dans le domaine privé, brièvement dit, un certain nombre de libertés démocratiques, civiles et politiques. Les constitutions des pays concernés avaient normalement reconnu bon nombre de celles-ci. Leurs législations avaient prévu, de manière plus complète, leur protection dans des textes spécifiques, comme le code civil ou le code pénal. Néanmoins, ces dispositions posaient des conditions à l'exercice des libertés, de crainte de les voir utilisées à l'encontre du système politique, économique et social établi. Lesdites restrictions permettaient par exemple de refuser la création d'organisations dont la finalité ne correspondait pas aux objectifs d'édification d'une société socialiste.

Mais qui pouvait décider si une activité était ou non conforme aux intérêts et à la promotion d'un régime socialiste ? La recherche d'une réponse conduisait à s'interroger sur l'étendue des pouvoirs du ministère de l'Intérieur, en l'absence de juridictions administratives chargées de contrôler la légalité et le fonctionnement des administrations. C'était douter de l'indépendance de la justice, d'autant plus que les formules légales, contenues par exemple dans le code pénal, étaient générales et susceptibles d'interprétations diverses. La question revenait à connaître les limites, s'il y en avait, au pouvoir d'appréciation de l'administration. Celui-ci risquait de s'exercer d'une manière spécialement discrétionnaire quand surgissaient des craintes de perturbations à l'ordre social existant. Les autorités publiques avaient dans ces pays un rôle essentiel dans l'interprétation et l'application des textes juridiques consacrés à ces libertés essentielles, ce qui ne manquait pas d'entraîner paralysies et abus fréquents.

En dernière analyse, le droit y était l'instrument en vue d'une certaine fin, la consolidation et le développement d'une société socialiste. L'on y

[36] Précisément en 1974, 1977 et 1982.

procédait à l'interprétation des textes de lois selon une méthode téléologique. La démarche ne mettait évidemment pas l'interprète à l'abri du subjectivisme.

De nombreux juristes de ces pays soulignaient précisément que les droits reconnus n'avaient pas un contenu abstrait, mais qu'ils devaient se réaliser dans des conditions concrètes. Ils soutenaient que les conditions et les systèmes économiques et sociaux existants constituaient un élément d'évaluation des conventions consacrées à ces droits.[37] Ainsi, ne pouvait-on pas, selon eux, se faire une idée exacte de l'organisation, des fonctions et des droits des syndicats sans prendre en considération la structure économique, politique, sociale, juridique de l'État socialiste.

En bref, les conventions internationales du travail, qui étaient universelles dans leur nature, s'inséraient dans des réalités sociales différentes qui, toutes, pouvaient être conformes aux normes de l'OIT. Les méthodes et les résultats de l'application de ces instruments dans les pays capitalistes, ajoutaient-ils, n'étaient pas seuls à respecter les conventions. Les vues opposées, qu'ils dénonçaient, étaient à leurs yeux incompatibles avec les fondements mêmes du droit international qui reposaient sur la coexistence pacifique.

La majorité des membres des instances de contrôle a rejeté ces arguments. La CEACR a certes admis que des réalités sociales différentes, prévalant dans des systèmes sociaux et politiques différents, pouvaient s'harmoniser avec une convention donnée et, qu'à l'inverse, des divergences entre la législation ou la pratique nationale et un instrument ratifié pouvaient évidemment se produire dans des pays appartenant à l'un et à l'autre système. Elle a toutefois insisté sur le point suivant : dans l'appréciation de la législation et de la pratique nationales par rapport aux conventions, son rôle consistait à déterminer si les dispositions d'une convention donnée s'appliquaient, quelles que soient les conditions économiques et sociales prévalant dans un pays donné. Les prescriptions de cet instrument demeuraient constantes et uniformes pour tous les États, sous la seule réserve des éventuelles dérogations que la convention elle-même autorisait expressément.

La Commission voulait seulement être guidée par les dispositions des conventions, sans perdre de vue toutefois que les modalités de leur mise en œuvre pouvaient différer suivant les États. L'application des normes

---

[37] Voir aussi S. A. Ivanov : « Sur les études comparatives en droit du travail », *Revue internationale de droit comparé*, n° 2, avril-juin 1985, spécialement pp. 383 et ss.

internationales devaient s'évaluer partout de la même manière sans être affectée par des conceptions sociétales différentes[38].

On retrouve ici une question d'interprétation qui se pose en droit national comme en droit comparé et en droit international : rien ne permet d'établir des distinctions là où la norme à appliquer ne distingue pas. Certes, le juge, pénal par exemple, prend en considération les circonstances atténuantes ou excluant la responsabilité ; il le fait cependant sur la base de textes légaux l'y autorisant. La même remarque vaut pour toutes les branches du droit. En l'occurrence, l'opinion majoritaire de la Commission d'experts paraît avoir rallié aujourd'hui la plupart des experts et des délégués à l'OIT.

Les observations qui précèdent appellent quelques précisions. Il se peut d'abord qu'un texte législatif national ou international autorise expressément ou indirectement des dérogations à la règle commune sur la base de conditions économiques et sociales. On pensera aux formules dites "de souplesse", insérées dans les conventions de l'OIT pour permettre aux États, en développement surtout, de mettre celles-ci en œuvre progressivement et parallèlement à leurs progrès économiques. La prise en considération de ces éléments est dans ces cas fonction des textes analysés. Encore est-il préférable que ceux-ci précisent qui peut apprécier ces circonstances, dans quelle mesure et avec quelles conséquences.

De plus en plus souvent d'autre part, les législations nationales et les instruments internationaux tiennent compte expressément de ces conditions dans les choix des moyens retenus pour les faire appliquer. C'est le cas dans la lutte contre le travail des enfants. L'examen de conformité porte d'ailleurs non sur la seule lettre des textes, mais sur la manière dont ils sont mis en pratique. Remarque élémentaire sans doute, mais exercice périlleux. Bien plus, facteurs économiques et sociaux interviennent nécessairement dans la stratégie destinée à surmonter les difficultés rencontrées dans l'application des conventions ratifiées. Que ces instruments s'intègrent à une authentique politique sociale constitue plus largement un gage important de leur influence réelle.

Plusieurs pays en développement ont réclamé plus récemment moins de rigueur dans l'évaluation de l'application pratique des conventions. Ils ont de nouveau insisté sur la prise en considération du contexte socio-économique. Les organes de contrôle de l'OIT et une majorité de

---

[38] Voir en particulier Conférence internationale du Travail, 73e session (Genève, 1987): *Rapport de la Commission d'experts pour l'application des conventions et recommandations*, rapport III (partie 4A) (Genève, BIT), 1987, paragr. 20 ; voir aussi paragr. 22 à 24 et 50 à 52.

délégations au sein de ses organes directeurs ont refusé de les suivre dans cette voie. Ils ont reconnu l'importance des impératifs du progrès économique et de la lutte contre la pauvreté Ils ont toutefois ajouté que ces politiques devaient respecter les principes d'équité, ne pas faire peser sur les plus démunis le poids de l'évolution souhaitée. Les normes internationales du travail, ont-ils souligné, ne constituent pas de simples préoccupations morales, louables certes mais quelque peu irréalistes, surtout en temps de crise. Elles ont une signification, une portée déterminée pour la promotion d'un développement économique dynamique et harmonieux.

Elles constituent également des règles juridiques précises que les États sont tenus de respecter lorsqu'ils s'y sont engagés. On ne peut pas tirer argument de la dureté des temps pour en assouplir l'application : si l'on a cherché à rédiger les normes de l'OIT en des termes suffisamment larges pour qu'elles puissent s'adapter à des niveaux de développement différents, comme à divers systèmes juridiques, économiques ou sociaux, la même flexibilité n'est pas de mise quand il s'agit de constater le degré de mise en œuvre d'une convention dans un pays donné.

Il reste que la CIT a été sensible aux nombreux obstacles que rencontrent des pays pauvres lorsqu'ils cherchent à atteindre le niveau des normes de l'OIT, obstacles dus à la modicité de leurs ressources, à la faiblesse des moyens éducatifs, à l'insuffisance aussi quelquefois de leurs cadres, de leurs techniciens, de leurs administrateurs. De très nombreux États ont demandé un effort beaucoup plus substantiel en faveur de ces pays, à travers, notamment, des programmes de coopération technique.

La contestation par l'URSS et ses alliés des fondements de l'Organisation provoqua de vives inquiétudes parmi les autres délégations, notamment chez les employeurs et aux États-Unis. A la critique visant une possible érosion du tripartisme, s'ajoutait la crainte qu'une majorité d'États n'imposât à l'OIT une attitude sélective - de "deux poids, deux mesures" - à propos des droits fondamentaux. Leurs préoccupations portaient enfin sur une politisation excessive, entre autres lors de la discussion et de l'adoption de résolutions condamnant la politique israélienne à l'égard des populations arabes et éludant, à leurs yeux, les procédures de l'Organisation.

En 1975, les États-Unis décidèrent de quitter l'Organisation. Ils notifièrent, un préavis de retrait dans une lettre[39] où le Secrétaire d'État

---

[39] Lettre remise le 6 novembre 1975 au Directeur général Francis Blanchard par l'Ambassadeur Francis L. Dale ; voir CA, 198e session (Genève, nov. 1975), *document GB*.198/22/11.

Henry Kissinger soulignait, outre les points précédents, que " les questions ayant trait aux relations entre États et les proclamations de principes économiques devraient être laissées aux Nations Unies et aux autres institutions internationales où leur examen relève davantage de la compétence de ces organisations ". Ils considéraient comme trop large la vision que l'OIT avait eue à cet égard de son mandat.

A cela s'ajoutait l'hostilité traditionnelle dans les milieux les plus conservateurs, et chez les partisans les plus farouches du laissez-faire, vis-à-vis d'une institution insistant sur la nécessité, à charge des Etats, de prévoir pour les travailleurs, pris individuellement ou organisés en syndicats, une protection satisfaisante de leurs conditions d'emploi[40]. Le pays reprit cependant sa place dans l'Organisation en 1980 après que des réformes eurent été menées à bien en réponse aux critiques formulées.

Le contexte géopolitique dans lequel l'OIT évoluait depuis la deuxième guerre mondiale avait encore changé autrement. De plus en plus d'anciennes colonies devenaient indépendantes et les pays du tiers monde finirent par constituer une majorité dans le système des Nations Unies[41]. Même si ces derniers présentaient une homogénéité parfois plus apparente que réelle, ils jouèrent un rôle d'arbitres entre les deux "blocs" rivaux. En outre leurs préoccupations principales portaient sur la création d'emploi et la lutte contre la pauvreté. Cette mutation donna une impulsion considérable aux activités pratiques de l'OIT.

Paragraphe 2 – L'après-guerre froide et la mondialisation

Le monde, et les États qui le composent ont connu, au tournant des années 1980-1990, des bouleversements majeurs. La disparition d'un groupe de pays communistes en est un quand la création de l'OIT procède notamment de la peur du communisme. L´événement a entraîné la fin de bien des tensions, mais aussi de certains équilibres, comme dans les relations entre patrons et syndicats. L'opposition naturelle d'intérêts entre ces derniers a retrouvé plus de vigueur. L'économie de marché a triomphé à peu près partout, mais la mondialisation s'est brutalement accélérée. Des inégalités ont résisté au changement, d'autres se sont créés entre les États, et à l'intérieur de ceux-ci. Les innovations techniques ont perturbé la division internationale du travail, modifié sa structure et supprimé des emplois sans nécessairement en créer suffisamment d'autres.

---

[40] Voir A. Alcock, *op. cit.*, p. 213.

[41] Voir par exemple sur le sujet Y. Ghebali, *L'Organisation internationale du Travail (OIT)*, Genève, Georg, 1987, pp. 49 et ss.

La division du monde entre États libéraux, "bloc" communiste et Tiers-Monde disparut. Ce dernier se divisa entre pays qui rapidement réussirent s'adapter et pays à bien des égards oubliés, une fois abandonnée la rivalité entre les deux premiers groupes. On assista à une montée en puissance des institutions financières internationales, spécialement de la Banque mondiale (BM) et du Fonds monétaire international (FMI).

Cela dit, la circulation de l'information au-delà des frontières a également entraîné des effets positifs. J'interrogeai un jour des Allemands de l'Est sur les raisons qui les avaient poussés à choisir des marches pacifiques pour amener leur gouvernement à changer. Ils avaient vus, me répondirent-ils, le film *Gandhi* de Richard Attenborough, sorti en 1982 et le succès de la contestation pacifique menée par l'illustre protagoniste de l'indépendance indienne. Ils voulurent faire de même. Je racontai l'anecdote à des amis indiens, ajoutant que je n'avais jamais voulu voir l'œuvre, pensant que, réalisée par un Britannique, elle ne pouvait refléter sereinement l'histoire. Ils me détrompèrent et… laissèrent le lendemain la cassette à la réception de mon hôtel.

Mes amis sur place avaient aussi regardé, grâce aux antennes satellites, les manifestations célébrant les deux cents ans de la Révolution française. Ce qui n'avait été pour moi qu'une belle commémoration, les avaient conduits à s'interroger sur les raisons expliquant pourquoi les Français jouissaient depuis si longtemps des libertés civiles et politiques quand eux y aspiraient encore.

L'internationalisation des communications a également constitué un véhicule de démocratie dans les pays du Golfe persique. J'en donnerai des exemples plus avant.

La mondialisation des échanges a diminué la puissance des gouvernements nationaux ainsi que des associations patronales et syndicales, acteurs sociaux nés de la révolution industrielle. Elle a réduit le pouvoir des États à agir, à réglementer seuls, créant des incertitudes sur leur capacité et celle de leurs instruments juridiques à protéger adéquatement l'homme et la femme au travail. Elle a affaibli par ricochet l'OIT constituée par ces protagonistes mêmes, alors que s´observe la montée en puissance d'acteurs privés globaux, groupements d'États, entreprises multinationales, organisations non gouvernementales (ONG) plurinationales qui ne sont pas directement intégrés au processus décisionnel de l'OIT.

Un foisonnement de procédures, de techniques, d'instances de contrôle des normes sociales se fondent sur autant d'instruments d'organisations internationales universelles (les Nations Unies en particulier) ou régionales, de codes de commerce (celui des États-Unis, pour n'en citer qu'un), de traités de libre-échange bilatéraux ou multilatéraux dotés d'une clause sociale ainsi que d'initiatives privées que l'on regroupe volontiers sous le sigle " RSE ", responsabilité sociale des entreprises. Ces actions aboutissent à une multiplication des types de supervision (labellisation, certification, audit, normalisation) en concurrence avec des approches plus traditionnelles.

Les organismes intergouvernementaux ont pris acte de l'importance acquise par les protagonistes privés ; ils ont élaboré des directives modèles appelées à inspirer les entreprises commerciales dans leurs politiques sociales. L'OCDE, l'OIT et plus récemment les Nations Unies (avec son Pacte mondial) ont rédigé des principes directeurs à cet effet. D'autres organisations internationales (la Banque mondiale, l'Union européenne) et certains gouvernements (la Belgique, le Canada, les États-Unis, les Pays-Bas, le Royaume-Uni) cherchent à promouvoir de telles mesures[42].

Ces évolutions ont conduit à douter du système normatif de l'OIT. L'Organisation avait joui jusque tard dans le XXème d'un quasi-monopole dans l'élaboration et le contrôle de l'application des normes universelles du travail et de la sécurité sociale. Il fut nécessaire de démontrer que le mécanisme qu'elle avait construit, et qui fut repris *mutatis mutandis* par d'autres institutions internationales comme le Conseil de l'Europe, conservait son actualité, sa légitimité et son effectivité.

Sa légitimité puisque les conventions et recommandations internationales du travail ne se réduisaient pas aux règles dites fondamentales. Un tel resserrement aurait amené une profonde dérégulation de son corpus juridique. En revanche le champ d'application géographique et le contenu des normes contenues dans les initiatives privées en particulier variaient et présentaient de considérables lacunes.

L'effectivité regardait la mise en œuvre, dont la supervision ne constituait qu'un aspect. " Quand je vais dans un pays, je n'examine pas s'il y a de bonnes lois, mais si on exécute celles qui y sont, car il y a de bonnes lois partout[43] ". On jugeait lent et lourd le contrôle régulier mis en

---

[42] Voir par exemple ma contribution "Normes internationales du travail et responsabilité sociale des entreprises", dans J.-C. Javillier et B. Gernigon (directeurs de publication): *Les normes internationales du travail: un patrimoine pour l'avenir. Mélanges en l'honneur de Nicolas Valticos* (Genève), BIT, 2004, pp. 565-583.

[43] Montesquieu, *Notes sur l'Angleterre*, *Œuvres complètes*, Paris, Firmin Didot Frères, 1838, p. 631.

place à l'OIT ; trop de questionnaires, trop de rapports, trop de réponses et de commentaires amortissent le mordant des critiques. C'était ignorer le système dans son ensemble. Les procédures de plaintes restaient largement utilisées, démontrant leur utilité ; elles concernaient le respect de la liberté syndicale dans le plus grand nombre de cas, mais bien d'autres domaines également.

L'Organisation des bords du lac Léman gardait une légitimité dans le contrôle de ses normes en raison de l'objectivité du système mis en place, de son universalité, de sa qualité technique et morale. Si l'on attendait des entreprises multinationales qu'elles vérifiassent l'application de leurs normes RSE, les procédures utilisées présentaient d'incontestables faiblesses, qu'elles fassent appel à un tiers indépendant ou des inspecteurs privés engagés par la firme. L'incertitude pesait sur leur force obligatoire, comme je le relèverai dans la dernière partie de ce livre.

La réélection de Donald Trump aux Etats-Unis a déstabilisé davantage l'environnement international. Ses déclarations et les mesures protectionnistes décidées ont encore complexifié le processus de mondialisation et limité l'intérêt des grandes entreprises à adopter des codes de conduite. Elles ont rendu plus difficile l'action des organisations internationales.

Paragraphe 3 – La vision du contrôle normatif dans ce contexte incertain

Ce contexte incertain a modelé les caractères du contrôle. Il est essentiel de saisir les contraintes, les pesanteurs de la société internationale contemporaine si l'on veut défendre au mieux les valeurs de l'Organisation sans défaillance, mais sans provocation. Une déclaration publique intempestive sur un point marginal peut provoquer la dénonciation d'une convention fondamentale. Si les conclusions de la CEACR sont après 1989 devenues plus sentencieuses, le groupe employeur lui a, en réaction, rappelé les limites de son mandat. La controverse à propos du droit de grève, examinée plus loin, en constitue une très visible manifestation.

En bref, le système souffre de deux limitations importantes. La première porte sur le caractère volontaire des ratifications: rien n'oblige un État à prendre l'engagement juridique de respecter des normes internationales déterminées. La seconde concerne la nature non exécutoire des conclusions adoptées par les organes de contrôle. Elles se fondent sur une argumentation juridique qui cherche à emporter l'adhésion, mais rien de plus.

Les organes décisionnels de l'Orgasnisation peuvent en revanche prendre des sanctions, même si, dans les faits leur utilisation reste limitée. L''article 33 de sa Constitution prévoit cependant que " si un Membre [...] ne se conforme pas dans le délai prescrit aux recommandations [...] contenues soit dans le rapport de la Commission d'enquête, soit dans la décision de la Cour internationale de Justice, selon le cas, le Conseil d'administration pourra recommander à la Conférence telle mesure qui lui paraîtra opportune pour assurer l'exécution de ces recommandations ".

Envisageons successivement celles que cite la Charte des Nations-Unies aux articles 41 et 42.

On ne peut pas imaginer dans l'état actuel de la société internationale un recours à la force des casques bleus pour imposer le respect des normes de l'OIT.

Fait significatif, l'ancien article 28 de sa Constitution qui prévoyait spécifiquement des sanctions économiques, le cas échéant, après l'examen d'une plainte par une Commission d'enquête a disparu lors d'une réforme adoptée après la deuxième guerre mondiale. Si rien certes n'empêche les organes directeurs de l'Organisation d'adopter à l'égard d'un État récalcitrant une conduite plus dissuasive, des résistances de nature politique ou d'opportunité existent à des mesures financières ou commerciales.

Dans des cas exceptionnels cependant, le BIT a refusé toute assistance technique autre que celle qui pourrait se réaliser pour éliminer les divergences avec des conventions internationales du travail. Le Conseil d'administration en a par exemple ainsi décidé en mars 2023, à propos du Belarus qui n'avait pas tenu compte des recommandations d'une commission d'enquête soulignant les violations de la liberté syndicale. Dans une résolution adoptée en 2023, la CIT a en outre invité gouvernements, employeurs, travailleurs et organisations internationales à réexaminer les relations à entretenir avec ce pays et, le cas échéant pour ces dernières, à mettre fin à toute activité qui pourrait justifier, directement ou indirectement, qu'aucune mesure ne soit prise pour remédier au non-respect des droits syndicaux dans le pays.[44]

L'Organisation privilégie par conséquent les incitations diplomatiques et médiatiques. Aucun pays n'aime être ainsi mis au ban de la communauté des Nations, subir l'ostracisme, se voir refuser d'organiser chez lui des réunions ou de nommer ses délégués au sein des commissions (cas de

[44] *Document GB*.347/INS/PV, § 653; ILC.111/Compte rendu no 1A.

l'Afrique du Sud au temps de l'apartheid, du Chili du général Pinochet ou du Myanmar de la junte militaire). La mobilisation de la honte emporte des effets bien plus significatifs que je ne le pensais quand j'ai rejoint le Bureau.

La publicité donnée aux conclusions des organes de contrôle constitue, dans la pratique, le facteur le plus utilisé pour pousser un État à assurer le plein respect des conventions ou des principes de liberté syndicale; s'y ajoute celle des discussions dans ces forums internationaux que sont le Conseil d'administration, la Conférence et sa Commission d'application des normes.

Ces limitations expliquent que l'OIT a toujours privilégié le dialogue dans le règlement des problèmes rencontrés. Elle cherche à réformer sans provoquer, oppose la raison têtue à la force. Ses mécanismes de contrôle offrent des moyens de pression, que l'on pourrait qualifier de soft law.

Faut-il encore répéter que les organes de contrôle ne sont pas des tribunaux? L'objectif n'est pas d'obtenir la condamnation d'un gouvernement pour la violation d'une norme, même importante, de l'OIT. Il consiste à rechercher avec lui, au-delà des bonnes intentions, les moyens de surmonter les problèmes rencontrés.

L'Organisation dispose de nombreuses voies pour susciter un dialogue constructif. Les bureaux régionaux et locaux du BIT y jouent un rôle important.

Le pays concerné peut compter sur l'aide technique de l'Institution. Même en dehors de tout commentaire critique sur l'application d'une convention, existe une gamme d'activités (réunions sur les normes, stages de fonctionnaires nationaux, brochures et manuels, etc.) destinées à mieux faire comprendre la portée, les objectifs et le fonctionnement du système normatif. Le secrétariat cherche depuis plus longtemps à développer une assistance ciblée sur les besoins individuels des États[45] ; il s'appuie à cet effet sur des fonctionnaires en charge des normes dans les bureaux extérieurs, soutenus par leurs collègues du siège. Le Centre international de formation de l'OIT à Turin apporte un concours important à ces activités.

Les missions sur place prennent deux formes. Elles fournissent des avis afin de mettre la loi et la pratique d'un pays en conformité avec une convention ratifiée ou, plus simplement, d'intégrer les valeurs consacrées par les normes internationales dans la législation du travail. Les experts

[45] Voir document du Conseil d'administration GB 285/LILS/5 de novembre 2002.

du Bureau participent également à des colloques, des séminaires, des ateliers où l'on explique ces dernières en détails et où l'on discute librement les obstacles, voire les objections, à leur mise en œuvre. De telles manifestations réunissent des administrateurs du travail, des employeurs, des syndicalistes, voire des parlementaires et des magistrats spécialisés. Les avis et les explications peuvent également se rapporter aux mécanismes de rapport et de contrôle et à la manière d'éviter qu'ils ne constituent une charge de travail excessive pour les ministères.

La Déclaration relative aux principes et droits fondamentaux au travail a considérablement renforcé les liens entre les activités normatives et la coopération technique. Elle souligne l'obligation qui incombe à l'Organisation d'aider ses Membres à mettre en œuvre ces principes et ces droits, en réponse à leurs besoins établis et exprimés, et d'utiliser pleinement à cet effet les moyens constitutionnels, budgétaires et pratiques. Il revient en outre à l'OIT d'encourager d'autres organisations internationales à soutenir ses efforts. La Déclaration a incontestablement donné un élan aux activités de promotion et d'assistance en matière normative, notamment en termes de ressources. Parmi ces programmes, on se rappellera celui pour l'abolition du travail des enfants (connu sous son sigle anglais d'IPEC).

Les procédures de contrôle permettent en outre au BIT de déployer tous ses efforts de conciliation et de diplomatie. Parfois de hauts fonctionnaires du Bureau organisent des entretiens à Genève ou dans le pays concerné. Certaines missions présentent un caractère plus formel quand le Directeur général du BIT désigne un de ses collaborateurs ou une personnalité indépendante comme son représentant spécial. Quelquefois même un groupe tripartite de délégués de l'OIT se rend sur place pour s'informer de la situation et rechercher une solution. Je peux témoigner que la simple menace d'un débat au sein du Conseil d'administration ou de la Conférence annuelle de l'OIT a fréquemment amené des gouvernements critiqués à chercher avec le secrétariat de l'Organisation des solutions amiables aux conflits.

Les premiers exemples qui suivent concernent des différends survenus à l'intérieur des frontières ou dépassant les frontières d'un État. Plus informellement encore, des fonctionnaires internationaux ont pu conseiller des entreprises privées sur l'amélioration des conditions de travail; des cas seront évoqués également.

1. *Les conflits qui dépassent les frontières d'un État*

Une première affaire portait sur l'inobservation de conventions maritimes. En mai 1978, la France déposa une plainte à l'OIT pour violation sur des navires battant pavillon du Panama de trois conventions internationales du travail : les conventions n° 23 sur le rapatriement des marins, 1926, n° 53 sur les brevets de capacité des officiers, 1936, et n° 68 sur l'alimentation et le service de table (équipage des navires), 1946. Le BIT entama des consultations. Les deux gouvernements acceptèrent qu'il ait des contacts dans le pays mis en cause. Le Conseil d'administration suspendit la procédure.

Le fonctionnaire international chargé de la mission obtint du gouvernement panaméen l'engagement d'améliorer le contrôle effectif des normes applicables aux navires par des mesures concrètes. Le BIT prit acte de la nomination de quatre cents douze inspecteurs ayant une expérience de la mer et une connaissance des normes nationales et internationales du travail. L'Organisation apporta son appui technique et contribua à la rédaction de textes législatifs sur les conditions d'emploi dans la marine marchande. Panama adopta deux décrets et d'autres mesures destinées à donner effet aux conventions précitées, entre autres l'extension du régime d'assurance obligatoire aux membres d'équipage étrangers[46]. La médiation permit de trouver une solution satisfaisante pour la France sans devoir mener à son terme la procédure engagée.

Il en fut de même dans une affaire qui se rapportait à l'expulsion par la Libye de quelques 30.000 travailleurs tunisiens et 15.000 égyptiens dans la seconde moitié des années 1980. Les raisons en étaient à la fois techniques (la chute du prix du pétrole privait le pays d'importants revenus) et politiques (les liens jugés trop étroit de l'Egypte et de la Tunisie avec les États-Unis). Ces deux gouvernements n'avaient pas de relations diplomatiques avec la Libye.

La Tunisie déposa une plainte en violation des conventions de l'OIT n°95 sur la protection du salaire, 1949, n°111 concernant la discrimination (emploi et profession), 1958 et n°118 sur l'égalité de traitement (sécurité sociale), 1962. Dans le cas de l'Egypte, dont les relations avec son voisin occidental étaient exécrables, la confédération des syndicats introduisit une réclamation.

[46] Conseil d'administration du BIT, *documents GB. 214/5/5* des 18-21 novembre 1980 et *GB. 226/13/5* des 31 mai-2 juin 1984.

Ici encore les procédures furent suspendues. Je pus, avec des collègues me rendre sur place dans des conditions difficiles et mettre sur pied une commission de conciliation chargée de résoudre les questions de salaires impayés, d'indemnisation des biens personnels disparus, et surtout, de transfert de droits acquis ou en cours d'acquisition en matière de sécurité sociale. Les travailleurs tunisiens furent remboursés sur la base de documents produits à l'appui de leurs allégations, par des versements opérés notamment par les institutions libyennes de sécurité sociale aux organismes tunisiens équivalents. La plainte fut retirée, et les relations diplomatiques rétablies en 1987[47].

La situation restait plus complexe du côté égyptien. Les discussions se déroulèrent entre les organisations syndicales des deux pays. Le principe d'une compensation équivalente fut accepté, ce qui mit fin à la procédure.

Je rappelle enfin que l'OIT envoie régulièrement[48] des missions en Israël et dans les territoires arabes occupés afin de réunir des données et des informations concernant les conditions d'emploi des travailleurs de ces territoires, à la suite des nombreuses allégations, de discrimination en particulier, les concernant.

2. *Les conflits à l'intérieur des frontières d'un État*

L'Organisation a examiné d'autres affaires où son rôle de médiateur est apparu nettement. La question était souvent moins de savoir si le gouvernement avait agi dans le respect des normes internationales du travail que de trouver, dans la ligne de celles-ci, une solution acceptable par chacun des acteurs nationaux intéressés à des problèmes complexes et délicats.

Un cas typique est, après le retour de l'Espagne à la démocratie, celui de la dévolution des biens de l'ancienne organisation corporatiste. Saisi, le CLS ne chercha pas à déterminer à quels syndicats ces biens devaient revenir, ni dans quelle proportion, mais s'attacha à indiquer les critères sur la base desquels la dévolution devait s'opérer[49]. La même approche prévalut dans une affaire relative à l'Argentine après la chute du régime

[47] Conseil d'administration du BIT, *document GB*.240/14/25 de mai –juin 1988.

[48] Voir les rapports annuels à la Conférence internationale du travail sur la situation des travailleurs dans les territoires arabes occupés sur le site de l'OIT ; le plus récent de ces rapports date de 2022.

[49] BIT, *Bulletin officiel*, vol. LXII,1979, série B, n°2, cas n°900, 194ème rapport du Comité de la liberté syndicale, §§238-262 ; vol. LXIII, 1980, série B, n°2, 202éme rapport, §§337-354.

militaire en 1983 et à la restitution de leurs biens aux syndicats qui s'étaient entre-temps scindés[50].

Un cas plus significatif encore porte sur la Pologne puisque le rapport de la Commission d'enquête chargée de faire la lumière sur la dissolution de Solidarité et sur l'arrestation de ses dirigeants servit de base à la libéralisation du régime en 1989[51].

Toutes les plaintes reçues ne trouvèrent pas une issue aussi positive. On compte des échecs flagrants ; comment pourrait-il en être autrement ? Le Myanmar et la Biélorussie[52] en sont des illustrations bien connues.

3. *Les conflits d'ordre privé*

L'OIT traite des relations entre Nations. Si les délégations des États membres ont été élargies aux représentants patronaux et syndicaux, l'Organisation n'a néanmoins aucune compétence pour résoudre les problèmes internes des entreprises privées. Cela n'empêche pas son secrétariat, lorsqu'il est consulté, de donner des informations et des avis sur la manière d'y apporter une solution, en pleine transparence à l'égard de ses mandants.

Lorsqu'une firme d'ameublement apprend par exemple que les tapis qu'elle vend sont fabriqués avec des mains d'enfants par un lointain sous-traitant, elle s'en émeut parce que cela contrevient à ses valeurs, mais plus encore peut-être parce qu'elle craint un boycottage de ses produits. Quoi de plus naturel dans ce cas que de profiter des connaissances et de l'expérience du BIT! Le fonctionnaire contacté conseilla d'élaborer un code de conduite applicable à l'ensemble des filiales de la multinationale, et à ses sous-traitants, et d'y introduire une clause sanctionnant le travail infantile. Pour le contrôle de cette interdiction, le choix se porta sur des inspecteurs recrutés par l'entreprise plutôt que par une organisation non gouvernementale (ONG). Leur expérience professionnelle constituait un avantage majeur et le fait d'être payé par l'entreprise, un inconvénient mineur puisque celle-ci avait tout intérêt à ce que cesse cette pratique.

---

[50] BIT, *Bulletin officiel*, vol. LXVII, 1984, série B, n°3, cas n°842, 236ème rapport du Comité de la liberté syndicale, §§ 16.

[51] Fr. Blanchard, « Une page d'histoire de l'OIT: la Pologne » dans J.C. Javillier et B. Gernigon (dir. de public.), *Les normes internationales du travail : un patrimoine pour l'avenir. Mélanges en l'honneur de Nicolas Valticos*, Genève, BIT, 2004, pp. 83-88.

[52] Document *GB.349/INS/13(Rev.1)*; CIT.*109/. Compte rendu n°3B*, ILC.*110/Compte rendu n°. 2A*, CIT. *111/ Compte rendu n°. 2A (Rev.1)*.

Une chaîne de supermarchés craignait également le lancement d'une campagne publicitaire négative de la part d'une association à but social. Elle vendait les conserves de fruits d'une multinationale propriétaire de plantations aux Philippines où cette dernière s'opposait à la création de syndicats. Avec l'aide officieuse d'un fonctionnaire du Bureau, l'entreprise de distribution introduisit dans son contrat d'achat une clause sociale imposant le respect de la liberté syndicale; l'association qui avait dénoncé ces pratiques fut chargée d´en vérifier la bonne application.

Revenons aux mécanismes de contrôle. La multiplication des procédures peut donner une impression d'enchevêtrement. Il n'en est rien. La difficulté à saisir la mécanique du système vient avant tout de ce mélange, déjà relevé, d'efforts de persuasion et de pressions, sans jamais renoncer à faire appliquer strictement la convention qui pose problème.

La coordination de l'action du CLS et de la CEACR, évoquée plus haut, se déroule en principe sans accroc. Cette dernière détermine si les prescriptions d'une convention donnée, par exemple en matière syndicale, sont respectées ou non. Sa tâche est par conséquent de nature juridique. Elle n'a certes aucun titre à donner une interprétation définitive à une disposition internationale du travail. Il lui appartient toutefois, dans l'exercice de son mandat, d'examiner sa signification et d'exprimer son opinion.. Elle doit également s'interroger sur le sens et la portée attribués, notamment dans la pratique, à certaines règles nationales. Elle examine les décisions rendues dans le pays considéré et détermine leur compatibilité avec les exigences de la convention[53].

Le rôle du CLS diffère. Les allégations portées devant lui touchent fréquemment des questions qui ne sont pas expressément envisagées dans les conventions sur les droits syndicaux[54]. Il est appelé à formuler des conclusions et à proposer des solutions, en s'inspirant des normes de l'OIT, mais en élaborant des principes plus spécifiquement adaptés à la situation de fait.

C. W. Jenks, grand juriste internationaliste, longtemps conseiller juridique du BIT avant d'en devenir Directeur général, a clairement précisé la mission du Comité. Il est largement reconnu, écrit-il, que l'intérêt général demande que les plaintes en violation des droits syndicaux soient

---

[53] Voir Conférence international du travail (103ème session, 2014), *Rapport de la commission d'experts pour l'application des conventions et recommandations*, rapport III (Partie 1A), BIT, Genève, 2014, paragr. 31.

[54] Voir à cet égard BIT: *Rapport du Directeur général*, Conférence internationale du Travail, 70e session (Genève, 1984), p. 43.

examinées impartialement et sans passion, par une instance internationale. Une telle intervention peut contribuer à apaiser les tensions tant internationales que sociales. La méthode suivie permet à un organisme, composé de manière à assurer un équilibre raisonnable entre des points de vue et des intérêts divergents, d'examiner les plaintes de manière informelle; elle ne peut en aucune façon être comparée à une procédure d'enquête menée dans le cadre de poursuites juridiques contre un État traité en accusé[55]. Les fonctions de conciliation, de médiation doivent ici l'emporter.

Le bilan établi sur les résultats de ces procédures est incontestablement positif[56], même si les succès obtenus sont quelquefois fragiles et si certains cas restent sans solution. L'influence se manifeste le plus clairement chaque fois qu'un pays entreprend une démocratisation de ses structures politiques. Certes, des violations de ces règles se produisent fréquemment, puisque bien des gouvernements pratiquent le vice, s'ils prônent la vertu. Certes aussi il peut arriver qu'aucune solution d'ensemble ne se dégage. Pourtant, si l'OIT n'a pas transformé la situation dans chaque cas, les cas d'échec total restent rares. Son action a le plus souvent apporté des résultats, plus ou moins complets.

L'exemple sans doute le plus clair de son influence positive concerne les droits syndicaux. L'action du CLS a permis à de nombreux syndicalistes, à des dirigeants employeurs, arrêtés sommairement, d'avoir la vie sauve,

---

[55] C. W. Jenks: *The International Protection of Trade Union Freedom* (Londres), Stevens, 1957, p. 196; voir aussi du même auteur: «The international protection of trade union rights» dans E. Luard (directeur de publication): *The International Protection of Human Rights* (Londres), Thomas and Hudson, 1967, pp. 236-237. Voir également le *Premier rapport du Comité de la liberté syndicale* (sixième rapport de l'OIT aux Nations Unies, 1952, annexe V) (Genève, BIT), paragr. 31.

[56] Voir ainsi N. Maggi-Germain (dir.), *L'impact des normes de l'O.I.T. sur la scène internationale,* Paris, Mare & Martin, 2021; M. Brassey: 'Something New, Something Borrowed ... : Comparative Labour Law in South Africa', in R. Blanpain and R. Weiss (dir.), *The Changing Face of Labour Law and Industrial Relations, Liber Amicorum Clyde W. Summers*, Baden-Baden, Nomos Verlagsgesselschaft, 1993, pp. 139–140; S. van Eck, 'Employment Agencies: International Norms and Developments in South Africa', *IJCLLIR*, Vol. 28(1), 2012, pp. 29–44; S. Deery et R. Mitchell (dir), *Labour Law and Industrial Relations in Asia, Eight Country Studies*, Melbourne, Longman Cheshire, 1993, p. 9; J.B. Acosta Estevez, *El Sistema Jurídico de la Organización Internacional del Trabajo y el Derecho Español*, Cedecs Editorial, Barcelona, 1997; N. Lyutov, 'The Role of the ILO in the Adoption of the New Russian Labour Code', *IJCLLIR*, Vol. 19(2), Summer 2003, pp. 163–177; S.L. Kang, *Human Rights and Labor Solidarity: Trade Unions in the Global Economy*, Philadelphia (PA), University of Pennsylvania Press, 2012; E. Gravel, I. Duplessis and B. Gernigon, *The Committee on Freedom of Association: Its Impact over 50 Years,* Geneva, ILO, 2001; E. Gravel and Ch. Charbonneau-Jobin, *The Committee of Experts on the Application of Conventions and Recommendations: Its Dynamic and Impact,* Geneva, ILO, 2003.

d'être libérés ou, s'ils étaient poursuivis pour des activités non syndicales, jugés dans des conditions dignes de ce nom. Grâce à lui, des travailleurs licenciés en représailles de leurs activités syndicales, ont été réintégrés; la décision de dissoudre un syndicat ou de destituer ses dirigeants a été rapportée; des organisations syndicales ont obtenu leur reconnaissance ou ont vu leur personnalité juridique rétablie; le contrôle gouvernemental sur les syndicats a été levé; des législations peu compatibles avec les principes de la liberté d'association professionnelle ont été amendées. Le Comité a, plus profondément, aidé le dialogue à reprendre entre les autorités gouvernementales et les acteurs essentiels de la vie publique que sont les associations patronales et syndicales[57].

De nombreuses juridictions nationales se réfèrent aux conventions ratifiées par leur pays, voire au sens qu'en donnent les organes de contrôle de l'OIT. Certaines, comme en Afrique du Sud au temps de l'apartheid, s'inspirent même des instruments non ratifiés, pour interpréter ou corriger le droit interne, ou encore pour dégager de nouveaux principes généraux du droit[58].

---

[57] G. W. von Potobsky: «Normas internacionales del trabajo, libertad sindical y derecho colectivo del trabajo», dans M. L. Deveali (directeur de publication): *Tratado de Derecho del Trabajo*, t. V (Buenos Aires), La Ley, 1966, pp. 643 et ss.; R. Hernández Pulido, *Derechos humanos fundamentales y sindicales en tiempo de las dictaduras en el cono Sur. La labor de restitución de los derechos emprendida por el Comité de libertad sindical,* Santiago de Chile, OIT, 2014.

[58] Voir ainsi la decision relative au droit de grève prise par la Cour suprême du Canada le 30 janvier 2015 (Saskatchewan Federation of Labour v. Saskatchewan, 2015 SCC 4) ; N. Cassim, "Unfair Dismissal" *Industrial Law Journal* (Afrique du sud), 1984, 5, spécialement la note 18; J.-Ph. Dunand, "Liberté syndicale et droit de l'Organisation internationale du travail (OIT) : un cadeau avant l'anniversaire ! - Commentaire de l'arrêt du Tribunal fédéral 2C_499/2015", *Newsletter Droit Du Travail. ch*, mai 2018; X. Beaudonnet (dir. de publ..), *Droit international du travail et droit interne. Manuel de formation pour juges, juristes et professeurs de droit*, Turin, Centre international de formation de l'OIT, 2009 ; G. von Potobsy « Eficacia jurídica de los convenios de la OIT en el plano nacional » dans J.C. Javillier and B. Gernigon (dir. de publ.), *Les normes internationales du travail: un patrimoine pour l'avenir. Mélanges en l'honneur de Nicolas Valticos*, Genève, BIT, 2004, pp.287-305 ; E. Gravel et Qu. Delpech, « Contrôle des normes internationales du travail et complémentarité des systèmes nationaux et internationaux : récentes évolutions », *Revue internationale du travail*, vol.147(4), 2008, pp.455-473 ; J. Fudge, "The Supreme Court of Canada and the Right to Bargain Collectively: The Implications of the Health Services and Support case in Canada and Beyond", *Industrial Law Journal*, 2008, vol. 37 (1), pp.25-48; B. Langille "Why are Canadian Judges Drafting Labour Codes-And Constitutionalizing the Wagner Act Model?", *Canadian Journal of Labour and Employment Law*, 2009-2010, vol. 15, n° 1, pp.101-128; C.T. Toselli, "Aplicación de las normas de la OIT en los juicios del trabajo", *Revista venezolana de legislación y jurisprudencia*, n°, 2013, pág. 271-289.

Au Conseil de l'Europe également, le Comité européen des droits sociaux (CEDS) [59] et la Cour européenne des droits de l'homme se sont référés aux normes de l'OIT ainsi qu'aux commentaires de ses organes de contrôle. Dans une affaire *Demir et Baykara contre la Turquie* souvent citée, la Cour ne s'est pas limitée à une référence aux observations spécifiques de la CEACR concernant ce pays, mais a mentionné l'ensemble des principes dégagés précédemment sur le sujet traité, y compris les conclusions du CLS[60].

Plus généralement, de nombreux auteurs ont relevé l'impact des normes internationales du travail sur le développement des droits nationaux et du droit européen.[61] Leur influence, je l'ai dit, ne se mesure pas seulement au nombre de ratifications. Elle s'observe également en l'absence de cet engagement formel. Elle ne se limite pas aux législations adoptées : elle tient encore au rôle de ces normes dans les conventions collectives de travail[62], dans la formation des jugements, des sentences arbitrales et dans l'élaboration de la doctrine juridique.

C'est l'impact juridique qui est souligné ici, le respect des dispositions en droit et en pratique. D'autres dimensions sont à prendre en compte également, à savoir les effets économiques (le profit que l'employeur, le bénéfice que le travailleur en retirent) et surtout sociaux (la réalisation de plus de justice sociale). Ces derniers éléments restent difficiles à évaluer; grands sont notamment les risques d'une approche subjective. Ce n'est pas une raison pour les ignorer.

Les raisons des succès qui viennent d'être évoqués tiennent à un système de contrôle conçu avec patience et soin. Elles tiennent également à des

---

[59] Voir ainsi sa décision du 7 décembre 2012, réclamation n°76/2012 de la Fédération of salariés pensionnés de Grèce.

[60] *Demir and Baykara v Turkey*, 12 Novembre 2008, req. n°34503/97, http://www.echr.coe.int/echr. *Voir* K.D. Ewing, J. Hendy, "The dramatic implications of Demir and Baykara", *Industrial Law Journal*, March 2010, vol. 39 (1), pp.2-51; N. Moisard, "L'usage des conventions de l'OIT par la Cour européenne des droits de l'homme", *Dr. Soc.*, no 4, avril 2014, pp. 365 et ss.

[61] Voir J. Thirkell, R. Scase and S. Vickerstaff (dir.), *Labour Relations and Political Change in Eastern Europe. A Comparative Perspective*, Londres, University College London, 1995, spécialement pp. 4, 35, 177; K. Lenaerts, 'Interlocking legal orders in the European Union and Comparative Law', *International and Comparative Labour Quarterly*, Vol. 52, No. 4, Octobre 2003, pp. 873–906; M. Schmitt, "L'influence des conventions de l'OIT sur les jurisprudences européennes. Approche comparée en matière de droit de négociation collective", *Revue de droit du travail*, n°7/8, juillet-août 2013, pp. 513-525. Voir encore l'arrêt *KHS* de la Cour de Justice de l'UE, 22 novembre 2011, affaire n° 214/14, §§ 3-4 et 41-42.

[62] Voir la directive de l'UE n° 2017/159 qui donne des effets *erga omnes* à l'accord relatif à la mise en œuvre de la convention de l'OIT n° 188 sur le travail dans la pêche, 2007, conclu le 21 mai 2012.

fonctionnaires compétents et dévoués. Ces réussites tiennent encore au souci, non seulement de faire, à la lumière des normes de l'OIT, une analyse objective et techniquement irréprochable d'une situation, mais aussi de formuler des commentaires qui soient un appel à la coopération. C'est dans cet esprit que l'Organisation a résisté aux partisans d'une action plus coercitive.

La possibilité d'expulser ces pays de l'OIT a été évoquée, spécialement dans les cas de l'Afrique du Sud qui, pour éviter une telle humiliation, se retira de l'Organisation. Cela dit, cette dernière perd dans ces cas ce qui lui reste de moyens d'influencer la politique sociale de ces États, même si les conventions ratifiées continuent théoriquement à s'appliquer. La Commission de vérification des pouvoirs de la CIT a décidé en 2021, 2022, et 2023 de ne pas accréditer de délégués du Myanmar en raison de la présentation de pouvoirs concurrents par des entités affirmant représenter le gouvernement légitime du pays. Il s'ensuit que le pays n'est plus représenté à l'OIT. [63] Cette non-reconnaissance des autorités militaires ne fait pas obstacle à la poursuite du contrôle de l'application des conventions ratifiées précédemment.

Au-delà de la simple régulation des relations interétatiques, le droit international reste un droit fragile, plus encore aujourd'hui avec la remise en cause du multilatéralisme. Il l'est moins là où des sanctions économiques viennent en punir la violation (droit des investissements, droit de la concurrence) ou quand s'élève une véritable mobilisation de la honte (crimes contre l'humanité, torture, voire travail des enfants). Il l'est davantage quand existe une forte tension entre intérêts commerciaux et dignité humaine ou protection de l'environnement. C'est là, pour reprendre l'heureuse expression de Mireille Delmas - Marty, que la souveraineté solitaire résiste le plus puissamment à la souveraineté solidaire[64]. Imparfait, le droit international du travail l'est incontestablement, à l'image de la communauté des États, mais il l'est sans doute moins que celui d'autres institutions universelles ou régionales : il puise sa vigueur, non seulement dans le soutien apporté par les États Membres, mais aussi dans l'appui des associations patronales et syndicales. Ce dernier lui donne un supplément de force et d'actualité.

---

[63] (ILC.*109/. Compte rendu n°3B*, ILC.*110/Compte rendu n°. 2A*, ILC.*111/ Compte rendu n°. 2A (Rev.1)*).

[64] C'est aussi l'esprit du livre qu'elle a dirigé avec K. Martin-Chenut et C. Perruso, *Sur les chemins d'un jus commune universalisable*, Paris, Mare & Martin (Collection de l'Institut des sciences juridique et philosophique de la Sorbonne), 2021

Partie II. La liberté d'association patronale et syndicale

La Déclaration adoptée par la Conférence internationale du travail en 1998 cite en premier lieu la liberté d'association et la reconnaissance effective du droit de négociation collective parmi principes et droits fondamentaux au travail que l'ensemble des États Membres, "même lorsqu'ils n'ont pas ratifié les conventions en question, ont l'obligation, du seul fait de leur appartenance à l'Organisation, de respecter, promouvoir et réaliser, de bonne foi et conformément à la Constitution".

L'existence et l'indépendance des groupements patronaux et des syndicats s'avèrent particulièrement nécessaires, je l'ai relevé, dans une Organisation dont la structure même se base sur la collaboration des gouvernements avec les partenaires sociaux.

Les deux piliers de la protection des droits syndicaux sont bien connus. La convention n° 87 s'intéresse aux rapports des employeurs, des travailleurs et de leurs organisations avec les autorités publiques, la convention n° 98, aux relations entre patrons, salariés et leurs associations respectives. D'autres conventions et recommandations internationales du travail viennent préciser ces normes générales dans des domaines particuliers.

Les premiers chapitres illustrent les difficultés rencontrées dans la mise en œuvre des droits syndicaux et la manière dont ils ont pu souvent se résoudre. Ils traitent successivement de la liberté d'association patronale et syndicale et des rapports collectifs entre acteurs sociaux puis plus spécifiquement des relations professionnelles dans l'entreprise. J'ai puisé les exemples cités dans mes souvenirs, fréquemment confirmés par une relecture des cas examinés par le CLS ou la CEACR. En général, leurs conclusions ont été suivies d'effets, plus rapidement quand il s'agissait de situations de fait, plus lentement si la solution demandait un changement législatif.

La trans-nationalization des rapports économiques et sociaux affecte la capacité des trois partenaires sociaux historiques à réguler la question sociale, et par ricochet de l'Institution dont ils constituent la structure Les associations professionnelles ont eu la volonté de réagir. Des mécanismes nouveaux ont vu le jour. J'en fournirai des exemples. Ce sera l'objet du dernier chapitre.

Chapitre 1. La défense de la liberté d'association à l'OIT

Section 1 - La liberté de créer une association et de s'y affilier

Après avoir posé le cadre général de la liberté d'association professionnelle, j'examinerai différentes facettes du monopole syndical et le rôle majeur de l'OIT dans la défense du libre choix.

Paragraphe 1 – Vue d'ensemble

Qu'observe le fonctionnaire international chargé du suivi des conventions n°s 87 et 98?

Que la plupart des droits nationaux consacrent la liberté de s'organiser à des fins professionnelles. Le Sultanat d'Oman et l'Arabie saoudite constituent de rares exceptions. Dans ce dernier pays cependant, petit progrès, mais progrès significatif, j'ai assisté à l'adoption d'une loi établissant des conseils de travailleurs pour les entreprises de plus de 100 travailleurs. J'étais alors en charge de la région au début des années 2000. Bahreïn a promulgué en 2002 une loi sur les syndicats grâce également aux efforts de mes collègues. Le Koweït a amélioré à la même époque sa législation à cet égard.

Ne nous cachons toutefois que le CLS a reçu de nombreuses plaintes, alléguant qu'un gouvernement, souvent militaire, issu d'un changement brutal de régime politique, avait aboli les associations de travailleurs, ou suspendu leurs activités. La mesure s'accompagnait souvent de la confiscation des biens, saisie des fonds et des locaux, empêchant ainsi toute activité même réduite de représentation.

Envisageons plus systématiquement les obstacles juridiques et pratiques à la liberté syndicale.

1. Les restrictions légales

Ouvrons les rapports des organes de contrôle. Les restrictions légales se ramènent principalement à trois types d'intervention: la limitation au droit de certaines catégories de travailleurs ; l'exigence d'une autorisation préalable des pouvoirs publics ; le refus du libre choix du syndicat. Des exemples illustreront la diversité des situations.

Les changements législatifs demandés par la CEACR[65] portent par exemple sur le droit de se syndiquer, pour l'ensemble du personnel de l'État (Erythrée, Gabon, Macédoine du Nord, Sainte-Lucie) et sur l'élimination des distinctions entre agents publics (Nigeria), comme à l'encontre du personnel pénitentiaire (Bahamas, Ghana, Grenade, Japon) ou des magistrats (Mauritanie). L'absence de reconnaissance du droit d'association pour les pompiers trouble les relations du Japon avec l'OIT depuis longtemps.

En 1970, l'OIT avait, aux États-Unis, aidé César Chavez, leader syndical charismatique des "Chicanos" (mexico-américains), à obtenir l'extension du droit syndical aux ouvriers agricoles. D'autres travailleurs, dans l'agriculture (Guinée-Bissau) ou les services domestiques (Erythrée, Gabon, Haïti, Koweït), se voient régulièrement privés du droit de constituer des syndicats.[66]

Les travailleurs migrants se heurtent à des obstacles légaux en Albanie, à Haïti, au Koweït, au Liberia notamment ou rencontrent des difficultés pratiques, spécialement quand leur situation reste précaire (Maurice). Et que dire des travailleurs dans les zones franches d'exploitation (Pakistan) ou des mineurs d'âge (Jordanie, Maldives, Niger, Tchad)! Le personnel d'encadrement et de direction se voit parfois refuser ce droit (Ghana).

Remarque d'actualité, la CEACR a rappelé récemment à Maurice et à la Nouvelle-Zélande que la convention n°87 couvre tous les travailleurs y compris les indépendants.

L'instrument demande que les organisations puissent se constituer sans l'autorisation des autorités administratives, qu'elle soit directe, ou indirecte à travers des formalités aboutissant au même résultat (l'enregistrement ou l'approbation des statuts posés comme condition à l'existence juridique ou réelle d'une organisation syndicale). Les prescriptions établies pour l'octroi de la personnalité juridique peuvent avoir le même effet.

Cela dit, le CLS évite de tomber dans un formalisme excessif. [67] On lit dans ses conclusions que les fondateurs d'un syndicat doivent respecter

---

[65] Les exemples qui suivent sont tirés du document: CIT (110ème session, 2022), *Rapport de la Commission d'experts pour l'application des conventions et recommandations*, rapport III (Partie A), Genève, BIT, 2022. Ils viennent des pages 99 et suivantes consacrées à la liberté syndicale, à la négociation collective et aux relations professionnelles.

[66] CIT (101e session, 2012), *Donner un visage humain à la mondialisation,* rapport III (Partie 1B), Genève, BIT, 2012, §§ 64 et ss; CIT (104e session, 2015), *Donner une voix aux travailleurs ruraux*, rapport III (Partie 1B), Genève, BIT, 2015, §§ 325-327.

[67] BIT, *La liberté syndicale. Compilation des décisions et de principes du Comité de la liberté syndicale*, 6ème édition, Genève, 2018. http://www.ilo.org/dyn/normlex/fr, § 419.

les prescriptions notamment de publicité, élaborée dans un souci de transparence et de protection des adhérents. Encore faut-il que ces dispositions n'équivalent pas en pratique à une autorisation préalable ou à une interdiction pure et simple. Même facultatif, un enregistrement crée une telle situation, s'il constitue la condition pour qu'une organisation obtienne les droits nécessaires à la défense et à la promotion des intérêts de ses membres et si l'autorité chargée de l'enregistrement dispose d'un pouvoir discrétionnaire de le refuser.

Nombreuses sont les restrictions, parfois subtiles, au libre choix du syndicat, que ce soit au niveau de l'établissement ou sur un plan supérieur. Ici, ce sont des déclarations, des actes discriminatoires ou d'autres pressions sur les travailleurs pour qu'ils n'adhèrent pas à telle organisation syndicale. Là, une réglementation empêche juridiquement ou pratiquement la création de plus d'un syndicat représentant les travailleurs de l'entreprise. Elle fixe par exemple un nombre minimum élevé de membres pour sa création (30 en Equateur, 50 en Géorgie et au Nigeria), ou pour celle d'une association patronale (10 à Grenade). Le problème s'aggrave dans les pays où prévalent les petites entreprises ou quand les firmes se divisent en chaînes d'entités juridiquement indépendantes. Il se pose également pour l'employeur obligé de compter au moins 15 personnes dans son personnel pour s'affilier à une association patronale (Ghana).

Les systèmes obligatoires de monopole syndical se présentent sous divers aspects. Bien des législations l'imposent à tous les niveaux, depuis l'établissement jusqu'au niveau national et interprofessionnel, d'autres à certains seulement. Faut-il le préciser, le libre choix n'entraîne pas nécessairement le pluralisme. Il suppose seulement que l'unicité est consentie, non imposée par une intervention de l'État[68] ; les travailleurs peuvent trouver avantage à éviter la multiplication des syndicats. L'OIT a rencontré de sérieuses difficultés pour faire prévaloir ce principe démocratique. Il est loin d'être partout réglé.

Différente est la question des distinctions opérées entre syndicats en fonction de leur degré de représentativité. La loi veille en général dans ces cas à prévenir les abus, à prévoir en particulier des critères objectifs, préétablis, concluants – avant tout, en principe, le nombre d'affiliés – pour opérer la distinction. La représentativité s'apprécie normalement (Espagne, France) à différents niveaux : une organisation minoritaire sur le plan national et interprofessionnel, mais représentative soit dans un

[68] Voir BIT, *op. cit.* §§ 484-486.

secteur d'activité, soit pour un groupe particulier de travailleurs, est capable, au même titre que les grandes tendances du mouvement syndical national, de défendre les intérêts spécifiques de ses membres et de négocier leurs conditions d'emploi.

L'OIT accepte des dispositions ainsi conçues si les organisations minoritaires bénéficient d'une protection suffisante pour leur permettre de poursuivre et de développer leurs activités. L'expérience montre que la priorité ou l'exclusivité accordée à certaines organisations peut limiter substantiellement l'action des autres syndicats, et influencer par conséquent les travailleurs dans leur choix. Aussi les avantages accordés à certains ne devraient-ils pas aller au-delà d'une priorité dans la représentation, spécialement dans la négociation collective[69].

2. Les obstacles de fait

Les normes qui consacrent la liberté d'association couvrent en principe l'ensemble des situations de travail. Il arrive pourtant qu'un pays ne contrôle pas l'ensemble de son territoire. La Colombie a souffert de cette situation lorsque des groupes révolutionnaires, mais aussi mafieux, faisaient régner la terreur dans certaines régions. Comment exiger alors du gouvernement qu'il réponde aux demandes d'éclaircissements sur le meurtre de syndicalistes commis dans des zones qui échappaient à son contrôle et de prendre des mesures à cet effet, même s'il est responsable en principe des actes dans le pays?

Autre problème souvent observé: les travailleurs précaires font rarement valoir leur droit de se syndiquer en raison de leur dispersion, de l'extrême hétérogénéité des situations personnelles et des types d'activités, de l'instabilité de leur emploi, et, fréquemment, du manque de motivation de personnes plus orientées vers la recherche de moyens personnels de subsistance que vers la mise en commun des efforts de survie. Parfois les conditions mises par la loi à la création d'une organisation syndicale ajoutent à la difficulté, même sans mauvaise intention ; il en va ainsi lorsqu' elle exige un minimum d'ancienneté dans la profession ou l'entreprise pour adhérer à un syndicat.

Ce dernier éprouve de son côté bien du mal à intégrer ces modalités de travail. Il se focalise naturellement sur les conditions d'emploi des salariés stables qui constituent l'essentiel des affiliés, même si les conséquences de

---

[69] Voir BIT, *op. cit.* §§ 525 et ss. ; Conférence internationale du Travail, 73e session (Genève, 1987): *Rapport de la Commission d'experts pour l'application des conventions et recommandations*, rapport III (partie 4A) (Genève, BIT), 1987, §§ 224 et ss.

la précarité de longue durée figurent aussi parmi ses préoccupations. Peu de pays, à ce jour, ont véritablement trouvé les moyens d'intégrer ces catégories de personnes défavorisées dans un dialogue social renouvelé au niveau national.

Les mêmes observations valent pour les relations professionnelles dans l'entreprise, la branche d'activité ou au niveau national. Il n'est guère plus aisé d'appliquer les principes de la libre négociation collective, même quand rien n'empêche juridiquement les discussions et la conclusion d´accords consacrés à des catégories non traditionnelles de travailleurs. Des conventions collectives de travail existent pour les travailleurs temporaires ou le télétravail par exemple, mais les cas restent rares.

Je voudrais revenir ici sur la manière dont certains instruments de l'OIT peuvent stimuler le dialogue social au bénéfice des travailleurs défavorisés. Je pense à la convention n° 98 ainsi que, dans une branche d'activité traditionnellement peu syndiquée, de la convention n°141 et de la recommandation n°149 de l'OIT sur les organisations de travailleurs ruraux, 1975. Ces textes demandent aux États d'adopter positivement une politique d'appui à la création de groupements de défense, ou à l'adhésion aux organisations qui existent. En d'autres mots, elles les encouragent à aider les intéressés à s'aider eux-mêmes. Ils soulignent la nécessité pour les États d'adopter une attitude active, de faciliter l'établissement et le développement de celles-ci, d'éliminer les obstacles, juridiques ou non, à la poursuite de leur action, ainsi que – ajoute la recommandation - de leur accorder des facilités pour y parvenir, en termes de formation, d'information et de ressources matérielles.

La dénomination de ces associations importe moins que leur capacité d'agir. La pratique nous apprend qu'elles ont pris des formes variées : syndicats, coopératives, fraternités, groupes d'autodéfense, etc. L'important est d'obtenir des pouvoirs publics une reconnaissance qui donne une visibilité. Le statut obtenu offre aussi la possibilité de participer aux institutions professionnelles qui structurent la vie sociale et apportent une assistance en matière d'éducation, de communication et de gestion. La problématique revêt une dimension cruciale dans les pays en développement.

J'ai pu observer, lors d'une visite à Ahmedabad en Inde au début des années 1990, que la *Self-Employed Women Association* (SEWA) avait mis sur pied un fonds de pension fondé sur les cotisations de ses membres, travailleuses indépendantes de l'économie rurale informelle. L'expérience s'est reproduite en Afrique du sud. De tels groupements organisent des campagnes de publicité sur les conditions de travail de leurs membres, forment des coopératives ou réclament un congé de maternité pour des travailleuses juridiquement autonomes, mais dépendant d'un ou deux clients.

L'exercice du droit de grève paraît souvent éloigné de la réalité des plus démunis, même si des intermittents du spectacle ou des salariés temporaires de la restauration ont démontré en France qu'ils possédaient une solide capacité de mobilisation. Il n'est pas rare en revanche que le succès de leurs revendications vienne d'une coordination efficace avec d'autres organisations, comme des syndicats traditionnels ou des ONG de défense des droits fondamentaux, avec les consommateurs de leurs produits, ou encore avec les entreprises qui commercialisent ceux-ci et se préoccupent de leur image ou de leur intégration au marché local. Les obstacles restent d'autant plus nombreux que les institutions collectives déjà établies les perçoivent quelquefois comme des concurrents plus que comme des partenaires.

Paragraphe 2 – La question du monopole syndical en Europe communiste

Le mouvement syndical était étroitement lié, dans les républiques populaires d'Europe centrale et orientale, au parti marxiste au pouvoir auquel l'ordre juridique, la Constitution normalement, accordait un rôle dominant[70]. Le Parti, l'État et la confédération syndicale avaient un objectif commun : construire une société socialiste ; toute opposition ou divergence sérieuse entre les trois partenaires ne pouvait que nuire, selon eux, aux intérêts de la classe ouvrière. Les grèves étaient considérées comme superflues, et interdites directement ou indirectement par un système de médiation des conflits collectifs du travail, le Parti constituant le recours ultime. Plus généralement, toutes les activités considérées comme préjudiciables au régime socialiste étaient sanctionnées.

La plupart des entreprises appartenaient au secteur public, même si un petit secteur privé subsistait généralement. Les organisations des chefs

[70] V.I. Lénine, "The role and functions of the trade unions under the new economic policy", Collected work, vol. 33, Moscow, Progress Publishers, 1966, pp. 184-196; S. Gaspar, H. Warnke, I. .Loga-Sowinski, F. Danalache, "Les syndicats dans les pays socialistes", *Nouvelle Revue internationale* (Paris), vol. 13(7), July 1970, pp. 148-162; BIT, *Les droits syndicaux en URRS*, Genéve, 1959; L. Trócsanyi, *Fundamental problems of Labour Relations in the Law of the European Socialist Countries*, Budapest, Akadémiai Kiado, 1986; B. Taylor, Ch. Kai, Li Qi, *Industrial Relations in China*, Cheltenham, Edward Elgar, 2003;

d'entreprise étaient principalement les chambres de commerce; leur mission restait assez limitée sur les sujets sociaux.

Les organisations ouvrières ne pouvaient pas être indépendantes du Parti. Un seul mouvement syndical - communiste - était autorisé. Il défendait les intérêts de ses membres en résistant notamment aux distorsions bureaucratiques, mais servait les intérêts généraux de la société socialiste en enseignant le communisme et en stimulant l'augmentation de la production. Ses responsabilités étaient celles d'instructeur et de force mobilisatrice, d'une " courroie de transmission " reliant le Parti et les masses.[71]

La loi avait généralement transféré aux syndicats des fonctions traditionnellement exercées par l'État dans les domaines de la sécurité sociale et de la protection de la santé au travail. Les conventions collectives visaient essentiellement à adapter les dispositions législatives et les plans de l'État aux conditions de chaque entreprise, à donner aux travailleurs un intérêt dans son fonctionnement efficace, à répartir entre eux les avantages découlant de la mise en œuvre réussie du plan d'entreprise. Ils devaient respecter le cadre des orientations et des instructions économiques générales. Le gouvernement fixait en particulier les taux de salaire de base. Une autre part de la rémunération, les avantages sociaux et les primes étaient fixés au niveau de l'entreprise.

La courroie de transmission opérait toujours de haut en bas, rarement de bas en haut. Si elle le faisait, ce double rôle était source de tensions. Partout, les divergences de vues participent de la vie quotidienne, dans les relations de travail comme ailleurs. Les rôles distincts d'un parti représentant les travailleurs, d'un gouvernement de ce parti et d'un syndicat censé parler au nom des travailleurs étaient flous, comme la responsabilité propre de l'administrateur de l'entreprise publique. Il semblait difficile dans ces conditions de régler les conflits pacifiquement, c'est-à-dire sans la menace d'une peine sévère par des juges qui n'étaient pas indépendants du Parti.

Le régime syndical des pays communistes d'Europe s'opposait clairement aux conventions n° 87 et n° 98 ainsi qu'aux autres instruments de l'OIT sur les droits fondamentaux.

---

[71] BIT, *La situation syndicale et les relations professionnelles en Hongrie,* Genève, BIT, 1984; M. Myant and S Smith, "Czech Trade Unions in Comparative Perspective", *European Journal of Industrial Relations*, vol. 5(3), 1999, pp. 265-285; K. Bomba "Sindicalismo en el este y en el centro de Europa, el ejemplo de Polonia", *Revista internacional y comparada de relaciones laborales y derecho del empleo*, Vol.2 (4), Octobre – Décembrer 2014, pp. 76-78.s

Le changement vint de Pologne à l'initiative de la confédération syndicale indépendante Solidarnosc. J'y consacrerai des développements spécifiques. Depuis les années 1980 et la création de ce mouvement, des préoccupations croissantes s´étaient également exprimées dans d'autres pays d'Europe centrale et orientale, sur le fonctionnement des syndicats et leur efficacité dans la représentation des intérêts des travailleurs. En URSS même, ils étaient invités à rester en contact étroit avec la base et à la défendre plus vigoureusement[72].

La Bulgarie affrontait, à partir de 1984, de sérieux défis pour son économie planifiée et son alignement sur l'URSS. La décision des Russes d'appliquer à leur pétrole des tarifs internationaux, combinée avec une forte sécheresse qui affectait les rivières alimentant les barrages hydroélectriques, suscitait une large insatisfaction. La Confédération des syndicats avait obtenu en 1986 un droit d'initiative parlementaire en matière sociale et de travail. Dans une réponse au CEACR, le Gouvernement soulignait que chaque direction centrale syndicale pouvait prendre une telle action législative et présenter des propositions en matière de sécurité et de santé des travailleurs, d'assurance maladie, de participation à la gestion des entreprises, de fixation des salaires, de formation professionnelle et de résolution des problèmes sociaux. Une loi n° 44 du 5 juin 1984, relative à la gestion de l'assurance sociale, avait transféré aux pouvoirs publics l'administration de cette assurance, auparavant confiée aux syndicats[73].

En Hongrie, l'évolution semblait bien plus paisible qu'en Pologne où le syndicalisme d'opposition affrontait durement le gouvernement[74]. Des changements y avaient été introduits bien avant la Perestroïka. Le Conseil syndical central (SZOT) et son secrétaire général, Sándor Gáspar, avaient tiré de l'expérience du socialisme réel la conclusion que des tensions continuaient de surgir au sein des syndicats entre les fonctions idéologiques et d'encouragement à la production d'une part, et la défense des intérêts immédiats de leurs membres d'autre part. Les grèves n'étaient pas considérées comme illégales même si elles ne recevaient pas l'appui des syndicats. Des publications scientifiques l'avaient confirmé ainsi que

---

[72] L. Brejnev, "Put concern for the working people, concern for production at the centre of attention of the trade unions", speech made at the congress of the Soviet Trade Unions, 16 March 1982, *Press bulletin of the Permanent Mission of the Soviet Union*, no 40(311), Geneva, March 1982.

[73]CIT (76ème session, 1989), *Rapport de la CEACR*, rapport III, observation adoptée sous la Convention n°87 - Bulgarie (Ratification: 1959), Genève, BIT, 1989.

[74] A. Pravda, "Trade unions in East European Communist Systems. Toward Corporatism?", *International Political Science Review*, vol. 4 (2), 1983, pp. 241-260.

l'existence concrète d'actions collectives sans interdiction pendant les dernières années du régime communiste[75].

La politique nouvelle visait à renforcer l'écoute de la base. Un droit de veto avait été introduit dans le code hongrois du travail conférant aux organisations syndicales d'entreprise le droit de suspendre la décision prise par la direction, si elles la considéraient comme une violation de la réglementation relative aux conditions de travail ou comme une infraction à la "morale socialiste". On observait en outre des efforts visant à accroître la participation des travailleurs aux décisions, notamment à travers la réunion de leurs délégués syndicaux[76].

Le modèle centralisé de gestion économique qui prévalait dans tous les pays communistes européens limitait considérablement le rôle des syndicats en tant que négociateurs. Cela n'empêchait plus les supérieurs hiérarchiques et les contremaîtres de discuter informellement, de manière personnelle et individuelle, avec les travailleurs pour s'assurer qu'ils respectaient leur part du plan prévu. L'octroi d'une plus grande autonomie aux entreprises laissait plus de place à la convention collective[77]. Les syndicats étaient progressivement relevés de leurs tâches d'inspection du travail et de gestion de la sécurité sociale.

Paragraphe 3 – Le cas particulier de la Yougoslavie autogestionnaire

Le système introduit en Yougoslavie était en une rupture totale avec ce modèle de relations sociales. Il reflétait la détermination des dirigeants du pays à se distancier des autres pays communistes et à décentraliser le pouvoir afin de maintenir ensemble les populations très diverses de la République populaire fédérale. Il visait à assurer la participation active de tous les citoyens au mécanisme de décision dans les domaines politique, social et économique[78].

---

[75] M. Sewerynski, "Features of Trade Unionism in the Countries of Eastern Europe and Recent Trends in this Area", *The International Journal of Comparative Labour Law and Industrial Relations*, vol. 5 (49. winter 1989-1990, pp. 211-221.

[76] BIT, *La situation syndicale et les relations professionnelles en Hongrie,* Genève, BIT, 1984. pp. 59-61, 67-68 et 69-70.

[77] OIT, *The Ukrainian Challenge: reforming labour market and social policy*, Budapest, Central European University Press, 1995, pp. 161-162; A. Pravda, op. cit, p. 253; M. Sewerynski, *op.cit.*

[78] Cette partie se base sur mes notes prises au cours de ma mission d'octobre 1983et sur la publication qui a suivi: BIT, *La situation syndicale et les relations professionnelles en Yougoslavie,* Genève, BIT, 1985.

L'année 1948 avait vu la rupture avec les partis communistes du Cominform. Le pays était seul. Il joua un rôle important dans la création et le développement du mouvement non-aligné. Le régime politique différait à la fois de l'économie de marché fondée sur l'entreprise privée, même s'il obéissait aux règles du marché, et de l'économie socialiste planifiée, malgré un système de planification très développé, dont la préparation et l'exécution étaient toutefois largement décentralisées. Les entreprises jouissaient d'une liberté d'action considérable.

Les travailleurs se regroupaient dans des entreprises autogérées. Mais les moyens de production et les autres ressources productives étaient la propriété sociale commune, non de l'État, mais de toute la communauté des personnes privées ou même des groupes autogérés de travailleurs. Un conseil élu des travailleurs formait l'organe de décision de chaque entreprise. Déterminer l'influence du personnel technique et des experts sur cette prise de décision se révélait complexe. Nous avons observé, mes collègues et moi, au cours d'une mission réalisée en 1983 qu'elle était particulièrement forte en Slovénie, la région par ailleurs la plus prospère du pays.

L'adoption des conventions collectives de travail exigeait la tenue d'un référendum. A un niveau supérieur, des pactes sociaux régulaient les relations sociales et économiques de portée plus large (planification, tarification, politique de l'emploi, etc.). Les négociations se déroulaient non pas bilatéralement comme dans le cadre des relations patrons-syndicats traditionnelles, mais sur une base multilatérale, en incluant toutefois, le cas échéant, les syndicats en tant que tels.

La Ligue des Communistes formait la force dirigeante idéologiquement et politiquement organisée de tous les travailleurs dans la création du socialisme, pour utiliser la terminologie de la Constitution de l'époque. La Confédération des syndicats de Yougoslavie (CTUY) veillait à ce que l'autogestion fonctionne efficacement. Ce rôle impliquait de développer chez les travailleurs un intérêt actif pour les mécanismes d'autogestion, de sauvegarder leurs droits et de prendre garde à ce que certains organismes ou personnes ne prennent pas le pouvoir de décision dans l'entreprise. On relèvera que l'organisation syndicale avait, outre ses autres tâches, conservé ses fonctions traditionnelles de protection des travailleurs. Elle participait plus généralement au développement politique et économique de la société yougoslave, à l'augmentation de la productivité et à la mise en œuvre des programmes économiques nationaux.

Les syndicats pouvaient participer activement au processus décisionnel des entreprises autogérées, mais leur fonction se distinguait difficilement dans la pratique de celle des délégués du personnel des organes d'autogestion. Selon nos interlocuteurs, ils jetaient les bases politiques pour l'adoption des décisions. Ils veillaient à ce que les droits d'autogestion des travailleurs soient réellement observés et ne soient pas confisqués par d'autres protagonistes. Ils exerçaient des fonctions de formation.

Cela dit, la Ligue des Communistes jouait également un rôle à cet égard. Toutefois, contrairement à la répartition du pouvoir dans d'autres régimes communistes, le Parti n'administrait pas directement les affaires du pays. Le gouvernement et les syndicats jouissaient d'une claire autonomie, même s'ils ne pouvaient pas invoquer leur indépendance pour s'isoler et diriger sans la classe ouvrière. L'autonomie fonctionnait dans le cadre d'une plateforme unifiée d'objectifs socio-politiques et idéologiques qui formaient le programme de la Ligue.

L'autonomie conduisait quelquefois les syndicats à exprimer des opinions divergentes. Leurs statuts ne faisaient pas référence au principe du "centralisme démocratique" appliqué par la plupart des partis et organisations communistes pour maintenir la discipline parmi leurs membres[79]. Les syndicats jouissaient des libertés civiles proclamées par la Constitution nationale, mais pas d'une manière illimitée. Elles ne pouvaient pas servir à perturber les fondements du système en vigueur. Il n'y avait pas de censure préalable, mais une copie de chaque document imprimé destiné à la diffusion devait être envoyée aux autorités.

La législation faisait explicitement référence, bien qu'indirectement, aux arrêts de travail comme un moyen de protestation. Les autorités yougoslaves admirent devant nous que des grèves se produisaient de temps à autre et que la presse en faisait état. De tels incidents étaient jugés regrettables, mais pas interdits. Ils y voyaient un étrange moyen d'action dans une société où les travailleurs détenaient le pouvoir de la direction et le résultat de son mauvais fonctionnement. La Ligue ne jouait pas un rôle d'arbitre final.

Nous avons demandé, lors de la mission, si d'autres organisations de travailleurs pouvaient se créer. On nous répondit que ni la Constitution, ni la loi ne l'interdisait. La Yougoslavie avait ratifié les conventions nos 87 et 98 et le CEACR n'avait formulé aucun commentaire à cet égard.

---

[79]Voir ainsi BIT, *Les droits syndicaux en URSS*, Genève, 1959.

En bref, selon nos interlocuteurs, le mouvement syndical constituait le lieu naturel pour l'élaboration et l'expression des opinions des travailleurs, l'intermédiaire entre ces derniers et le gouvernement. Consulter la CTUY représentait la condition politique pour que les travailleurs acceptent de bon gré les mesures adoptées. En pratique, cependant, ces derniers semblaient privilégier un autre aspect de l'activité syndicale, à savoir l'obtention et la distribution de prestations sociales supplémentaires.

Paragraphe 4 - L'affaire polonaise et ses suites

En juillet 1978, la Confédération internationale des syndicats libres présentait une plainte au CLS alléguant que la Pologne violait la convention n° 87, ratifiée le 25 février 1957. Les Autorités y avaient persécuté et arrêté les travailleurs cherchant à former un syndicat libre dans la région de la Baltique[80]. Après d'intenses discussions et les promesses répétées du Gouvernement de mettre sa législation en conformité avec les dispositions de la Convention, le CLS suggéra en novembre 1979 une visite dans le pays de Nicolas Valticos haut fonctionnaire du BIT. Le Gouvernement accepta. La mission, réalisée en mai 1980, se solda par un échec. En particulier, le représentant de l'Organisation se vit refuser une visite aux syndicalistes détenus ou autrement sanctionnés.

La situation sur place s'aggrava, marquée par des grèves dans plusieurs centres industriels et dans les chantiers navals de Gdansk. Nicolas Valticos effectua une nouvelle visite dans le pays plus tard dans l'année. Sa présence était d'autant plus justifiée que la Diète polonaise devait réformer la législation et répondre aux appels à la réforme lancés par divers mouvements sortant de l'ombre comme les syndicats indépendants "Solidarnosc". Un accord fut conclu le 31 août 1980. Il semblait ouvrir la voie à un assouplissement des règles sur le monopole syndical, à des négociations collectives et à une démocratisation du pays. Un vice-ministre vint à Genève en novembre. Il informa l'OIT de l'enregistrement de Solidarnosc par la Cour suprême le 10 novembre 1980.

L'année suivante fut celle de tous les contrastes. Francis Blanchard[81], Directeur général du BIT se rendit à Varsovie en mai pour convaincre le gouvernement d'inclure Lech Walesa, le dirigeant charismatique de "Solidarnosc dans la délégation à la CIT Le pape (polonais) Jean-Paul II

[80] 194ème rapport du CLS, cas n° 909, https://www.ilo.org/dyn/normlex.

[81] Fr. Blanchard, *L'Organisation internationale du Travail. De la guerre froide à un nouvel ordre mondial*, Paris, Le Seuil, 2004, pp. 171-210.

avait accepté de venir à la Conférence de l'OIT en juin, mais, le 13 mai, il fut victime d'un attentat. Le mois suivant, celle-ci réservait cependant un accueil triomphant au leader syndical. Le 13 décembre 1981, le général Jaruzelski déclarait la loi martiale ; des centaines de syndicalistes, dont Lech Walesa, furent emprisonnés ou internés. L'OIT reçut de nouvelles plaintes.

De discrètes discussions étaient néanmoins en cours au siège de l'Organisation entre le Directeur général et des représentants polonais. En mai 1982, Nicolas Valticos fit une nouvelle visite sur place. Il put rencontrer Lech Walesa, libéré et placé en résidence surveillée à la fin de 1981. Ce dernier souligna le réconfort que l'OIT lui avait procuré durant sa détention. La loi martiale fut suspendue. Pendant ce temps, Jean-Paul II proclamait à la CIT de juin 1982: "N'ayez pas peur ! ".

L'OIT créa une Commission d'enquête fondée sur l'article 26 de sa Constitution. Le gouvernement polonais refusa l´entrée dans le pays à ses membres, dont son président Nicolas Valticos, qui venait de prendre sa retraite de l'OIT Ces derniers préparèrent un gros rapport[82] dont le Conseil d'administration prit note. En réponse, le gouvernement polonais envoya à l'Organisation, en novembre 1984, un préavis de retrait qui fut ensuite prolongé d'un an.

En mai 1985, Francis Blanchard put se rendre en Pologne et rencontrer Lech Walesa à la cure de Chapelle Sainte-Brigitte à Gdansk. Les événements se précipitèrent. Le Directeur général obtint de Lech Walesa son accord de se rendre à la table de négociation avec les autres syndicats, y compris le communiste OPZZ, sans autre condition que la reconnaissance par ce dernier du pluralisme syndical. Le gouvernement retira le préavis de retrait de l'Organisation en novembre 1987.

La table ronde du printemps 1989 fixa les conditions et le calendrier du retour de la Pologne au pouvoir démocratique; le rapport de l'OIT constitua une des bases de la discussion. Un an plus tard, Lech Walesa était élu président de la République polonaise.

---

[82] Rapport de la Commission d'enquête instituée en vertu de l'article 26 de la Constitution de l'Organisation internationale du Travail pour examiner la plainte au sujet de l'observation par la Pologne de la Convention (no 87) sur la liberté syndicale et la protection du droit syndical, 1948, et de la Convention (no 98) sur le droit d'organisation et de négociation collective, 1949, *Document GB*.227/3/6, juin 1984; *BO*, Vol. LXVII, 1984, supplément spécial.

Paragraphe 5 – La scène sociale nouvelle

1989 constitua une année clé. La Pologne avait pris les devants, mais les réformes limitées dans les autres pays d'Europe centrale et orientale ne résistèrent pas à l'aspiration profonde de millions de travailleurs à une démocratisation des syndicats.

Ce furent des moments d'immense espoir d'un monde meilleur. Mikhaïl Gorbatchev faisait souffler un vent nouveau sur l'URSS, l'Europe et le monde. Élu secrétaire général du Parti communiste de l'Union soviétique en 1985, il avait cherché au niveau national à décentraliser la prise de décision économique pour améliorer l'efficacité (politique de restructuration ou "perestroïka") et permis une plus grande liberté d'expression et de presse (politique d'ouverture, "glasnost"). Il refusa d'intervenir militairement lorsque les pays d'Europe centrale et orientale passèrent un après l'autre à un régime démocratique en 1989-1990.

J'étais alors membre du cabinet du Directeur général du BIT en charge de ces pays. J'avais participé dans les années 80 aux missions de l'Organisation pour examiner la situation syndicale et les relations industrielles en Hongrie et en Yougoslavie. Dans le premier de ces pays, j'avais bénéficié des connaissances d'un des meilleurs experts en relations industrielles du système communiste, mon collègue Johannes Schregle. J'avais visité plusieurs fois le second entre 1984 et 1986; j'étais allé à Belgrade, à Zagreb, à Ljubljana, à Skopje.

En 1987, j'avais participé au séminaire international de droit du travail et de la sécurité sociale du professeur Laszlo Nagy à Szeged en Hongrie. Ce dernier m'avait permis de parler de la liberté d'association devant un public qui comprenait de hauts fonctionnaires hongrois et, je l'appris plus tard, des membres clandestins de Solidarnosc. J'eus une discussion prémonitoire avec le chef du département des relations internationales du Bureau d'État hongrois pour les salaires et le travail (l'équivalent du ministère du Travail) au sujet des changements à venir. Je donnai des conférences à l'Université Charles de Prague autour du 1er mai 1989, au moment où se déroulait une manifestation en faveur de la démocratie. Je pus observer la profondeur du mécontentement. Je me rendis en République démocratique allemande immédiatement avant et après la chute du mur de Berlin. En octobre 1990, je revins optimiste d'une longue discussion au Kremlin avec le Président Gorbatchev lors d'une visite à Moscou où j'accompagnais le nouveau Directeur général du BIT, Michel Hansenne. Il en fut de même à Leningrad, bientôt redevenue Saint-

Pétersbourg avec le maire, Anatoli Sobtchak, qui fut l'un des rédacteurs de la nouvelle constitution.

J'eus l'occasion d'observer, dans chacun de ces pays, une façon différente de progresser vers la reconnaissance des droits civils et politiques, d'établir la liberté syndicale et la libre négociation collective. En Hongrie, les syndicats firent leur propre révolution interne alors qu'en Tchécoslovaquie, ils élurent des sociaux-démocrates à leur direction. L'unification allemande conduisit à celle de leurs associations de travailleurs. Le système yougoslave et le pays lui-même ne survécurent pas longtemps à la mort de leur président historique Josip Bros Tito en 1980 et au vent d'une plus grande liberté soufflant sur l'Europe. Il se disloqua en 1991-1992.

Écrire ces pages suscite en moi de nombreux souvenirs de l'une des périodes les plus stimulantes de ma vie professionnelle. J'avais l'impression que l'histoire se développait sous mes yeux et que j'y étais associé.

Je pus examiner la nouvelle répartition du pouvoir sur la scène sociale après la chute du mur de Berlin, réfléchir sur les répercussions de ces changements là où ils se produisaient, mais constater les difficultés de passer d'un système à l'autre.

1. *Une nouvelle répartition du pouvoir*

Les larges pouvoirs conférés à l'administration dans les systèmes politiques autoritaires conduisent régulièrement à des anomalies et à des abus. L'intervention des partenaires sociaux garantit plus d´égalité dans l'application des normes du travail.

La mise en œuvre d'une politique de l'emploi et du travail se réalisait avant l'ouverture du mur de Berlin, dans les systèmes ultra-centralisés d'Europe centrale et orientale, par un foisonnement de règlements, d'arrêtés, d'instructions administratives, dont le respect s'imposait impérativement. Certes, l'abondance des prescriptions avait rendu leur contrôle systématique assez aléatoire; l'application des dispositions protectrices des travailleurs en particulier laissait à désirer car les efforts se focalisaient de plus en plus sur l'accroissement de la productivité. Il n'empêche, cette accumulation de règles et l'organisation même de ces États donnaient à l'administration des pouvoirs d'autant plus considérables que les recours judiciaires contre ses décisions étaient limités et que n'existaient pas de véritables négociations collectives, au sens traditionnel de ces mots, entre patrons et syndicats.

La limitation des pouvoirs du gouvernement, l'indépendance véritable des tribunaux et des acteurs sociaux modifia ce schéma en profondeur. La mise en pratique d'une politique sociale, y compris d'une législation du travail, implique dans une démocratie à économie de marché sinon l'adhésion, du moins l'absence d'opposition résolue de la part de ceux auxquels elle s'applique. L'acceptation remplace dans une mesure variable, mais très réelle, la contrainte. En Europe continentale, patrons et syndicats sont d'ailleurs associés fréquemment à l'élaboration des règles de droit du travail, même en dehors de tout accord collectif. Simultanément, l'interprétation discrétionnaire du fonctionnaire-contrôleur disparaît.

L'évolution d'un système totalitaire vers un régime libéral peut conduire à une déréglementation: "moins d'État", signifie également moins de règles étatiques et, le cas échéant, un développement de conventions collectives librement négociées. Observons-le toutefois : moins de lois n'équivaut pas à moins de droit puisque les tribunaux continuent à connaître de toutes les situations. On assiste seulement à un glissement des compétences de l'administrateur vers le juge et, ceci, de deux façons. Comme en premier lieu, les textes de loi ne réglementent pas toutes les circonstances, le juge se voit confier un plus large pouvoir d'appréciation et de décision. Les systèmes démocratiques ensuite accordent normalement aux tribunaux compétence pour contrôler les actes de l'administration. Ceci constitue même l'une de leurs caractéristiques

2. *Une série de problèmes à résoudre*

La CIT de juin 1990 fut marquée par la présence symbolique de deux invités d'honneur : Nelson Mandela, figure historique de la lutte contre l´apartheid et Tadeusz Maziowiecki, ancien dirigeant de Solidarnosc, Premier ministre polonais. Lech Walesa, également présent à Genève, a souligné le rôle de l'Organisation dans la défense de son syndicat.

T. Maziowiecki prédit des difficultés sur le chemin encore à parcourir. Il demanda l'aide de l'Organisation pour construire un État démocratique respectueux des droits fondamentaux des travailleurs. A l'occasion de cette Conférence, j'organisai, un dîner qui réunit une majorité de ministres du travail d'Europe occidentale et orientale. On peut imaginer les problèmes d'interprétation linguistique qu'une telle rencontre impliquait! Elle permit d'ébaucher une collaboration dans la mise en œuvre des réformes.

Les obstacles étaient de nature technique assurément, mais encore politique et psychologique, l'adaptation à un environnement complètement nouveau.

a. Un changement de mentalité. Un besoin de formation

Une première chose me frappa lors de mes visites en 1989-1990 : la difficulté de ces pays à changer les mentalités. Les régimes communistes avaient voulu, et en bonne partie réussi, à abolir les structures de l'économie de marché. Ils avaient plus profondément déréglés la mécanique sociale. La démocratisation et l'encouragement au dialogue social s'avéraient par conséquent plus complexes qu'après la chute d'autres régimes totalitaires[83]. Plus rigide avait été le système, plus compliqué était l'ajustement. Je me souviens d'une rencontre à Saint-Pétersbourg (Leningrad à l'époque) avec les trois partenaires traditionnels de l'OIT: chacun exprimait un point de vue que j'attendais plus chez les autres. Le représentant syndical rappelait la nécessité de stimuler le rendement des travailleurs, l'employeur la protection nécessaire du personnel et le délégué de l'administration se bornait à défendre l'indépendance des partenaires sociaux. Le manque d'expérience, y compris dans l'administration, était patent.

On sait que les syndicats avaient été considérés comme de véritables autorités publiques dans le fonctionnement de la sécurité sociale ou pour l'inspection du travail. Les intérêts économiques des entreprises et des autres unités de production avaient été directement pris en charge par les ministères compétents sous la direction du Parti, en suivant une stricte hiérarchie. En URSS, les républiques fédérées, comme l'Ukraine[84], n'avaient pas leur mot à dire. Il ne restait que peu de place pour l'initiative locale, sauf dans certains pays après la mise en œuvre d'une décentralisation économique. La situation avait abouti à une passivité générale qui persistait après la fin du communisme.

En bref, comprendre le rôle de chacun et construire une collaboration avec les autres partenaires exigeait du temps, de la conviction et de la formation. Il aurait fallu attendre dans bien cas un changement de génération, alors que les problèmes à résoudre appelaient des réponses immédiates.

b. La dimension politique

De nombreuses institutions étrangères ou internationales offrirent leur aide, non sans espérer un surcroît d'influence. La Confédération internationale des syndicats libres (CISL), de tendance sociale-démocrate

[83] L. Boia, *La Roumanie. Un pays à la frontière de l'Europe*, Paris, Les Belles Lettres, 2007, pp. 144-145.
[84]OIT, *The Ukrainian Challenge*, op.cit. , pp. 207, 224 and ff.

et la Confédération chrétienne du travail (CMT) étaient en compétition, tout comme les partis politiques dont ils étaient proches. Entre les États-Unis, l'Union européenne et certains de ses États membres, l'entente n'était pas parfaite.

L'OIT ressentit d'autant plus les effets de ces stratégies divergentes, que son assistance technique dépendait largement pour son financement de sources extérieures directes ou indirectes. Trop souvent la vision politique de celles-ci ne prenait pas suffisamment en considération les spécificités culturelles des pays bénéficiaires, au risque d'humilier les interlocuteurs qu'ils voulaient aider. Je me souviens de la réflexion de l'un d'eux se plaignant que le donateur l'assimilait à l'une des Nations les plus reculées de la planète.

Bien plus, dans chacun de ces États, des groupes clés conservaient un intérêt à préserver le statu quo. Des doutes légitimes sur l'indépendance et la représentativité des organisations patronales et syndicales nationales existaient quelquefois. Les hauts fonctionnaires du parti communiste tentaient de maintenir leur position de pouvoir, y compris dans les entreprises privatisées, au détriment souvent de la qualité de la gouvernance. Des disputes non résolues se poursuivaient au sein de l'administration[85]. Fréquemment l'instabilité gouvernementale retardait les réformes.

c. La coopération internationale

Dans ce contexte tendu, l'OIT apporta son appui technique à la révision des législations, à la consolidation d'associations libres d'employeurs et de travailleurs, à l'élaboration de politiques d'emploi au moment où de nombreux salariés se voyaient licenciés par des entreprises nouvellement privatisées, sans plus bénéficier du droit à l'emploi.

L'Organisation n'avait guère d'expérience du glissement d'une économie planifiée vers une économie libérale. Manquaient les experts ayant une compréhension suffisante des deux systèmes sur des questions techniques. Bien plus, on rejetait fréquemment les quelques-uns que l'on avait identifiés en raison de leur collaboration avec le régime communiste antérieur. Leurs activités internationales aux temps anciens leur avaient le plus souvent, il est vrai, permis de se faire connaître ; en outre, la condition mise pour travailler hors de leur pays avait été alors de faire rapport aux services secrets sur ce qu'ils voyaient et entendaient. Pourtant, dans la plupart des cas, ils n'avaient eu accès à aucun secret. Je me rappelle un

[85] OIT, *The Ukrainian Challenge*, op.cit. , pp. 163-164

expert, sans doute le meilleur connaisseur des réformes nécessaires de la sécurité sociale après le changement de modèle économique, que le BIT refusa pour cette raison. La Banque mondiale fut moins regardante.

Comme les autres agences internationales, le BIT procéda par tâtonnements. Les procédures de coopération technique des Nations Unies, n'étaient pas prêtes pour un changement aussi considérable, surtout en matière de financement. La bureaucratie ne suivait pas malgré l'urgence des demandes[86].

Tous ces facteurs expliquent les balbutiements du début, les mauvais choix et les frustrations. Ils ne doivent pas faire oublier le dévouement de nombreux acteurs nationaux et internationaux et les francs succès. La situation se normalisa lorsque la plupart acquirent l'expertise souhaitable et plus de recul dans les évaluations des besoins et des personnes.

Paragraphe 6 – Le monopole syndical dans d'autres régions

En Asie, les grévistes de la faim de la place Tiananmen avait participé au mouvement vers plus de liberté. Ils avaient affirmé, dans leur déclaration du 2 juin 1989, que la société trouvait les moyens d'établir des organisations légitimes, autonomes et non officielles, afin de constituer une force politique libre destinée à contrôler le pouvoir de décision gouvernemental. C'était l'essence même de la démocratie, disaient-ils. "Il vaut mieux avoir dix démons qui se contrôlent les uns les autres qu'un mandarin au pouvoir absolu", ai-je pu lire à l'époque. La Chine n'a cependant pas participé aux bouleversements pacifiques. Elle a réprimé dans le sang les aspirations à la démocratie.

Le parti communiste au pouvoir y conserve son rôle de force dirigeante comme à Cuba ou au Viet Nam. Ce dernier se considère comme l'avant - garde éclairée de la classe laborieuse.

J'ai assisté dans les années 1990 aux efforts des autorités chinoises pour procéder à une libéralisation en profondeur, avant de revenir récemment à un centralisme plus strict. A l'époque, la parole s'était déliée, le gouvernement avait admis l''existence de grèves, des intellectuels avaient même cherché à les justifier en puisant dans les sources marxistes. En même temps, l'ouverture économique s'était traduite par des positions parfois surprenantes. La législation du travail alla jusqu'à ignorer la

[86] M. Hansenne, *Un garde-fou pour la mondialisation. Le BIT dans l'après-guerre froide*, Genève, Zoé, 1999, pp. 23, 38et ss.

présence des syndicats dans les entreprises à capitaux étrangers afin d'attirer les investisseurs.

Les deux autres pays cités ont tenté des expériences plus timides dans la même direction. Cela dit, les relations entre les trois principaux acteurs de la scène sociale sont restées dans chacun d'eux fondamentalement équivalentes.

Un certain nombre d'États totalitaires ont copié cette vision centralisatrice de la répartition des pouvoirs, sans adopter le dogme marxiste, comme l'illustrent les cas de la Syrie, de l'Égypte ou de certains autres États africains. En participant aux mouvements de libération nationale, les syndicats avaient reçu dans de nombreux pays de ce dernier continent, une totale reconnaissance. Ils rencontrèrent ensuite des difficultés à se séparer des autres composantes des nouvelles forces dirigeantes. Dans l'ensemble, leur influence est par conséquent restée limitée.[87]

Ils ont pu toutefois jouer un rôle central dans la lutte pour plus de démocratie dans des pays comme l'Afrique du Sud, le Ghana, la Namibie, le Niger, le Sénégal, la Zambie ou le Zimbabwe, malgré leurs faiblesses et leur incapacité à protéger pleinement les intérêts de leurs membres. La Tunisie en constitue un exemple frappant.

Les moyens d'aboutir au pluralisme ne sont pas toujours juridiques, même si la consécration légale en assure la dimension pérenne. Je me souviens de m'être trouvé en Corée du sud au début des années 1990. Une seule centrale syndicale possédait un statut officiel à un moment où le pays sortait d'un régime autoritaire. Des syndicats clandestins avaient organisé des grèves qui agitaient le pays. Leurs dirigeants vinrent me voir à l'hôtel et m'indiquèrent que le gouvernement cherchait à les rencontrer secrètement. Ils hésitaient à accepter avant d'avoir obtenu une réforme de la législation les concernant. Je suggérai plutôt de demander que la rencontre fasse l'objet d'une couverture médiatique. Un débat fut finalement organisé avec des représentants gouvernementaux à la télévision. L´évènement équivalait à une reconnaissance de fait. La situation se décrispa immédiatement. La modification de la loi intervint par la suite.

---

[87] Voir aussi Africa", *Industrial Relations Journal*, vol. 27, n0 1, March 1996, pp. 38-49; W. Annaba, *Trade Union movement in Africa: promise and performance*, New York, St Martin´s Press, 1979; C. Phelan, *Trade Unions in West Africa. Historical and Contemporary Perspectives*, Berlin, Peter Lang, 2011; T. Bramble, F. Barchiesi, *Rethinking the Labour Movement in the "New South Africa"*, Ashgate, Aldershot, 2003.

Une concertation sociale authentique dépend largement, je l'ai souvent constaté, à la fois du développement de l'industrialisation et de la situation démocratique. L'Afrique du Sud et l'île Maurice confirment l'observation avec des relations professionnelles et des négociations collectives dynamiques[88]. En revanche, d'autres pays africains qui ont pourtant construit un système assez élaboré de rapports collectifs, ne rencontrent pas les mêmes résultats dans la pratique. Trop souvent en effet, le parti au pouvoir tend à se considérer comme l'État dans la réalité quotidienne, marginalisant les autres partis et les syndicats considérés comme faisant partie de l'opposition avec toutes les conséquences que cette qualification implique.

Les régimes fascistes contrôlent également le mouvement syndical. Ici encore, des différences ont pu s'observer d'un État à l'autre, mais la dépendance fondamentale du système de relations industrielles vis-à-vis des pouvoirs publics reste similaire. Tous ont établi par la loi un corporatisme d'État[89], avec une structure hiérarchique publique qui intègre la représentation " verticale " des travailleurs et des employeurs dans tous les cercles de l'entreprise et de l'économie, jusqu'au niveau national interprofessionnel. L'adhésion peut être obligatoire ou non, mais seul est autorisé un syndicat qui maintient une étroite symbiose avec le gouvernement[90].

Les exemples de l'Italie et de l'Allemagne jusqu'en 1945, du Portugal et de l'Espagne jusqu'en 1974/1975 sont bien connus. Peu, en dehors de la région, savent que ce type de système a perduré en Argentine sous une forme mussolinienne et jusqu'il y a peu au Brésil. Dans ce dernier pays, les syndicats avaient déjà acquis en pratique une grande indépendance, sous l'impulsion en particulier de leur dirigeant emblématique Luiz Inácio Lula da Silva. Ils avaient longtemps hésité à une libéralisation formelle de la structure juridique des relations industrielles qui permettait la ratification de la convention n°87, la gauche craignant qu'une libéralisation brutale des structures professionnelles n'affaiblisse le mouvement syndical en le

---

[88] E. Webster "The shifting boundaries of industrial relations: Insights from South Africa", *International Labour Review,* Vol. 154/1, 2015; J.-M. Servais (ed.), *Industrial Relations, democracy and social stability*, World Labour Report 1997-98, Geneva, ILO, 1997, p. 170. See however F. Barchiesi, *Precarious liberation: workers, the State and contested social citizenship in post-apartheid South Africa*, New York, Suny Press, 2011.

[89] Le corporatisme d'Etat doit clairement se distinguer du corporatisme librement décidé par les associations professionnelles concernées. Pour plus d' explications sur les différences, voir G. Dion, *Dictionnaire des relations du travail*, 2nd édition, Québec, Les presses universitaires Laval, 1986, p.136.

[90]Voir ainsi BIT, *Situation en matière de travail et en matière syndicale en Espagne*, Genève, 1969, §§ 515-807.

privant de sa principale source de financement[91]. Il fallut paradoxalement attendre le gouvernement ultraconservateur de Jair Bolsonaro pour qu'il y soit procédé. L'Argentine a ratifié la convention n°87, mais encadre la liberté des activités syndicales comme le montrent les affaires portées devant le CLS. Les rapports entre les principaux syndicats et le parti péroniste restent très étroits, même si des tiraillements se font sentir à l'occasion.

Section 2 -Liberté syndicale, droits civils et politiques

Paragraphe 1 – Un climat général de respect des grandes libertés publiques

Je venais d'arriver au BIT, lauréat d'un concours pour un poste au Secrétariat du Comité de la liberté syndicale, quand les militaires prirent le pouvoir au Chili le 11 septembre 1973. Ceux-ci avaient déjà perpétré un coup d'état au mois de juin en Uruguay, après le Brésil (1964); l'Argentine allait suivre en 1976.

Le 13 septembre, la junte chilienne dissolvait le congrès, suspendait la constitution et interdisait les partis politiques. L'état d'urgence était proclamé, le couvre-feu, instauré, les libertés publiques, supprimées, les syndicats, interdits. La répression fut violente.

Les scénarios se répétaient d'un "putsch" à un autre. Les nouveaux maîtres du pays interdisaient les syndicats, confisquaient leurs avoirs, saisissaient leurs biens. Leurs dirigeants étaient arrêtés; souvent on perdait leur trace, du moins pendant un certain temps.

Au Chili, l'armée se chargeait elle-même de la sale besogne. L'instruction engagée contre les détenus comprenait presque systématiquement la torture, les condamnations se faisaient sans véritable procès, les exécutions se succédaient; certains étaient jetés vivants dans la mer depuis des hélicoptères. Une Commission d'enquête du BIT recueillit par la suite des témoignages presque insoutenables sur les exactions commises.

En Argentine, ce traitement sordide était laissé à des groupes mafieux liés au nouveau pouvoir. Bien des dirigeants syndicaux et patronaux disparaissaient, sans laisser de trace. Je me souviens du jour où Francis Blanchard menaça le gouvernement de venir à Buenos Aires et de rechercher personnellement un collègue dont nous étions sans nouvelles.

---

[91] S. Machado, « Actualités juridiques internationales. Brésil », *Revue de droit comparé du travail et de la sécurité sociale*, 2014/2, p. 122.

Il ne dut pas prendre l'avion: la victime réapparut immédiatement de l'autre côté du Rio de la Plata.

En Uruguay, la police procédait à ces interrogatoires violents pendant l'instruction avant de transférer les prisonniers aux autorités militaires. Dans tous ces cas, la barbarie triomphait. Je me rappelle l'émotion qui me saisit quand j'arrivai sur la *Plaza de Mayo* à Buenos Aires, peu après une manifestation des Mères de la place de Mai ; de nombreuses traces en restaient encore. Ces femmes, de gauche le plus souvent, se battaient pour retrouver leurs enfants enlevés par la dictature militaire, dont elles avaient perdu la trace.

Chaque fois, les plaintes arrivaient au Comité de la liberté syndicale. Ce dernier accepta celles mêmes de syndicats dissous sans le respect d´une procédure judiciaire. Grâce à son action, des centaines de syndicalistes, des dirigeants employeurs également, eurent la vie sauve; d'autres, arrêtés sommairement furent libérés ou, s'ils étaient poursuivis pour des activités non syndicales, jugés dans des conditions dignes de ce nom.

Après sa libération des geôles brésiliennes, Luiz Inácio Lula, alors représentant des travailleurs de la métallurgie dans la ceinture sidérurgique de São Paulo, vint à Bruxelles et à Genève, pour remercier tous ceux qui avaient contribué à son élargissement. J'étais en vacances à cette époque; il laissa un très gentil message sur mon bureau.

Paragraphe 2 - Libertés civiles et droits syndicaux

Dans ces tragiques exemples se manifeste particulièrement l'interdépendance entre la liberté d'association et les autres grandes libertés publiques. Ce lien rend vain à bien des égards le débat sur le classement de cette liberté dans les droits sociaux ou dans les droits civils et politiques. La réponse dépend de l'importance relative que l'on donnera, dans un pays déterminé, à la liberté générale d'association et à celle exercée à des fins syndicales ou patronales. Le droit de constituer des syndicats figure dans les deux Pactes des Nations Unies ; il est toutefois davantage développé dans celui relatif aux droits économiques, sociaux et culturels. On ne s'étonnera pas qu'à l'OIT, l'accent soit mis sur les droits sociaux, tout en observant que la terminologie varie dans le titre de la convention n°87 selon qu'on lit la version française (" liberté syndicale et protection du droit syndical ") ou anglaise (" freedom of association and protection of the right to organize ").

Au-delà, la liberté syndicale ne peut vraiment s'exercer, nous venons de l'observer, que dans un climat exempt de violences et d'intimidations, dans le respect des grandes libertés publiques, au premier rang desquelles figurent les garanties contre les exécutions sommaires, les mauvais traitements, les arrestations arbitraires.ainsi que l'accès de tous aux tribunaux. Les organes de contrôle l'ont encore rappelé récemment aux gouvernements chinois et cambodgien.[92]

Le CLS a reçu un nombre impressionnant de plaintes à ce propos ; il a répété que si les syndicalistes ne pouvaient pas se prévaloir d'une quelconque immunité contre d'éventuelles poursuites, ils devaient cependant être jugés rapidement, selon une procédure judiciaire régulière, et qu'ils ne devaient pas être inquiétés pour des activités syndicales normales.

Lors d'une mission en République dominicaine en 1978, je me souviens de la longue poignée de mains d'un syndicaliste docker qui remerciait à travers moi l'OIT de lui avoir permis de tenir bon pendant ses longues années de prison. Autre souvenir, mes missions répétées en Tunisie à la fin des années 1970 avaient pour objectif de faire libérer le secrétaire général de l'Union générale des travailleurs tunisiens (UGTT) Habib Achour, emprisonné en raison de son opposition à la politique sociale du Président Bourguiba. Chaque fois qu'il était libéré, le Conseil d'administration du BIT s'en félicitait à sa session suivante, mais il retournait en prison peu après.

La jouissance d'autres libertés publiques présente une importance spéciale pour l'exercice des droits syndicaux : la liberté d'expression (liberté de la presse syndicale et liberté de parole), le droit de réunion (publique et privée), l'inviolabilité des locaux syndicaux (sous réserve de perquisitions, mais menées dans les cas autorisés par la loi, sur mandat d'une autorité judiciaire), du secret de la correspondance et des conversations syndicales (téléphoniques et autres).

Traditionnellement ces libertés apparaissent comme autant de garanties contre une emprise excessive des autorités de l'État; à ce dernier incombe le plus souvent une obligation négative de ne rien faire pour les contrarier. Les pouvoirs publics ont souvent en revanche celle d'agir dans le cas des droits sociaux. On sait qu'ils doivent, le cas échéant, prendre des mesures concrètes en vue d´en assurer l'exercice réel. Ici se manifeste le double caractère évoqué plus haut de la liberté syndicale: la convention n° 87 demande avant tout à l'État de s'abstenir de toute action. Il reste que dans

[92] 397ème rapport du CLS, cas n° 3184 (Chine), document GB 344/INS/15/1, §§ 114 et suivants; CIT (109ème session, 2021), *Rapport de la Commission d'experts pour l'application des conventions et recommandations*, rapport III (Addendum, partie A), Genève, BIT, 2021, p.131.

certaines situations, son engagement se transforme en un devoir de prendre des mesures d'encouragement.

Je me souviens de l'exemple significatif de plantations au Costa Rica. Les travailleurs habitaient sur les immenses domaines de l'entreprise dans des logements fournis par celle-ci. Ils y vivaient dans des villages aménagés qui possédaient dans le meilleur des cas une école et un lieu de culte. Des dizaines de kilomètres les séparaient des limites de ces latifundia. Y créer un syndicat tenait de la gageure, d'autant plus si l'employeur invoquait son droit de propriété pour interdire l'accès aux représentants syndicaux venus de l'extérieur ou, pire, la tenue de réunions syndicales, publiques ou privées, dans l'enceinte de l'exploitation. Les droits syndicaux y devenaient théoriques.

Il fallait par conséquent aménager ce droit de propriété pour permettre aux intéressés d'exercer raisonnablement leurs propres droits. Cet effort de conciliation revenait en premier lieu à l'administration, le cas échéant au juge, et en dernier ressort au pouvoir législatif. La convention n° 87, comme la convention n° 110 de 1958 sur les plantations demandaient aux États, à travers ses organes, de prendre toutes les mesures appropriées pour assurer à ces travailleurs le libre exercice du droit syndical. De même, la convention n° 141 de 1975 sur les organisations de travailleurs ruraux appelait le gouvernement à adopter et appliquer une politique visant à encourager ces organisations, notamment à s'assurer que la loi et la pratique nationales ne font pas obstacle à la constitution et au développement de telles organisations. En l'occurrence, l'OIT insista auprès des autorités costariciennes pour qu'elles adoptent des dispositions permettant aux représentants syndicaux d'avoir effectivement accès aux plantations et aux travailleurs intéressés de jouir pleinement du droit de se réunir.

Il va de soi que l'association elle-même ou ses responsables ne peuvent pas agir impunément, que ce soit à l'égard d'un chef d'entreprise, d'une autorité publique, des membres ou de travailleurs non syndiqués. La procédure menant à la sanction doit toutefois émaner d'un tribunal afin de garantir les droits de la défense. Bien plus, fut-il souligné, la responsabilité pénale que pourraient encourir personnellement des chefs syndicaux pour un acte répréhensible qu'ils auraient commis, ne devrait pas entraîner de mesure qui prive le syndicat lui-même, ou l'ensemble de ses dirigeants, de leurs possibilités d'action.

Fréquemment la suspension ou la dissolution ont été la conséquence d'autres mesures prises par les pouvoirs publics telles que le retrait de la personnalité juridique ou l'annulation de l'enregistrement. La simple menace d'une dissolution administrative peut avoir, dans la pratique, des effets dommageables si elle influence les travailleurs dans le choix d'une organisation.

Les organisations de base et les fédérations ou confédérations professionnelles rencontrent des difficultés semblables. Celles des grandes confédérations internationales diffèrent sur plus d'un point. Bien des gouvernements voient d'un mauvais œil l'adhésion d'un syndicat national à celles-ci. Certains ont été jusqu'à l'interdire. D'autres, plus nombreux, ont multiplié les obstacles aux relations entre les confédérations et leurs affiliés nationaux : interdiction, pour le délégué national, de se rendre à une réunion d'un syndicat international ou, pour le représentant de ce dernier, de pénétrer dans le pays ; interdiction, pour le syndicat international, d'organiser une réunion dans le pays ou d'aider financièrement la fédération nationale, restrictions à l'échange de publications, etc.

Revenons sur une autre facette du droit de propriété, spécifiquement la protection des biens syndicaux.

Paragraphe 3 – La protection des biens syndicaux

La libre jouissance de ces biens a également fait l'objet de très nombreuses plaintes. J'en ai donné des exemples précédemment. Bien des fois, lors d'un conflit ouvert avec les autorités, ces dernières s'en sont prises d'une manière ou d'une autre au patrimoine syndical, propriété et comptes bancaires : saisie, blocage ou confiscation des fonds ; perquisitions dans les locaux, occupation, apposition de scellés, et de nouveau saisie ou confiscation ; intervention dans le financement des syndicats, en particulier la fixation des cotisations, dans leur gestion financière.

L'intervention des pouvoirs publics dans la comptabilité syndicale a pu prendre la forme soit d'une obligation de communiquer ses livres et ses registres à l'administration, soit d'une descente de police dans les locaux syndicaux. En cas de dissolution d'une organisation, les biens mobiliers et immobiliers devraient revenir aux membres. Il n'en fut pas toujours ainsi, loin s'en faut ; les avoirs ont, selon certains, plus d'une fois abouti sur les comptes bancaires des nouveaux maîtres du pays.

Le CLS a une fois de plus considéré que si un contrôle s'avérait nécessaire, il devait incomber aux tribunaux. Quand l'occupation d'immeubles syndicaux par la police ou l'armée avait occasionné des dégâts (disparition de la machine à photocopier, destruction de mobilier ou de documents, vandalisme), les tribunaux devaient être en mesure d'exiger une remise en état et une compensation pour les dommages irréparables. En cas de dissolution volontaire d'une organisation, le Comité a ajouté que ses biens pouvaient également être transférés à l'organisation qui lui succédait en poursuivant les mêmes buts, dans le même esprit.

Autre point : il est arrivé qu'un État accorde la jouissance de locaux, de bourses de travail par exemple, à une organisation déterminée, ou même l'en expulse au profit d'une autre. L'octroi de telles facilités risque évidemment, même quand ce n'est pas l'intention, de constituer une intervention discriminatoire sur la scène syndicale.

Revenons sur la restitution du patrimoine appartenant à l'ancienne organisation corporative espagnole, l'une des questions épineuses auxquelles le gouvernement démocratique de ce pays dut faire face. Quelle que fut la solution choisie, ce dernier allait au-devant de graves turbulences politiques et sociales. Ce patrimoine se composait de deux types de biens. Les premiers étaient ceux saisis par le régime franquiste aux organisations de travailleurs de l´époque et à certaines associations d'employeurs, puis transférés au syndicat vertical à la fin de la guerre civile (le patrimoine "historique"). Parmi les victimes de ces mesures, figuraient des syndicats qui avaient perdu toute représentativité. Les seconds étaient constitués des recettes dont cette organisation disposa ultérieurement, provenant notamment des cotisations obligatoires (le patrimoine "accumulé").

La question fut soumise au CLS. Il insista sur la consultation des organisations patronales et syndicales représentatives. La solution, ajouta-t-il, devait s'inspirer du principe de l'affectation des biens à l'usage auquel ils étaient destinés, et non du montant des contributions versées respectivement par les employeurs et les travailleurs à l'organisation disparue. Quant à la restitution des biens confisqués, elle devait faire l'objet de négociations entre le gouvernement et les représentants des organisations professionnelles concernées. En bref, le CLS n'a pas cherché à définir à quelle association les biens devaient aller et dans quelle proportion, mais a simplement indiqué les critères qui permettraient une telle répartition entre les organisations professionnelles existantes[93].

La solution finalement adoptée respecta ces recommandations. Leur interprétation suscita d'inévitables controverses en raison du montant

---

[93] BIT, *BO,* Série B, n° 2, 194ème rapport du CLS, cas n° 900 (Espagne), Genève, BIT, 1979, §§238–262; BIT, *BO,* Série B, n° 2, 202ème rapport, du CLS, cas n° 900 (Espagne), Genève, BIT, 1980, §§ 337–354.

considérable du capital à répartir, mais celles-ci demeurèrent mesurées et se réglèrent par voie judiciaire. Le patrimoine immobilier accumulé fut cédé aux confédérations syndicales en fonction de leur représentativité. L'État procéda à l'estimation de la valeur économique des biens saisis aux syndicats historiques, fortement implantés avant la dictature, à savoir l'UGT et le CNT, et leur restitua les montants correspondants.[94]

On se souviendra que l'OIT adopta la même approche quand une situation voisine se présenta en Argentine à la chute de la dictature militaire en 1983.

Confier à l'employeur en accord avec le syndicat, la retenue sur les salaires de la cotisation due à cette dernière (pratique dite du *check off*) relève-t-elle de la libre négociation? La réponse affirmative du CLS a laissé bien des pays s'abstenir de toute intervention. En revanche l'octroi de subsides aux organisations de travailleurs entraîne un risque de discrimination au moment de la répartition de ces fonds. Plus généralement, un système de subvention entraîne des conséquences toutes différentes selon la forme qu'il revêt, l'esprit dans lequel il est conçu et appliqué et la mesure dans laquelle il représente un droit prévu par la loi ou ne relève que de l'appréciation d'une administration. L'indépendance des organisations de travailleurs suppose que leur financement ne les mette pas à la merci des pouvoirs publics[95].

Section 3- Les droits et garanties de l'activité syndicale

Innombrables sont les artifices pour porter atteinte à l'action syndicale[96]. Les plus graves reviennent à paralyser les syndicats, dans la ligne des mesures déjà évoquées, notamment à la suite d'un coup d'état. Des décrets ont interdit toute activité syndicale pendant un certain temps ou suspendu directement leur personnalité juridique. Des gouvernements ont placé une ou plusieurs confédérations sous tutelle, avec destitution des dirigeants et désignation d'un administrateur ou d'un comité provisoire. Quelquefois, la police occupait en outre les locaux et bloquait les fonds.

---

[94] J. Cruz Villalón, *Compendio de derecho del trabajo*, 10ª edición, Madrid, Editorial Tecnos, 2017, p. 461; J. A. Sagardoy, D. León Blanco, *El poder sindical en España*, Madrid, Editorial Planeta, 1982, pp. 150-157.

[95] BIT, *La liberté syndicale. Compilation des décisions et de principes du Comité de la liberté syndicale*, 6ème édition, Genève, 2018, §§ 519, 556 et 686.

[96] Les exemples cités ici proviennent de la compilation déjà mentionnée: BIT, *La liberté syndicale. op.cit*, §§ 561 à 750.

Les motifs invoqués variaient : irrégularités de gestion, détournement de fonds, prétendue corruption des dirigeants, prolongation indue de leur mandat, lutte de factions rivales, plus généralement violation des obligations légales, plus spécifiquement engagement dans des activités ou des grèves jugées politiques, voire subversives, par les autorités. Le CLS a admis que des circonstances exceptionnelles pouvaient justifier une intervention strictement temporaire afin de rétablir des conditions de plein respect des droits syndicaux. Néanmoins ce contrôle devait incomber en principe au pouvoir judiciaire.[97]

Dans d'autres situations, plus fréquentes, les violations dénoncées avaient trait à un aspect particulier des activités : l'élection libre des représentants, la planification et la réalisation des objectifs, l'élaboration des statuts ou règlements, l'organisation de la gestion. Le principe commun, dégagé par la convention n° 87, consiste à demander aux autorités publiques de s'abstenir de toute intervention de nature à limiter ces activités ou à en entraver l'exercice légal ; de leur côté, les syndicats ont à respecter les lois nationales, mais dans la mesure seulement où elles ne portent pas atteinte aux garanties en question.

J'ai rencontré de nombreux cas où les autorités cherchaient à influencer, voire à contrarier les élections syndicales. Lorsque les règles posées cherchent uniquement à garantir un processus transparent et plus généralement démocratique, les syndicats doivent certainement s'y tenir. Toutefois des législations qui fixaient de manière tatillonne les conditions d'éligibilité ou la procédure électorale pouvaient gêner sérieusement le choix des candidats. Des exigences de caractère politique notamment (ne pas avoir adhéré au parti communiste, ne pas avoir manifesté contre le gouvernement, par exemple) constituaient clairement une interférence indue.

Plus grave était la tentation d'exclure certains ou de modeler la représentation syndicale selon ses convenances par des déclarations intempestives ou une présence policière dans le local de vote (je me rappelle un cas brésilien), par une interprétation spécieuse de la règlementation ou par l'utilisation abusive de compétences administratives pour l´approbation des résultats électoraux.

Il est arrivé qu'un gouvernement appuie, au moment des élections syndicales, une personne ou un groupe, augmentant leurs chances de succès. Dans une vieille affaire, le Président hondurien lui-même avait

[97] BIT, *op.cit.*, §§ 674 et suiv.

demandé par télégramme à un officier public de contacter des dirigeants et de les mettre en garde contre les tendances marxistes antidémocratiques de certains candidats. Immédiatement après, plusieurs délégués dissidents quittaient la salle. Dans une autre, les autorités avaient découragé un agent de l'État d'accepter des fonctions syndicales.

Plusieurs plaintes portaient encore sur la nécessité d'obtenir une approbation ou une homologation des résultats électoraux, ou sur le refus de reconnaître les élus. Deux listes se trouvaient ainsi en présence au Brésil au temps de la dictature militaire. Après la proclamation des résultats, les perdants se plaignirent d'irrégularités. Le Ministre du travail reconnut le bien-fondé des réclamations, annula le vote et nomma un conseil exécutif provisoire chargé d'organiser de nouvelles élections, tâches qui devraient revenir à un juge.

Plus d'une fois également, un haut fonctionnaire destitua ou suspendit un dirigeant élu, quelquefois pour des motifs aussi imprécis qu'un manque de capacité à maintenir la discipline dans son organisation.

On relèvera que les dirigeants syndicaux sont plus que d'autres en butte à des mesures qui, comme l'arrestation, contrarient ou paralysent l'exercice de leur mandat. Ils ne peuvent certainement pas agir impunément. Mais, répétons-le, c'est normalement aux membres du syndicat et, le cas échéant, aux tribunaux qu'il incombe d'invalider une élection ou de destituer un responsable.

Une organisation syndicale doit définir et mettre en œuvre, en toute indépendance, ses objectifs et son programme. Ce n'était pas le cas dans une des premières affaires examinées par le CLS, où des cours de formation syndicale étaient confiés à la police militaire.

Comment distinguer action syndicale et action politique? Le sujet divise, comme il a divisé bien souvent, même à l'intérieur du mouvement ouvrier. Il se pose au niveau d'un pays tout entier comme à celui de l'entreprise. L'interdiction d'entreprendre une action politique aura des conséquences variables selon son interprétation et son application. Une défense généralisée se concilierait mal avec une réelle liberté d'action: difficile en effet de tracer une ligne démarcation quand les problèmes économiques et sociaux relèvent à la fois du pouvoir politique et des préoccupations syndicales. Le CLS l'a plusieurs fois répété. C'est à propos de la grève que la question s'est posée avec le plus d'acuité. J'y reviendrai à cette occasion.

Les obstacles mis à la présence de représentants des travailleurs à des réunions de l'OIT, spécialement aux sessions de son Conseil d'administration ou de sa Conférence annuelle. Il est arrivé en effet que ces délégués perdent leur emploi ou soient arrêtés en raison de leur participation, ou du contenu d'une intervention. Ces mesurent trouvent naturellement un écho immédiat et une réponse rapide au sein de l'Organisation.

Certains textes légaux concernent la gestion interne des syndicats, plus particulièrement la réglementation des assemblées syndicales, leur tenue, les procédures de vote, etc. Le CLS a clairement précisé que l'obligation d'observer certaines majorités sur des sujets importants pour la vie du syndicat et pour les droits de ses membres ne constituait pas une ingérence indue des autorités publiques. Encore faut-il qu'elle n'entrave pas sérieusement le travail d'un syndicat, dans les conditions existantes, et ne rende pas impossible, en pratique, l'adoption des décisions.

D'autres dispositions imposent un contrôle administratif sur les statuts et règlements syndicaux. J'ai déjà évoqué les graves conséquences que la mesure entraîne quand l'approbation de ces documents constitue une condition à l'existence légale d'un syndicat. Parfois, ces dispositions exigent l'insertion de clauses précises. Elles n'ont pas toujours provoqué des critiques, ainsi quand la loi impose seulement aux organisations de traiter certains sujets, sans prescrire la manière de les régler. Il en va de même lorsque le ministère du Travail publie des statuts modèles, sans leur donner un caractère obligatoire.

Quelquefois enfin la loi a permis à des fonctionnaires d'avoir un accès libre aux procès-verbaux des assemblées générales et des séances du comité exécutif. Ce contrôle incomberait mieux à l'ordre judiciaire,

Chapitre II. Les rapports entre interlocuteurs sociaux

Ce chapitre porte sur les rapports bilatéraux ou tripartites – selon que les pouvoirs publics s'impliquent ou non – entre interlocuteurs sociaux. La reconnaissance des droits syndicaux par l'employeur constitue le complément naturel à celle par l'État. Des pratiques antisyndicales nombreuses et répétées révéleraient sans doute possible la fragilité d'un système de relations professionnelles d'une branche d'activités, voire d'un pays (section I). Elles risqueraient ainsi de paralyser tout effort entrepris pour régler efficacement les conditions d'emploi par la concertation. La négociation collective peut se déployer à différents niveaux : l'établissement, l'entreprise même multinationale, la municipalité ou la région, la branche d'activité ou le sous-secteur, le plan interprofessionnel national – ou fédéral, supranational – européen, voire universel (section II).

Section I - L'élimination des pratiques antisyndicales en matière d'emploi

Appelé surtout à examiner des situations de fait, le CLS peut s'enorgueillir de très nombreux succès dans la lutte contre les pratiques antisyndicales réprouvées par la convention n° 98. Pour que les acteurs opèrent sur un pied de réelle égalité, il faut effectivement bannir les actes discriminatoires et les ingérences qui tendent à rompre cet équilibre. J'examinerai le contenu des plaintes et la manière proposée de mettre en œuvre une réelle protection, spécialement en cas de discrimination. Les clauses et les pratiques de sécurité syndicale feront l'objet d'un développement séparé.

Paragraphe 1- Les actes discriminatoires

Si un employeur licencie un travailleur syndiqué, le met à pied, le mute, le rétrograde, lui refuse une prime, une promotion, ou le sanctionne autrement, si encore il ne l'embauche pas, on ne peut certes pas l'accuser immédiatement de pratique discriminatoire. De même, une politique dynamique d'encouragement à la productivité et de participation du personnel aux décisions peut entraîner un déclin de la présence syndicale dans l'entreprise, sans que l'on puisse critiquer la direction à ce propos. Il n'en serait autrement que si, agissant ainsi, l'employeur poursuivait un mobile antisyndical, c'est-à-dire si sa décision s'expliquait par l'affiliation ou l'activité syndicales d'un travailleur ou encore si sa politique visait à l'affaiblissement des syndicats.

Les allégations reçues[98] tendraient à montrer que ce type de discrimination se produit rarement à l'embauche, mais plutôt en cours d'emploi. Cela dit, discerner une motivation hostile à ce moment-là reste malaisé. Elle se manifeste avant tout dans le licenciement, ou des mesures équivalentes (mise à la retraite d'office). Les allégations portent également sur le déplacement d'un salarié vers un autre poste ou une autre région ou encore sa mise à pied. Elles regardent encore les décisions touchant à la promotion (retard, promesse d'un avancement conditionnée à la fin des engagements syndicaux), les inégalités dans la rémunération, les primes ou dans l'octroi d'autres avantages, les admonestations et les autres mesures disciplinaires. Je me souviens d'une affaire d'éloignement de militants syndicaux du secteur public par une mise en disponibilité avec versement du salaire.

Les raisons précises de ces pratiques ne ressortent pas toujours des dossiers. Néanmoins, certains motifs, comme la grève, reviennent souvent, spécialement à l'égard des "meneurs". Dans le contexte de la formation d'un syndicat, des plaignants ont protesté à plusieurs reprises contre les licenciements et les autres mesures d'intimidation de tout ou partie du groupe participant à la création, au-delà même des dirigeants. La manœuvre avait quelquefois réussi et conduit à la disparition d'un syndicat organisé dans l'entreprise.

Au temps où le Zimbabwe s'appelait encore Rhodésie du sud, un chef d'entreprise et une association de travailleurs avaient signé un accord provisoire, les parties convenant de chercher à résoudre dans les 10 jours les problèmes en suspens. Durant cette période, l'employeur congédia les membres du syndicat, à l'exception de quatre qui s'étaient affiliés à une nouvelle organisation. Il alléguait la participation à une grève illégitime intervenue bien avant, c'est-à-dire dans le courant des discussions qui avaient conduit à l'accord provisoire. Le lendemain, il signa une convention collective avec le nouveau groupement que les autorités s'empressèrent d'enregistrer, prenant dépôt du nouvel accord.

D'autres affaires ont traité de sanctions décidées par l'employeur à la suite d'initiatives prises en vue de la création ou de la reconnaissance d'une organisation, d'opinions exprimées au cours d'assemblées syndicales, de

[98] BIT, *La liberté syndicale. Compilation... op.cit*, §§ 1072 et suiv.

revendications ou de protestations formulées, d'arrestations suivies d'une relaxe, etc. On ne peut pas accepter non plus les "listes noires" de militants syndicaux utilisées lors du recrutement.[99]

Paragraphe 2 – La mise en œuvre

J'ai pu observer combien les méthodes choisies pour garantir les salariés contre de telles pratiques varient. Elles dépendent dans chaque État du contexte social et juridique, notamment du cadre historique dans lequel le syndicalisme national s'est développé, de la force des organisations professionnelles, de l'expérience de leurs dirigeants, du rôle respectif de la loi et de la convention collective dans l'ordre juridique envisagé, etc.

La vision que l'on a du travail aux États-Unis laisse une large place à l'initiative individuelle[100]. En bref, elle se focalise plus sur les libertés civiles que sur les droits sociaux, davantage sur l'égalité de chances et de traitement que sur la solidarité dans la distribution des revenus. D'où la tendance de penseurs anglo-saxons, désireux d'affermir celle-ci, de rattacher aux droits de l'homme la défense des droits des travailleurs[101].

La législation américaine privilégie la négociation d'entreprise (ou d'établissement) des conditions d'emploi par rapport à la loi, au point que le pays ne possède ni code du travail ou de la sécurité sociale ni législation équivalente, même dans les États fédérés. Les conventions collectives conclues avec les syndicats (ou selon d'autres formules de représentation des travailleurs), normalement au sein des unités de production, assurent l'essentiel de la protection du travail et une bonne part de la sécurité

---

[99] Conférence internationale du Travail (101e session, 2012), *Donner un visage humain à la mondialisation,* rapport III (Part 1B), Genève, BIT, 2012, §122 et 178.

[100] Voir BIT, « Relations professionnelles, démocratie et cohésion sociale », *Le Travail dans le monde 1997-98*, Genève, 1997, p. 236 ; S. Jacoby, « American Exceptionalism Revisited : The Importance of Management » dans S. Jacoby (dir. de publ.), *Masters to Managers : Historical and Comparative Perspectives on American Employers*, New York, Columbia University Press, 1991 ; S. M. Lipset et N. M. Meltz, « Canadian and American attitude towards work and Institutions », *Perspectives on Work* (The IRRA's 50th Anniversary Magasine), vol. 1(3), December 1997, pp. 14-19. Voir déjà : S. McCane Lindsey, « The problem of American Cooperation » dans J. T. Shotwell (dir. de publ.), *The Origins of the International Labor Organization*, New York, Columbia University Press, 1934, pp. 331-367.

[101] Voir par exemple Voir Ph. Alston, *Labour Rights as Human Rights*, Oxford University Press, 2005; R. Goldschmidt, C. L. Strapazzon, "La hermenéutica responsable y su papel en la protección y promoción del derecho fundamental al trabajo digno: el caso de la nueva redacción del inciso iii de la súmala 244 del tribunal superior del trabajo", *Revista general de derecho del trabajo y seguridad social*, no 39, december 2014; V. Mantouvalou, 'Are Labour Rights Human Rights?', *ELLJ*, Vol. 3(2), 2012, pp. 151–17; .Committee on Monitoring International Labor Standards, *Monitoring International Labor Standards. Techniques and Sources of Information*, Washington DC, The National Academies Press, 2004, notamment pp. 224 et ss.

sociale. Faute d'un accord, le niveau des garanties dépend de la politique du personnel menée dans l'entreprise. La décision d'un employeur américain de reconnaître un syndicat dans l'entreprise ou l'établissement et de signer avec lui un contrat collectif de travail comporte par conséquent des effets non négligeables sur son prix de revient puisqu'il met à sa charge des coûts liés au financement de la protection du travail et de la sécurité sociale.

La situation se présente de manière très contrastée en Europe continentale. La législation sociale s'applique, sauf exceptions, à toutes les unités de production. Dans la négociation collective, la primauté revient encore aux accords sectoriels, souvent rendus obligatoires, par des procédures d'extension ou autrement, aux sociétés non représentées par les signataires. Salaires et charges sociales restent ainsi hors concurrence et s'éloignent les risques de " dumping social ".

Le prix du dialogue social et ses répercussions en termes de concurrence expliquent sans doute le caractère très conflictuel des relations professionnelles aux États-Unis et le nombre élevé de procès pour pratiques déloyales à l'égard des syndicats ou des syndiqués. L'antagonisme se nourrit aussi de l'insertion dans les conventions collectives américaines de clauses visant au contrôle, par les organisations de travailleurs, des postes de travail et de l'exécution des tâches. Elles tendaient à sauvegarder l'emploi dans l'entreprise, et même à l'origine à réserver ce dernier aux membres du syndicat. Je vais revenir sur cette pratique. Les réticences patronales vont ainsi au-delà des préoccupations financières : ces dispositions limitent les pouvoirs traditionnels de l'employeur et l'obligent à de longues discussions s'il veut un jour réorganiser le travail[102].

La méthode utilisée par l'OIT pour venir à bout des actes de discrimination varie selon les circonstances, comme l'illustre l'exemple suivant. En 1978, des élections législatives se profilaient en France dans un climat économique et social détérioré. Force ouvrière (FO) dénonça, dans une plainte au BIT, une vague de pratiques antisyndicales, y compris des licenciements. J´étais dans le bureau de mon patron, Nicolas Valticos, quand celle-ci arriva. Il me dit tenter de résoudre l'affaire informellement et téléphona au Ministre du travail. Ce dernier absent, son chef de cabinet répondit. Quand il prit connaissance du contenu des accusations, il demanda d'en suspendre la diffusion pendant trois jours. Passé ce délai, il

[102] Sur tout ceci, voir: J.-M. Servais, « Syndicats : nouveaux membres, nouvelles alliances ? » dans *Droit syndical et droits de l'homme à l'aube du XXIe siècle. Mélanges en l'honneur de Jean-Maurice Verdier*, Paris, Dalloz, 2001, pp. 162-163.

put annoncer qu'un contingent d'inspecteurs du travail s'était rendu dans les différents établissements visés, avaient vérifié les dires de FO et sanctionné les entreprises prises en faute. La confédération retira sa plainte. Voilà la partie immergée de l'iceberg en conclut mon patron, un de ces cas heureux qui se règle sans bruit.

Les actes discriminatoires peuvent évidemment se cacher derrière des mesures normales de gestion. J'en ai cité précédemment. Je relèverai encore le cas de l'employeur qui veut éviter le licenciement sec, trop visible, du "trublion", provoque une réorganisation qui entraîne son départ, sa mutation dans une ville de province alors que le siège du syndicat est dans la capitale ou quand son conjoint y travaille, son changement d'affectation pour un poste sans avenir.

La principale difficulté consiste à apporter la preuve du caractère antisyndical, discriminatoire de la décision prise. Il faut établir non un fait, mais une intention, celle de porter atteinte à la liberté syndicale dans l'emploi. S'il arrive que l'attitude, la manière d'agir d'un employeur constitue manifestement l'aveu d'une volonté malveillante (ainsi, s'il conditionne comme on l'a vu, l'octroi d'un avantage à la renonciation à toute activité syndicale), le problème souvent s'avère plus délicat. Le CLS s'est trouvé plus d'une fois, pour cette raison, dans l'impossibilité de formuler des conclusions précises, soulignant que ces problèmes peuvent mieux se résoudre au niveau national, plus proche du contexte, à condition qu'existent des règles de fonds et de procédure adéquates.

Les recours peuvent effectivement manquer d'efficacité comme en Colombie où les retards dans la prise de décision avaient porté un préjudice sérieux aux travailleurs affectés et même permis parfois l'élimination des organisations concernées. En Inde, la saisie d'une instance de conciliation et le renvoi d'une affaire aux tribunaux étaient laissés à l'approbation discrétionnaire de l'administration. Le plaignant faisait état du refus de celle-ci d'en appeler à une juridiction après l'échec de la conciliation.

Le CLS a encore relevé d´autres lacunes dans les dispositions qui répriment ces actes. Il ne suffit pas, par exemple, de prescrire que tout travailleur congédié sans motif légitime a droit à des dommages et intérêts en sus du salaire afférent au délai de congé et, le cas échéant, d'une indemnité de licenciement. En payant ces indemnités, un chef d'entreprise pouvait en effet renvoyer qui il voulait sans que les autorités publiques puissent l'en empêcher.

On se gardera de penser que des dommages et intérêts sous forme d'une somme d'argent suffisent à compenser le tort subi : ils peuvent difficilement porter sur les conséquences toujours actuelles d'un comportement discriminatoire d'hier[103]. Bien plus, le versement d'un montant pécuniaire ne suffit pas à rencontrer les prétentions d'une personne qui entend en priorité faire reconnaître, à titre de réparation du préjudice moral encouru, qu'elle a été victime d'une discrimination. De même, l'obligation de verser une somme d'argent ne saurait assurer un effet réellement dissuasif à l'égard de l'auteur d'une discrimination[104]. Un employeur peu scrupuleux y verra une espèce de taxe, aléatoire, lui permettant d'agir à sa guise. La nullité de la mesure discriminatoire et la réintégration apparaissent dans bien des cas comme la mesure la plus efficace.

Le CLS a également critiqué une jurisprudence considérant comme justifié le renvoi après une absence provoquée par une arrestation, non suivie d'une condamnation.

Dans toutes ces affaires, il ne s'est pas contenté de réponses gouvernementales annonçant une réforme législative. Avant de clore le dossier, il a voulu s'assurer qu'existait une protection suffisamment complète dans la pratique également.

Les dirigeants syndicaux n'ont certes aucun titre à revendiquer une immunité pour des actes répréhensibles. Il reste qu'ils apparaissent fréquemment comme les victimes désignées et toujours comme titulaire d'une charge qui les rend vulnérables. Des mesures prises contre eux risquent en outre de gêner les activités de leur organisation. D'où la nécessité de leur accorder une protection renforcée. Le CLS a ajouté que leurs activités doivent s'apprécier dans le contexte des situations concrètes qui peuvent se révéler particulièrement difficiles et tendues au cours de conflits de travail et de grèves.

Un moyen utilisé à cette fin est de prévoir, comme en France, qu'ils ne peuvent être licenciés, ni dans l'exercice de leurs fonctions, ni pendant un certain temps après la fin de leur mandat, sous réserve d'une faute grave.

Indemnisation et amendes, avec les réserves que je viens d'exprimer, devraient en tout cas être plus élevées que pour les autres licenciements, s'adapter à la taille de l'entreprise (la CEACR a estimé qu'une indemnité

---

[103] Voir l'arrêt *EB* du 15 janvier 2019 de la CJUE, aff. C-258/17 à propos d'une discrimination alléguée fondée sur l'orientation sexuelle.

[104] Voit l'arrêt *Diskrimineringsombudsmannen* du 15 avril 2021 de la CJUE, aff. C-30/19 à propos d'une discrimination alléguée fondée sur la de race ou l'origine ethnique.

allant jusqu'à six mois de salaire pouvait avoir un caractère dissuasif pour les petites et moyennes entreprises, mais pas nécessairement pour les entreprises à forte productivité ou pour les grandes entreprises) et être réévaluée périodiquement[105].

La recommandation n° 143, 1971, concernant les représentants des travailleurs[106]cite parmi les mesures de lutte contre de telles pratiques, le renversement de la charge de la preuve, c'est-à-dire l'obligation faite à l'employeur de démontrer que la mesure était en réalité justifiée. Il reste qu'il n'est pas simple non plus pour ce dernier de démontrer de manière négative l'absence de mobile antisyndical. La meilleure formule paraît consister, comme pour les autres causes de discrimination, en une collaboration à la recherche de la preuve, le demandeur fournissant des indices avant que le défendeur ne doive se justifier.

S'agissant des remèdes, les procédures judiciaires ou administratives préventives d'autorisation préalable et, de nouveau, la réintégration en cas de licenciement injustifié, avec versement des salaires impayés et un dédommagement rétroactif ainsi que le maintien des droits acquis semblent les plus efficaces. L'instrument propose d'autres protections efficaces : définition précise et détaillée des motifs de la rupture de la relation de travail ; nécessité de consulter, de prendre l'avis, d'avoir l'accord, préalablement au licenciement, d'un organisme indépendant ou paritaire ; procédure spéciale de recours (en cas de licenciement, de modification des conditions d'emploi, de traitement injuste) ; priorité pour le maintien dans l'emploi en cas de réduction du personnel.

Cela dit, la lecture des affaires soumises au CLS et leur suivi permet de conclure ces pages sur une note positive. Bien des travailleurs licenciés par représailles, en raison de leurs activités syndicales, ont été réintégrés dans leur poste de travail, des législations peu compatibles avec les principes de la liberté syndicale ont été amendées; plus profondément, le dialogue a souvent pu reprendre entre les autorités gouvernementales et ces secteurs essentiels de la vie publique dans tout pays que sont les associations patronales et syndicales[107].

---

105 Conférence internationale du Travail (101e session, 2012), *op. cit.* §§ 182-185.

106 Paragr. 6. Voir aussi l'article 9 de la convention (n° 158) sur le licenciement, 1982.

107 Voir ainsi R. Hernández Pulido, *Derechos humanos fundamentales y sindicales en tiempo de las dictaduras en el cono Sur. La labor de restitución de los derechos emprendida por el Comité de libertad sindical,* Santiago de Chile, OIT, 2014.

Paragraphe 3- Les clauses et les pratiques de sécurité syndicale

Dès ses débuts, le CLS a rencontré des situations dans lesquelles des travailleurs non syndiqués ou non affiliés à un syndicat déterminé avaient à souffrir de pratiques ou accords dits de sécurité syndicale. Les allégations portaient par exemple sur la réservation de postes vacants dans une entreprise aux membres d'un syndicat ou sur le licenciement de travailleurs qui n'y étaient pas affiliés, sur l'interdiction pour les salariés qui n'avaient pas adhéré à un syndicat déterminé de travailler dans tel atelier ou d'effectuer des heures supplémentaires, sur le refus d'accorder une promotion à ceux qui maintenaient leur affiliation à tel syndicat, sur la retenue de cotisations syndicales à la source (pratique dite du *check off*).

Le Comité n'a pas donné suite à ces plaintes en se fondant sur les travaux préparatoires des conventions n°87 et n° 98. Ceux-ci précisent en effet clairement que ces instruments ne devaient en aucune façon s'interpréter comme autorisant ou interdisant les clauses de sécurité syndicale, la question étant laissée à la règlementation et aux pratiques nationales[108].

Contrairement à l'OIT, le Conseil de l'Europe et la Cour de justice de l'UE (CJUE) considèrent que la liberté d'association inclut le droit de ne pas adhérer à un syndicat et protège par conséquent les salariés contre de telles pratiques qui limitent une liberté " négative ", celle de ne pas se syndiquer[109]. De même, les droits nationaux les interdisent le plus souvent, mais dans une mesure qui varie.

L'ambiguïté voulue dans la rédaction des conventions reflète une divergence de vision sur le syndicalisme entre l'Europe continentale et les États-Unis. Pour l'exprimer en quelques mots, les syndicats américains ont adopté une manière pragmatique de gérer les problèmes de travail. Ils cherchent essentiellement à défendre et promouvoir les intérêts de leurs membres au niveau de l'entreprise. C'est dans cet esprit qu'ils tentent d'insérer dans les accords collectifs des clauses visant au contrôle, par les

---

[108] Voir en particulier CIT (32ème session, 1949), *Compte rendu des travaux*, Genève, BIT, 1951, p.464.

[109] Voir la décision bien connue du 15 mai 2003 du Comité européen des droits sociaux : réclamation n° 12/2002 de la Confédération des entreprises suédoises contre la Suède ainsi que l'arrêt *Sørensen et Rasmussen c. Danemark* du 11 janvier 2006, aff. 52562/99 et 52620/99, spécialement les paragraphes 54 à 58 qui rappellent la jurisprudence antérieure de la Cour. Voir aussi, pour le secteur public, l'arrêt *Enerji Yapi-Yol Sen c. Turquie* du 21 avril 2009, aff. n° 68959/01.

organisations de travailleurs, des postes de travail et de l'exécution des tâches.

Les Européens continentaux ont historiquement choisi une vision plus politique dans la défense de tous les salariés et se sont alliés avec les partis dont l'objectif était de donner le pouvoir à la classe ouvrière. La grève était perçue comme un moyen d'atteindre leur but. Le Royaume-Uni a sur cette question, comme sur beaucoup d'autres, une position intermédiaire.

Cela dit, la situation s'analyserait en revanche comme incompatible avec les normes de l'OIT, si la sécurité syndicale ne reposait pas sur une entente, même tacite, entre les parties, mais sur une réglementation étatique. Une affaire concernait ainsi en Belgique la réservation d'avantages sociaux et pécuniaires aux seuls membres d'organisations déterminées. Ces avantages étaient accordés par des accords entre associations syndicales et patronales et reposaient par conséquent sur l'autonomie de la volonté des parties. A ce titre on pouvait considérer ces clauses comme de sécurité syndicale. La législation prévoyait toutefois la possibilité d'une extension des conventions collectives par un arrêté de l'Exécutif. Le CLS s'est montré un peu plus strict: le pouvoir conféré aux autorités exigeant de celles-ci une vigilance particulière. Elles avaient l'obligation de tenir compte parmi les motifs qui les conduisaient à étendre l'accord ou non, de l'influence des effets économiques desdites clauses sur la liberté de choisir son syndicat.

Le CLS a accepté également des clauses qui font la chasse aux "free riders", comme cette législation qui prévoyait le prélèvement d'une cotisation "de solidarité" selon un système de retenue à la source. Les travailleurs non affiliés à l'organisation signataire d'une convention collective, s'ils souhaitaient bénéficier des avantages de celle-ci, devaient payer cette cotisation. La loi la limitait aux deux-tiers de celle versée par les travailleurs de la même catégorie, avec les mêmes qualifications, employés dans l'établissement et membres du syndicat.

Paragraphe 4 – L'ingérence patronale

Le respect de la liberté syndicale suppose que les entreprises fassent preuve de retenue, qu´elles n'interviennent pas dans les affaires internes des syndicats, qu´elles évitent de favoriser les uns au détriment des autres au sein du mouvement syndical. J'ai relevé peu de cas d'ingérences d'employeurs individuels (comme le fait de susciter un "syndicat maison") ou d'associations patronales. En voici toutefois quelques-uns.[110]

[110] BIT, *La liberté syndicale. Compilation... op.cit*, §§ 1194 et suiv

Une tactique consiste à prévenir la création d'une organisation de travailleurs ou à encourager ces derniers à s'en retirer en essayant d'acheter des militants ou en présentant aux salariés des déclarations de démission. Je me rappelle quelques actes de coercition, mais plus souvent des déclarations susceptibles d'intimider le personnel. Un patron prétendait ainsi illégal de constituer une association. Un autre mettait en garde contre l'affiliation à une organisation de niveau supérieur. Certains ont été jusqu'à distribuer des formulaires de désaffiliation ou à mettre en service un numéro d'appel gratuit donnant la possibilité de la demander. On croit à un mauvais rêve!

Je citerai également les circulaires invitant les membres du personnel à déclarer s'ils sont membres ou non d'un syndicat et lequel, l'offre d'octroyer certains avantages à une catégorie de salariés à condition de ne pas être contraint d'engager des négociations collectives avec le syndicat, les tentatives pour persuader les salariés de retirer les autorisations données aux syndicats de négocier en leur nom, la fermeture des locaux syndicaux d'entreprise par suite d'une grève légitime

Inviter aux réunions avec la direction de l'entreprise une organisation et pas une autre, déstabiliser les syndicats au moyen de promotions artificielles de travailleurs, interférer dans leur correspondance, utiliser des caméras de surveillance dans des salles prévues pour leurs réunions constituent d'autres exemples encore.

J'ai eu une connaissance directe d'un dernier cas. En septembre 1989 éclatait une grève de grande ampleur aux usines Peugeot de Mulhouse et de Sochaux. Le conflit se prolongea, se durcit avec l'occupation de l'usine pendant six semaines et des défilés incessants dans les ateliers. Tout le monde en France parlait de Peugeot. La firme faisait la une des médias. Le mécontentement s'expliquait par de mauvaises conditions de salaire alors que l'entreprise avait renoué avec les bénéfices ; sa modernisation avait alourdi la charge de travail. En outre un syndicat dit indépendant avait les faveurs de la direction au détriment des grandes centrales historiques. Le Premier Ministre de l'époque, Michel Rocard, proposa à Francis Blanchard, qui venait de quitter ses fonctions de Directeur général du BIT, de mener une médiation. Celle-ci fut couronnée de succès, avec une augmentation des salaires et d'autres avantages, et l'annulation de toutes les sanctions contre les grévistes. On n'entendit plus parler de syndicat "jaune" chez Peugeot.

Section II – Le dialogue social

Paragraphe 1 - La promotion de la négociation collective

La convention n° 98 de l'OIT, comme la convention n° 154 et la recommandation n° 163 de 1981 sur la promotion de la négociation collective, demandent aux États, non seulement de ne pas limiter indûment l'autonomie des partenaires sociaux (par exemple en imposant une autorisation préalable à l'entrée en vigueur d'une convention entre elles), mais de soutenir positivement le dialogue social[111].

Il importe à cet effet qu'employeurs et syndicats participent aux négociations de bonne foi et déploient tous leurs efforts pour s'entendre. Les États-Unis, la France, le Japon, la Suède connaissent même une véritable obligation de négocier. Il va de soi qu'elle ne doit pas nécessairement conduire à un accord. L'attitude plus ou moins conciliante des uns à l'égard des autres reste à leur discrétion, mais les participants doivent chercher le compromis.

La recommandation n° 163 demande que les parties aient accès aux informations nécessaires, afin de pouvoir discuter en connaissance de cause. Quelques législations le prévoient expressément. Cela dit, si des règles et des procédures peuvent faciliter l'accès à des informations sur la situation économique de leur unité de négociation, sur les salaires et les conditions de travail dans des unités voisines et sur la situation économique générale, elles doivent respecter la liberté des parties. Mieux vaut les convaincre de tenir compte de leur propre gré des raisons majeures de politiques économiques et sociales invoquées, que de conférer aux autorités publiques des pouvoirs d'assistance active, voire d'intervention pour faire prévaloir leurs vues.

Un excellent moyen de stimuler la négociation collective consiste à établir des organismes ou des procédures spécifiques. Certains pays, comme la Belgique, prévoient la constitution de commissions paritaires (au niveau de l'entreprise, de la région, de la branche d'activité, sur le plan interprofessionnel), au sein desquelles les conventions collectives peuvent ou doivent se conclure. En Irlande ou en Italie, des institutions spécialisées ont pour tâche de promouvoir ce type de discussions entre partenaires sociaux. On sait que des procédures d'extension des accords collectifs existent en Allemagne, en Belgique, en Espagne ou en France; elles visent à rendre obligatoires leurs dispositions " normatives ", même pour les

---

[111] BIT, *La liberté syndicale. Compilation... op.cit*, §§ 1239 et ss.

employeurs et les travailleurs qui ne sont pas représentés par les parties signataires.

Plus généralement, l'État devrait s'abstenir d'intervenir pour homologuer ou modifier le contenu de conventions librement conclues, sinon pour des raisons impérieuses de justice sociale et d'intérêt général.

Le CLS a accepté des restrictions au dialogue social en cas de crise, pourvu qu'elles soient limitées dans le temps et dans les sujets concernés. Certains gouvernements ont ainsi considéré, au nom d'une politique de stabilisation, que les taux de rémunérations ne pouvaient pas se fixer librement. Les organes de contrôle ont conclu qu'une telle limitation devait constituer une exception, cantonnée à l'indispensable, ne pas excéder une période raisonnable et s'accompagner de garanties pour le niveau de vie des travailleurs. De même la suspension ou la prorogation de conventions collectives déjà conclues ne devait avoir lieu que dans des cas d'urgence et pour des périodes brèves. A propos de plafonds salariaux, le CLS a ajouté que les travailleurs et leurs organisations devaient participer pleinement à la détermination de cette limite à la négociation et recevoir notamment toute l'information, spécialement financière et budgétaire, leur permettant d'apprécier la situation en toute connaissance de cause.

Une grande majorité d'États disent encourager la négociation. Pourtant ils en assurent très inégalement la promotion. Ils en privent quelquefois d'importantes catégories de travailleurs alors que la convention n°98 n'autorise d'exception que pour les membres des forces armées et de la police ainsi que pour certains fonctionnaires.

Il est vrai, pour ces derniers, que les textes français et anglais de l'article 6 de la convention varient alors qu'ils font également foi. Le premier déclare : " La présente convention ne traite pas de la situation des fonctionnaires publics et ne pourra, en aucune manière, être interprétée comme portant préjudice à leurs droits ou à leur statut ", et le second: "This Convention does not deal with the position of public servants engaged in the administration of the State, nor shall it be construed as prejudicing their rights or status in any way".

La convention (n° 151) de 1978, qui s'adresse directement à eux, retient encore une autre formule: "La mesure dans laquelle les garanties prévues … s'appliqueront aux agents de niveau élevé dont les fonctions sont normalement considérées comme ayant trait à la formulation des politiques à suivre ou à des tâches de direction ou aux agents dont les responsabilités ont un caractère hautement confidentiel sera déterminée par la législation nationale".

Les organes de contrôle ont privilégié la version anglaise, plus restrictive. Ils ont établi une distinction entre, d'une part, les fonctionnaires dont les activités sont propres à l'administration de l'État – fonctionnaires des ministères et autres organismes gouvernementaux comparables – et ceux agissant en tant qu'auxiliaires des précédents et, d'autre part, les autres personnes employées par le gouvernement, par les entreprises publiques ou par des institutions publiques autonomes. Seule la première catégorie peut être exclue.

Ainsi, les travailleurs des entreprises commerciales ou industrielles de l'État, des postes et télécommunications, le personnel enseignant, hospitalier, du secteur aérien, celui de la radio et de la télévision ou des douanes, les agents chargés de la sécurité devraient pouvoir négocier des conventions collectives. Il en va de même des travailleurs indépendants.

La détermination du niveau de la concertation relève de la volonté des parties. La négociation sectorielle tient encore aujourd'hui, je vais y revenir, une place essentielle dans le dialogue social européen. Lors de crises économiques, certains pays ont mis en place des procédures pour favoriser les discussions décentralisées sur des dispositions qui dérogent dans un sens moins favorable aux règles de niveau supérieur. Ce type de mesures a pu déstabiliser globalement la négociation et les partenaires sociaux, surtout du côté syndical.

La Corée du Sud connaît un système de relations professionnelles proche de celui des États-Unis avec des négociations collectives menées au niveau de l'entreprise par un seul syndicat négociateur. Les salariés des petites firmes et les indépendants, souvent au statut précaire, éprouvent, dans ces conditions, de graves difficultés légales ou pratiques à conclure des conventions collectives. Le système les empêche en effet de discuter avec l'employeur "principal", celui qui en fin de compte contrôle leurs conditions de travail.

La question qui se pose avec acuité dans ce pays, j'ai pu observer directement, porte sur la possibilité pour un syndicat de demander l'ouverture de négociations avec l'employeur de son choix, notamment quand il est impossible de négocier avec chacun des sous-traitants. Certes rien n'oblige une entreprise principale à négocier avec un syndicat représentant les travailleurs engagés par ses sous-traitants. Rien ne le lui interdit non plus, comme de le faire avec un syndicat qui n'a pas prouvé qu'il compte des adhérents parmi les travailleurs de l'entreprise principale. Considérons par exemple la position dominante d'une firme sur un chantier de construction, pour lequel n'existe pas de convention collective au niveau de la branche ou du secteur. La conclusion d'une convention collective avec cette entreprise principale semble une option réaliste qui permet de négocier et de conclure une convention collective d'une portée suffisamment générale.

Le CLS a par conséquent demandé au gouvernement d'établir en consultation avec les partenaires sociaux concernés des procédures visant à renforcer la protection des droits syndicaux des travailleurs en sous-traitance, singulièrement en matière de négociation collective, et à éviter que la sous-traitance soit utilisée pour les priver dans la pratique de l'exercice de ces droits. Il devrait prévoir en outre des mécanismes spécifiques de négociation collective tenant compte des particularités des travailleurs indépendants[112]. Il semble que ces problèmes soient aujourd'hui en voie de solution.

Plus généralement, deux situations ont fortement préoccupé les organes de contrôle. La première consiste à privilégier les droits inscrits dans les contrats individuels au détriment des droits obtenus collectivement alors que le respect mutuel des engagements pris induit le caractère obligatoire des conventions collectives et leur primauté sur le contrat de travail individuel (sous réserve de dispositions plus favorables aux travailleurs).

La deuxième situation porte sur les accords collectifs entre des employeurs et des travailleurs non syndiqués quand ils s'avèrent plus nombreux que les conventions collectives conclues avec des syndicats représentatifs. Les conventions (no 135) concernant les représentants des travailleurs, 1971, et (no 154) sur la négociation collective, 1981, contiennent des dispositions expresses pour garantir que, lorsqu'une entreprise compte des représentants syndicaux et des représentants élus, des mesures soient prises pour assurer que la présence de représentants élus ne puisse servir à affaiblir la situation des syndicats intéressés.

C'est aux parties de déterminer les questions à négocier. Elles s'étendent à la fixation des conditions de travail et d'emploi, à la régulation des relations entre employeurs et travailleurs ainsi qu'aux rapports entre les employeurs ou leurs associations et une ou plusieurs organisations de travailleurs. Elles comprennent par exemple, à la lecture des affaires traitées, les critères de sélection en cas de licenciements, le champ

---

[112] Base de données NORMLEX sur le site de l'OIT: CLS, cas n° 1865 (République de Corée), 340ème rapport, § 775; cas n° 2602 (République de Corée), 359ème rapport, § 370

d'application de la convention collective, l'octroi de facilités syndicales, y compris un accès au lieu de travail ou un système de prélèvement des cotisations syndicales (check off).

Dans le secteur public, a encore souligné le CLS, certaines questions relèvent manifestement, au premier chef ou essentiellement de la gestion des affaires du gouvernement. Elles peuvent raisonnablement sortir du cadre de la négociation. D'autres se rapportent avant tout et fondamentalement aux conditions d'emploi. Elles devraient être incluses.

Paragraphe 2 - La concertation sociale

La négociation collective ne débouche pas nécessairement sur un accord juridique en bonne et due forme. Tripartite, elle implique les pouvoirs publics aux niveaux sectoriel et national dans un dialogue qui peut dépasser largement les conditions de salaire et d'emploi. Au plan international, la recommandation (n° 113) de l'OIT sur la consultation aux échelons industriel et national, 1960, suggère aux autorités publiques de solliciter "les vues, les conseils et le concours" des associations patronales et syndicales dans la préparation et la mise en œuvre de la législation touchant leurs intérêts ainsi que des plans de développement économique et social, et de le faire également dans la création et le fonctionnement d'organismes chargés de l'emploi, la formation et la réadaptation professionnelles, la protection des travailleurs, l'hygiène et la sécurité industrielles, la productivité, la sécurité sociale et le bien-être.

Privilégiant la concertation plutôt que la confrontation, l'Espagne redevenue démocratique a connu à partir de la fin des années 1970 un développement économique impressionnant et une baisse significative du chômage. La paix sociale y a certainement contribué. Elle a voulu appliquer la même politique, inspirée par l'OIT, pour sortir de la crise financière qui a débuté en 2008. Le succès ne fut pas au rendez-vous. Les inégalités se creusèrent entre travailleurs stables et précaires, des controverses éclatèrent à propos de l'exercice du droit de grève.

Il était inévitable, dans ces conditions, qu'augmentât le nombre d'observations, de plaintes et de réclamations adressées principalement par des syndicats à l'OIT, et par conséquent le nombre de commentaires critiques de sa part[113]. Plus précisément, les conclusions des organes de

---

[113] Lozano Lares, Francisco, "La eficacia jurídica del concepto de trabajo decente", *Revista internacional y comparada de relaciones laborales y derecho del empleo*, vol.4 (4), 2016, págs.1- 36.; Malo, Miguel Ángel. "Collective bargaining reforms in Southern Europe during

contrôle portèrent sur les mesures d'assouplissement du marché du travail, le chômage et la précarisation de l'emploi, les problèmes propres aux migrants et les restrictions alléguées de la liberté syndicale et de la libre négociation collective.

Ces problèmes faisaient écho à ceux d'autres États, comme la Grèce, qui traversaient également des moments difficiles. Ils cherchaient tous à moderniser leur économie, à s'adapter aux nouveaux instruments de gestion des entreprises et à un monde beaucoup plus ouvert. L'OIT souligna les mérites de la négociation collective pour surmonter ces problèmes, mais manquaient les points d'accord. Le dialogue social restait bloqué. Dans aucun de ces pays, l'Organisation n'a vraiment réussi à apporter des solutions convaincantes.

Les échecs reflétaient la nécessité pour les acteurs traditionnels de la scène sociale, y compris l'OIT, de s'adapter à un monde du travail plus globalisé et numérique. La flexibilisation des structures entrepreneuriales a apporté son lot de conséquences sociales préoccupantes, notamment une grande instabilité de l'emploi[114]. Il fallait y trouver des réponses novatrices. La nécessaire modernisation des politiques sociales appelle inévitablement à s'interroger de nouveau sur la synthèse optimale entre création d'emplois et compétitivité d'une part, et d'autre part les garanties données aux travailleurs ou, dit autrement, entre le développement et les valeurs et droits reconnus par une société nationale donnée ou consacrés internationalement.

Les analyses abondent effectivement sur les bouleversements du contexte socio-économique des rapports de travail. Elles soulignent sans surprise l'impact de la révolution, aujourd'hui presque permanente, dans les techniques de production et de communication et les effets d'une internationalisation croissante de l'économie de marché. Ces facteurs ont modifié la composition de la main-d'œuvre, diminuant le nombre d'ouvriers par rapport aux employés et techniciens. La mobilité des capitaux a permis aux entreprises, autrefois davantage limitées aux marchés et aux ressources des espaces nationaux, d'obtenir des fonds dans toutes les parties du monde et de s'implanter là où elles le jugent bon.

L'autonomie nouvelle a réduit la marge de manœuvre des gouvernements désireux de garder ces compagnies sur leur territoire ou de

---

the crisis: impact in the light of international standards", en Pulignano, Valeria y Köhler, Holm-Detlev (coord.), *Employment relations in an era of change,* Bruselas, ETUI, 2016, pp.117-135.

[114] Didry, Claude, *L'institution du travail. Droit et salariat dans l'histoire*, Paris, La Dispute, 2016.

les y attirer, et les a incités à alléger les contraintes fiscales et réglementaires. Il a fallu, et il faut encore, réfléchir davantage aux limites de la capacité des gouvernements d'appliquer leur propre politique sociale à l'ère de la mondialisation.

L'ouverture des frontières a avivé la concurrence et accru la pression à la baisse sur les salaires et les charges sociales ; ils sont, avec l'emploi, habituellement au centre des négociations collectives. Les syndicats réussissent plus difficilement aujourd'hui à faire prévaloir leurs revendications classiques, et le paysage des relations professionnelles s'en trouve passablement bousculé. La simple évocation d'une délocalisation influe fortement sur la culture d'entreprise et la discussion d'accords collectifs. Celle-ci précède même quelquefois la décision d'investir dans un pays donné, comme ce fut le cas, à la fin du siècle passé, en Argentine dans l'industrie automobile. Au Royaume-Uni, dans les années quatre-vingt, les firmes japonaises ont renouvelé l'approche des négociations, avec notamment des conventions collectives ne reconnaissant qu'un seul syndicat et contenant des clauses de non-recours à la grève.

On sait les mutations qu'ont connues les modes d'organisation du travail, d'acquisition des compétences, d'exécution des tâches et de calcul de la rémunération. Dans un souci de flexibilité et de rationalisation, les entreprises ont réduit les échelons hiérarchiques et décentralisé vers les ateliers les responsabilités des cadres. Elles ont favorisé le travail en équipe, mais accru la proportion des travailleurs en situation précaire (occasionnels, temporaires, à temps partiel, à durée déterminée, etc.) et la sous-traitance. Les départements du personnel ont repris l'initiative et élaboré des politiques souvent baptisées " de valorisation des ressources humaines " qui insistent sur la participation du personnel et la coopération au sein des établissements.

La concurrence accrue entre entreprises, et la crainte qu'elle suscite chez certains gestionnaires de ne pas pouvoir maîtriser les coûts, expliquent sans doute pour beaucoup l'attitude hostile de plus d'un employeur à l'égard du mouvement syndical et les mesures qu'ils prennent à son encontre. Effectivement, de grandes organisations, comme l'AFL-CIO aux États-Unis, se plaignent de l'intensification des pratiques inamicales. Plusieurs gouvernements - le Royaume-Uni puis la Nouvelle-Zélande par exemple - ont également cherché à regagner ou acquérir un avantage comparatif, en réduisant la protection légale et la reconnaissance institutionnelle accordées aux associations de travailleurs.

La concertation sociale avait connu un essor considérable dans la plupart des pays d'Europe occidentale, à la fin des années soixante et dans les années soixante-dix. Fait significatif, à un moment où les syndicats traversaient une période difficile, beaucoup de gouvernements les sollicitèrent plus encore que par le passé, de même que les associations patronales, et cherchèrent leur appui pour résoudre les problèmes sociaux que les mutations économiques entraînaient. En Europe, de nombreux accords sociaux au sommet - bi ou tripartites - continuèrent de se conclure.

Les pays européens ont élaboré une législation du travail et de la sécurité sociale sophistiquée et continuent à donner la préférence aux conventions collectives sectorielles qui s'étendent souvent de diverses manières aux employeurs et aux travailleurs non représentés ; salaires et charges sociales y restent largement hors concurrence et s'éloignent ainsi les risques de " *dumping* social ". Singulièrement, les citoyens y possèdent un sens aigu de la solidarité face aux problèmes du sous-emploi, du chômage et de la pauvreté. Leurs gouvernements, qu'ils soient de droite ou de gauche, prélèvent à cet effet des impôts et des cotisations sociales. Si certains ont critiqué les conséquences négatives de cette approche sur la compétitivité des entreprises, l'histoire politique récente montre que les électeurs ne sont pas prêts à abandonner cette ligne de conduite, mais tout au plus à y introduire des aménagements limités.

L'approche répond au désir du citoyen européen, spécialement sur le continent, de voir l'État créer les règles, les institutions et les arrangements pratiques qui le protègent des risques sociaux. Ce souci de venir en aide aux moins fortunés se rencontrait déjà dans l'Athènes antique de Périclès. Elle se fonde sur un devoir accepté et, le plus souvent, sur l'accord au moins tacite des principales associations patronales et syndicales. Le dialogue reste, dans beaucoup de ces pays, un élément essentiel de la politique sociale, même si les préoccupations liées au chômage ont souvent grippé les discussions. Cette vision, qui a fortement influencé l'OIT dans le passé, caractérise, à mes yeux[115], un " modèle social européen".

Le concept exprime une certaine culture politique commune. Les Européens croient à la nécessité d'aller au-delà de la simple reconnaissance des droits civils et politiques consacrés, en 1776, par la Déclaration d'indépendance des États-Unis et, en 1789, par la Déclaration française des droits de l'homme et du citoyen. Une grande majorité d'entre eux

---

[115] Voir mon livre *Droit social de l'Union européenne*, Bruxelles, Bruylant, 4ème éd., §§ 962-974

acceptent mal des phénomènes d'exclusion et de trop grandes inégalités. Ils attendent de l'État qu'il agisse pour remédier aux conséquences sociales négatives d'un fonctionnement mécanique de l'économie de marché (ils ont le souci de répondre à la " question sociale ").

Une politique de ce type existe au niveau de l'UE. Elle reste cependant limitée, même si le droit européen restreint la capacité d'action des États et consolide des droits fondamentaux dans le domaine social[116]. Le phénomène s'explique aisément par la limitation des compétences de l'UE et par la subsidiarité de cette réglementation par rapport aux mesures adoptées par les États membres. Certaines directives d'ailleurs, comme en matière de relations collectives de travail, concernent seulement les situations transnationales. Le modèle socio-économique européen se présente davantage par conséquent comme le dénominateur commun de politiques sociales menées depuis le XIXe siècle et, surtout, le XXe, dans une grande majorité des États démocratiques d'Europe continentale, en particulier ceux de la zone euro. Il traduit, à l'intérieur du cadre ainsi précisé, une triple réalité[117].

La première est celle d'une régulation sociale fondée sur la concertation bi- ou tripartite à différents niveaux, mais spécialement aux niveaux sectoriel et interprofessionnel. Quel que soit le nombre d'acteurs impliqués, l'État n'est pas indifférent aux résultats des discussions, et s'insère fréquemment dans les négociations. Cette pratique de la concertation sociale s'appuie souvent sur des institutions sophistiquées de relations professionnelles[118], y compris au niveau sectoriel. Les organisations syndicales s'affirment comme les porte-parole de tous les travailleurs en emploi, sans emploi ou en sous-emploi ; elles restent d'ardents défenseurs d'un système sophistiqué de protection sociale étatique. Elles ne réclament pas en revanche le contrôle des postes de travail ou de l'exécution de celui-ci. D'autres régions du monde, notamment l'Amérique latine et l'Afrique, ont bien connu et connaissent encore des accords tripartites ou d'autres formes de pactes sociaux au

[116] Voir ainsi U. Neergaard et R. Nielsen, « Blurring boundaries: From the Danish Welfare State to the European Social Model? », *European Labour Law Journal,* vol. 1, n° 4, 2010, pp. 434-488.

[117] J.M. Servais, « Quelques réflexions sur un modèle social européen », *Relations industrielles/Industrial Relations*, 2001, vol. 56, n° 4, pp. 701-719 ; M. Hansenne, « The European Social Model and Globalization of the Economy » dans *Labour Law and Industrial Relations at the Turn of the Century. Liber Amicorum in Honour of Roger Blanpain*, La Haye, Kluwer, 1998, pp. 193-200. Comp. par exemple, R. Boyer, « Les quatre grands modèles du capitalisme », *Problèmes économiques,* n° 2881, 31 août 2005, pp. 34-38.

[118] S. Avdagic, M. Rhodes, J. Visser (dir. de publ.), *Social Pacts in Europe : Emergence, Evolution and Institutionalization*, Oxford University Press, 2011.

sommet ; aucune n'a utilisé à ce point le dialogue tripartite, formel ou informel.

La deuxième réalité se rapporte à un régime élaboré de sécurité sociale, y compris, le cas échéant, l'octroi d'un revenu minimum garanti ainsi qu'à d'autres protections du travail (fixation d'un salaire minimum, etc.). Elle couvre en outre des services publics à finalité sociale, dont l'État, estime-t-on, doit conserver la responsabilité, même si leur gestion peut s'inspirer davantage des méthodes du secteur privé.

La troisième réalité, intimement liée aux deux précédentes, s'inspire des idées keynésiennes. Elle traduit la volonté maintes fois affichée de l'État d'intervenir activement en matières industrielle, économique et sociale, et le souci de celui-ci d'arriver à un consensus avec les partenaires sociaux dans l'élaboration et la mise en œuvre des politiques à cet effet. Depuis longtemps, les représentants des milieux d'affaires et des syndicats cherchent, avec l'appui des gouvernements, à réaliser le meilleur équilibre possible entre les objectifs de la production de richesses, de leur répartition et de la création d'emplois.

Soulignons-le : une conception commune ne doit pas dissimuler les différences évidentes qui existent entre les pays de la région. Le mot " européen " couvre effectivement des traditions diverses, de nombreux "sous-modèles". L'importance respective de la sécurité de l'emploi et de la protection sociale varie ainsi du sud au nord du continent. Dans les États qui ont intégré l'Union européenne, ces particularités ont eu tendance à s'effacer, sans que l'on puisse toujours démêler la cause de l'effet.

Des doutes ont été exprimés sur la participation des États d'Europe centrale et orientale, membres de l'UE, à cette vision sociale plutôt qu'au schéma libéral. On observera que leur système légal présente beaucoup de points communs avec celui de l'Europe occidentale et qu'il y serait difficile, politiquement, d'abroger les dispositions protectrices. Il est vrai que des personnalités politiques en vue y défendent une approche ultralibérale, et que leurs lois sont loin d'être appliquées partout comme elles le devraient. La dynamique d'intégration européenne a toutefois consolidé leur communauté de vues, dans le domaine social, avec les autres États de l'UE[119].

---

[119] Voir aussi sur ce dernier point : A. Bronstein, « Trends and challenges of the labour law in Central Europe » dans J.D.R. Craig et S.M. Lynk (dir. de publ.), *Globalization and the Future of Labour Law*, Cambridge University Press, 2006, p. 215.

Le dialogue social a trouvé également une place dans plusieurs pays d'Amérique latine (Argentine, Brésil, Chili, Mexique). Au Québec, le gouvernement organisa, avec les partenaires sociaux traditionnels, un sommet sur l'économie et l'emploi en 1996. Cette manifestation, à laquelle participaient également des représentants sociocommunautaires (c'est-à-dire de l'économie sociale : aide aux familles, à l'insertion, coopératives) et d'autres personnalités (maires de Montréal et de Québec, grands employeurs, etc.), aboutit à une série de conclusions. Le gouvernement s'efforça d'en assurer le suivi.

Au Japon également, pays des syndicats et des accords d'entreprise, s'est développée depuis les années 1970 une concertation informelle entre les hauts fonctionnaires de l'État, les chefs d'entreprise et, fait nouveau, les syndicats au niveau des branches d'activités et sur le plan national. Une véritable concertation sociale a donc vu le jour, que confirment les coordinations syndicales et patronales mises en place à l'occasion des " shunto ", offensives de printemps organisées par les syndicats pour présenter conjointement leurs revendications en vue des négociations[120]. Les difficultés financières actuelles n'ont pas modifié ce schéma.

De même, il existe des signes, dans quelques autres pays d'Asie, que les crises qu'ils traversèrent avaient favorisé l'émergence d'un authentique dialogue social[121]. Un organe tripartite permanent fut constitué le 15 janvier 1998 en République de Corée[122] et un accord social au sommet, signé peu après. Les parties y discutèrent des moyens de pallier les effets sociaux négatifs des problèmes du moment. Elles se mirent d'accord sur des mesures concernant par exemple les allocations de chômage et les licenciements collectifs; le gouvernement s'engagea également à réexaminer les restrictions à la législation syndicale. Si la mise en œuvre de cet accord souleva certaines difficultés, le principe du dialogue social ne fut pas remis en cause.

---

[120] Voir *Le travail dans le monde*, 1997-1998, « Relations professionnelles, démocratie et cohésion sociale », Genève, BIT, 1997, pp. 143 et suiv.; M. Sako, « Shunto. The role of employer and union coordination at the industry and inter-sectoral levels », dans M. Sako et H. Sato (directeurs de publication), *Japanese labour and management in transition. Diversity, flexibility and participation*, Londres et New York, Routledge, 1997; K. Sugeno, *The three-faces of enterprise unions: The status of unions in contemporary Japan*, JILL Forum Paper, n° 6, fév. 1996.

[121] Voir BIT: *The Social impact of the Asian financial crisis*, BIT, Bangkok, 1998, pp. 45-48 et 62-66.

[122] Voir *Handbook of the social agreement and new labor laws of Korea*, Seoul, Korea International Labour Foundation, 1998.

L'approche des États-Unis à l'égard de la négociation collective, et plus généralement des questions de travail, reste bien moins interventionniste, plus volontariste et décentralisée. je m'en suis expliqué.

Cela dit, si l'économie se fait plus globale, la concurrence par les coûts du travail réapparaît en provenance d'autres régions. D'où la crispation constatée du patronat européen. La peur de perdre en compétitivité explique largement l'hostilité de maints chefs d'entreprise à l'égard des revendications syndicales.

Néanmoins, les incertitudes présentes dans les milieux d'affaires ont également poussé ces derniers à rechercher davantage la participation et l'appui de leur personnel dans l'organisation de la production et, plus généralement, la prise de décisions. La volonté d'ouverture à l'égard du personnel n'a rien de nouveau ; des patrons ont toujours souhaité faire de leurs entreprises des lieux de convivialité, voire de véritables communautés. Mais cette politique est sans doute mise en œuvre plus systématiquement. L'attention portée aux questions de personnel repose non seulement sur un engagement social ou humaniste, mais sur un souci d'efficacité et d'amélioration du rendement. On sait qu'il vient aussi du désir de projeter une image positive de l'entreprise à un moment où le consommateur est spécialement choyé en tant qu'arbitre de la concurrence.

La conscience d'une solidarité face aux problèmes de l'emploi reste au cœur des politiques sociales européennes. On peut certes en débattre les modalités, mais elle distingue toujours, je l'ai maintes fois observé, le vieux continent d'autres parties du monde. La rupture d'un équilibre social et la montée de la précarisation, y compris chez beaucoup d'indépendants, a provoqué de nouvelles formes de contestation et de violences venues des banlieues paupérisées (cas de la France). Elle a vu le développement d'un populisme de droite ou de gauche nourri de frustrations et de paroles non suivies d'effets. Le rôle plus financier que social joué par l'UE dans la solution de la crise de 2008 en Espagne, en Grèce, en Irlande ou au Portugal n'a pas amélioré la situation.

Préoccupé par ces développements, plusieurs gouvernements européens ont désiré réagir dans le cadre de l'UE. Le 9 septembre 2015, le président de la Commission proposait la mise en place d'un socle européen des droits sociaux, dans le cadre des travaux entrepris en vue d' une Union économique et monétaire (UEM). L'initiative a pris en 2017 la forme d'une recommandation. L´UE poursuit la mise en œuvre ce programme ambitieux. Je peux citer:

- Une directive n° 2018/957 du 28 juin 2018 tend à améliorer la protection des travailleurs détachés.

- Le règlement n° 2019/1149 du 20 juin 2019 institue une Autorité européenne du travail. Ce texte cherche à améliorer la coopération entre les États membres, à coordonner les inspections communes, à mener des analyses et des évaluations des risques liés à la mobilité transfrontière de la main-d'œuvre et à assurer une médiation en cas de différends entre les États membres.

- Une directive n° 2019/1152 du 20 juin 2019 favorise des relations de travail plus transparentes et plus prévisibles pour tous les travailleurs salariés, même précaires.

- Une directive n° 2019/1158 également du 20 juin 2019 concerne l'équilibre entre vie professionnelle et vie privée. Elle prévoit un congé de paternité, un congé parental ainsi qu'un congé pour les aidants.

- Une directive n° 2019/1937 du 23 octobre 2019 porte sur la protection des lanceurs d'alerte, travailleurs salariés et indépendants, auteurs de signalement, qui ont obtenu des informations sur des violations dans un contexte professionnel.

- Une directive n° 2022/2041 du 19 octobre 2022 traite du salaire minimum adéquat.

- Une directive 2023/970 du 10 mai 2023 renforce l'application du principe de l'égalité des rémunérations entre les femmes et les hommes par la transparence des rémunérations, l'accessibilité de l'information et des mécanismes efficaces de recours.

Une directive n° 2024/2831 du 23 octobre 2024 prévoit des mesures visant à déterminer correctement le statut professionnel des personnes travaillant par l'intermédiaire de plateformes de travail numériques. Elle consacre de nouveaux droits dans le domaine de la gestion algorithmique tant pour les travailleurs salariés que pour les travailleurs indépendants.

La Commission a adopté des Lignes directrices relatives à l'application du droit de la concurrence de l'Union aux conventions collectives concernant les conditions de travail des travailleurs indépendants sans salariés. Le texte inclut ceux qui exercent une activité par l'intermédiaire de plateformes de travail numériques. Elle cherche ainsi à corriger les effets négatifs d'un arrêt *Kunsten Informatie* du 4 décembre 2014 prononcé en sens contraire par la CJUE[123].

Ces efforts reflètent une culture politique commune : les Européens acceptent mal, quel que soit d'ailleurs le parti de ceux qu'ils portent au pouvoir, des phénomènes d'exclusion et de trop grandes inégalités. Ils attendent de l'État qu'il intervienne pour remédier aux conséquences humaines fâcheuses d'un fonctionnement trop mécanique de l'économie de marché. En bref, ils lui demandent de répondre à la "question sociale".

La concertation sociale a incontestablement joué un rôle majeur dans la préservation d'une protection sociale décente. Ce n'est pas un hasard si le retour d'une plus grande pauvreté et d'une criminalité plus répandue s'observe davantage dans les pays où le dialogue a le plus décliné.

Section III - La grève

Dans toutes les sociétés, le conflit – quelles qu'en soient la nature et les formes – est recherché par les uns et nié par les autres. Aucun pays n'est à l'abri des oppositions d'intérêts, des différences de vues, des désaccords : divergences entre préoccupations immédiates et à plus long terme, individuelles ou collectives, et variant selon l'âge, la profession et les groupes sociaux. Je l'ai constaté dans les anciens pays communistes d'Europe centrale et orientale[124] où le système politico-juridique pourtant visait à éliminer les oppositions. Elles paraissent en effet inévitables entre les directions d'entreprise et les salariés. A bien y réfléchir, elles constituent même une des justifications de l'existence des syndicats et de la négociation collective qui tend à surmonter des désaccords.

Les différends se réglaient en principe dans ces États par un système de conciliation et d'arbitrage qui excluait la grève, même si certains de mes interlocuteurs admettaient que celles-ci se produisaient à l'occasion. On en connaissait de célèbres en Allemagne de l'Est en 1953 et plus tard en Pologne. La même situation se rencontre aujourd'hui en Chine. Plus généralement, le droit des conflits de travail dépend du système politique; les situations varient considérablement à travers le monde; les restrictions sont nombreuses.

L'action directe peut avoir un parfum révolutionnaire et de forte contestation des rapports sociaux et de production, ce que déteste tout

---

[123] *FNV KunstenInformatie en Media*, 4 décembre 2014, aff. C-413/13.

[124] Voir par exemple BIT, *La situation syndicale et les relations professionnelles en Hongrie*, *op.cit.*, p.87 et suiv.

pouvoir, même non totalitaire. Dirigeants syndicaux et législateurs démocratiques ont cherché à intégrer, les premiers à leur stratégie, les seconds à leur droit, cette forme d'arrêt de travail, expression fréquemment d'une irritation, d'une révolte spontanée contre des conditions d'emploi jugées inacceptables, d'un "on croise les bras et on ne travaille plus".

La différence de vision du syndicalisme entre l'Europe continentale et les États-Unis explique, partiellement au moins, les ambiguïtés dans la rédaction des conventions de l'OIT sur la liberté syndicale et la négociation collective. Je l'ai déjà évoquée ; j'y reviendrai plus en détail à la fin de ce livre. Pour les exprimer déjà brièvement, les syndicats d'Europe continentale voyaient dans la grève non seulement un moyen de faire céder l'employeur face à des revendications, mais aussi un moyen de donner plus de poids politique, voire le pouvoir à la classe laborieuse. Les réalités ne reflètent certes pas toujours cette approche. Elle a toutefois contribué à façonner l'action revendicative.

Aussi, la grève se présente-t-elle sous des jours très variés selon les pays et les époques : liberté dans certains pays de *common law* (en ce sens que cet arrêt de travail n'entraîne pas de sanction pénale, amende ou prison, mais laisse entière la question de la liberté de licencier les grévistes, voire de la responsabilité pour dommage causé à l'employeur), droit plus souvent aujourd'hui (et donc absence, sauf circonstances annexes, d'une faute que l'employeur pourrait invoquer pour rompre la relation de travail ou prendre d'autres mesures punitives) ; moyen d'action syndical uniquement (Suède) ou reconnu aux travailleurs individuels (France) ; exception, dans certains cas, que ces derniers peuvent invoquer quand l'employeur n'exécute pas ses propres obligations ; admise uniquement dans ses modalités classiques ou étendue aux grèves perlées, tournantes, du zèle, au boycottage et à d'autres types encore d'action directe.

Selon les calculs de l'OIT[125], 97 pays, reconnaissaient en 2015, le droit de grève dans leur constitution. Dans plusieurs autres, comme l'Allemagne, la Belgique ou le Japon, les tribunaux ont jugé qu'il découlait des libertés d'association et de négociation collective. Le Pacte des Nations Unies sur les droits économiques sociaux et culturels, la Charte sociale européenne ou la Charte des droits fondamentaux de l'UE contiennent des dispositions sur la grève.

---

[125] BIT, Doc. TMF APROC/2015, Genève, BIT, février 2015, §61-62.

En revanche, les conventions n° 87 et 98 ne comprennent aucune disposition expresse à ce sujet[126]. La crainte de voir restreintes la liberté des relations entre organisations professionnelles et les possibilités de recourir à l'action directe paraît bien l'une des principales raisons pour lesquelles si peu de normes internationales ont vu le jour pour le règlement des conflits de travail. Il n'empêche : les organes de contrôle de l'OIT ont toujours considéré que le droit de cesser collectivement le travail découle logiquement des articles du premier ces instruments qui consacre le droit des syndicats de formuler leur programme d'action et d'organiser leurs activités[127].

Jamais ils n'avaient reconnu sans limites la cessation collective du travail. Ils avaient déjà accepté des restrictions figurant dans de nombreuses législations pour des raisons de sécurité dans les entreprises, pendant le déroulement des procédures de conciliation et d'arbitrage volontaires, ou pendant la durée de validité d'une convention collective (obligation de paix sociale). Ils avaient consenti à l'interdiction des grèves purement politiques, ou encore à la suspension du droit de grève dans des situations de crise nationale, économique notamment, aiguë. Ils avaient décidé que réserver le droit de déclencher une grève aux seules organisations syndicales n'était pas non plus incompatible avec les normes de la convention, mais qu'il fallait permettre le recours à la grève pour obtenir la reconnaissance d'un syndicat. Les travailleurs et leurs organisations pouvaient exercer ce droit en vue de la conclusion ou de l'application d'un contrat collectif multi-entreprises. Le refus de modalités déterminées de la grève (démonstrations, grèves perlées, grèves des bras croisés, grèves du zèle, occupation de l'entreprise ou du lieu de travail, grèves sur le tas) ne se justifierait que si celle-ci perdait son caractère pacifique[128].

---

[126] Certains instruments de l'OIT se réfèrent cependant aux conflits du travail : voir la convention (n° 44) du chômage, 1934 (art. 10) ; la recommandation (n° 92) sur la conciliation et l'arbitrage volontaires, 1951 (paragr. 4, 6 et 7) ; la convention (n° 102) concernant la sécurité sociale (norme minimum), 1952 (art. 69) ; la convention (n° 105) sur l'abolition du travail forcé, 1957 (art. 1).

[127] Voir A. Seifert (ed.), 'Right to Strike in the ILO system', *Comp. Labour Law & Pol. Journal,* Vol. 39(2 and 3), winter and spring 2018; J. M. Servais, 'ILO Law and the Right to Strike', *The Canadian Labour and Employment Law Journal*, Vol. 15, No. 2, 2010 pp. 147–163.

[128] Les conclusions mentionnées ici figurent en particulier aux §§ 751 et suivants de la publication déjà citée : BIT, *La liberté syndicale. Compilation des décisions, op.cit.*

Paragraphe 1- La fronde des employeurs contre le droit de grève à l'OIT

Les employeurs avaient depuis longtemps contesté l'extension donnée par le CEACR au droit de grève, principalement à de nombreux services qu'ils jugeaient essentiels. Ils avaient nié plus récemment seulement qu'il découlait des droits reconnus dans la convention n°87. Leur opposition à cette interprétation s'est raffermie pendant la Conférence internationale du Travail de 2012, bloquant l'examen des cas individuels par sa Commission de l'application des normes, avec le soutien au moins silencieux de nombreux gouvernements. La nomination cette année-là au poste de Directeur-général de l'Anglais Guy Ryder, issu des milieux syndicaux, n'était certainement pas étrangère à ce surcroît de combativité. Cette vigueur nouvelle dans la position du groupe des employeurs, emmené par la Confédération de l'industrie britannique (CBI), devait se lire en conjonction avec les commentaires critiques du CEACR concernant les conséquences au Royaume-Uni de la jurisprudence de la Cour de justice de l'UE dans les cas Laval et de Viking.

La CEACR a maintenu sa position dans ses rapports à la Conférence internationale du travail en 2013 et 2014. Le groupe employeur fit de même et la question de la grève fut gelée au sein de la CIT.. Je relève toutefois que le CLS continua à en traiter.

J'eus sur cette affaire de longues conversations, à leur demande, avec Luc Cortebeeck, Vice-Président travailleur à l'époque du CA, ainsi qu'avec des délégués gouvernementaux latino-américains. Un accord fut trouvé au Conseil d'administration en mars 2015. Il confirma le droit des travailleurs et des employeurs de mener des actions collectives pour défendre leurs intérêts professionnels légitimes. Les conditions d'exercice de ce droit étaient évaluées au cas par cas. C'est en s'efforçant de comprendre la diversité et la complexité des situations nationales, souligna la CEACR, qu'elle examinait l'application des conventions, en ce compris la convention n° 87 et les questions relatives au droit de grève[129].

Un certain nombre d'arrêts des tribunaux sur ce point avaient, au cours des années précédentes, reçu une forte couverture académique et médiatique. Ces jugements révélaient le malaise des magistrats appelés à

---

129 Document *GB. 323 INS 5* et ses annexes ; CIT (104ème session, 2015), *Compte Rendu provisoire* n°14, Genève, BIT, 2015 §39; Conférence internationale du Travail, 108ème session (Genève, 2019), *Rapport de la Commission d'experts pour l'application des conventions et recommandations*, rapport III (partie 4A), paragr. 28.

concilier la protection d'un droit historique des travailleurs et les inquiétudes relatives aux conséquences de son exercice dans un contexte transnational.

1. *Les affaires Viking et Laval*

Les arrêts de la CJUE dans ces affaires de décembre 2007 avaient donné lieu à une abondante littérature, très critique en général sous la plume des travaillistes. Les juges y précisaient pourtant que plusieurs instruments internationaux signés par les États membres de l'UE, reconnaissaient le droit à l'action collective. Il en allait ainsi de la Charte sociale européenne, à laquelle les traités fondateurs de l'Europe unie faisaient expressément référence ou la Convention n° 87 de l'OIT sur la liberté syndicale et la protection du droit d'organisation. Il en allait de même d'instruments élaborés par l'UE, la Charte des droits fondamentaux et la Charte communautaire des droits sociaux fondamentaux des travailleurs auxquelles les traités européens se référaient. La liberté d'engager des actions syndicales devait par conséquent être reconnue comme un droit fondamental et une partie intégrante des principes généraux du droit européen.

La CJUE admettait néanmoins des restrictions à son exercice fondées sur le principe de proportionnalité. Selon l'article 28 de la Charte des droits fondamentaux de l'UE, ce droit est protégé conformément au droit communautaire et aux législations et pratiques nationales. La Cour estimait par conséquent que sa mise en œuvre devait se concilier avec les droits à la libre circulation des marchandises, des personnes, des services et des capitaux également protégés par les traités européens. La Cour avait finalement penché en faveur ces derniers, surtout dans l'affaire Laval.

Depuis, le traité de Lisbonne avait donné la même valeur juridique à la Charte des droits fondamentaux de l'UE qu'aux traités européens et par conséquent au droit à l'action collective consacré à l'article 28 par rapport aux libertés économiques. On aurait souhaité que son entrée en vigueur, postérieure aux affaires Viking et Laval, amenât la CJUE à revoir sa jurisprudence. Elle l'avait au contraire confirmée dans une affaire Fonnship du 8 juillet 2014[130].

Les deux arrêts manifestaient en outre des réserves à l'égard des actions de solidarité. La Cour devait répondre à la question implicite de savoir si une convention collective moins favorable aux travailleurs concernés,

---

[130] Voir l'arrêt *Fonnship A/S* du 8 juillet 2014, affaire C-83/13, http://eur-lex.europa.eu (2014), para 41. .

conclue dans un autre État membre, pouvait être écartée par une action collective menée par un syndicat national pour harmoniser les conditions de travail des travailleurs étrangers. La Cour n'y avait pas répondu positivement[131].

Au sein de l'OIT, la CEACR s'était dite préoccupée par les conséquences de ces arrêts. Elle soulignait la nécessité d'assurer en pratique une protection complète du droit d'engager des actions syndicales légitimes ainsi qu'une immunité contre les actions en responsabilité civile qui mineraient ce droit. Les affaires citées risquaient d'aboutir à une menace permanente de poursuites en dommages et intérêts poussant des syndicats à la déconfiture financière [132]. Le Royaume-Uni et la Suède, les deux pays directement concernés par la question entreprirent par la suite des réformes de leur législation. Le second adopta en particulier une loi dite "Laval" qui mit fin aux commentaires des Experts tandis que leurs observations se fondaient dans le second avec des remarques plus globales sur sa nouvelle loi syndicale.[133]

2. *La Cour européenne des droits de l'homme*

Le Comité européen des droits sociaux et la Cour des droits de l'homme (CEDH) du Conseil de l'Europe ont adopté sur le droit de grève des positions plus conformes aux conclusions de la CEACR. Ils ont l'un et l'autre fait référence aux normes de l'OIT et aux commentaires formulés par ses organes de contrôle. Dans l'affaire *Demir et Baykara* contre la Turquie, la CEDH ne s'est pas limitée aux observations de la Commission d'experts concernant la Turquie, mais a étendu son examen à l'ensemble des conclusions exprimées sur le sujet par cette dernière et par le CFA[134].

Il n'existe toutefois pas de convergence complète entre les deux institutions. En ce qui concerne en particulier l'interdiction des actions de

---

[131] M. Clément, "Europe: comment lutter contre le dumping social?", *Esprit*, February 2008, pp. 178-180 and "" Europe(s) sociale(s): une longue marche?", *Esprit*, January 2009, pp. 158-167

[132] *Rapport de la Commission d'experts pour l'application des conventions et recommandations*, Rapport III (Partie 1A) 102ème session, 2013, Genève, BIT, 2013, pp 189-192 (Suède) et 168-169 (Royaume-Uni).

[133] *Rapport de la Commission d'experts pour l'application des conventions et recommandations*, Rapport III (Partie A) 108ème session, 2019, Genève, BIT, 2019, pp 167-168 (Suède) et 150 (Royaume-Uni).

[134] *Demir and Baykara v Turkey*, 12 novembre 2008, requête no. 34503/97, http://www.echr.coe.int/echr. See K.D. Ewing, J. Hendy, 'The dramatic implications of Demir and Baykara', *Industrial Law Journal*, March 2010, Vol. 39 (1), pp. 2–51. Voir également l'affaire Enerji Yapi-Yol v. Turkey, 21 Avril 2009, requête no 68959/01, http://hudoc.echr.coe.int/eng

solidarité ("*secondary action*"), le Royaume-Uni a été critiqué par le CEDS comme par le CEACR[135]. La CEDH a néanmoins adopté une approche plus restrictive. Les plaintes du syndicat portaient sur des limitations statutaires au droit de grève, en particulier sur l'interdiction des grèves de sympathie dans une affaire *R.M.T.* concernant un syndicat des transports et un employeur qui n'était pas partie à un conflit de travail. Selon la Cour, si l'interdiction n'affectait pas le cœur mais seulement un aspect secondaire ou accessoire de l'activité syndicale, la marge d'appréciation de l'État était plus large et l'intervention, par nature, plus susceptible d'être corrélée à ses conséquences sur l'exercice de la liberté syndicale.

La Cour a estimé, comme dans l'arrêt *Demir et Baykara*, qu'en définissant le sens des termes et des notions dans la Convention européenne des droits de l'homme et des libertés fondamentales, le juge devait tenir compte non seulement des éléments du droit international autres que ceux de la Convention et de l'interprétation de ces éléments par les organes compétents, mais aussi "de la pratique des États européens reflétant leurs valeurs communes". Le recours à une action collective de solidarité devait être considéré comme une activité syndicale. Cette lecture s'appuyait en outre sur la pratique de nombreux États européens qui avaient depuis longtemps accepté les grèves secondaires comme une forme légale d'action syndicale.

Toutefois, de par leur nature, les actions directes secondaires risquaient d'empiéter sur les droits des personnes qui ne sont pas parties au conflit de travail, de perturber gravement l'économie et d'affecter la fourniture de services au public. En les interdisant, le Parlement britannique avait poursuivi l'objectif légitime de protéger les droits et libertés d'autrui, et non seulement ceux de l'employeur dans un conflit de travail. La Cour en concluait que le Législateur du Royaume-Uni avait des motifs suffisants pour considérer l'interdiction des recours comme "nécessaire dans une société démocratique" selon les termes de l'article 11 de la Convention. Rien dans les faits soulevés par le syndicat requérant ne montrait que l'interdiction générale des grèves secondaires avait eu un effet disproportionné sur leurs droits. J'observe que la CEDH, comme la CJUE, faisait référence au principe de proportionnalité pour justifier certaines restrictions au droit de grève.

---

[135] CEDS: Conclusions XIII-1, 1993; affaire *R.M.T. v. the United Kingdom* du 8 Avril 2014, requête no. 31045/10.

3. *La Cour suprême du Canada*

En décembre 2009, le Professeur Langille avait invité quelques experts et les avocats des parties à venir discuter à la Faculté de droit de Toronto d'une affaire pendante devant la Cour suprême du Canada. J'en faisais partie. Nous devions débattre de l'existence ou non d'un droit constitutionnel de grève dans ce pays qui avait ratifié la convention n° 87 de l'OIT en 1972. J'ai défendu la thèse que cet engagement impliquait la reconnaissance large des droits syndicaux, droit de grève compris, dans le secteur public comme dans le secteur privé. Ma position n'avait pas rallié la majorité des personnes présentes, mais j'avais défendu mes vues dans un article publié peu après[136].

Toutefois, à un moment stratégique dans la controverse à l'OIT sur le droit de grève, la Cour suprême, le 30 janvier 2015,se prononça dans mon sens. Elle reprit, citant l'article, mes arguments selon lesquels le droit d'association, liberté fondamentale au sens de la Charte canadienne des droits et libertés, impliquait le droit de grève. Regarder ce droit comme un élément essentiel d'un processus de négociation collective s'appuyait, ajoutait-elle, sur l'histoire, la jurisprudence et les obligations internationales du pays, en particulier sur la Convention no 87. Elle rappelait que le CEACR et le CFA avaient reconnu ce droit comme le corollaire indissociable de la liberté syndicale protégé par la Convention[137].

4. *La remise en question du droit de grève à l'OIT*

Retenons quelques éléments importants des affaires que je viens d'évoquer. La CJUE a jugé que le droit de grève est fondamental, mais pas absolu. Elle estime que devrait s'appliquer le principe de proportionnalité qui le met en balance avec les grandes libertés économiques inscrites dans les traités de l'UE, comme la libre circulation des services ou le libre établissement. Les réserves sur la légitimité de l'action collective de solidarité, le principal enjeu de l'affaire R.M.T. contre Royaume-Uni devant la Cour européenne des droits de l'homme, s'y trouve également, de manière implicite. On sait que ce type de grève ne fait pas l'unanimité dans les droits nationaux, y compris en Europe. Plus généralement, les réserves exprimées sur l'étendue du droit à l'action collective reflète une

---

[136] «ILO law and the right to strike»: *The Canadian Labour and Employment Law Journal*, vol. 15, n° 2, 2010, pp.147-163.

[137] Saskatchewan Federation of Labour v. Saskatchewan, 2015 SCC 4, *International Labor Rights Case Law* 1 (2015), 177-189, spécialement le paragraphe 67 and le commentaire de J. Sack; voir aussi O. Kahn-Freund & B. Hepple, *Laws Against Strikes*, London, Fabian Society,1972, p.8 cité par la decision.

vision plutôt anglo-américaine du rôle des syndicats essentiellement tournée vers la satisfaction des intérêts immédiats de leurs membres. Je m'en suis déjà expliqué.

Les arguments opposés à l'inclusion du droit à l'action collective dans la liberté syndicale paraissent assez fragiles pour plusieurs raisons. Sur le fond, les organes de contrôle de l'OIT défendent une position très articulée. La convention n° 87, soulignent-ils, reconnaît les droits des syndicats, en tant qu'organisations de travailleurs constituées pour promouvoir et défendre leurs intérêts professionnels, de formuler leurs programmes et d'organiser leurs activités. Ils supposent que les syndicats puissent négocier avec les employeurs et exprimer leur point de vue sur les questions économiques et sociales touchant les intérêts professionnels de leurs membres. Ils forment le fondement de la reconnaissance du droit de grève comme l'un des moyens essentiels dont disposent les travailleurs pour faire progresser et défendre leurs avantages professionnels[138]. Le droit à l'action directe découle par conséquent de la liberté syndicale — c'est-à-dire qu'il s'agit d'un élément spécifique de cette liberté — plutôt que du droit de négocier collectivement.

A ce raisonnement s'ajoute que la convention n° 87 a été interprétée de cette manière pendant plus de 50 ans après son adoption[139].La réticence des opposants à obtenir une interprétation de la CIJ pourrait même être considérée comme une reconnaissance de la faiblesse de leur position[140].

Une solution provisoire fut finalement négociée avant la session de mars 2015 du Conseil d'administration. Entre-temps, la CBI avait quitté l'Organisation internationale des employeurs (OIE), qui regroupe une grande majorité des associations patronales nationales représentées au BIT et prépare la position des entreprises au sein de l'Organisation. Le nouveau porte-parole du groupe au sein du CA, un délégué danois, se montra plus ouvert à la discussion. Dans une déclaration conjointe, les deux groupes patronal et syndical confirmèrent le droit des travailleurs et des employeurs d'engager une action collective pour la défense de leurs intérêts industriels légitimes.

Ce droit couvre celui des entreprises d'organiser un lock-out. Le CFA avait déjà admis, au moins indirectement, sa validité, c'est-à-dire le fait de

---

[138] CIT (81ème session 1994), *Liberté syndicale et négociation collective*, Rapport III (Part 4B), Rapport de la CEACR, Genève, BIT, 1994, §§ 147-148.
[139]CIT (101ème session, 2012), *Donner un visage humain à la mondialisation*, Genève, BIT, 2012, §118. Voir les articles 31 et 32 de la convention de Vienne sur les droit des traités.
[140] Conseil d'administration du BIT, (322ème session, Novembre 2014), *Compte rendu* § 209.

ne pas donner de travail aux salariés ou de fermer un lieu de travail pendant un conflit de travail. L'accord a consolidé cette interprétation[141].

Le Groupe gouvernemental, dans une déclaration du même jour, reconnût le lien entre le droit de grève et la liberté syndicale qui participe des principes et droits fondamentaux au travail de l'OIT. Son libellé fait clairement référence à la Déclaration adoptée par la CIT en 1998, reconnaissant que les États membres de l'OIT, même s'ils n'ont pas ratifié les conventions pertinentes, sont tenus de respecter, "de bonne foi et conformément à la Constitution", les principes relatifs aux droits fondamentaux énoncés dans les conventions fondamentales, y compris la convention n° 87.

La distinction faite par l'instrument entre "droits" et "principes" reste ambiguë. L'interprétation la plus raisonnable consiste à la lire comme la Charte européenne des droits fondamentaux, c'est-à-dire en considérant que seuls les droits sont directement exécutoires. Quant aux principes, ils peuvent être mis en œuvre par des actes des pouvoirs législatif ou exécutif et ne peuvent être invoqués devant les tribunaux que dans l'interprétation de ces actes et dans l'appréciation de leur légalité[142].

Sans la protection du droit de grève, admit spécifiquement le Groupe gouvernemental, la liberté syndicale ne pouvait pleinement se réaliser, en particulier celle d'organiser des activités dans le but de promouvoir et de protéger les intérêts des travailleurs. Le document rapporte le droit d'action collective à la Convention n° 87 qui traite de l'obligation des États vis-à-vis des employeurs et des organisations de travailleurs, et pas seulement à la Convention n° 98 qui concerne plutôt les relations entre ces derniers. En d'autres termes, le droit de grève ne doit pas se limiter aux conflits de travail susceptibles d'être résolus par la signature d'une convention collective. Les travailleurs et leurs organisations devraient pouvoir exprimer plus largement leur insatisfaction sur les questions économiques et sociales qui affectent leurs membres, même s'il est souvent difficile de distinguer les aspects politiques et professionnels d'une action collective. Les grèves nationales, même générales, entrent dans le champ normal d'activité des syndicats[143].

---

[141] BIT, *La liberté syndicale. Compilation des décisions, op.cit.* §§ 764, 860 et 1185.

[142] Article 52. Voir CJUE 15 janvier 2014, cas C-176/12, *Association de médiation sociale v Union locale des syndicats CGTet autres;* voir aussi S. Sciarra, *Association de médiation sociale. The dispute role of UE Fundamental Principles and the Point of View of Labour Law*, in *Scritti in Onore di Giuseppe Tesauro*, Napoli, Editoriale Scientifica, 2014.

[143] BIT, *La liberté syndicale. Compilation des décisions, op.cit.* §§ 758 et ss.

La déclaration du groupe gouvernemental ajoute que le droit de grève n'est pas absolu. La déclaration conjointe des Groupes des travailleurs et des employeurs précise en outre qu'elle devrait " servir leurs intérêts industriels légitimes ". Le CLS avait déjà souligné qu'une action collective purement politique ne relève pas de la protection[144]. La déclaration gouvernementale ajoute de façon assez ambiguë que la portée et les conditions de ce droit sont réglementées au niveau national. Ce libellé très général donnerait aux États toute latitude pour restreindre l'exercice de ce droit. Toutefois, le Groupe exprime sa volonté d'envisager de discuter de la question. Le CA a pris bonne note de ces déclarations[145].

Pour clarifier la question, le CA a finalement décidé en novembre 2023, après d'âpres débats, de demander à la CIJ un avis sur l'interprétation de la convention no 87. Le problème général reste par conséquent en suspens dans l'attente des conclusions de la Cour.

Paragraphe 2- D'importantes questions laissées en suspens

Au-delà de cette opinion, plusieurs questions restent en suspens dans le débat de l'OIT sur les limites au droit de grève. Trois semblent particulièrement difficiles à résoudre : l'étendue des services essentiels dans lesquels les grèves peuvent être restreintes ou interdites, l'utilisation du principe de proportionnalité et la légitimité des actions collectives de solidarité.

Les organes de contrôle ont accepté des restrictions pour les salariés de services publics ou privés considérées comme essentiels. Ils avaient dans le passé interprété la notion avec rigueur considérant qu'elle couvrait uniquement les services dont l'absence entraînait une menace claire et imminente pour la vie, la sécurité personnelle ou la santé de tout ou partie de la population. Cette définition avait déjà suscité de vives discussions au sein de l'OIT. Ses organes de contrôle décident aujourd'hui au cas par cas sur le point de savoir si telle activité est essentielle ou non, en tenant compte des circonstances locales.

Une acception très stricte du mot "essentiel" ou d'expressions équivalentes semble de toute manière plus difficile à soutenir quand la grève manque de soutien public pour des services importants. Les travailleurs sont plus divers, ont des intérêts plus hétérogènes, sont

144 *Op. cit.*, §§ 761-762.

145 Document *CA. 323 INS 5* et ses annexes; Conseil d'administration du BIT, (323ème session, mars 2015), *Décisions et autres résultats*; CIT (104ème session, 2015), *Compte rendu provisoire* no14 (Rev), Partie 1, Genève, BIT, 2015, §§39-57.

utilisateurs et consommateurs. Ils ne sont pas nécessairement prêts à accepter les perturbations causées par une action collective, par exemple dans les transports publics ou l'éducation. Le concept comporte d'ailleurs des dimensions temporelle et quantitative, dans la mesure où un service non essentiel peut le devenir si la paralysie des opérations dure longtemps ou prend plus d'ampleur.

On souhaiterait plus de clarté, voir se dessiner un consensus sur des critères concernant la légitimité d'une grève dans ces secteurs. Si certaines situations paraissent faciles à démêler, comme l'interdiction des grèves organisées par les sapeurs-pompiers, d'autres exigeraient des lignes directrices précises pour déterminer les activités indispensables dans lesquelles l'action collective peut être restreinte ou interdite, tout en gardant une approche au cas par cas quand l'incertitude demeure.

Le CLS a demandé depuis longtemps que l'interdiction des grèves s'accompagne de garanties compensatrices, sous forme de procédures de conciliation et d'arbitrage impartiales, rapides et efficaces, avec la participation des intéressés. Il a suggéré à l'occasion d'assurer, comme certains droits nationaux, un service minimum sur les lieux de travail au lieu de prohiber la grève[146].

Les organes de contrôle avaient déjà admis que les autorités établissent des exigences minimales de service afin de prévenir des dommages irréversibles ou disproportionnés par rapport aux intérêts professionnels des parties au différend, ainsi que pour éviter un préjudice à des tiers. On pouvait les imposer dans des activités incontournables et des services publics fondamentaux ou en cas de crise nationale aiguë mettant en péril les conditions de vie normales de la population ; il convenait dans cette dernière hypothèse de se limiter aux opérations strictement nécessaires pour éviter le danger. Là encore, l'absence de consensus au sein des organes représentatifs de l'OIT sur une définition précise des services essentiels et sur le caractère des circonstances spéciales justifiant des restrictions, conduisent maintenant à des conclusions au cas par cas.

A bien y réfléchir, l'obligation d'assurer un service minimum, se fonde sur le principe de la proportionnalité. Celui-ci soulève plus généralement une seconde question complexe.

La CJUE s'y est référée dans les affaires *Laval* et *Viking* pour élaborer sa position et autoriser des restrictions au droit à une action collective. La Cour a cherché à établir un équilibre entre l'avantage des travailleurs à faire

[146] BIT, *La liberté syndicale. Compilation des décisions, op.cit.* §§ 853 et ss, 864 et ss.

la grève et celui des employeurs à la liberté d'établissement ou des services. Aussi largement appliqués, ces arguments contredisent le fondement même du droit de grève, dont la reconnaissance est considérée comme une exception à la liberté économique des entrepreneurs ou comme une immunité pour violation de celle-ci. Le CEACR s'est spécifiquement opposé à l'interprétation de la Cour, limitant, comme je l'ai mentionné, l'utilisation de ce principe à des cas extrêmement limités. Ce principe a également été invoqué par la CEDH dans l'affaire précitée *R.M.T. c. Royaume-Uni*, mais en posant des limites.

La proportionnalité est une notion très large. Les juristes s'y réfèrent comme critère dans des situations très variées afin d'éviter un conflit entre des libertés ou des droits.[147] Son utilisation dans les deux arrêts cités de la CJUE diffère totalement par exemple de celle de la jurisprudence allemande où ce principe détermine les limites à l'exercice de l'action collective[148]. Selon la Cour fédérale du travail, la grève est à l'évidence illégale si elle n'est ni nécessaire ni appropriée pour obtenir les résultats recherchés. Comme l'explique Bernd Waas, une action visant à empêcher une entreprise de fermer peut être illégale, alors que celle cherchant à atténuer les conséquences d'une telle décision pour le personnel sera, dans la plupart des cas, légale. En évaluant la légalité d'une grève en fonction de ce critère, la jurisprudence allemande accorde aux syndicats un large pouvoir discrétionnaire et leur suppose une grande autodiscipline[149].

Cette manière de procéder est effectivement subjective à bien des égards. Je me demande néanmoins si la solution allemande, avec les conditions imposées et les éléments à prendre en considération ne peut pas inspirer l'OIT dans ses efforts pour parvenir à un consensus sur les limites à concéder au droit de grève.

Elle aurait pu s'appliquer dans des affaires concernant l'industrie gazière norvégienne. Lors d'une mission dans ce pays en 1983, j'avais visité une plateforme d'extraction de gaz en mer du Nord. Les techniciens que j'y avais rencontrés, admettaient qu'ils utilisaient la grève à l'occasion, en

---

[147] E. Georgitsi, "La proportionnalité comme instrument de ´conciliation´ des normes antagonistes. Regard critique sur l'identification et la résolution des conflits de normes en contentieux constitutionnel comparé", *Revue internationale de droit comparé,* juillet-septembre 2011, n°3, pp. 559-584.

[148] A.Bogg,"Viking and Laval: The International Labour Law Perspective" in M. Freedland, J. Prassl (dir.), *Viking, Laval and Beyond*, Oxford, Hart Publishing, 2014, p.54.

[149] B. Waas, "Strike as a Fundamental Right of the Workers and its Risks of Conflicting with Other Fundamental Rights of the Citizens", XXth Congress of the International Society of Labour Law and Social Security, Santiago de Chile, 25-28 September 2012, http://islssl.org/world-congress, pp. 22, 42 and 44.

profitant de leur position stratégique pour obtenir des conditions d'emploi bien meilleures que celles des autres salariés. Le gouvernement interdit plusieurs fois leur mouvement en raison de ses graves effets néfastes sur l'économie nationale[150]. Le CLS critiqua la mesure, sans que ses conclusions fussent suivies d'effet. Le recours au principe de proportionnalité aurait évité cette impasse et abouti à une solution satisfaisante pour l'intérêt général.

Une troisième question concerne les actions de solidarité. Le CLS a considéré le droit de grève comme fondamental dans la mesure seulement où ces derniers l'utilisent pour défendre" leurs intérêts industriels légitimes" comme le souligne la déclaration conjointe des travailleurs et des employeurs du 23 février 2015. Cela amène-t-il à exclure les actions collectives de sympathie? La réponse dépend des circonstances. La solidarité, d'une part, constitue la base du mouvement syndical en même temps qu'elle lui donne sa force. Dans plus d'un cas, d'autre part, l'objectif recherché n'est pas d'aider à la défense d'intérêts professionnels, mais d'organiser une manifestation politique pour laquelle le CLS a adopté une position plus restrictive, je l'ai signalé.

La diversité des solutions juridiques explique probablement ses réticences à admettre sans réserve une telle modalité d'action syndicale. Plusieurs pays, comme la Nouvelle-Zélande ou le Royaume-Uni, limitent en effet l'action collective "secondaire".

En bref, le CLS a reconnu que le droit de grève ne devait pas se limiter aux conflits de travail susceptibles d'être résolus par la signature d'une convention collective. Il a admis le recours à des grèves de protestation allant au-delà du souci de meilleures conditions de travail ou d'autres revendications collectives de nature professionnelle, y compris celles visant à résoudre des problèmes de politique sociale et économique qui ont un impact direct sur les travailleurs. Il a clairement indiqué que les salariés devaient pouvoir déclencher une action de sympathie s'ils appuyaient une grève elle-même légale. Les travailleurs devaient pouvoir lancer des grèves de solidarité, en particulier dans le contexte de la mondialisation marquée par une interdépendance croissante et par l'internationalisation de la production, pour autant que le mouvement qu'ils soutiennent soit lui-même légitime.

[150]Voir BIT, *La situation syndicale et les relations professionnelles en Norvège,* Genève, BIT, 1984, pp. 83-84 et par exemple CLS, Cas n° 3038 (Norvège), rapport n° 372, juin 2014, §§ 434-473, http://www.ilo.org/dyn/normlex/en

Le CLS a estimé que la législation ne devrait pas interdire les clauses de boycottage de solidarité dans les conventions collectives. L'exclusion des grèves de sympathie, des boycotts secondaires et des actions revendicatives en soutien à des accords multi-entreprises pourrait avoir un effet négatif sur le droit des syndicats cherchant à obtenir et à négocier des accords multi-employeurs. Il avait toutefois considéré précédemment le boycottage comme une action très spéciale qui pouvait aller jusqu'à affecter une organisation dont les membres continuaient de travailler sans être directement impliqués dans le conflit avec l'employeur contre lequel le boycottage était dirigé. Le Comité en avait alors conclu que l'interdiction de boycottage par une législation ne constituait pas nécessairement une atteinte à l'exercice de droits syndicaux[151].

Le CEACR tout en acceptant qu'un certain nombre de lignes soient tracées ici (par exemple, pour délimiter le concept de grève de sympathie et les types de relations qui justifieront le recours à une grève de sympathie), a également conclu qu'une interdiction générale de ce type d'action collective pourrait conduire à des abus. [152]

Ces conclusions très générales ne sont pas d'un grand secours. C'est une solution au cas par cas qui a de nouveau prévalu.

---

[151] BIT, *La liberté syndicale. Compilation des décisions, op.cit.* §§756, 770, 772, 784; Conférence internationale du Travail (101e session, 2012), *Donner un visage humain à la mondialisation, op. cit.* , §125, 748, 771, 1294.
[152] CIT, OP.CIT, §.125.

Chapitre III. Les relations collectives dans l'entreprise

Comme dans toutes les institutions, les relations au sein de l'entreprise ne peuvent échapper aux tensions. La recherche d'une solution pacifique aux différends prend différentes formes, les unes relèvent plus des politiques du personnel, les autres reposent sur des mécanismes juridiques. J'envisagerai les méthodes de valorisation du personnel, puis les formes de représentation collective des salariés, le règlement juridique des réclamations et les effets de la transnationalisation des échanges commerciaux sur ces relations.

Section I. La valorisation du personnel

Je me suis vu confier par le Directeur général du BIT, dans les années 1990, une étude sur le rôle des relations professionnelles au tournant des XXème et XXIème siècles, face à l'accélération de la mondialisation. Privilège rare, je pus composer mon équipe de chercheurs comme je l'entendais. Je choisis des collègues venus de tous les continents et de disciplines variées, le droit certes, mais également la macro et la micro-économie ainsi que la sociologie. La discussion entre nous fut d'autant plus riche que nous devions tous faire l'effort de comprendre et d'intégrer les concepts et la méthodologie de domaines autres que la nôtre.

Le livre qui est sorti de nos travaux parut en 1997. Nous y abordions notamment la question des moyens "alternatifs" de gestion du personnel dans les entreprises[153]. On les appelle souvent de " mise en valeur des ressources humaines ". J'éviterai cette terminologie qui ravale trop à mes yeux le travail à une marchandise. Quoi qu'il en soit, ces méthodes font participer plus ou moins étroitement les salariés au processus de décisions. Elles reposent non seulement sur un engagement social ou humaniste souvent bien réel, mais très certainement sur un souci d'efficacité et d'amélioration du rendement. Elles s'expliquent en outre par le désir de projeter une image positive de l'entreprise à un moment où le consommateur est spécialement choyé en tant qu'arbitre de la concurrence.

---

[153] Voir *Le travail dans le monde*, 1997-1998, « Relations professionnelles, démocratie et cohésion sociale », Genève, BIT, 1997, pp. 102 et suiv.

Ces pratiques présentent sans aucun doute une utilité lorsqu'elles favorisent un climat de compréhension dans l'entreprise. Elles ne remplacent pas, faut-il l'ajouter, les syndicats dans leurs fonctions, ce qu'elles ne cherchent pas toujours à faire, loin s'en faut. Nous en soulignions les principales raisons.

La première réside dans l'observation que la diffusion de ces pratiques reste limitée et inégale. Du côté patronal, la quête de plus de coopération est largement partagée car les conflits pèsent quelquefois lourd en termes financiers. Toutefois, l'utilisation et la réussite de ces nouvelles stratégies varient grandement selon les pays, les branches d'activité et les entreprises, en fonction de l'histoire sociale, du poids respectif des acteurs sociaux, du cadre juridique et institutionnel, voire du souci de ne pas dévoiler aux autres les formules qui fonctionnent bien.

Ces modes de gestion, seconde raison, ne peuvent pas prendre en compte les inévitables divergences d'intérêts entre la direction et le personnel. La relation de travail constitue un rapport de pouvoir, de subordination, avec tous les risques d'abus, aussi irrationnels soient-ils quelquefois, que cela implique. Les syndicats restent un acteur incontournable du règlement des conflits de travail. D'ailleurs, ces politiques entrepreneuriales mettent l'accent sur l'attachement et l'engagement des salariés et supposent par conséquent une certaine stabilité d'emploi que l'entreprise ne peut garantir qu'à une partie de sa main-d'œuvre.

La troisième raison suit : aucune compagnie ne peut assumer la fonction de cohésion sociale; elle n'en a pas la vocation. Elle peut certes y contribuer, mais ses objectifs, en particulier la recherche du profit, gardent la priorité. Les discussions avec les représentants des travailleurs de questions de travail dépassant le cadre de l'entreprise se déroulent dans d'autres lieux, avec d'autres acteurs. Souvent, les autorités publiques ont la volonté d'associer les travailleurs directement intéressés, et leurs délégués, à l'élaboration de politiques sociales sectorielles ou intersectorielles. Ainsi en va-t-il d'une politique nationale ou régionale de formation professionnelle.

La peur de perdre en compétitivité explique largement l'hostilité de maints chefs d'entreprise à l'égard des syndicats et de leurs revendications. Ceux-ci les privent en outre de l'exercice solitaire du pouvoir. J'ai relevé à ce propos pourquoi les systèmes européens et japonais permettent mieux de placer le social à l'abri de la concurrence et contribuent à rendre les relations professionnelles moins conflictuelles qu'aux États-Unis.

Section II. Les formes de représentation du personnel

La représentation du personnel est une notion multiforme. Il faut par conséquent préciser ce dont on parle: s'agit-il d'apporter le point de vue des travailleurs dans les organes de direction de l'entreprise? De toutes les entreprises, privées ou publiques? Avec quelle compétence? De contrôle? De cogestion? D'autogestion? Y voit-on simplement la défense et la promotion des intérêts du personnel, sans responsabilité de gestion?

D'autres interrogations encore appellent des réponses: cette représentation se fonde-t-elle sur un texte de loi ou sur un accord collectif? Se réalise-t-elle par l'intermédiaire d'une délégation syndicale, d'un comité d'entreprise ou autrement? Plusieurs modes de délégation peuvent-ils coexister? Quelle doit être leur relation? Privilégie-t-on la négociation collective d'entreprise? Dans l'affirmative, comment concilie-t-on, cette option avec l'existence de très nombreux établissements petits, voire très petits? Je l'ai évoquée à propos de la Corée du sud.

Voilà quelques questions qui se posent par exemple au chercheur du BIT. Il s'aperçoit rapidement qu'au-delà de quelques dispositions de base, une synthèse des préoccupations des chefs d'entreprise, des syndicats et des pouvoirs publics, n'est pas chose aisée. L'équilibre dépend de si nombreux facteurs, d'ordres si variés (social, économique, politique, ...), pris à un moment donné dans l'histoire du pays, que l'utilisation de modèles étrangers pour assister un pays à réformer les rapports collectifs dans l'entreprise s'avère ici plus problématique encore que dans d'autres domaines du droit du travail.

A la gestion autocratique du personnel, l'on en oppose traditionnellement une autre qui associe davantage ce dernier au processus de décisions. Les fonctionnaires du BIT soulignent tout l'intérêt de ces politiques, même en termes de rendement. Ils se réfèrent également à quelques instruments anciens de l'OIT qui se limitent toutefois à des dispositions de principe, laissant le surplus à l'autonomie des parties.

Une recommandation n° 129 de 1967 traite des communications entre la direction de l'entreprise et ses travailleurs. Elle encourage une politique de diffusion et d'échange rapide d'information et de consultations. Je relève surtout que l'instrument insiste pour que celle-ci ne porte pas préjudice aux droits syndicaux et ne limite pas les attributions des institutions représentant le personnel.

Allant plus loin, sans être très spécifique, la recommandation, n° 94, de 1952, cherche à promouvoir une véritable collaboration entre employeurs et travailleurs sur le plan de l'entreprise, "pour les questions d'intérêt commun n'entrant pas dans le cadre des procédures de négociation collective ou ne faisant pas normalement l'objet d'autres procédures de détermination des conditions d'emploi", nouvelle expression du souci d'éviter une marginalisation des syndicats par ce biais.

J'ajouterai, par souci d'être exhaustif, que d'autres instruments reprennent sur des questions spécifiques – la sécurité et la santé au travail, le licenciement[154] – l'obligation faite aux employeurs d'informer leur personnel et ses représentants, de les consulter et même de coopérer avec eux.

Plus substantielles, la convention n° 135 et la recommandation n° 143 de l'OIT concernant les représentants des travailleurs, 1971 laissent les États libres de choisir la forme la plus adéquate de dialogue entre direction et personnel. Elles envisagent les deux formules traditionnelles : soit des représentants syndicaux (nommés ou élus par des syndicats ou les membres de syndicats), soit des représentants librement élus par les travailleurs de l'entreprise.

De nombreux pays, d'Europe et d'Asie notamment, connaissent des formes de participation au niveau de l'entreprise qui se distinguent, par leur statut et leurs fonctions, de la représentation syndicale et de la négociation collective. Parmi ces mécanismes, une place à part revient aux comités d'entreprise. L'on en rencontre de différentes formes. Quelquefois, ils comprennent aussi des membres de la direction (Belgique, France) ; d'autres fois, non (Allemagne, Pays-Bas). Certains pays ne leur accordent que des pouvoirs limités (surtout les droits d'être informés et consultés). L'élection de leurs membres permet néanmoins de mesurer, au-delà des taux de syndicalisation, l'autorité réelle des différentes organisations de travailleurs qui présentent des candidats. Elle aide également à évaluer, le cas échéant, l'importance des élus non syndicaux. Dans d'autres pays européens, ces comités ont reçu des compétences plus larges, c'est-à-dire selon leur composition unitaire ou bipartite, de négociation (Espagne) ou de décision (Belgique).

Au Japon, des comités de concertation sont établis dans des entreprises (spécialement petites et moyennes) ne possédant pas une présence

---

[154] Voir par exemple, la convention (n° 155) et la recommandation (n° 164) sur la sécurité et la santé des travailleurs, 1981, art. 19 et 20 et paragr. 12, respectivement ; la convention (n° 161) et la recommandation (n° 171) sur les services de santé au travail, 1985, art. 13 et paragr. 22, respectivement ; la convention (n° 158) et la recommandation (n° 166) sur le licenciement, 1982, art. 13 et paragr. 20, respectivement.

significative des syndicats. Dans le cas contraire, ces derniers en constituent les protagonistes. Un système proche existe en République de Corée, bien qu'ici, contrairement au Japon, il soit prévu dans la loi. Ailleurs en Asie, les comités d'entreprise ont certes le plus souvent une existence légale, mais une très faible influence dans la pratique. Aux États-Unis, les propositions successives de créer de tels organes, face notamment à la perte d'influence des syndicats, n'ont pas eu de suite.

Leur cohabitation avec les délégations syndicales ne pose pas problème lorsque, comme en Allemagne ou en Belgique, les compétences des unes et des autres sont clairement définies et bien acceptées. Il est vrai aussi que dans ces deux pays, les syndicats établis jouissent en fait d'une place prépondérante dans le fonctionnement de ces organismes. La distribution des tâches avec les comités d'établissements a, en Allemagne, été clarifiée : négociations collectives pour les organisations syndicales, participation active à la vie de l'entreprise (y compris en cas de licenciement) pour les comités. Ceux-ci ont même acquis un poids singulier, avec l'apparition de nouvelles formes de gestion du personnel et de développement des ressources humaines.

Même en dehors des mécanismes de cogestion, l'approche allemande privilégie normalement une gestion participative qui n'est pas perçue comme une menace à l'égard des syndicats. La remarque semble exacte au Japon également. Ailleurs (aux États-Unis, dans divers pays d'Amérique latine), les syndicats assument directement, et en fonction de leur position dans l'entreprise, tout ou partie des tâches de ces comités.

Contrairement à beaucoup de droits nationaux, les normes précitées de l'OIT ne distinguent pas des grandes firmes, les petites et moyennes entreprises qui se trouvent, à bien des égards, dans une situation particulière. Les principes énoncés sont, il est vrai, trop généraux dans leur rédaction pour que des différences puissent se marquer. Les syndicats n'en éprouvent pas moins des difficultés à organiser le personnel des PME. Les obstacles tiennent à la dispersion des lieux de travail, ainsi qu'au caractère plus personnalisé des relations entre le patron et des travailleurs qui constituent en outre, même unis, une force de moins de poids face à la direction. Ils viennent également de problèmes pratiques, celui en particulier de mettre sur pied des structures de représentation relativement lourdes dans des établissements de petite dimension. Certains pays, comme la Belgique ou la France, limitent la délégation des salariés à une personne dans les établissements de petite taille. La loi n'en prévoit normalement pas dans les plus petites.

Le CLS a précisé[155] que les permanents syndicaux devraient pouvoir s'acquitter de leurs fonctions syndicales conformément aux règles de leur organisation, sans avoir à rendre compte de leurs faits et gestes à la direction de l'entreprise. Ces activités devraient inclure la négociation collective, les actions menées sous l'égide de la fédération ou de la confédération compétente, celles liées à la préparation des conflits collectifs et le travail éducatif.

Avec le souci déjà mentionné de ne pas affaiblir les syndicats, la recommandation n° 91 sur les conventions collectives, 1951, donne la préférence à ceux-ci dans les négociations collectives. Elle ne mentionne les représentants des travailleurs non organisés qu'en leur absence. Selon l'article 5 de la convention n° 135 en outre, lorsqu'une entreprise compte à la fois des représentants syndicaux et des représentants élus, des mesures doivent assurer que la présence de représentants élus ne puisse servir à affaiblir la situation des syndicats intéressés ou de leurs représentants, et encourager la coopération entre les représentants élus et les syndicats.

De nombreuses législations, ainsi que la convention n° 135 et la recommandation n° 143, accordent une protection spécifique à tous ces représentants contre les mesures préjudiciables dont ils auraient à souffrir en raison de leurs fonctions ou de leurs activités ès qualité. Souvent, les garanties s'étendent aux candidats à des postes de représentants des travailleurs, ainsi qu'à ceux qui ont cessé d'être délégués, et ceci pendant une période déterminée ; à la fin de leur mandat, les représentants qui ont exercé leurs fonctions dans l'entreprise où ils étaient employés et qui ont repris le travail, conservent ou recouvrent en principe tous leurs droits, y compris ceux afférents à la nature de leur travail, à leur salaire et à leur ancienneté.

Principe important : ces représentants doivent bénéficier dans l'entreprise de facilités qui leur permettent de remplir rapidement et efficacement leurs fonctions[156]. Encore faut-il, précise la convention n°135, que celles-ci s'accordent avec les caractéristiques du système national de relations professionnelles ainsi qu'avec les besoins, l'importance et les capacités de l'entreprise concernée : leur octroi ne doit pas entraver son bon fonctionnement. La recommandation n° 143 donne des exemples de telles facilités ; elles se retrouvent dans certaines lois

[155] BIT, *La liberté syndicale. Compilation des décisions, op.cit.* §§ 1203, 1343-1348.

[156] Voir par exemple une affaire concernant la France et la Centrale démocratique martiniquaise des travailleurs (CDMT)-Postes dans le 371ème rapport du Comité de la liberté syndicale, Conseil d'administration du BIT, *document GB 320/INS/12*, Genève BIT, 13-27 mars 2014.

nationales (France) ou dans des conventions collectives : temps libre pour remplir leurs fonctions ou pour assister aux réunions syndicales et à des cours de formation syndicale, accès à tous les lieux de travail ainsi qu'à la direction de l'entreprise, droit de collecter les cotisations syndicales, autorisation d'afficher des avis syndicaux et de distribuer des publications syndicales, facilités d'ordre matériel, possibilité de recevoir les informations nécessaires à l'exercice de leurs fonctions. La recommandation précise que les représentants syndicaux qui ne sont pas employés eux-mêmes, mais dont le syndicat compte des membres dans le personnel de celle-ci, devraient avoir accès à l'entreprise.

Section III. Les réclamations

La recommandation n°130 de l'OIT sur l'examen des réclamations, 1967, dispose qu'un travailleur, agissant individuellement ou avec d'autres, a le droit de présenter une réclamation dans son entreprise sans crainte des représailles et de voir celle-ci examinée de manière appropriée. Elle reprend, dans son paragraphe 2 l'opposition utilisée dans bien des systèmes de relations professionnelles entre conflits de droits et conflits d'intérêts. Ses dispositions, précise-t-elle, ne s'appliquent pas aux revendications collectives tendant à la modification des conditions d'emploi. Les motifs de réclamation peuvent résider "dans toute mesure ou situation qui se rapporte aux relations entre employeur et travailleur ou qui affecte ou peut affecter les conditions d'emploi d'un ou de plusieurs travailleurs de l'entreprise, lorsque cette mesure ou cette situation leur paraît contraire, soit aux dispositions d'une convention collective en vigueur ou à celles d'un contrat individuel de travail, soit à un règlement d'entreprise, soit à la législation nationale, soit encore aux us et coutumes de la profession, de la branche d'activité économique ou du pays, compte tenu des règles de la bonne foi".

La distinction, que l'on oppose traditionnellement à celle entre différends individuels et collectifs, présente l'avantage de la clarté. Elle est largement préférée dans les pays qui demandent l'assistance du BIT pour établir des mécanismes de réclamations. Elle correspond finalement à la conception du système judiciaire qui limite la compétence des tribunaux à l'application du droit. Même alors cependant, des cas existent où se démêlent mal ce qui est de droit et ce qui est d'intérêt. Il en va certes ainsi lorsqu'un plaideur habile voit un avantage à vêtir de droit un conflit d'intérêts. Même sans créer de confusion, il s'avère difficile de séparer l'un de l'autre par exemple dans la mise en œuvre du principe de la proportionnalité des grèves en Allemagne. On se souviendra que la réglementation des actions collectives y relève pour l'essentiel des tribunaux et qu'ils valident seulement celles-ci quand les intérêts du syndicat à une action efficace et ceux de l'employeur au bon fonctionnement de son entreprise sont préservés et mis en balance. Evaluation complexe sur laquelle s'affrontent patrons et salariés et qui rend difficile la tâche du juge.

Lorsque, ajoute avec prudence la recommandation, des conventions collectives établissent des procédures d'examen des réclamations, les parties signataires doivent être encouragées à y inclure, pendant sa durée de validité, une renonciation à l'action directe, c'est-à-dire à favoriser le règlement des plaintes par les mécanismes prévus et à s'abstenir "de toute action de nature à en entraver le fonctionnement efficace". C'est l'expression de l'obligation de paix sociale prévue par la loi ou dégagée par la jurisprudence de nombreux États, en termes absolus (pour toutes les questions possibles) ou relatifs (celles couvertes par l'accord uniquement). Le Comité de la liberté syndicale du BIT a accepté l'interdiction des grèves quand une convention collective est en vigueur[157].

La méthodologie proposée par la recommandation paraît évidente. La suivre de manière systématique permet d'éviter des dérapages. Dans la mesure du possible, précise-t-elle, les plaintes devraient se résoudre dans l'entreprise, par des mécanismes efficaces, adaptés aux conditions du pays, de la branche d'activité et de la firme elle-même, présentant toutes les garanties d'objectivité et, ajoute le Comité de la liberté syndicale, rapides, impartiaux[158] et perçus comme tels par les parties.

En cas d'échec, la réclamation devrait se résoudre par une (ou plusieurs) des voies suivantes:

a) Le recours aux procédures prévues dans les conventions collectives (par exemple, l'examen conjoint de l'affaire par les associations d'employeurs et de travailleurs, ou encore l'arbitrage volontaire par une ou plusieurs personnalités désignées avec l'accord de l'employeur et du travailleur concernés ou de leurs organisations respectives).

b) La conciliation ou l'arbitrage par les autorités publiques.

c) Le recours à une instance judiciaire. Aucune disposition de la recommandation n°130 ne restreint le droit du travailleur de s'adresser directement à une autorité en charge des questions de travail ou à un

---

[157] BIT, *La liberté syndicale. Compilation des décisions et de principes du Comité de la liberté syndicale*, 6ème édition, Genève, 2018, § 768

[158] *Ibid.* §768.

tribunal lorsque la loi permet cette option. La solution d'un conflit découlant d'une différence d'interprétation d'un texte légal, devrait être laissée à la compétence des tribunaux. Le Comité de la liberté syndicale a également admis l'interdiction de la grève dans ce cas[159].

d) Toute autre procédure «qui peut être appropriée, compte tenu des conditions nationales».

Section IV. Les effets de la transnationalisation des échanges commerciaux

La concertation sociale s'est élargie depuis longtemps déjà au-delà des frontières. La possibilité de travailler en réseau rend plus nécessaire encore l'existence de règles transnationales cherchant à la faciliter. L'UE a joué un rôle pionnier, avec l'établissement de comités d'entreprise européens. En Europe, de véritables accords collectifs de travail se concluent au niveau d'une multinationale (comme Danone), d'un secteur d'activités (ainsi la chaussure) ou sur le plan intersectoriel (avec des conventions collectives sur le congé parental, le temps partiel ou le travail à durée déterminée).

Les initiatives ne se bornent pas à cette région. Le nombre d'accords collectifs de travail conclus au sein d'une entreprise multinationale ou au niveau d'un secteur d'activité se sont multipliés et font aujourd'hui l'objet d'une vaste littérature.

Les Japonais ont mis en place une conférence, tripartite - qui se réunit deux fois par an - de liaison sur les problèmes multinationaux du travail. Elle a conduit à la publication, par l'Association des compagnies japonaises d'outre-mer, d'un code de conduite volontaire pour les investisseurs nationaux à l'étranger[160]. Son premier chapitre porte sur les droits de la personne humaine, le second sur la protection du travail. On sait que des entreprises comme Takashimaya au Japon ou Anglo Gold Ashanti en Afrique du Sud ont établi des relations transnationales de coopération avec les syndicats dans le cadre de leur stratégie de mise en valeur des ressources humaines[161].

Les syndicats internationaux ont lancé, avec d'autres groupements, des actions mondiales dont les médias se sont fait l'écho, comme lors de

---

[159] *Ibid.* § 767.

[160] https://joea.or.jp/wp-content/uploads/pdf/Guidelines-on-Corporate-Global-Conduct.pdf

[161] K. Papadakis (ed.), *Shaping Global Industrial Relations. The Impact of International Framework Agreements*, Genève, BIT, 2011, pp. 61-81.

réunions des pays les plus puissants ; celles-ci peuvent aboutir à des discussions.

Il est inutile de souligner que les droits nationaux du travail s'appliquent difficilement à ces rapports supranationaux. La diversité de législations constitue un obstacle objectif au développement de ces relations.

Des clauses sociales consacrant la liberté syndicale figurent fréquemment dans les législations commerciales ou les accords de libre circulation des services ou des produits comme condition à l'ouverture des frontières. Ces traités bilatéraux ou multilatéraux se multiplient à l'initiative des États-Unis, du Canada et de l'Union européenne. Les deux derniers ont conclu entre eux, le 30 octobre 2016, un accord de commerce, dit AECG (CETA selon le sigle anglais). Il contient un chapitre sur le travail qui se réfère à l´OIT et à ses normes. Je mentionnerai également les conventions conclues périodiquement entre l'Union européenne et un groupe de pays en développement d'Afrique, des Caraïbes et du Pacifique.

Les institutions internationales, telles l'ONU, l'OIT ou l'OCDE, insèrent des dispositions reconnaissant la liberté d'association dans leurs codes modèles et leurs directives à l'usage des sociétés multinationales. Les codes de conduite opérationnels de ces grandes firmes contiennent moins fréquemment une règle équivalente qu'un article sur le droit des salariés à une représentation collective.

J'ai déjà cité enfin la clause sociale imposant le respect des droits syndicaux introduite dans le contrat de fourniture d'une chaîne de supermarchés avec un groupe agro-industriel de fruits et légumes, propriétaire de plantations.

Je reviendrai plus largement sur ces différentes options dans la dernière partie de ce livre.

Partie III. La protection sociale et du travail

Le fonctionnaire international qui s'emploie à mettre en œuvre les normes de l'OIT sur les conditions de vie et de travail se heurte aux tensions bien connues entre les tenants de la liberté, notamment celle d'entreprendre avec profit, et les partisans d'une réelle égalité qui insistent sur la protection du plus faible, ainsi que sur une fraternité, une solidarité, qui conduit au développement de la sécurité sociale.

Nous rencontrerons cette dialectique dans les différents chapitres que je consacre à la protection sociale et du travail. Ceux-ci portent successivement sur l'égalité professionnelle, y compris celle des migrants, la liberté de travailler, la santé et la sécurité dans l'entreprise ou le service, la sécurité sociale et le droit de l'emploi, la précarité et l'informalité. Partant de mes expériences, je laisserai certains sujets sans les traiter.

Chapitre 1. L'égalité de chances et de traitement

Que l'égalité ne soit pas dans la nature, comme le remarquait Vauvenargues au XVIIIe siècle, il suffit de quitter son bureau et de se retrouver sur le terrain pour en obtenir la triste confirmation. Plus la mission éloigne de l'opulente Genève, plus l'observation prend du sens. "La nature n'a rien fait d'égal ; sa loi souveraine est la subordination et la dépendance"[162]. Effectivement, et l'on pourrait multiplier les citations, la naissance nous a laissés riche ou pauvre, beau ou laid, vigoureux ou chétif, intelligent ou stupide, d'un caractère trempé ou hésitant, ... La vie en société n'a fait qu'accentuer ces inégalités.

Il y a par conséquent beaucoup de naïveté, sinon de cynisme, à prôner seulement une égalité formelle devant la loi. Ses détracteurs n'ont pas manqué de souligner que c'était le droit égal de rester ou de devenir inégaux ou encore que tout droit présupposait l'inégalité: il consistait en effet dans l'application d'une règle unique à des individus différents. Plaute, le poète romain, avait déjà averti: la loi ne donne pas les mêmes droits au pauvre qu'au riche[163].

Soyons justes. La volonté de consacrer dans des textes constitutionnels ou autres l'égalité devant la loi, tendait à abolir les immunités et les privilèges accordés à certains ou à certaines classes par les monarchies européennes. On a certes péché par juridisme en imposant aux États une simple obligation d'abstention. On a certes pris plus en considération l'égalité de traitement que la disparité des conditions[164]. On a néanmoins établi le principe de la non-discrimination.

Ce dernier consiste, en droit positif, à rejeter les critères de différenciation qu'on énumère. La convention n° 111 et la recommandation n° 111, de l'OIT, adoptées en 1958 citent la race, la couleur, le sexe, la religion, l'opinion politique, l'ascendance nationale ou l'origine sociale. D'autres motifs sont venus s'y ajouter comme, je l'ai mentionné, l'activité syndicale.

---

[162] Luc de Clapiers, marquis de Vauvenargues, "Réflexions et Maximes (1746)" dans *Œuvres de Vauvenargues*,

[163] *La Cassette*, III, 532

[164] Hannah Arendt a par exemple insisté sur le double caractère d'égalité et de dissemblance des êtres humains dans son livre: *The Human Condition* (Chicago), The University of Chicago Press, 1958, entre autres, aux pp. 175-176 et 212 et ss.

Relevons-le, ces textes ont autorisé des distinctions là où les situations étaient différentes et permis de protéger spécialement des catégories de personnes jugées plus vulnérables : les enfants, les femmes, plus généralement, les travailleurs considérés comme la partie la plus fragile à la relation de travail. Les législateurs ont progressivement tenu compte davantage du substrat socio-économique pour tendre à une égalité plus réelle. Une large part des législations du travail se fonde sur cette idée.

La convention n° 111 ne considère pas non plus comme discriminatoires les mesures spéciales de protection ou d'assistance prévues dans d'autres conventions et recommandations de l'OIT. Il en va de même des mesures définies comme telles dans un pays, afin de tenir compte des besoins particuliers de personnes à l'égard desquelles une protection ou une assistance spéciale est, d'une façon générale, jugée nécessaire pour des raisons telles que le sexe, l'âge, l'invalidité, les charges de famille, le niveau social ou culturel, ou encore la fonction syndicale ou de représentation du personnel.

Le concept d'égalité a par la suite acquis une portée à la fois plus large et plus positive. La demande — l'obligation — n'est plus seulement faite à l'État de s'abstenir : il est appelé à promouvoir cette égalité par des mesures concrètes, à la rendre plus effective, à redresser les disparités naturelles ou sociales, à émanciper les victimes des déséquilibres sociaux.

Quand cette politique de faveur à l'égard de catégories déshéritées implique à son tour de sérieux désavantages pour les autres citoyens, il revient aux gouvernants de décider s'ils l'acceptent ou non, et jusqu'à quel point. Ces garanties ne vont-elles pas à l'encontre d'une égalité bien comprise? On sait que cette "discrimination positive" est mieux acceptée en Amérique du Nord que dans l'Union européenne. L'arrêt *Kalanke* du 17 octobre 1995 de la CJUE précise ainsi les limites des mesures d'action positive en faveur des travailleuses. Il a condamné une réglementation allemande qui accordait automatiquement une priorité d'emploi aux femmes dans les secteurs où elles étaient sous-représentées. La Cour a accepté en revanche de telles dispositions si elles comportaient des clauses de souplesse (possibilité d'écarter la candidature féminine si des raisons tenant à la personne d'un candidat masculin le justifiaient[165]) ou une flexibilité des quotas (prise en compte d'un motif "ayant, sur le plan juridique, une importance supérieure"[166]). Elle a admis la réservation aux femmes de postes de formation, dans le but de promouvoir l'égalité de

[165] Arrêt *Marschall* du 11 novembre 1997.
[166] Arrêt *Badeck* du 28 mars 2000.

chances, ou la garantie qui leur est donnée d'être convoquées aux entretiens d'embauche[167]. En bref, il y a lieu, selon la Cour, de respecter le principe de proportionnalité qui exige que les dérogations ne dépassent pas ce qui est approprié et nécessaire pour atteindre le but recherché et que soient conciliés, dans toute la mesure du possible, le principe d'égalité de traitement et les exigences du but ainsi poursuivi.[168]

La notion d'égalité peut encore prendre un sens plus radical. On attend alors des pouvoirs publics, non plus seulement qu'ils encouragent l'égalité, mais qu'ils la réalisent — véritable obligation de résultat — dans un domaine, dans plusieurs ou dans tous. Les risques de dérive semblent alors évidents, comme ceux du dogmatisme qui a par exemple conduit à réécrire toute l'histoire sociale en termes seulement d'inégalités fondées sur la race[169].

Quelle que soit l'approche adoptée, la volonté d'arriver à plus d'égalité doit se matérialiser dans une politique, dans des programmes et dans des décisions. S'il est rare de se déclarer opposé à l'égalité dans son principe, quand ce dernier s'exprime en termes généraux, sa mise en œuvre s'avère malaisée. Des analyses, des objectifs, des intérêts contradictoires apparaissent. L'action est à la fois normative et pratique. La traduction même du concept en termes de droit suscite bien des interrogations. Le rôle du fonctionnaire international, chargé de promouvoir l'égalité consiste à surmonter les objections, à rechercher une position équilibrée et des consensus sans perdre de vue son objectif. Sa tâche apparaît singulièrement ardue. Prenons quelques exemples.

Je viens d'évoquer la protection de catégories défavorisées de travailleurs et le risque de voir les décisions prises pour redresser les inégalités de chances et de traitement constituer des formes inacceptables de discrimination.

Autre éclairage qui se focalise — mais les deux éléments vont souvent de pair — sur les moins nombreux plutôt que sur les plus vulnérables: dans quelle mesure faut-il protéger les minorités contre la loi de la majorité? Dans quelle mesure faut-il leur reconnaître un droit à la différence? Je l'ai rappelé plus généralement : des droits égaux n'ont pas

---

167 *Ibid.*

168 Arrêts *Briheche* du 30 septembre 2004 et *SEAE* du 19 novembre 2020.

169 Voir sur ce dernier point P.-A. Taguieff, *L'antisémitisme devenu fou. Le racisme systémique et autres fables,* Paris, Hermann, 2021.

les mêmes effets quand les conditions de leur exercice diffèrent. Que l'on pense aux travailleurs immigrés. La situation appelle des garanties supplémentaires. Il faut sans cesse réfléchir à la conciliation optimale de la règle commune et du traitement particulier, induisant l'égalité des similitudes et protégeant, si nécessaire, les êtres humains en raison de leurs dissemblances. Voilà pourtant un terrain sur lequel avancer avec beaucoup de circonspection: la différence, c'est aussi l'*apartheid.*

Les défenseurs du "moins d'État" et du "plus de liberté" ont aussi de solides arguments à avancer. Dans les dispositions de protection, comme dans celles de redressement, il convient, en tout cas, d'éviter la surproduction des règles, synonyme de paralysie et d'inefficacité. Le mieux est l'ennemi du bien: "Comme les lois inutiles affaiblissent les lois nécessaires, celles qu'on peut éluder affaiblissent la législation"[170]. Un excès de protection peut encore décourager le recrutement des bénéficiaires.

Au-delà, il est sans doute provocateur, mais certainement utile de se demander si l'égalité totale ne nuirait pas à l'efficacité économique. Certaines distinctions - mais lesquelles? - constituent, chacun le reconnaît, des éléments inévitables d'émulation, de dynamisme et d'incitation à la créativité. En d'autres mots, il s'agit de trouver le meilleur équilibre possible entre liberté et égalité: voilà des options à envisager, des décisions à prendre et à traduire dans les pratiques juridiques nationales.

La plupart des constitutions consacrent aujourd'hui, comme de nombreux instruments internationaux, le principe d'égalité. Mais ces textes le font en termes généraux et laissent à l'interprète un pouvoir d'appréciation considérable qui n'est pas sans péril.

Personne ne défend certes l'égalité absolue, mécanique. Chacun admet que des différences de traitement peuvent se fonder sur des critères objectifs, préétablis et génériques (ainsi, des "privilèges" accordés à des catégories de handicapés). Néanmoins, aucune indication précise ne figure le plus souvent dans les dispositions constitutionnelles sur la mesure dans laquelle des distinctions sont acceptables.

Il existe, dans ces conditions, un danger très réel de subjectivisme, et personne n'y échappe totalement. Un premier danger apparaît: celui de choisir une lecture radicale de ces textes, de bannir les distinctions les plus naturelles. Faut-il, par exemple, supprimer les mesures de protection particulière des jeunes travailleurs? Cette mesure, fondée sur l'âge, n'est-

[170] Ch. de Montesquieu: *De l'esprit des lois*, livre XXIX, chap. 16.

elle pas préférable à une absence de règle qui reviendrait à mettre en danger la santé, voire la vie des adolescents? Plus généralement, l'abolition pure et simple de distinctions peut cacher une dérégulation, la suppression de garanties socialement utiles. A la limite, on peut déboucher sur une véritable perversion de ce droit de l'homme. Dans le cas de l'OIT, où les mécanismes de contrôle restent fragiles, des critiques fondées sur une interprétation extrémiste peuvent conduire des gouvernements à rejeter les remarques qui leur sont faites, à mettre en cause l'autorité des organes de supervision, voire à dénoncer les conventions internationales concernées.

Il est, à l'inverse, également tentant de chercher à justifier des discriminations qui font corps avec les mœurs du moment, sans réfléchir à ce qu'elles ont de choquant. La Déclaration américaine de l'Indépendance proclamait, en 1776, que tous les hommes étaient créés égaux; cela n'a pas empêché les États-Unis d'alors d'accepter l'esclavage. Quant à la Constitution belge de 1830, considérée à l'époque comme un modèle libéral, elle déclarait bien que les Belges étaient égaux devant la loi ; cette dernière n'en a pas moins exclu beaucoup d'hommes, et toutes les femmes, d'un droit aussi élémentaire que celui de voter.

Le deuxième danger consiste ainsi à limiter à l'excès la portée de ces dispositions, à multiplier les catégories de citoyens — ou de travailleurs pour ce qui nous occupe — ainsi que les différences entre eux. Encore faut-il vérifier si ces textes constitutionnels ou législatifs imposent un élément intentionnel pour sanctionner les distinctions interdites. Encore faut-il s'interroger sur l'efficacité de leur contrôle.

Rarement voit-on autant qu'ici, en termes plus généraux, se creuser le fossé entre le droit proclamé et le droit appliqué. Car, si beaucoup de législations consacrent aujourd'hui le principe d'égalité, bien peu sont les pays qui pratiquent sans réserve la vertu qu'ils vantent.

Fortes sont les pesanteurs sociologiques, évident l'impact des facteurs politiques, économiques et sociaux. Nous allons l'observer à propos de la discrimination sexuelle comme nous l'avons fait pour les pratiques antisyndicales. Des événements comme ceux symbolisés par la chute du mur de Berlin ont entraîné une diminution significative des discriminations fondées sur l'opinion politique. La remarque vaut encore pour l'âge, la race, la maladie — que l'on songe au SIDA. Ces facteurs influencent le juge dans son interprétation de la norme d'égalité, l'administrateur dans l'exécution de sa tâche, l'employeur dans son recrutement ou l'élaboration d'une politique de carrière, le responsable syndical dans ses actions de solidarité. Ils apparaîtront plus ou moins vigilants, plus ou moins accommodants selon les sociétés, les époques, les motifs de discrimination.

C'est la responsabilité de chacun d'attirer leur attention, de susciter des mouvements d'opinion vers plus de liberté. C'est notre responsabilité à tous de dénoncer la distance qu'il y a des paroles aux actes. Il convient de le faire avec opiniâtreté, mais sans excessives illusions. Voilà bien en effet le type d'engagement sans cesse à recommencer.

J'évoquerai trois questions sur lesquelles j'ai été amené à me pencher spécialement : la discrimination fondée sur les opinions politiques ou philosophiques, l'égalité des genres et la protection des migrants.

Section 1. Discriminations pour des raisons politiques ou philosophiques

Les libertés d'opinion et d'expression protègent l'ensemble des citoyens dans la pratique de leur religion ou l'expression de leurs convictions philosophiques et politiques. Elles garantissent leur exercice par le travailleur comme par l'employeur. Celles-ci doivent toutefois s'accommoder non seulement de celles des autres, mais aussi des devoirs propres à l'incorporation dans un groupe possédant une finalité spécifique.

La question est complexe, et les réponses comportent une forte dimension culturelle. Le Japon valorise ainsi l'harmonie et la cohérence au sein de toute communauté, comme j'ai pu l'observer lorsque j'ai assisté à une des séances de la négociation d'un accord entre la municipalité de Tokyo et le syndicat représentant son personnel. La discussion s'éternisait afin d'éliminer toute tension dans les rapports de travail. Cette attitude induit la primauté du collectif sur l'individu, un attachement très fort du travailleur à son entreprise et tend à gommer les positions individuelles.[171]

Au-delà, les entreprises poursuivent des objectifs de rentabilité et de profit qui les conduit à exiger de leurs salariés un devoir de réserve dans les critiques qu'ils formulent à leur égard. Une obligation de discrétion et de loyauté limitera la liberté d'expression du représentant syndical membre d'une commission d'entreprise lui donnant accès à des informations confidentielles. Les directives européennes portant sur l'information des représentants du personnel ou sur la participation de ce dernier le prévoit

[171] M. Iwamura, « Libertés individuelles et relations de travail : le possible, le permis et l'interdit en droit japonais », dans Ph. Auvergnon (dir.de publ.) *Libertés individuelles et relations de travail*, (Bordeaux), Presse Universitaires de Bordeaux, 2011.

en termes exprès. Les firmes possèdent en outre, comme les associations et les autres institutions, des usages, une culture, un langage propres qu'elles demandent de respecter.

Les libertés de l'employeur et celles du salarié risquent par conséquent d'entrer en collision. Un équilibre est à trouver entre recherche d'efficacité et respect de la personne. Les lois et les jurisprudences nationales n'autorisent normalement de limitation que si un lien de cause à effet existe entre la mesure imposée et le bon fonctionnement de l'entreprise, que si la pleine jouissance des libertés individuelles peut affecter l'exécution du travail. Les droits des pays de l'UE comme le droit européen font ainsi appel au principe de la proportionnalité, principe de bon sens, qui trouve son équivalent de l'autre côté de l'Océan atlantique dans celui de l'accommodement raisonnable : la contrainte doit être fonction des objectifs de la firme et ne pas aller au-delà de ce qui est nécessaire pour les atteindre ; étant exceptionnelle, elle est de stricte interprétation. Rares sont les exemples où la loi résout ces conflits, mais fréquents sont ceux où le juge doit le faire. Il est le mieux placé pour déterminer, en cas de contestation, l'équilibre recherché ; la question ne peut finalement se trancher que dans une affaire concrète.

Autre tempérament, le "déclenchement d'alerte" (" whistle blowing ") incite le personnel à dénoncer auprès de la direction les comportements frauduleux ou préjudiciables à l'entreprise. A la suite des scandales comptables et financiers en 2002, le Congrès américain adopta une loi Sarbanes-Oxley, dite "SOX", qui impose aux sociétés américaines et étrangères cotées aux États-Unis, de même qu'à leurs filiales à l'étranger, de mettre en place un code de conduite ainsi qu'un dispositif permettant aux salariés de rapporter anonymement les renseignements concernant des comportements contraires aux règles éthiques et les fraudes ou malversations comptables et financières dont ils ont eu connaissance. Le système s'appuie généralement sur l'utilisation d'un numéro vert ou d'intranet que les employés utilisent anonymement afin de dénoncer des pratiques qui leur semblent inappropriées. Plus récemment, la directive européenne n° 2019/1937 du 23 octobre 2019 a visé à protéger les lanceurs d'alerte, travailleurs salariés et indépendants auteurs de signalement, qui ont obtenu des informations sur des violations dans un contexte professionnel. Elle précise que restent applicables les autres dispositions à cet effet, notamment à l´égard des délégués du personnel.

C'est dans ce cadre général que la CEACR s'est interrogée sur les limites à ces libertés (pour occuper certains postes de travail), mais aussi sur le droit d'exiger une croyance spécifique pour remplir des fonctions déterminées (dans une institution religieuse, par exemple). Elle s'est demandé également si la religion constituait un titre suffisant pour obtenir des dérogations aux règles normales sur les congés, l'habillement (refus de porter le casque, par exemple), si elle pouvait se pratiquer sur le lieu de travail, voire influencer le contenu de celui-ci.

Dans le domaine politique, elle a par exemple relevé les dispositions légales de certains pays communistes, qui accordaient des préférences clairement illégitimes à des personnes en fonction de leur origine sociale ou des mérites (politiques) de leurs parents pour accéder à un emploi ou à une formation ; elles contenaient même des exclusions d'emplois ou de formations fondées sur les mêmes motifs. J'ai rencontré dans le droit de l'ancienne Allemagne de l'Est des règlements conditionnant le succès aux examens universitaires aux origines sociales des parents ou à leurs opinions politiques. Après la chute de ces régimes en Europe centrale et orientale, la CEACR a examiné les restrictions à l'emploi dans la fonction publique qui pesaient sur les personnes qui y avaient été liées[172].

Cette discrimination peut provenir de la loi même. Plus souvent, elle résulte de circonstances de fait. La convention se réfère aux distinctions, exclusions ou préférences qui ont pour effet de détruire ou d'altérer l'égalité de chances et de traitement. Cette formulation ne limite pas la discrimination aux actes intentionnels, comportement négatif ou même simple préférence : elle couvre aussi les conséquences objectives de certaines distinctions apparemment neutres. Elle se rapporte aux discriminations tant directes qu'indirectes. Tel peut être le cas si des licenciements collectifs à caractère économique permettent à l'employeur d'éliminer de manière sélective des travailleurs pour des raisons énumérées dans la convention[173].

On se heurte ici aux difficultés de preuve déjà évoquées à propos des pratiques antisyndicales. On aperçoit également à quel point le principe d'égalité peut se trouver en contradiction avec la liberté contractuelle laissée par le droit privé à l'employeur. Ce dernier possède le plus souvent la liberté d'embaucher comme celle de reconnaître le degré de qualification

---

[172] Conférence internationale du Travail (101e session, 2012), *Donner un visage humain à la mondialisation*, Genève, BIT, 2012, § 805.

[173] Voir Conférence internationale du Travail, 83e session (Genève, 1996), *Egalité dans l'emploi et la profession*, Genève, BIT, 1996, paragr. 91, 105 et 107-108.

professionnelle[174] nécessaire pour le recrutement, le changement de poste ou la promotion.

La convention n° 111 ne considère pas comme discriminatoires les distinctions, exclusions ou préférences fondées sur les qualifications exigées pour un emploi déterminé, les dispositions de sauvegarde de la sécurité ou les mesures spéciales de protection ou d'assistance en faveur de groupes spécifiques de personnes. Ces trois exceptions sont difficiles à manier et les dangers d'abus évidents.

Les qualifications requises pour certains postes, d'abord doivent correspondre aux caractéristiques objectives de ceux-ci et apparaître proportionnées à ces éléments spécifiques. Je me souviens d'une affaire canadienne concernant un travailleur sikh de la construction. Son patron exigeait qu'il porte un casque de sécurité. Lui, refusait invoquant l'obligation qu'il avait de garder un turban. La justice a tranché en faveur du casque, soulignant la légitimité du but poursuivi.

La question s'est posée également en Norvège à propos d'enquêtes sur la foi chrétienne des candidats à des postes, même subalternes, dans des institutions religieuses. Selon l'OIT, il convenait d'examiner avec soin les exigences réelles de chaque poste considéré et leur incidence sur les objectifs de l'institution employeuse. En bref, on ne pouvait imposer aux candidats à n'importe quel poste (nettoyeurs, cuisiniers, gardiens, etc.) d'appartenir à une religion déterminée: tout dépendait de la nature du poste à pourvoir[175].

Les mêmes principes s'appliquent aux opinions politiques. Dans l'administration publique, par exemple, ces restrictions ne devraient s'appliquer qu'à des postes supérieurs qui impliquent une confiance particulière ou un devoir plus contraignant de réserve.

Ce dernier point touche de près aux exigences liées à la sécurité de l'État ou, comme le précise la convention, aux "mesures affectant une personne qui fait individuellement l'objet d'une suspicion légitime de se livrer à une activité préjudiciable à la sécurité de l'État ou dont il est établi qu'elle se livre en fait à cette activité". L'instrument refuse de considérer ces mesures

---

[174] Voir déjà P. Horion: «Les discriminations en matière d'emploi en Belgique», *Revue internationale de droit comparé*, n° 1, 1969, paragr. 69 et 72.

[175] Voir *Rapport du Comité chargé d'étudier la réclamation présentée par la Fédération norvégienne des syndicats (LO) au sujet de l'application de la convention n° 111 par la Norvège*, Conseil d'administration du BIT, 222e session (Genève, mars 1983), document GB.222/18/23.

comme discriminatoires pour autant que la personne concernée ait le droit de faire recours à une instance compétente.

Aux conditions de fond, la convention n° 111 ajoute en effet cette garantie de procédure. Les organes de contrôle de l'OIT ont précisé qu'un contrôle judiciaire ne suffirait pas si les dispositions à appliquer ne respectaient pas les conditions de fond voulues. Ils ont insisté également pour que l'instance de recours se distingue des autorités administratives ou gouvernementales, offre des garanties d'objectivité et d'indépendance et permette au requérant de présenter pleinement sa défense. Une Commission d'enquête du BIT a eu l'occasion de le rappeler, en 1975, dans un cas concernant le Chili[176].

La CEACR a souligné les conditions dans lesquelles la convention ne considérait pas les mesures comme discriminatoires[177]. L'instrument se réfère en premier lieu aux activités de la personne, non à son appartenance à un groupe, à une collectivité déterminée. De même, la simple manifestation d'opinions ou de croyances ne saurait être assimilée à une activité préjudiciable à la sécurité de l'État. Il en allait ainsi, par exemple, dans les années 1970, du soutien apporté par des travailleurs tchécoslovaques au Manifeste du mouvement de la Charte des 77[178].

Enfin, les mesures destinées à assurer la sécurité de l'État seront suffisamment définies et délimitées pour ne pas se traduire par des discriminations. L'application de telles mesures s'analysera à la lumière des effets que des activités données pourraient avoir sur l'exercice effectif de l'emploi, de la fonction, de la profession de la personne en cause. Une autre Commission d'enquête y a insisté dans une affaire, qui fit grand bruit à l'époque, d'interdictions professionnelles frappant notamment des postiers et des enseignants dans certains Länder de la République fédérale d'Allemagne[179].

---

[176] *Rapport de la Commission instituée pour examiner l'observation, par le Chili, des conventions n°s 1 et 111* (Genève, BIT), 1975, spécialement paragr. 174 et 175.

[177]. Voir Conférence internationale du Travail, 83e session (Genève, 1996), *Egalité dans l'emploi et la profession, Genève, BIT, 1996,* paragr. 124 et ss. ; Conférence internationale du Travail (101 ^e^ session, 2012), *Donner un visage humain à la mondialisation*, op. cit, § 833-835.

[178] Voir le rapport du Comité chargé d'étudier la réclamation présentée par la CISL, alléguant l'inexécution de la convention n° 111 par la Tchécoslovaquie, *Bulletin officiel* (BIT), Supplément, vol. LXI, 1978, Série A, n° 3, notamment paragr. 21.

[179] Voir le rapport de la Commission d'enquête instituée en vertu de l'article 26 de la Constitution de l'OIT pour examiner l'observation de la convention n° 111 par la République fédérale d'Allemagne, *ibid.*, Supplément 1, vol. LXX, 1987, Série B, notamment paragr. 576 et ss.

Etablir une discrimination se révèle, on le sait, presque toujours malaisé, même lorsque l'intention malveillante n'est pas requise. Les droits nationaux contiennent diverses mesures destinées à prévenir les actes ou les situations de ce type ou à en faciliter la preuve par la victime. Ainsi, la loi ou le juge peuvent veiller à ce que le travailleur ne doive pas révéler des faits ou des opinions (politiques, religieuses, etc.) qui pourraient y amener. De nombreux droits interdisent que les offres d'emploi contiennent une référence aux préférences politiques des candidats. Plus généralement le juge doit pouvoir examiner, dans les cas de recrutement, les tests, enquêtes et questionnaires et s'assurer, lorsqu'ils sont utilisés, qu'ils ne contiennent aucun élément susceptible d´y conduire.

Beaucoup dépend évidemment du système de preuve adopté (accusatoire ou inquisitoire) et de sa flexibilité. Cela dit, prouver la discrimination suffit normalement; il n'est pas nécessaire de prouver en outre l'existence d'un préjudice.

Section 2. La promotion de l'égalité des genres

L'égalité des sexes fait référence à l'égalité des droits, des responsabilités et des chances entre genres compte tenu des priorités, des besoins et des intérêts différents, en reconnaissant la diversité des groupes humains.[180] Je consacrerai un premier développement à la promotion d'une véritable égalité des femmes et des hommes. Suivront des réflexions fondées sur l'expérience, à propos de la protection de la maternité et de mesures encore exigées sur la voie d'une réelle égalité.

Paragraphe 1. Lutte contre les discriminations sexuelles et promotion de l'égalité

La lutte contre les mauvaises pratiques porte en premier lieu sur la démarcation à tracer entre les discriminations inacceptables et les distinctions légitimes. S'agissant des premières, la clause de célibat par exemple, imposée aux femmes si elles veulent conserver certains emplois (comme hôtesse de l'air), constitue clairement une discrimination. Le critère de différenciation dépasse l'état matrimonial et sa légalité douteuse : il en ressort en effet que certaines exigences (l'absence de mariage) s'imposent aux personnes d'un seul sexe.[181] Il en va de même de

---

[180] Voir Assemblée générale des Nations-Unies, *document A/HRC/33/49*,2016, §8.

[181] Voir Conférence internationale du Travail, 83e session (Genève, 1996) : *Egalité dans l'emploi et la profession, op. cit.*, paragr. 37.

l'obligation imposée aux femmes de cesser leurs activités (ainsi d'hôtesse de l'air de nouveau) à un âge moins avancé que leurs collègues de cabine masculins.

Dans la ligne de la convention n° 111 en revanche, la directive européenne n° 2006/54 admet expressément des dérogations quand le sexe constitue une condition déterminante d'activités professionnelles particulières (la fouille aux frontières, l'administration pénitentiaire par exemple) ; encore faut-il qu'il s'agisse d'une exigence véritable et déterminante, qu'elle soit proportionnée et que l'objectif poursuivi soit légitime.

Une grande majorité de droits nationaux offre une protection renforcée aux femmes, soit à la travailleuse enceinte et à la jeune mère, soit à toutes les travailleuses ou à celles en âge de procréer. Ces droits se situent au centre d'une réflexion importante pour tous ceux qui s'intéressent au travail ainsi qu'aux conditions dans lesquelles il s'exécute. Elle revient à s'interroger sur l'utilité et les limites d'un droit à la différence sur un marché de l'emploi qui n'est pas asexué. Le débat s'est longtemps focalisé sur la question si les garanties spéciales accordées à la femme au travail s'accordent avec le principe d'égalité.

Beaucoup de pays reconnaissent aujourd'hui que seules des raisons médicales justifient des sauvegardes ou des restrictions particulières en faveur de toutes les travailleuses, même après la ménopause, voire au bénéfice des hommes qui peuvent également souffrir dans leur virilité de l'exposition à certaines substances ou à certains agents. En Europe, l'argument moral se réduit au cas du harcèlement sexuel. Au-delà, les caractéristiques de l'individu importent parfois davantage que les particularités de chaque sexe. D'où la tendance dans certains pays à individualiser les préoccupations de santé et à préférer quelquefois un examen médical individuel à une réglementation applicable à des catégories de salariés jugés plus vulnérables.

Cette position n'existe pas partout. Les pays arabes du Golfe persique sont souvent critiqués pour laisser les femmes dans une position professionnelle inférieure. J'ai toutefois observé que la situation de ces dernières y progresse lentement, avec le concours de l'OIT. J'ai assisté à un cours de formation donné à des hommes et à des femmes. Il est vrai que les uns et les autres étaient séparés par une cloison qui s'arrêtait avant le pupitre du professeur. J'ai également été invité à donner une conférence sur la valorisation des capacités du personnel devant un auditoire de dirigeantes de PME dont le voile couvrait tout le visage sauf les yeux. Si je respectais leur droit de se vêtir comme elles l'entendaient, j'ai éprouvé quelques difficultés à toujours percevoir dans leur regard si mon exposé était bien compris.

Bannir les discriminations dans les textes de lois ou même dans la pratique ne suffit évidemment pas. Les normes de l'OIT appellent à une véritable promotion de la culture d'égalité. On se demandera en particulier comment réaliser une égalité effective de rémunération pour une même fonction (ou pour une tâche équivalente). Les écarts de salaire continuent à constituer partout un vrai scandale.

La Déclaration de 1998 cite parmi les instruments fondamentaux de l'OIT la convention n° 100 selon laquelle les États doivent, " par des moyens adaptés aux méthodes en vigueur pour la fixation des taux de rémunération, encourager et, dans la mesure où ceci est compatible avec lesdites méthodes, assurer l'application à tous les travailleurs du principe de l'égalité de rémunération entre la main-d'œuvre masculine et la main-d'œuvre féminine pour un travail de valeur égale". Elle énumère les moyens d'appliquer le principe : la législation, un système de fixation de la rémunération établi ou reconnu par la loi, des conventions collectives de travail ou une combinaison de ces procédés. Elle encourage les pays à procéder à une évaluation objective des emplois sur la base des travaux qu'ils comportent. La difficulté invoquée le plus souvent par les gouvernements est évidemment qu'ils n'interviennent pas directement dans la détermination des salaires du secteur privé.

Les écarts de rémunération se sont réduits dans bien des pays. Encore faut-il analyser le sens du changement. On peut sans doute l'attribuer, en partie du moins, à l'amélioration du niveau de qualification des femmes. Il tient toutefois aussi au glissement observé dans les pays industrialisés, vers une économie centrée sur les services plus en rapport avec les emplois féminins. Une amélioration peut provenir non de progrès dans la situation des femmes, mais d'une dégradation des conditions d'emploi des hommes. La différence peut se révéler plus importante si l'on inclut dans le calcul les salaires des travailleurs à temps partiel,

Outre la position d'infériorité des femmes dans beaucoup de sociétés anciennes, les raisons qui expliquent les différences paraissent nombreuses et complexes. On considérait souvent par exemple leur travail comme un revenu de complément plutôt que comme une contribution à la subsistance de la famille. Gagnant moins, il leur était plus malaisé de revendiquer une égale répartition des tâches domestiques, situation qui à son tour rendait plus difficile la recherche d'une occupation plus rémunératrice.

En bref, la rémunération reste l'un des exemples les plus manifestes de la discrimination structurelle liée au sexe[182].

Inspirée des droits anglo-saxons, la recommandation n° 111 demande aux États membres de prévoir des organismes chargés de la promotion de l'égalité. Leur mission consistera à faire comprendre et admettre les principes de la non-discrimination ainsi qu'à recevoir et examiner des plaintes, à enquêter sur celles-ci et à y remédier, si besoin est par une procédure de conciliation.

Plus largement une politique active dans ce domaine suppose un ensemble coordonné de campagnes d'information, d'éducation et de formation de tous les acteurs responsables, y compris les enseignants et les parents. Au-delà des formules juridiques, beaucoup dépend ici encore de facteurs historiques, culturels, politiques, économiques et sociaux propres à chaque société civile. Beaucoup dépend aussi de la conviction avec laquelle les forces vives du pays, à commencer par les partenaires sociaux là où ils sont assez puissants, peuvent lutter contre les formes, même les plus détournées et les plus insidieuses, de discrimination.

Paragraphe 2. Egalité de chances et congé de maternité

Les droits égaux reconnus théoriquement aux hommes et aux femmes qui travaillent n'ont pas les mêmes effets si la situation de leurs titulaires est différente. On ne peut ignorer que les fonctions biologiques des hommes et des femmes diffèrent. L'octroi d'un congé de maternité obligatoire constitue à cet égard un progrès important; s'y ajoute le droit pour les femmes de conserver leur emploi pendant la grossesse et immédiatement après l'accouchement.

La maternité pourtant, malgré les droits qui lui sont associés, quelquefois en raison de ceux-ci, entraîne encore des retards sinon des obstacles dans la carrière professionnelle. La possibilité pour une jeune femme d'avoir des enfants nuit également à son recrutement dans des entreprises soucieuses d'éviter les frais et les perturbations qu'amène cette situation dans l'organisation de ses activités. L'employeur peut hésiter même en l'absence d'un texte protecteur, car il engage sa responsabilité s'il confie par exemple à une femme enceinte (ou susceptible de l'être) des travaux qui exposent sa santé ou celle de l'enfant à des dangers. Les États

[182] BIT, *Global Wage Report 2022-23*, Genève, 2022, pp.93-109.

doivent se prémunir contre ces pratiques. Elles restent fréquentes, y compris dans l'UE.[183]

La convention n° 183 de l'OIT sur la protection de la maternité, adoptée en juin 2000, peut servir de source d'inspiration aux experts. L'instrument cite l'interdiction d'exiger d'une femme candidate à un poste de passer un test de grossesse ou de présenter un certificat à cet effet ; il n'en irait autrement que pour des travaux interdits totalement ou partiellement aux travailleuses enceintes et qui allaitent, ou pour ceux comportant un risque pour sa santé ou celle de l'enfant.

Le financement des prestations en espèces devrait en outre provenir d'une assurance sociale obligatoire ou d'un prélèvement sur des fonds publics : l'employeur ne devrait pas en être tenu personnellement responsable, sauf exception. La règle, non reprise par le droit européen, cherche à éviter que des patrons, effrayés par le coût de ces prestations, ne recrutent plus volontiers des hommes ; ces frais devraient être pris en charge par la communauté plutôt que par l'entreprise. Pour les mêmes raisons, selon la recommandation complémentaire n° 191, les cotisations ou taxes destinées à financer ces prestations - payées par l'employeur seul ou conjointement avec les salariés - devraient l'être en fonction du nombre total des femmes et des hommes employés.

En termes généraux, tout traitement moins favorable d'une femme lié à la grossesse ou au congé de maternité trouve plus fréquemment sa source dans des circonstances de fait que dans la loi elle-même. La discrimination ne se limite pas aux actes intentionnels, comportement négatif ou même simple préférence : elle couvre aussi les conséquences objectives de certaines distinctions apparemment neutres.

La directive européenne n° 2006/54 déclare s'appliquer aux discriminations directes et indirectes. Constitue une discrimination directe, "la situation dans laquelle une personne est traitée de manière moins favorable en raison de son sexe qu'une autre ne l'est, ne l'a été ou ne le serait dans une situation comparable". On parlera en revanche de discrimination indirecte, quand "une disposition, un critère ou une pratique apparemment neutre désavantagerait particulièrement des personnes d'un sexe par rapport à des personnes de l'autre sexe, à moins que cette disposition, ce critère ou cette pratique ne soit objectivement

---

[183] BIT, *Maternity and paternity at work Law and practice across the world*, Genève ,2014, pp. 74-75; A. Masselot, E. Caracciolo di Torella, S. Burri, *Fighting discrimination on the grounds of pregnancy, maternity and parenthood. The application of EU and national law in practice in 33 European countries*, Bruxelles, Commission européenne, 2012.

justifié par un but légitime et que les moyens pour parvenir à ce but soient appropriés et nécessaires".

Une discrimination indirecte se produit lorsqu'on utilise un autre critère de distinction que le sexe (ainsi le temps de travail), qui aboutit cependant à une différence de traitement entre les hommes et les femmes. Seul le résultat est pris en considération, qu'il y ait ou non une intention malveillante. Un exemple souvent rencontré concerne les arrêts de travail liés à la grossesse et à la maternité lorsque ces congés interrompent le maintien ou l'acquisition de droits pendant les périodes de congé de maternité, ainsi lorsqu'ils ne rentrent pas dans le calcul de l'ancienneté, et que celle-ci constitue un facteur déterminant pour la promotion ou pour la longueur du préavis de licenciement[184]. C'est le cas encore si des licenciements collectifs à caractère économique permettent à l'employeur d'éliminer de manière sélective des travailleuses pour des raisons liées à la maternité actuelle ou à venir.

Une égalité véritable entre l'homme et la femme suppose que le premier participe également aux soins du nouveau-né dans les mois qui suivent la naissance, période qui exige une attention particulière. D'où l'objectif de permettre aux parents, et non plus seulement à la jeune mère, de prolonger le congé de maternité par un congé parental ouvert à l'un et à l'autre.

A l'OIT, la recommandation de 2000 sur la protection de la maternité prévoit des congés, de paternité ou parentaux, dans trois hypothèses : a) en cas de décès de la mère avant l'expiration du congé postnatal, le père employé devrait avoir droit à un congé équivalent à la période restant à couvrir ; b) en cas de maladie ou d'hospitalisation de la mère avant l'expiration du congé postnatal, le père employé devrait avoir droit au même congé si la mère ne peut s'occuper de l'enfant ; c) la mère employée ou le père salarié devrait pouvoir bénéficier d'un congé parental après celui de maternité.

Le droit européen se montre plus généreux dans la mise en œuvre de ces facilités. La directive n° 2006/54 laisse la faculté aux États membres de reconnaître des droits distincts au congé de paternité et/ou d'adoption. Une autre directive, n° 2010/18 du 8 mars 2010, porte spécifiquement sur le congé parental. Elle se fonde sur un accord révisé des partenaires

[184] Article 9 g) de la directive n° 2006/54. Voir l'arrêt *Sarkatzis Herrero* de la Cour en date du 16 février 2006. Voir aussi l'arrêt *Mayer* du 13 janvier 2005 à propos de l'acquisition des droits à une pension complémentaire durant le congé de maternité et l'arrêt *Sari Kiiski* du 20 septembre 2007 concernant l'incidence du congé de maternité sur le droit d'obtenir une modification de la durée du congé d'éducation.

sociaux et sa principale utilité consiste à étendre la force obligatoire de celui-ci à l'ensemble des travailleurs européens. L'accord prévoit en outre la possibilité pour les hommes et les femmes de s'absenter "pour cause de force majeure liée à des raisons familiales urgentes en cas de maladie ou d'accident ".

Ces dispositions constituent une importante avancée vers plus d'égalité ; l'OIT pourrait s'en inspirer. Manifesteront sans doute des réserves, les pourfendeurs de la rigidité du marché du travail et de l'État dit Providence ou "liberticide". S'en réjouiront en revanche tous ceux qui cherchent à compenser le handicap professionnel que la nature a imposé aux femmes dans le processus de la procréation, à favoriser une meilleure égalité dans la carrière et, en outre à associer plus étroitement les pères aux premiers mois de la vie de l'enfant pour qu'ils prennent davantage conscience de leurs responsabilités paternelles notamment, mais heureusement pas seulement, en cas de séparation ou de divorce.

La directive européenne n° 2006/54 inclut spécifiquement dans les actes de discrimination "le harcèlement et le harcèlement sexuel, ainsi que tout traitement moins favorable reposant sur le rejet de tels comportements par la personne concernée ou sa soumission à ceux-ci". Elle définit le harcèlement comme "la situation dans laquelle un comportement non désiré lié au sexe d'une personne survient avec pour objet ou pour effet de porter atteinte à la dignité d'une personne et de créer un environnement intimidant, hostile, dégradant, humiliant ou offensant". Si cette conduite a une connotation sexuelle s'exprimant physiquement, verbalement ou non, le harcèlement est qualifié de sexuel, en particulier s'il produit cet environnement.

Il faut toutefois éviter une confusion des concepts : le harcèlement constitue, comme le refus d'embauchage ou d'une prime, un acte qui peut être discriminatoire, s'il est fondé sur une cause mentionnée dans la précédente section. Il est cependant condamnable en soi, quelle qu'en soit la raison, dans la mesure où il tend à fatiguer la victime par des attaques répétées.

Cela dit, on ne peut se cacher que les femmes plus que les hommes font l'objet de harcèlement et plus généralement de violence au travail. Un guide de bonnes pratiques a été élaboré pendant une présidence espagnole de l'UE (premier semestre 2002) afin de pallier plus généralement les effets de la violence contre les femmes et de l'éradiquer ; le document contient un paragraphe sur les bonnes pratiques de sensibilisation à l'égard de la violence vis-à-vis des femmes dans le milieu de travail[185].

L´usage abusif de la force, inacceptable en soi, rompt encore l'égalité garantie par les grands instruments nationaux et internationaux sur les droits de la personne humaine. Ils ont consacré depuis longtemps le droit à l'intégrité physique et à la sécurité personnelle, et plus récemment celui à la dignité de la personne. Cette conduite soulève, du moins en paroles, une réprobation générale. La contrainte prend des formes variées ; elle couvre le harcèlement. Son élimination constitue un sujet relativement consensuel dans les relations entre employeurs et syndicats. D'ailleurs l'obligation patronale de garantir la sécurité et la santé de son personnel sur les lieux de travail s'étend aux risques de cette nature ; elle entraîne le devoir d'assurer des contrôles et de prendre, le cas échéant, des mesures dissuasives.

Les traités des Nations Unies sur les personnes handicapées (2006) et sur les travailleurs migrants (1990) s'y réfèrent. L'OIT avait également adopté des normes à cet effet pour des catégories spécifiques de travailleurs. Elle a voté, en 2019, une convention n° 190 et une recommandation n° 206 qui portent plus généralement sur la question.

Au-delà, ces questions conduisent à dépasser une vision centrée sur les rapports d'emploi et les relations professionnelles et à considérer la lutte contre la violence comme une question d'organisation de la société. Le droit de l'OIT offre les moyens d'en promouvoir la réalisation.

Paragraphe 3. Et maintenant?

Des progrès significatifs ont été obtenus vers plus d'égalité entre travailleurs et travailleuses, même s'ils n'ont pas concerné uniment tous les États. Pourtant les méthodes traditionnelles de promotion de l'égalité de chances et de traitement semblent, à certains égards, avoir atteint dans les pays industrialisés, une limite d'efficacité : les femmes ont manifestement obtenu de meilleures opportunités d'emploi et plus de considération que par le passé ; elles éprouvent néanmoins des difficultés considérables, surtout dans le secteur privé à surmonter des obstacles toujours présents à l'obtention d'une rémunération équivalente et au développement de leur carrière.

---

[185] G. Poyatos i Matas, *El acoso sexual : otra forma más de discriminación de genero en el empleo*, document non publié, Université de Gérone, Faculté de droit, Gérone, juil. 2006, p. 11.

Des politiques d'autre type doivent impérativement compléter celles qui existent depuis longtemps, et permettre de passer outre aux barrières actuelles. Faut-il préciser que les mesures à prendre doivent *s'ajouter* aux moyens d'action utilisés jusqu'à présent, non les remplacer ? Ceux-ci restent indispensables ; je viens de le rappeler en matière de congé de maternité.

Si soucieux que soient les conjoints d'éviter les entorses à une réelle égalité, il leur arrive de faire face à des divergences objectives d'intérêts personnels dans l'articulation du privé et du professionnel. Ils doivent conduire leur enfant malade chez le médecin alors que l'un doit voir un client important, et l'autre, avoir un entretien avec un chef sourcilleux. Comment choisir entre des obligations ou des opportunités dans le travail et le souhait d'offrir de telles facilités à l'autre? Il apparaît peu souhaitable de chercher à les trancher à tout prix. Accepter la réalité des oppositions d'intérêts constitue une première démarche utile en vue de leur trouver une solution. Le thème dépasse largement le droit du travail.

Des changements d'habitudes permettent de trouver à ces différends une solution acceptable pour chacun. Ils contribuent ainsi à la promotion d'une égalité véritable. Des dispositions juridiques adoptées depuis longtemps déjà dans certains pays ont cherché à instaurer une égalité effective de chances et de traitement pour les travailleurs des deux sexes qui ont des enfants ou d'autres personnes à charge, quand ces responsabilités limitent leurs possibilités de se préparer à l'activité économique, d'y accéder, d'y participer, d'y progresser.

Souvent encore, la femme a la charge principale du ménage et de l'éducation des enfants. Cette tâche supplémentaire pèse sur son activité professionnelle et la défavorise. Il ne s'agit pas de considérer, loin s'en faut, que ces responsabilités familiales lui reviennent naturellement. Dans bien des sociétés cependant, ces fonctions lui incombent encore pour l'essentiel. L'état des mœurs appelle par conséquent une protection spéciale tant que la situation durera. L'adoption de mesures, tel le congé parental, favorise une évolution positive.

La convention n° 156 de l'OIT, adoptée en 1981, sur les travailleurs ayant des responsabilités familiales vise à l'élimination de la discrimination fondée sur ces contraintes, et même, dans toute la mesure du possible, des conflits entre responsabilités professionnelles et familiales. La convention énumère des domaines où les États doivent prendre des mesures.

Ces derniers chercheront à offrir des services d'appui et de garde pour les dépendants (enfants en bas âge, mais aussi personnes très âgées) et à faciliter l'aménagement des horaires de travail. Bien des entreprises réalisent, aux États-Unis ou en Italie notamment, tout l'intérêt qu'il y a à apporter un soutien à de telles politiques, afin de conserver à leur service le personnel – féminin encore surtout – le plus qualifié. Le 11e considérant de la directive européenne n° 2006/54 évoque également ces possibilités.

Les aménagements du temps de travail jouent un rôle important dans cette problématique. Toutes les pratiques récentes à cet égard ne concourent certes pas au même objectif : bien au contraire, le temps de travail tend aujourd'hui à se désarticuler avec la conclusion de contrats d'emploi pour une période (très) limitée qui déstabilisent les personnes concernées ; les travailleuses se retrouvent plus que les hommes dans des situations de précarité que ces mesures autorisent. Il reste que des arrangements spécifiques peuvent faciliter une meilleure coordination des responsabilités familiales et professionnelles. Il ne s'agit plus ici de garanties accordées spécifiquement à la femme en raison de ses charges domestiques, mais d'une organisation plus efficace de la vie de couple et en société. Ces dispositions concernent non seulement les temps de travail, mais aussi le rythme des transports publics et les heures d'ouverture des services publics, des commerces et des bureaux.

Le travail à domicile offre plus de flexibilité dans les horaires de travail. Des enquêtes menées au Danemark soulignent que l'expérience des familles qui travaillent à domicile pourrait être un moteur pour améliorer l'équilibre entre les sexes. Ailleurs en revanche, comme en Lituanie, on relève des problèmes lorsque les femmes doivent simultanément travailler pour leur employeur et s'occuper du ménage ainsi que des enfants, alors que les hommes sont perturbés s'ils ont à partager ces tâches. Il en résulte souvent que la journée quotidienne des femmes est prolongée[186].

L'expérience du confinement lors de la pandémie de covid-19 a montré les difficultés de bien travailler avec la présence d'enfants jeunes et l'importance des activités, rémunérées ou non, de soins à domicile. Font-elles défaut, augmentent le stress et la fatigue, diminue la productivité ou la rémunération du travail si elle est fonction du résultat. Le droit à la déconnexion et son application pratique revêtent alors une importance particulière. L'utiliser pleinement suppose toutefois de posséder un caractère ferme.

---

186 Voir les contributions de N. Videbaek et de Ch. Szymanski dans "Las consecuencias sociales del COVID-19: una mirada jurídica después de un año", *Noticias CIELO* No 3/2021 (site électronique CIELO).

Le télétravail comporte des inconvénients bien connus, comme la marginalisation dans l'entreprise et la difficulté de contrôler la législation protectrice, y compris sur le temps de travail et de vie privée. Selon *Eurofound*, la pratique du traçage s'est répandue parmi les entreprises européennes. Les syndicats sont souvent absents de ce type d'activité. Le manque d'espace de travail et d'équipements spécifiques à la maison constitue également une préoccupation. Dans le pire des cas, on en revient aux abus bien documentés du travail à domicile au cours des XIXe et début du XXe siècle.

L'un des premiers soucis lors du confinement, avec la fermeture des écoles et l'interruption des services de garde d'enfants, fut de gérer les congés dont les personnes ayant des responsabilités familiales avaient besoin pour s'occuper d'enfants ou d'autres personnes à charge. Bien des pays ont adopté des mesures exceptionnelles face à cette situation. Au Japon, par exemple, comme me l'a expliqué le professeur Masahiko Iwamura, une subvention a été accordée pour inciter l'employeur à accorder un congé payé pour s'occuper des enfants. On souhaiterait que les décisions temporaires soient remplacées par des options viables et durables. On en est loin.

Peut-être convient-il plutôt de procéder au plus près des situations concrètes, d'encourager chaque fois que faire se peut les négociateurs sociaux, proches des réalités quotidiennes, à prendre une part plus active, là où ils ne le font pas, des responsabilités dans la mise en œuvre des politiques d'égalité des chances et de la coresponsabilité des couples

Est-ce une gageure ? Quelquefois patrons et syndicats campent sur leurs positions. D'autres fois les partis représentés aux Parlements trouvent un terrain d'entente, mais nombreux restent les armistices, et latents les conflits. On aménage les directives et les lois plutôt que ne s'exprime une véritable politique porteuse d'égalité de chances et d'opportunités. L'approfondissement de la concertation sociale devrait faciliter la recherche de la meilleure réponse possible. Elle devrait aider en outre à éliminer des pratiques qui continuent à contredire quotidiennement de vertueuses déclarations d'intention.

Il ne faut pas sous-estimer la capacité des acteurs sociaux à dépasser une vision politique centrée exclusivement sur des intérêts matériels et à satisfaire les aspirations à une vie privée et sociale plus riche. Les initiatives « tempi della cittá » en Italie en sont une illustration remarquable[187]. S'est

---

[187] Bontiglioli, S. et Mareggi, M. (dir. de publ.), « Il tempo della città fra natura e storia. Atlante di progetti sui tempi della città », *Urbanistica Quaderni*, mai 1997, n° 12 ; Vellón, M.C. et

trouvée au départ une réflexion, menée essentiellement par des femmes, sur la qualité de la vie dans un environnement urbain et une interrogation sur la possibilité de réorganiser les horaires en ville d'une manière plus cohérente. L'initiative, partie de la base, a cherché à articuler les heures de travail, celles d'ouverture des magasins et des services publics et privés ainsi que le rythme des transports publics. Elle a envisagé le citadin en sa qualité de consommateur et d'usager autant que de travailleur ; l'attention s'est portée précisément sur ses besoins, ses attentes, sur son désir de bénéficier d'une vie privée, sociale et publique épanouissante. Elle exigeait la prise en compte de l'extrême hétérogénéité des intérêts individuels. Ceci ne pouvait se régler au sommet par une loi de l'État ou son équivalent. Des négociations collectives d'un type nouveau ont vu le jour au milieu des années 1980, engagées au niveau local avec de nombreuses parties prenantes. Associations féminines et d'usagers, syndicats, groupements de commerçants et d'artisans, organisations de quartiers, groupements patronaux ont rencontré les autorités municipales et élaboré avec elles des arrangements tendant à mieux coordonner les heures d'ouverture des commerces, des bureaux et des services publics, les horaires des écoles et des transports publics ainsi que ceux des entreprises.

Cette approche participe à l'élargissement des objectifs du droit du travail : législation protectrice au départ, puis droit médiateur entre les intérêts des chefs d'entreprise et de leurs salariés, mais aussi, et plus aujourd'hui qu'hier, droit de la cohésion et de l'intégration sociales qui ne peut ignorer les moments non professionnels de la vie en société.

Les expériences et les réflexions que l'on vient d'évoquer ouvrent l'éventail des options permettant de conjuguer, d'une manière plus satisfaisante pour chacune autant que pour chacun, temps de travail, temps de charges familiales et temps de loisirs, question de nouveau d'organisation de la société plus que des seuls rapports de travail

N'est-ce pas là d'ailleurs une fonction traditionnelle du droit ? Il s'agit en l'occurrence d'adapter le droit du travail, et sa pratique, à un marché de l'emploi où plus que jamais dans l'histoire, hommes et les femmes travaillent ensemble. Un respect plus réel de la fonction procréatrice de la femme suppose non seulement la protection du congé de maternité et des sanctions pour discriminations patentes, mais encore un changement en profondeur des mentalités, des habitudes et des institutions sociales.

Bambi, F. (dir. de publ.), *Microfisica della cittadinanza. Città, genere, politiche dei tempi*, Milan, Franco Agneli, 1997.

Section 3. La protection des travailleurs migrants ou les infortunes de la vertu

"Tu lascerai ogni cosa diletta
Piu caramente; e queso è quello strale
Che l'arco dell'esilio pria saetta.
Tu proverai sí come sa di sale
Lo pane altrui, e com'è duro calle
Lo scendere e ´l salir per l'altrui scale"[188].

Personne n'abandonne sa terre d'origine sans raison ; la séparation d'avec des êtres et des lieux aimés, l'influence de l'éducation et de la culture, la force des habitudes rendent difficile la décision de s'établir ailleurs. Dante le rappelle dans ces vers admirables. Malgré les problèmes financiers, le nombre d'Européens du sud qui ont cherché du travail dans le nord n'a pas atteint les sommets annoncés. Péremptoires doivent par conséquent être les causes de ce choix. Elles tiennent le plus souvent à la pauvreté, à la difficulté de trouver un moyen de subsistance près de chez soi ; le regroupement familial en constitue une autre. Il arrive encore qu'un malade passe des frontières pour se faire soigner là où les soins sont meilleurs ou moins chers.

D'autres motifs dérivent de la situation politique de l'État que l'on quitte, forcé, encouragé ou par libre arbitre. Le réfugié fuit son pays pour échapper à un danger (de guerre, de persécutions). Ils sont des dizaines de milliers à avoir traversé la Méditerranée avec les drames que l'on sait. Des apatrides s'étaient également vus contraints, à la fin de la deuxième guerre mondiale, de fuir massivement l'est de l'Europe. La guerre en Ukraine en a mis bien d'autres sur les routes. La question des réfugiés se distingue des autres phénomènes migratoires par la cause, qui incite à un traitement plus généreux, et souvent par les chiffres des personnes concernées dans un laps de temps réduit. Cet afflux impose de redéfinir les politiques d'intégration de populations étrangères. Une stricte séparation des facteurs humanitaires et sociaux apparaît difficile à maintenir.

La qualité de réfugié ou d'apatride a dans les relations internationales la signification que leur donnent la convention de Genève du 28 juillet 1951 relative au statut des réfugiés et son Protocole de 1967 ainsi que la

---

188 "Tu seras obligé d'abandonner tout ce qui t'est le plus cher; c'est la première flèche que lance l'arc de l'exil.
Tu apprendras comme a un goût de sel le pain étranger, et comme il est dur aux pieds de monter et de descendre l'escalier d'autrui" Dante Alighieri, *La Divina Commedia*, Paradiso, Canto XVII, 54-55.

convention de New York du 28 septembre 1954 relative au statut des apatrides. Ces instruments, élaborés de façon parallèle, rappellent aux intéressés que leur situation impose des devoirs à l'égard du pays d'accueil, notamment l'obligation de se conformer aux lois et règlements ainsi qu'aux mesures prises pour le maintien de l'ordre public. Ils leur accordent en contrepartie, après 3 ans de résidence, la dispense de réciprocité et le droit d'occuper un emploi salarié. Ils jouissent alors d'une égalité en matière de droit du travail et de sécurité sociale. Ils bénéficient par conséquent d'un traitement dans l'ensemble plus favorable que celui des immigrés aux fins de travail. L'Allemagne, le Danemark et la Suède, pays très touchés par le flot des nouveaux arrivants venus du Moyen-Orient ont réfléchi, dès la fin de l'année 2015 ou au début de 2016, aux mesures à prendre pour leur faciliter l'accès au marché du travail. Ils l'ont fait et les ont décidées en consultation avec les partenaires sociaux.

Certains gouvernements imposent aux candidats au départ un visa de sortie que l'absence d'un contrôle efficace permet maintes fois d'éviter ; tel n'était toutefois pas le cas jusqu'à la fin des années 1980 dans bien des pays de l'Europe communiste.

Cela dit, la mobilité de la main-d'œuvre ne correspond pas toujours à cette représentation de damné de la terre, pauvre et peu qualifié. L'observation se vérifie pour certains réfugiés. Elle est plus vraie pour ces diplômés de formation supérieure qui cherchent hors de chez eux un emploi mieux rémunéré ou de meilleures conditions de recherche. Combien d'Indiens ont ainsi quitté leur pays pour le Royaume-Uni ou les Etats-Unis?

Quelle que soit la légalité du statut de l'émigré, très solides apparaissent les arguments en faveur de garanties sociales rigoureuses, accordées par la législation nationale et internationale du travail et de la sécurité sociale, pour assurer aux intéressés, au moins sur le papier, des sauvegardes nécessaires à une vie décente. On sait malheureusement les obstacles de tous ordres, y compris électoraux, qui retardent ou empêchent une véritable intégration des nouveaux arrivés dans une société nationale donnée. La question revient à trouver des moyens efficaces d'éliminer les discriminations dont ils sont victimes et de promouvoir la plus grande égalité possible avec les nationaux.

L'attitude des pays d'accueil varie grandement selon leurs caractéristiques et selon les époques. Elle reste très sélective, fondée de plus en plus souvent sur les qualités intellectuelles de candidats susceptibles de favoriser le développement économique et, toujours, sur les besoins d'emplois. Les restrictions au séjour durable des étrangers n'empêchent pas l'entrée des clandestins qui provoque ou accentue les tensions avec les autochtones.

Peu de politiques sociales manifestent un écart aussi révélateur entre la volonté exprimée et les résultats obtenus. L'observation vaut pour les pays d'accueil comme pour ceux d'origine. Notable exception, l'UE a consacré la libre circulation de ses ressortissants et l'égalité entre eux. Elle a clairement lié aux politiques d'emploi les règles sophistiquées mises en œuvre pour garantir leurs droits, voire les promouvoir, et en régler les conséquences. Il reste que la mise en concurrence des travailleurs à ce niveau également ne va pas sans susciter problèmes et controverses. Faut-il rappeler le Brexit?

Mes réflexions portent sur la migration internationale de la main d'œuvre, même si les mouvements de population à l'intérieur d'un pays suscitent pareillement des problèmes sociaux. En témoignent les obstacles mis à l'exode des populations rurales dans l'Europe préindustrielle[189] ou la Chine occidentale récemment.

Les développements qui suivent cherchent à clarifier les différents aspects des migrations aux fins de travail. Ils envisagent les préoccupations des États d'origine et d'accueil ainsi que les objectifs des principales institutions internationales en charge de ces questions. Ils se réfèrent ensuite à plusieurs expériences que j'ai vécues et s'interrogent sur la capacité des normes internationales à résoudre les difficultés relevées. Les conclusions soulignent l'utilité des dispositions adoptées au niveau universel, mais aussi leurs lacunes et les besoins d'ajustement au mouvement accéléré de mondialisation. Point que je relèverai, le changement de pays n'est plus toujours la condition de cette problématique, les cyber-migrants faisant face à des problèmes en partie équivalents.

Paragraphe 1. Une problématique ambigüe

Il n'existe pas, sur le plan universel, de droit à l'émigration, de libre circulation des personnes. Les États conservent, sauf traité contraire, le pouvoir souverain de refuser l'accès de leur territoire aux étrangers, ou à certains. On sait toutefois les difficultés des autorités publiques à endiguer leur arrivée massive sans permis. Adopter des normes internationales pour

189 R. Castel, *Les métamorphoses de la question sociale. Une chronique du salarial*, Paris, Fayard, 1995.

encadrer les flux migratoires exige la prise en compte des intérêts, à bien des égards divergents, des États d'origine et d'accueil. Les institutions internationales cherchent à maintenir, à l'égard des ressortissants de pays tiers, un équilibre entre le respect de leurs droits fondamentaux et plus généralement leur protection d'une part, la souveraineté des États de l'autre.

Au-delà des objectifs déclarés il faut examiner les motivations profondes qui façonnent les politiques. Il y a loin quelquefois des discours aux mobiles véritables. Les gouvernants prennent certes en compte les intérêts des nouveaux venus, mais d'autres considérations interviennent. J'examinerai successivement les points de vue des États d'émigration et de destination. Observons-le : un pays comme l'Espagne qui a connu l'une et l'autre situation se montre plus ouvert aux difficultés des travailleurs étrangers sur son territoire. Ce n'est pas le cas ailleurs ; même là, la crise économique du moment suscite des tensions nouvelles.

1. *Les pays d'émigration*

L'attitude des États d'émigration à l'égard de leurs ressortissants à l'étranger peut difficilement rester sans équivoque. Si leur devoir exige qu'ils se préoccupent de leurs concitoyens sortis du pays, un puissant intérêt économique les pousse à laisser se développer, sinon à favoriser, ce phénomène. Le travail de ses nationaux à l'étranger constitue une source appréciable de revenu pour un État pauvre quand ces derniers envoient à leur famille une partie de leurs gains. Ces versements s'élèvent parfois (Népal, Sri Lanka, Philippines) à plus du tiers, voire davantage des revenus tirés de l'exportation de biens et de services

Les autorités cherchent tout au plus par conséquent à assurer à leurs ressortissants des conditions de voyage et d'emploi décentes. La ministre du travail des Philippines a dû démissionner dans les années 2000 pour ne pas avoir dénoncé les mauvais traitements subis par les travailleuses domestiques venues de son pays et employées dans ceux du Golfe. Le Pakistan a créé, avec l'aide de l'OIT et de l'UE, un site internet pour faciliter le dépôt, par ses ressortissants à l'étranger, de plaintes formelles en cas d'allégations de recrutement frauduleux ou d'exploitation au travail[190].

L'émigration présente aussi de sérieux inconvénients pour les États concernés. Jean-Baptiste Say écrivait déjà en 1803, dans son célèbre *Traité d'économie politique*, que "nulle perte n'est plus fâcheuse pour la patrie

---

190 www.ophrd.gov.pk

abandonnée"[191]. Outre qu'elle la prive d'une partie de ses forces vives, le départ des personnes les plus qualifiées lui fait perdre un puissant facteur de croissance. La fuite des cerveaux, notamment des chercheurs n'épargne pas les États très industrialisés.

2. *Les pays d'accueil*

a. L'accès au marché de l'emploi

Accepter ou non un étranger sur son territoire constitue un attribut de la souveraineté. L'État n'y renonce que par un acte volontaire à l'égard d'un nombre limité de pays, comme au sein de l'Union européenne.

Certaines Nations du " Nouveau Monde ", manquant cruellement de main-d'œuvre ont accueilli à bras ouverts des émigrés européens. Ces pionniers ont marqué l'histoire de l'Argentine, de l'Australie, du Brésil, des États-Unis ou du Canada longtemps après leur indépendance. Leur politique a souvent changé. Le souci de protéger le marché de l'emploi incite la plupart des États à limiter l'immigration, imposant, dans des conditions strictes, un permis de séjour et un autre de travail[192].

La situation de l'embauche dans les branches d'activité et dans les régions conditionne naturellement l'octroi du second, afin de ne pas menacer l'emploi des travailleurs nationaux. Les États accordent normalement ces autorisations pour un seul poste de travail dans un premier temps, puis pour une période déterminée, enfin de manière plus durable. Les nouveaux arrivés viennent travailler dans des branches d'activités - l'agriculture, la construction, l'hôtellerie et la restauration, les services domestiques - boudées par les nationaux parce que l'emploi y est précaire, pénible et mal payé. Ils forment une main-d'œuvre vulnérable, dont la situation professionnelle reste longtemps précaire, alors que leur vie d'émigrés, fréquemment coupés de leur famille, les a déjà fragilisés. Ces travailleurs, souvent modérément éduqués, accumulent les frustrations. Leurs enfants et petits-enfants, s'ils ne sortent pas de cet état, risquent de verser dans la délinquance ou le fanatisme religieux.

Les préoccupations de protection de l'emploi rencontrent un fort écho parmi les travailleurs nationaux et leur famille, surtout en période de chômage élevé. Les émigrés sans ressources acceptent des salaires plus bas et viennent les concurrencer pour les postes de travail là où une convention collective, une disposition règlementaire sur le salaire

[191] http://pages.infinit.net/sociojmt, livre I, chapitre 20, p.185.

[192] Ou un document unique réunissant les deux, comme dans la directive européenne n°2011/98.

minimum n'impose pas une rémunération égale pour tous. Il faut, pour s'en convaincre, relire *The Grapes of Wrath.*[193] Lorsque survient la crise, la présence de nombreux émigrés accroît le chômage et les tensions sociales. Le malaise suscite des problèmes politiques et profite aux visées électoralistes.

La mobilité des populations exige également un effort particulier des services publics qui ont besoin de temps pour s'adapter. La question a pesé en Suisse sur les résultats de référendums en faveur de restrictions à l'entrée des étrangers.

Des règles de police et de sûreté gouvernent les autorisations de séjour même lorsqu'un traité vient consacrer la libre circulation des personnes. On entend par là les dispositions nationales dont l'observation a été jugée, par un pays, cruciale pour la sauvegarde de ses intérêts publics tels que son organisation politique, sociale ou économique, au point d'en imposer le respect à toute situation entrant dans son champ d'application[194]. Ainsi des restrictions existent à la libre circulation des ressortissants européens concernant l'ordre public et la santé publique, les conditions de ressources et d'assurance maladie (afin de ne pas tomber à la charge de l'assistance publique du pays d'accueil) ; d'autres, révélatrices des préoccupations de souveraineté des États d'accueil, réservent les postes de l'administration publique aux nationaux. Des difficultés subsistent également à reconnaître l'équivalence des diplômes et des qualifications. La méconnaissance de la langue constitue un autre obstacle. Faut-il s'étonner à voir les Magrébins préférer la France et les Pakistanais, le Royaume-Uni?

L'émigration présente parallèlement pour les pays d'accueil des avantages évidents que soulignent les institutions internationales[195]. Elle permet de compenser la baisse de la démographie et le vieillissement de la population. Elle fournit le personnel manquant. Peu d'études osent en outre rappeler que cette main-d'œuvre rend les produits moins chers pour les consommateurs[196].

---

[193] *Les raisins de la colère* de John Steinbeck, Paris, Gallimard (NRF), 1947 pour la traduction française. Le livre décrit certes une migration intérieure, mais la problématique est semblable. Voir également, M. Rigaux, *Droit du travail ou droit de la concurrence sociale ?*, Bruxelles, Bruylant, 2009, §§ 18-22.

[194] Arrêt *Arblade et Leloup* du 23 novembre 1999 de la CJUE.

[195] Voir les considérants de la Constitution de l'OIM. Voir aussi Conférence internationale du travail, (103ème session, 2014), *Migration équitable: Un programme pour l'OIT*, rapport I (B), Genève, BIT, 2014, §24; Conférence internationale du travail, (105ème session, 2016), *Promouvoir une migration équitable*, rapport III (partie IB), Genève, BIT, 2016, § 23 et 138.

[196] C. Ozden, « Marché du travail et migration : la grande incompréhension », *Problèmes économiques*, n° 3112, 2015, pp. 25-31.

La révolution technique et l'avènement d'une économie de services ont créé des besoins nouveaux, notamment celui d'une main-d'œuvre hautement qualifiée qui voit tomber les obstacles à l'émigration ; elle peut même, grâce à ses réseaux, ouvrir de nouveaux marchés. Une directive européenne n° 2009/50 du 25 mai 2009 établit les conditions spéciales d'entrée et de séjour de ces diplômés. Elle ne fait que reprendre une politique analogue menée en Amérique du Nord. Je me suis retrouvé un jour, à l'Université d'Ottawa, devant des étudiants de maîtrise en droit, dont une large majorité venait directement de l'étranger, sélectionnés sur la base de leur quotient intellectuel, qui avaient reçu une autorisation de séjour de longue durée. On chuchotait que l'objectif était qu'ils fassent souche au Canada et élèvent ainsi le niveau général des qualifications.

Il reste que les moyens électroniques de recherches et de communication peuvent bouleverser ce panorama dans la mesure où l'engagement de chercheurs et de techniciens pointus peut aujourd'hui se faire sans exiger qu´ils se déplacent physiquement. Plus généralement, l'éloignement permis par le travail à distance favorise l'engagement ou la coopération de collaborateurs exerçant leurs activités au-delà des frontières. Comparés à ceux qui quittent leur pays, ces migrants virtuels ne connaissent pas les mêmes problèmes d'intégration ni des difficultés identiques pour conserver leur culture et pour vivre en famille. Ils doivent néanmoins accepter souvent des conditions de travail précaires, et toujours s'adapter aux méthodes d'une entreprise basée à l'étranger.

Empêcher autant que faire se peut le travail clandestin des étrangers reste une priorité des pays industrialisés. Tous en prônent la réalisation, bien peu avec succès. Passeurs et agence à la publicité trompeuse jouent un rôle particulièrement trouble. La situation de nouveau n'est pas dénuée d'ambiguïtés puisque le laissez-faire arrange bien des entrepreneurs et leurs représentants à tous les niveaux quand la main-d'œuvre non qualifiée se fait rare. Les émigrés illégaux sont en Europe, pour des raisons humanitaires évidentes, au bénéfice de services publics réguliers, tels que les soins de santé ou l'éducation des enfants. L'octroi de soins médicaux gratuits à des émigrés clandestins malades participe des devoirs essentiels dus à d'autres êtres humains. Il creusera néanmoins le déficit de l'assurance maladie dans la mesure où ceux-ci viennent soigner des maladies dont le traitement coûte cher (SIDA, etc.). La légalisation de salariés étrangers sans permis accroît en revanche les ressources de la sécurité sociale s'ils ne sont pas au chômage, grâce aux recettes alors perçues.

b. <u>Les conditions de vie dans le pays d'accueil</u>

L'immigré résidant légalement en terre d'accueil devrait recevoir une égale protection de ses conditions de travail et de sa sécurité sociale, sinon d'obtention d'un emploi ou d'autres avantages sociaux. Il y a pourtant loin de la théorie à la pratique en termes de discriminations fondées sur la race, l'origine ethnique ou l'ascendance nationale.

L`acculturation de ces "indésirables qui ne nous désirent pas"[197] pose problème. Ils ne la souhaitent pas toujours s'ils gardent l'espoir de rentrer chez eux une fois leur situation matérielle stabilisée. Ils peuvent chercher seulement à vivre sans s'exposer à des tracasseries ou à l'ostracisme, comme dans le cas des migrations purement temporaires ou circulaires. Le pays d'accueil, tel Israël ou de nombreux États arabes, peut ne pas souhaiter les intégrer pour des raisons qui tiennent à la religion ou à la vision que ses gouvernants ont de leur nation. Ils ne permettront alors qu'un travail de durée limitée, voire un détachement. Tel est encore la situation dans des États qui estiment excessif le nombre de travailleurs étrangers résidant légalement ou non et adoptent des programmes de retour volontaire, en échange souvent d'une indemnité financière et/ou d'une formation.

Plus fréquemment, les politiques à l'égard des émigrés procèdent de deux objectifs divergents: permettre aux nouveaux venus de conserver des liens avec leur culture traditionnelle ; les aider à s'insérer harmonieusement dans la société qui les a reçus. Deux écoles de pensée s'opposent ici. La politique européenne continentale, surtout française, privilégie l'assimilation, cherchant à gommer les différences[198]; la polémique autour du voile islamique, revendication d'un particularisme, en constitue une manifestation fortement médiatisée. L'Amérique du Nord insiste sur le respect des traditions propres à chaque communauté au risque de perpétuer des discriminations. Il est vrai que cette région s'est longtemps caractérisée par une forte immigration où l'assimilation à une population majoritaire restait plus improbable. Ainsi se sont créés peu à peu des États multiculturels. La forte croissance de l'immigration aujourd'hui en Europe pose la question d'un changement de politique. Quoi qu'il en soit, la recherche d'un équilibre harmonieux entre les préoccupations

---

[197] M. Foessel, "Ces indésirables qui ne nous désirent pas", *Esprit*, n°419, novembre 2015, pp. 106-107.

[198] Voir ainsi J. Kristeva, *Etrangers à nous-mêmes*, Paris, Fayard, 1988, pp. 288-289.

d'intégration et celles du respect de l'identité culturelle représente un défi considérable pour le droit social de l'émigration.

Une intégration minimale des étrangers aux différents aspects de la vie en société constitue une condition indispensable à la cohésion sociale du pays d'accueil. Les échecs à l'acculturation sont nombreux. En sont la preuve, ces manifestations de xénophobie plus souvent dénoncées que sanctionnées.

Le phénomène s'explique assez simplement même si les remèdes restent difficiles à trouver. Un émigré solitaire n'a d'autre choix que de se fondre dans la masse des citoyens nationaux. Quand, au contraire, il fait partie d'un groupe important - 10% d'une population locale selon certains sociologues – il peut facilement reprendre des habitudes ancestrales, créer ou fréquenter des magasins et des lieux de rencontres réservés en pratique aux personnes de la même origine, suivre les préceptes d'une religion autre que celle des nationaux de vieille souche. Les cultures se heurtent, les habitudes alimentaires, l'éducation, les rapports entre hommes et femmes, voire la relation au bruit diffèrent. Ces discordances perturbent, effrayent, provoquent la création de lieux d'habitation distincts ; certaines banlieues deviennent des ghettos. A cela s'ajoute la crainte diffuse ou médiatisée que les uns prennent les emplois des autres, en acceptant, je l'ai relevé, des salaires au rabais.

L'émigré ne jouit normalement pas des droits politiques dans le pays d'accueil, exception faite parfois du niveau local. Il les perd en pratique sinon en droit dans le pays où il ne réside plus. Il est fragilisé dans un environnement qui n'est pas le sien ; il s'y adapte ou se réfugie dans une défense intégriste de sa culture d'origine. Certains parmi les plus frustrés refusent tout ajustement, encouragés quelquefois par un clergé émigré qui craint de perdre des ouailles par leur immersion dans un milieu laïc ou d'une autre confession.

On ne s'étonnera pas dans ces conditions de voir les législations nationales sur les migrants remises fréquemment sur le métier et les normes européennes ou internationales faire l'objet de sourdes, ou de moins sourdes, oppositions. Elles cherchent, avec un bonheur inégal, à réaliser l'équilibre évoqué entre des objectifs contradictoires.

Un problème supplémentaire, complexe mais essentiel, vient encore aggraver le tableau, celui de la sécurité sociale. Les règles sur ce point poursuivent une double fin : assurer une égalité de traitement avec les nationaux ; éviter que le changement de résidence ne conduise à la perte de droits déjà acquis ou en cours d'acquisition. Les prestations auxquelles l'émigré avait droit avant son arrivée devraient lui être servies dans le pays d'accueil, et celles qu'il y a acquises maintenues après son départ. Voilà qui requiert la collaboration des administrations concernées.

Au-delà, il ne faut pas pécher par excès de pessimisme. Les exemples de convivialité font peu parler d'eux, comme les histoires heureuses. Les succès restent fréquents, pour ne rien dire des influences réciproques des migrants sur les pays de destination, et de ces derniers sur les migrants et leurs pays d'origine.

Paragraphe 2. La théorie et la pratique

Les normes internationales du travail applicables aux migrants cherchent à intégrer les objectifs, qui viennent d'être soulignés, d'intégration et de respect de la différence Elles se préoccupent de l'accès clandestin aux marchés du travail quand le droit européen laisse encore largement cette question aux droits des États membres pour les ressortissants de pays tiers. Le niveau de protection qu'elles offrent reste en revanche bien en-deçà de celle accordée aux ressortissants européens par le droit de l'UE. La coordination des systèmes de sécurité sociale en constitue un exemple frappant.

La plupart des normes internationales, comme nationales, du travail ne contiennent pas de mention particulière à propos des étrangers; la généralité des formules utilisées permet le plus souvent à l'interprète de conclure à leur pleine application à ce groupe de travailleurs. Comme les Nations Unies, l'OIT a cependant adopté des dispositions spécifiques à l'égard des travailleurs étrangers. Elles fixent leur champ d'application et portent sur les conditions d'accès aux marchés étrangers d'emploi, sur la protection des travailleurs migrants entrés et employés légalement dans les pays d'accueil (égalité de chances et de traitement et conditions de travail) ainsi que sur leur intégration dans les sociétés où ils arrivent. Elles traitent encore du problème complexe de la sécurité sociale des migrants.

Des traités bilatéraux, tel celui entre l'Espagne et l'Equateur, peuvent ajouter des sauvegardes à celles du droit des institutions internationales qui encouragent de tels accords.

Fait significatif de la difficulté d'arriver à un consensus minimum sur ces questions, les instruments internationaux, malgré leur rédaction assez générale, ont reçu peu de ratifications. La plus récente convention de l'OIT sur le sujet, la convention n° 143 de 1975 n'a fait l'objet (au 5 septembre 2025), que de 30 ratifications, dont peu par des pays, comme la Norvège ou la Suède, traditionnellement d'immigration. Quant à la convention des Nations Unies sur la protection des droits de tous les travailleurs migrants et des membres de leur famille, adoptée en 1990, elle a seulement obtenu la vingtième ratification nécessaire à son entrée en vigueur le 1er juillet 2003; les 60 reçues au 5 septembre 2025 émanent uniquement de pays d'émigration. L'analyse exégétique de l'instrument montre combien ses dispositions visent davantage à faciliter et à encadrer l'émigration légale qu'à favoriser le séjour, l'emploi et l'insertion des personnes concernées.

Malgré - et sans doute à cause de - l'internationalisation croissante des échanges, les étrangers sont particulièrement vulnérables aux préjugés, aux différences de traitement sur le marché du travail en raison de la race, de la couleur, de l'ascendance nationale ; souvent ces motifs se conjuguent avec d'autres comme le sexe ou la religion. Les cas de double voire de multiple discrimination (femme africaine musulmane âgée) ne sont pas rares, ainsi que ceux de xénophobie y compris paradoxalement de migrants à l'égard d'autres, d'origine différente (comme vis-à-vis des Gitans).

Des lois imposent des restrictions à la liberté syndicale fondées sur la nationalité, la résidence ou la citoyenneté alors que les associations de travailleurs constituent un des instruments de protection les plus efficaces. Des pratiques inacceptables touchent les ressortissants de pays étrangers, même en séjour régulier, de la confiscation du passeport au non-versement des salaires, des mauvais traitements physiques, sexuels, aux restrictions à la liberté qui transforment l'emploi en travail forcé (système du *kafala* au Qatar sur lequel je reviendrai). Les enfants d'immigrés n'ont pas toujours égal accès à l'éducation, ce qui accroît le risque qu'ils soient mis au travail.[199]

Les rémunérations restent fréquemment inférieures à celles des nationaux. Une étude espagnole a montré que les accidents du travail sont plus nombreux chez les travailleurs étrangers que chez les Espagnols : ces derniers s'exposent à 34% de plus de risques d'accident mortel et 13% de plus d'être blessés. Les raisons s'ajoutent les unes aux autres : emplois dans des secteurs plus dangereux, postes de travail plus risqués (longues journées, travail par équipes successives), accès plus limité aux mesures de prévention, clandestinité qui ferme la possibilité de revendiquer des améliorations[200]. La sécurité sociale espagnole n'a pas exigé, jusqu'il y a

[199] Conférence internationale du travail (101ème session, 2012), *Rapport de la Commission d'experts pour l'application des conventions et recommandations*, Rapport III (Partie 1B), Genève, BIT, 2012, § 967.
[200] *El País*, 14 de junio de 2008, Salud, pág. 4.

peu, de déclaration d'accident pour le travail domestique, l'une des branches où se rencontrent le plus d'étrangers.

On sait, plus généralement la distance qui sépare la théorie de la pratique, la loi de son application générale. Il faut lire *Ganz unten* (*Tête de Turc*) de Günter Wallraff[201]. Pendant deux ans, l'auteur a vécu comme un Turc, trimé comme un Turc, subi les brimades et les discriminations qui constituent le lot de nombre d'immigrés dans cette démocratie de bon renom qu'était la RFA. Il s'appelait Ali Sinirlioglu, du moins, c'était ce qu'indiquaient ses papiers d'identité comme les dehors "typiques" du travailleur immigré (teint mat, chevelure et moustache noires, vêtements misérables) qui le dissimulaient

"Tout en bas" (Ganz unten) indiquait le titre original de ce reportage : pour gagner sa vie, il était prêt à faire tous les boulots, "même les plus durs, même les plus insalubres". Il fut journalier dans une ferme, homme à tout faire chez McDonald's, manœuvre dans le bâtiment, OS dans les aciéries de Thyssen, cobaye dans l'industrie pharmaceutique, chauffeur d'un marchand d'esclaves, membre d'un "commando suicide" chargé d'aller colmater une fuite dans une centrale nucléaire.

Vendu à plusieurs millions d'exemplaires en Allemagne, à plus de 500 000 en France depuis sa traduction à La Découverte en 1986, ce livre n'a rien perdu de son actualité dans les abus qu'il dénonce.

Ces observations conduisent encore à une autre conclusion, la vanité des différences de statuts quand il faut protéger les droits sociaux des personnes qui quittent en masse un État pour d'autres. Dans bien des cas, mais pas dans tous, les distinctions entre travailleurs immigrés légaux sous toutes leurs formes (frontaliers, saisonniers, travailleurs itinérants, travailleurs employés au titre de projets, travailleurs admis pour un emploi spécifique ou encore travailleurs indépendants) et clandestins, réfugiés forcés ou économiques, demandeurs d'asile, perdent alors leur sens.

Les procédures de l'OIT permettent de relever dans plus de cas qu'il ne paraît, les mauvais traitements dénoncés. La méconnaissance de ces résultats illustre la remarque exprimée plus haut que la médiation de l'Organisation passe fréquemment inaperçue quand la " *quiet diplomacy* ", veille par sa discrétion à ménager la susceptibilité des États prêts à s'amender, mais désireux de " sauver la face ". En cas d'échec seulement, la publicité sert de pression pour mettre fin aux violations constatées.

[201] Cologne, K&W, 1985 et Paris La Découverte, 1986 pour l'édition française, et https://www.editionsladecouverte.fr/tete_de_turc

L'Organisation a ainsi envoyé des missions en Israël, en Palestine et au plateau du Golan afin de réunir des informations concernant les conditions d'emploi des travailleurs journaliers de ces territoires occupés, à la suite des nombreuses allégations, de discrimination en particulier. Les visites ont apporté une assistance aux populations concernées que la poursuite des tensions et des violences a en partie rendue vaine.

J'ai déjà évoqué l'expulsion par la Libye, dans la seconde moitié des années 1980, de quelque 30.000 travailleurs tunisiens et 15.000 égyptiens. J'ai pu, avec le concours de collègues, mettre sur pied une commission de conciliation et aidé ainsi à la solution de questions de salaires impayés, de transfert de droits de sécurité sociale acquis ou en cours d'acquisition et d'indemnisation des biens personnels disparus.

Même dans ce dernier cas d'un État jugé difficile par beaucoup, et de normes hautement techniques, les mécanismes internationaux ont joué un rôle important dans l'octroi des prestations dues. La ratification des instruments avait constitué un élément important pour lancer les procédures. Il reste qu'en l'absence même de ratification, les normes de l'OIT peuvent servir de fondement internationalement reconnu, au règlement de différends entre deux États, situations que la plus grande circulation de la main-d'œuvre risque de multiplier.

Paragraphe 3 - Une problématique que rend plus complexe la mondialisation

" La protection des travailleurs migrants ou les infortunes de la vertu". Il est temps de justifier ce titre provocateur. Leurs droits sociaux, notamment dans la dimension internationale, souffre des ambiguïtés des stratégies mises en place. Les objectifs poursuivis par les pays d'accueil s'entrechoquent : préoccupations humanitaires pour des personnes démunies de tout, mollesse dans la lutte contre l'immigration clandestine d'une part, sauvegarde du marché du travail domestique, préoccupations liées à la cohabitation parfois difficile avec les autochtones, voire inquiétudes pour l'ordre public ou la sécurité des citoyens de l'autre ; volonté d'intégration et respect de la différence. Que l'on pense au « pacte migratoire » adopté par l'UE le 10 avril 2024! Les pays d'origine mènent également des politiques non dénuées de contradictions, pris entre le souci de protéger leurs nationaux à l'étranger et celui de trouver des solutions à un manque d'argent et à un chômage endémiques. Cela dit, ne pêchons pas par excès de pessimisme : la réalité apparaît en demi-teinte.

La mondialisation a affaibli les États et ouvert leurs frontières, facilitant la mobilité de la main-d'œuvre. La comparaison des démographies africaine et européenne laisse supposer, comme l'observe Stephen Smith, que la pression migratoire ne s'arrêtera pas, sinon par des mesures brutales[202]. Ce ne sont pas les plus pauvres qui normalement migrent vers les pays industrialisés car, pour entreprendre le voyage, il faut des moyens[203]. Les changements climatiques[204], les bouleversements politiques violents ajoutent à la volonté de partir de ceux qui fuient la misère ou un environnement trop contraignant. Le système traditionnel d'accueil, établi par les droits nationaux et par des conventions internationales, fut conçu à une autre époque pour canaliser l'afflux d´étrangers et gérer notamment les difficultés spécifiques de personnes venues de l'Est après la deuxième guerre mondiale.

Il a manifesté son incapacité à traiter les problèmes contemporains. Les dispositions applicables, en dépit de leur caractère limité, ne sont pas toujours respectées, loin s'en faut. Bien plus, l'internationalisation du commerce, du capital et des talents ne fait pas qu'accélérer la mobilité transnationale de la main-d'œuvre, elle la rend aussi plus fluide. L'immigration ne correspond plus nécessairement à une entrée durable sur un marché de l'emploi donné, mais à un flux lié à un réseau transnational mobile dans le temps et dans l'espace. Les gouvernements doivent prendre en compte ce nouveau paramètre, l'intégration des nouveaux venus s'avérant entre autres plus difficile. L´arrivée en nombre de réfugiés fuyant les guerres et la misère ouvre une autre perspective, dramatique.

Le droit européen offre des garanties, même à l'égard des ressortissants de pays tiers. Pensons à la coordination des systèmes de sécurité sociale. Elle peut constituer une source d'inspiration. Pourtant, dans ce droit également, le souci de permettre la circulation de la main-d'œuvre, notamment leur détachement temporaire, peut ouvrir la voie au contournement de la législation, et par conséquent participer à la précarisation de l'emploi.

---

[202] S. Smith, *La ruée vers l'Europe - La jeune Afrique en route pour le Vieux Continent*, Paris, Grasset, 2018.

[203] François Héran interrogé par Laure Cailloce le 10.12.2018, « Les migrations à rebours des idées reçues », *Journal du CNRS*, décembre 2018 : https://lejournal.cnrs.fr/articles; S. Smith, *op.cit.*, p. 142.

[204] C. Zickgraf, E. Hut, Fr. Gemenne (dir.), *The state of environmental migration 2018 : a review of 2017*, Liège, Presses universitaires de Liège, DL, 2018.

Les mesures adoptées peuvent relever du bon sens, comme le montre l'expérience allemande[205]: la promotion de la langue du pays ou de la région d'accueil, une politique dynamique d'emploi et de formation professionnelle, des programmes de travail provisoire en attendant la légalisation de la résidence. La Suède a établi une voie rapide (*fast-track*) pour l'incorporation des nouveaux arrivés au marché du travail. Leur participation aux systèmes de sécurité sociale et d'assistance sociale apparaît certes complexe[206] vu sa dimension financière, mais combien nécessaire à traiter. Des institutions internationales ou régionales, comme la Banque de Développement du Conseil de l'Europe, y apportent leur contribution[207].

Le fait que certains objectifs restent non-dits quand d'autres sont proclamés haut et fort en dépit des difficultés à les réaliser, ajoute à la confusion. Rendre les normes sur les travailleurs migrants plus efficientes exige plus de vertu, surtout plus de franchise. L'OIT a un rôle à jouer pour aider à une clarification. Toute politique dans ce domaine suppose que l'on acquière une vision globale, que l'on prenne en compte l'ensemble des composantes, même les plus sensibles, les moins glorieuses. Les vagues successives de réfugiés en Europe ou aux États-Unis pourraient constituer l'occasion d'une refondation.

1. Taux de chômage et politique d'immigration

Premier point: on s'accordera à reconnaître qu'un pays industrialisé ne peut pas prendre en charge toute le mal-être du monde, mais qu'il doit en assumer sa part, pour paraphraser l'ancien Premier Ministre français Michel Rocard. Les pactes des Nations-Unies sur les droits de l'homme, ainsi que les autres instruments internationaux ou régionaux relatifs à cette même question, s'appliquent à tous les êtres humains, avec très peu d'exceptions. Les pays de transit des migrants, à la fois d'immigration et d'émigration, font également face à des difficultés considérables. On l'a relevé pour l'Algérie[208], en soulignant les effets des flux d'étrangers sur l'accroissement de l'économie informelle. Des préoccupations analogues

---

[205] M. Fuchs, «The Integration of Refugees into the Labour Market : The German Experience», dans J. Pichrt, K. Kodinska (dir.), *Labour Law and Social Protection in a Globalized World*, Bulletin of Comparative Labour Relations, vol. 103, La Haye, Kluwer, 2018, p. 281.

[206] P. Melin, *The external dimension of the EU social security coordination: towards a common EU approach*, Oisterwijk, Wolf Legal Publishers (WLP), 2018.

[207] Council of Europe Development Bank, *The integration of Migrants in Europe*, Paris, CEB, 2015.

[208] Z. Yacoub, "L'immigration clandestine et l'emploi des migrants en Algérie", *Revue de droit comparé du travail et de la sécurité sociale*, 2016/1, pags. 108-122.

peuvent s'exprimer à propos du Liban ou de la Turquie par exemple, qui ont dû faire face à une arrivée massive de réfugiés syriens.

Un contrôle plus strict des flux migratoires semble pourtant inévitable si l'on veut éviter les dérives autoritaires et xénophobes, en réaction aux problèmes d'intégration des étrangers. Il s'avère particulièrement complexe, comme le révèle l'histoire récente de l'Italie, de concilier le strict respect de ces droits avec ceux tout aussi essentiels des citoyens d'un pays d'accueil à exprimer démocratiquement leurs craintes et à attendre qu'elles soient dissipées.

L'Union européenne s'est attelée à la tâche; elle cherche à réaliser un équilibre acceptable entre un traitement solidaire des plus pauvres et les mesures réclamées par les citoyens européens pour la protection de leur emploi, de leur sécurité personnelle et en vue d'une amélioration des services publics face à la venue en nombre de migrants[209]. Les trois grandes lignes de sa politique portent sur l'action avec des partenaires de pays tiers (les programmes européens de réinstallation), l'action à ses frontières extérieures (le rétablissement complet du système dit de Schengen, mais le renforcement du corps européen de garde-frontières et de garde-côtes[210] et la révision de la directive " retour ") et l'action au sein de l'UE (la réforme du régime d'asile européen commun et du règlement dit de Dublin).

En Australie, la migration temporaire est aujourd'hui devenue la règle pour occuper un emploi. Le Japon en revanche tend à assouplir une politique jusqu'ici très restrictive pour des raisons qui lui sont propres (pénurie de main d'œuvre non qualifiée). Les pays européens ont longtemps adopté une stratégie ambigüe, fermant les yeux sur l'entrée de nombreux clandestins tout en les maintenant dans une illégalité source de légitimes frustrations. Ils dispensent, je l'ai relevé, soins de santé et enseignement gratuit aux familles d'immigrés clandestins, reconnaissant ainsi leur présence sur le territoire, mais leur refusent le permis de séjour, voire les expulsent eux ou leurs enfants un peu plus tard.

A travers le régime d'*apartheid* ou une assimilation imposée, certains ont ignoré les facteurs culturels et religieux qui font obstacle à l'intégration. Outre les dérives que l'on connaît, la plupart des pays tentés un

---

209 Communication de la Commission européenne, *Gérer la migration sous tous ses aspects: progrès réalisés dans le cadre de l'agenda européen en matière de migration*, COM (2018), 798 final, Bruxelles 4 décembre 2018.

210 C. Chevalier-Govers, R. Tinière, *De Frontex à Frontex: vers l'émergence d'un service européen des garde-côtes et garde-frontières*, Bruxelles, Bruylant, DL, 2019.

développement séparé et l'appliquant de manière équilibrée sont revenus à des politiques plus intégrationnistes[211].

Il existe des moyens alternatifs bien connus à l'immigration pour répondre aux besoins de main-d'œuvre : la promotion de l'emploi auprès des personnes peu enclines à en rechercher ou l'allongement de la vie active en particulier. La Suisse envisage ces mesures face aux réticences de la population à la présence – il est vrai considérable pour ce petit pays – d'étrangers en quête de travail. Ailleurs des économistes ont même suggéré de prévoir une taxe à charge des employeurs qui font appel à des immigrés[212].

Quoi qu'il en soit de ces controverses, le bon sens appelle à synchroniser politiques d'immigration, d'éducation et de promotion de l'emploi. Une vision d'ensemble prend en compte le vieillissement de la population et les difficultés que le phénomène implique pour le financement de la sécurité sociale, l'âge où cesse l'obligation scolaire et celui de la retraite (si l'on en fixe un), la répartition inégale du chômage selon le secteur d'activité. Au-delà, elle doit intégrer le problème aigu de l'arrivée massive de réfugiés et de clandestins.

2 Le volume de l'immigration illégale, quelles qu'en soient les causes, constitue en soi un facteur de déstabilisation

Il n'est pas simple pour un gouvernement élu d'affirmer une responsabilité morale en faveur de pauvres hères sans droit de vote à un moment où des mouvements populistes remuent les peurs irrationnelles face aux étrangers. La majorité réunie autour de la Chancelière allemande Angela Merkel en a fait les frais lors des élections de 2021. D'autres facteurs rendent complexes les efforts d'intégration à mener par le pouvoir comme par les citoyens des pays hôtes. La religion des uns et des autres peut constituer une source de repli sur sa communauté, de rejet par ceux qui ne partagent pas ces convictions. Accommoder la politique d'intégration avec le respect de la personnalité de l'immigré[213] et de sa différence constitue un exercice délicat.

Les partis de droite radicale n'ont pas manqué de dénoncer cette ambiguïté, avec les succès que l'on sait. Les récentes vagues de réfugiés ont exacerbé les craintes et les attaques contre des politiques, celles de

---

[211] D. Schnapper, *La citoyenneté à l'épreuve. La démocratie et les Juifs*, Paris, Gallimard (NRF essais), 2018.
[212] C. Ozden, « Marché du travail et migration : la grande incompréhension », *Problèmes économiques*, n° 3112, 2015, pp. 25-31.
[213] J. Andriantsimbazovina (dir.), *Intégration et droits de l'homme*, Paris, Mare et Martin, 2018.

l'Allemagne ou du Royaume-Uni en particulier, jugées trop ouvertes. Confrontés à ce problème, des pays comme l'Italie n'ont pas reçu toute l'assistance souhaitée. Les attentats terroristes ont donné, il est vrai, des arguments aux défenseurs d'une politique dure. Plaider dans ces conditions pour une libre circulation universelle des personnes tient, à mes yeux, de l'aveuglement. Entre la naturelle indignation à l'égard de la détresse des exilés et le choix d'une politique en faveur de l'accueil des migrants, il existe toute la différence qui sépare un concept moral de valeur de celui, plus juridique et politique, de principe. L'horizon normatif de celui d'hospitalité est le cosmopolitisme[214] que personne ne peut raisonnablement s'attendre à voir réalisé dans un avenir prévisible.

Chassés de leur pays par la misère, les immigrés forment fréquemment des poches de pauvreté dans leur pays d'accueil, davantage encore s'ils sont clandestins. La situation entraîne de sérieux problèmes de santé, de drogue et de délinquance chez les plus jeunes, et chez la plupart, de fortes frustrations. Voilà qui appelle des services sociaux qui luttent contre l'exclusion sociale et un combat opiniâtre contre le travail clandestin qui donne la priorité à la chasse aux intermédiaires s'enrichissant sur le dos des plus démunis. Les associations patronales et syndicales ont un rôle important à jouer contre ces pratiques.

3. La recherche d'une meilleure intégration

Un autre facteur de déstabilisation porte sur l'éducation et la formation professionnelle. Les enfants d'immigrés arrivent avec une autre culture, sans la maîtrise souvent de la langue du lieu. Leurs conditions d'études dans des logements trop petits, avec des parents peu instruits forment autant d'obstacles à une bonne progression scolaire. Les professeurs se retrouvent face à des classes manquant de cohérence, pris entre ces derniers et les élèves locaux ; leur difficulté à trouver un équilibre peut conduire les meilleurs écoliers à préférer un enseignement privé payant mais plus exigeant, mouvement qui donnera encore moins aux nouveaux venus la chance de les égaler. L'observation confirme l'utilité des classes de transition et de rattrapage dans l'enseignement public, d'autant plus que l'éducation reste un vecteur important d'intégration dans la société d'accueil et sur le marché du travail[215].

[214] Y. Cusset, « Hospitalité », *Esprit*, juin 2018, p. 96. Voir également A. Frachon, *Le Monde*, 29 juin 2018, p. 24.
[215] OCDE, UE, *Les indicateurs de l'intégration des immigrés 2015. Trouver ses marques*, Paris, OCDE, 2015, chapitre 13.

La convivialité exige, de la part des autochtones et des émigrés, un effort soutenu pour chasser les discriminations fondées sur l'origine ethnique, les convictions religieuses, les cultures et pour accepter la différence, Il y a urgence, chez les uns et les autres, à bannir les attitudes dichotomiques, à promouvoir une compréhension en profondeur des habitudes et des craintes. Faute de mesures énergiques et efficaces, l'arrivée en nombre de personnes venues d'horizons lointains induit des tensions accrues, avec les dérives que j'ai signalées

La question revient à se demander comment concilier la fidélité à une culture particulière (avec ses dimensions linguistiques, religieuses, mémorielles) et la loyauté à une citoyenneté, à une identité nationale collective, comment transcender par le civisme et l'appréhension des valeurs communes, les traits propres à une tradition, à une origine spécifique. Les mouvements d'immigration ont amené des groupes minoritaires au sein des sociétés nationales, singulièrement des États industrialisés. Leurs autorités publiques ont réagi avec les instruments juridiques à leur disposition. Ils n'ont pu empêcher la montée des crispations, de l'incompréhension à l'égard des - nombreuses - raisons qui poussent les uns à partir, et les autres à les accueillir avec méfiance, sinon à les repousser. L'histoire de l'intégration des Juifs dans les Nations européennes révèle à la fois les vertus et les failles des régulations mises en place[216]. Il ne s'agit certes pas de détruire les édifices sociojuridiques construits au cours des siècles, mais de les aménager, de rechercher une nouvelle synthèse, de repenser le phénomène migratoire dans sa généralité.

L'ONU a adopté un pacte mondial sur les migrations en 2018. Cet instrument promeut la coopération pour réduire le chaos des migrations irrégulières et contient un guide de bonnes pratiques. Ira –t- il au-delà des formules incantatoires? Aura-t-il un effet réel? Son caractère non contraignant en fait la fragilité. Plus généralement le recours à la *soft law* manifeste les hésitations des États à s'engager vis-à-vis des autres ; l'efficacité des dispositions proposées reste sans commune mesure avec l'ampleur des situations. Tout au plus, ces déclarations et les autres instruments non obligatoires permettent-ils aux gouvernements de bonne volonté, n'usant pas d'un double langage, de s'engager politiquement à " faire quelque chose ".

Dépassons la notion d'hospitalité utilisée par bien des esprits généreux, car éternellement reçu, l'hôte ne serait jamais vraiment chez lui , visons à une cohabitation qui unit l'acceptation de l'intégration, la recherche d'une

---

[216] D. Schnapper, *op. cit.*

confiance réciproque, l'adhésion à une vision commune de la société, le respect non seulement de la légalité, mais des us et coutumes du pays d'accueil. Elle suppose la reconnaissance des bénéfices économiques retirés par une population vieillissante de l'arrivée de sang nouveau, de personnes qui stimulent la consommation intérieure et payent des charges sociales.

Il convient d'aborder sereinement, sans lâcheté, les questions qui divisent. Répétons-les brièvement : les différences culturelles, ces formes acquises de comportements dans les sociétés[217] du pays d'origine et de celui de réception, le rôle de la religion et de ses manifestations extérieures, celui du clergé des diverses obédiences, mais encore une protection plus efficace contre les discriminations rampantes, la nécessité d'aménager l'enseignement scolaire pour les enfants d'immigrés sans ralentir l'apprentissage des autres, les relations interpersonnelles, surtout entre femmes et hommes. Ne sous-estimons pas les éléments subjectifs d'un côté comme de l'autre, ni l'habileté de ceux qui en tirent profit. Ayons la volonté de les rationaliser dans des textes juridiques recevant l'appui d'une majorité des uns et des autres.

4. Un rôle pour les syndicats

L'État, dans toutes ses institutions, porte la responsabilité principale. Dans la défense des conditions de vie et d'emploi des nouveaux venus, les syndicats ont aussi un rôle à jouer. Leur position s'avère délicate : ils ne sont pas exempts des contradictions que connaissent les États, puisque leur mandat consiste à défendre les intérêts de leurs membres quand les migrants risquent de les concurrencer dans la recherche d'un emploi et de bonnes conditions de travail. D'où leur implication souvent, officiellement ou non, dans la régulation sectorielle de l'immigration. C'est le lieu de rappeler qu'une mission de protection incombe également aux organisations de travailleurs des pays d'origine.

Les exemples de coopération entre les uns et les autres restent rares. Ce fut le cas autrefois à l'initiative des syndicats de l'ancienne Yougoslavie[218] et aujourd'hui, outre un cas déjà cité, dans la défense des travailleurs portugais au Royaume-Uni ou bulgares à Chypre[219]. Un accord, signé en

---

[217] C'est-à-dire la question culturelle selon la définition de la culture par le *Nouveau Petit Robert*.

[218] BIT, *La situation syndicale et les relations professionnelles en Yougoslavie*, Genève, BIT, 1985.

[219] European Observatory of Working Life, *UK, Portugal: Unions renew cooperation agreement to protect migrant workers*, 25 Mars and 24 April 2015; EIRONLINE, *Cross-border project aims to protect rights of migrant workers*, 10 juin 2014.

2014, lie les syndicats britanniques (TUC) et portugais (CGTP-IN) afin de protéger les travailleurs lusitaniens émigrés et, en même temps, d'éviter des coupes dans les salaires au Royaume-Uni. Le document couvre les lusophones d'autres pays comme l'Angola ou le Brésil qui travaillent au Royaume-Uni.

Peu avant, des syndicats bulgares (KNSB/CITUB) et chypriotes (SEC) avaient conclu un arrangement pour la sauvegarde des droits des Bulgares travaillant à Chypre. Il comprend un projet leur permettant de partager les meilleures pratiques, d'accroître la connaissance par les immigrés de la législation du pays d'accueil, de former des consultants et d'ouvrir des bureaux d'information dans les deux pays. Une étude menée conjointement relève les problèmes rencontrés : ces Bulgares occupent souvent des emplois mal payés ; les violations des contrats regardent le temps de travail, la compensation des heures supplémentaires, le paiement des vacances et des jours fériés; l'irrégularité dans le versement des salaires intervient plus fréquemment chez les non-syndiqués (30.5% contre 10.3%), de même que la prolongation des heures de travail (49.5% contre 29.6%); les infractions à la législation du travail et de la sécurité sociale concernent spécialement les petites et très petites entreprises où le travail au noir est largement répandu.

Chapitre 2. La liberté de travailler

La Déclaration de l'OIT relative aux principes et droits fondamentaux au travail considère que les États Membres ont l'obligation, du seul fait de leur appartenance à l'Organisation, c'est-à-dire même en l'absence de ratification des conventions pertinentes, d'éliminer toute forme de travail forcé ou obligatoire (I). Elle se réfère en outre à l'abolition effective du travail des enfants. Qui peut contester que les enfants ne décident pas librement de travailler ? N'est-ce pas un principe traditionnel en droit que ces derniers ne jouissent pas de leur pleine capacité contractuelle?[220] (II).

Section 1. L'éradication du travail forcé ou obligatoire

Sous ses formes anciennes, comme dans ses aspects nouveaux, depuis l'esclavage jusqu'à la traite des êtres humains, le travail forcé demeure l'un des problèmes les plus tragiques auxquels se heurtent bien des collectivités locales, des États et la communauté internationale[221].

La CEACR considère que l'interdiction du travail forcé ou obligatoire sous toutes ses formes constitue une norme impérative du droit international en matière de droits de l'homme ; son caractère contraignant n'admet aucune exception[222]. Les conventions n° 29 de 1930 et n° 105 de 1957 qui en traitent, couvrent tout travail ou service exigé d'un individu, sous la menace d'une peine quelconque, et pour lequel ce dernier ne s'est pas offert de son plein gré. La CIT les a complétées en 2014 par un protocole à la convention n°29 et par une recommandation.

En mars 1997 déjà, l'OIT établit une commission d'enquête pour examiner la situation au Myanmar ; le travail forcé y avait pris diverses formes, imposées en particulier par les militaires dans les zones de conflit et au profit d'entreprises publiques et privées. Le gouvernement accepta finalement de collaborer et l'ont pu noter des progrès. De très nombreux cas continuaient néanmoins de se produire, à l'initiative des forces armées qui avaient repris le pouvoir, et, semblait-t-il, du secteur privé, surtout dans l'agriculture (canne à sucre, haricot), la pêche et l'industrie du jade. Aussi l'OIT mit- elle sur pied une nouvelle Commission en mars 2022. Elle releva que les mesures prises par la junte militaire depuis le coup d'État de

[220] Même si beaucoup de législations fixent ici une limite d'âge inférieure à celle de la majorité civile.
[221] BIT, *Profits and Poverty: The Economics of Forced Labour*, Genève, 2014.
[222] Conférence internationale du Travail (101e session, 2012), *Donner un visage humain à la mondialisation*, Genève, BIT, 2012, §252.

février 2021 avaient conduit à des violations graves des libertés publiques et des droits syndicaux ; différentes formes de travail forcé continuaient également à se pratiquer[223]. Nous avons vu que le pays est en quelque sorte au ban de la communauté des Nations. L'affaire marque toutefois les limites de l'action d'une Organisation qui ne dispose pas de réels moyens de contrainte, face à un gouvernement dictatorial spécialement peu coopératif.

N'en concluons pas trop vite, comme certains, que l'action de l´Institution de Genève reste démunie face à ces pratiques odieuses. Le travail accompli par Kari Tapiola et toute une équipe d'experts en Ouzbékistan contredit cette conclusion hâtive, comme chaque fois qu'on a pu obtenir la coopération d'un gouvernement[224].

En Asie du Sud, se produit encore trop souvent un autre scénario. Une famille paysanne pauvre voit ses cultures anéanties par une sécheresse. Elle perd tout son revenu ainsi que les graines qui aurait permis de ressemer. Elle emprunte pour le faire, se trouve incapable de rembourser sa dette en espèce et se voit obligée d'accepter des travaux imposés par le prêteur. Cette servitude concerne non seulement les parents, mais leur descendance jusqu'à l'extinction improbable de la dette. Les autorités municipales, parfois complices, ferment les yeux sur ces pratiques que les administrations centrales s'emploient aujourd'hui à éradiquer, avec l'assistance soutenue de l'OIT. Les difficultés tiennent surtout à l'étendue des territoires concernés, à leur surpopulation et à la difficulté dans ces conditions de superviser efficacement des autorités locales parfois indolentes ou corrompues. La collaboration des gouvernements, en particulier en Inde, a toutefois permis ici, contrairement à l'exemple précédent, de notables progrès.

L'interdiction s'étend à l'impossibilité pour les travailleurs de quitter leur emploi. Ainsi en va-t-il de l'engagement de servir dans l'armée en échange d'une formation supérieure (de médecin, de pilote, etc.). Cette obligation ne peut pas éliminer le droit de quitter le service en temps de paix dans des délais raisonnables, soit à des intervalles déterminés, soit moyennant préavis, sous réserve des conditions normalement requises pour assurer la continuité du service. La durée du service militaire obligatoire peut intervenir dans le calcul de ce lapse de temps. Un remboursement proportionnel des frais de formation peut constituer une alternative,

---

223 ILO, *Towards Freedom and Dignity in Myanmar,* Genève, BIT, 4 août 2023.

224 K. Tapiola, *Building Trust in Cotton Fields: The ILO engagement in Uzbekistan*, Genève, BIT, 2022.

fréquemment assuré par les entreprises pour engager des ingénieurs hautement qualifiés (France).

Une entrave à la liberté du travail peut venir de la rétention des papiers d'identité d'un travailleur migrant.[225] Le cas du Qatar a fait grand bruit en raison de l'appel à de travailleurs émigrés dans la construction des infrastructures devant accueillir le championnat mondial de football en 2022. L'OIT avait été saisie de l'affaire depuis longtemps. Ses efforts ont permis l'obtention de résultats appréciables, même si des réformes restent nécessaires.

Plus précisément, ces travailleurs avaient besoin d'une permission de leur employeur pour changer d'emploi – l'un des éléments du système dit *kafala* qui rendait les travailleurs fortement dépendants de leur employeur, créant des situations de véritable exploitation. Une réforme intervint en 2020. Les intéressés peuvent aujourd'hui changer d'emploi à tout moment, après une période de préavis allant jusqu'à deux mois. Ils n'ont plus besoin d'un permis de sortie approuvé par l'employeur pour quitter le pays. Plus de 350.000 demandes de changement d'emploi ont été approuvées au cours des deux années qui ont suivi l'introduction de la nouvelle législation.

Ces changements ont réduit la vulnérabilité au travail forcé de migrants exposés à un contrôle excessif exercé sur leur vie par les employeurs. Beaucoup cependant se heurtent encore à des obstacles lorsqu'ils quittent leur emploi pour un autre, à des représailles de leur patron, comme l'annulation de leur permis de résidence ou le dépôt de fausses accusations de "fuite" contre eux. Les ministères du Travail et de l'Intérieur ont relié leurs systèmes électroniques pour vérifier conjointement les informations et empêcher ces manœuvres, mais le succès n'est pas total. L'absence de renseignements sur la mobilité de la main-d'œuvre constitue un autre obstacle au changement d'emploi. Procédures et règlements devraient être clarifiés, afin d'être mieux compris par tous[226].

La convention n°169 de 1989, interdit spécifiquement d'imposer une prestation obligatoire de services personnels, rétribués ou non, imposée sous quelque forme que ce soit aux membres des peuples indigènes et

---

225 Conférence internationale du Travail, Travail (96e session, 2007), *Eradication du travail forcé, op.cit.* §§ 40 ainsi que96-97.Voir l'article 9 de la convention n°189 sur les travailleurs domestiques, 2011. M. Kern et C. Sottas, « Liberté des travailleurs : l'abolition du travail forcé ou obligatoire » dans BIT, *Les normes internationales du travail. Une approche globale*, Genève, 2001, pp. 61-62.

226 https://www.ilo.org/global/lang--fr/index.htm 22 novembre 2022

tribaux. La participation à des programmes spéciaux pour la jeunesse, prévus par la recommandation n°136 de 1970 devrait être volontaire.

La convention n°29 permet toutefois une exception durant le service militaire obligatoire pour des travaux "purement militaires "; l'emploi des conscrits à des travaux publics reste par conséquent interdit. Elle autorise également "tout travail ou service exigé d'un individu comme conséquence d'une condamnation prononcée par une décision judiciaire, à la condition que ce travail ou service soit exécuté sous la surveillance et le contrôle des autorités publiques et que ledit individu ne soit pas concédé ou mis à la disposition de particuliers, compagnies ou personnes morales privées". Ainsi, les détenus non condamnés ne peuvent pas se voir obligés à travailler[227]: ils ne peuvent l'être qu'une fois reconnus coupables d'un délit. En l'absence d'un tel jugement, même une décision judiciaire ne peut pas imposer un travail.

D'autres exceptions portent sur certains travaux d'utilité sociale, en premier lieu ceux exigés dans les cas de force majeure (guerre, sinistres ou menaces de sinistres tels qu'incendies, inondations, famines, tremblements de terre, épidémies et épizooties violentes, invasions d'animaux, d'insectes ou de parasites végétaux nuisibles), c'est-à-dire de "toutes circonstances mettant en danger ou risquant de mettre en danger la vie ou les conditions normales d'existence de l'ensemble ou d'une partie de la population". Il s'agit aussi des menus travaux de village, exécutés dans l'intérêt direct de la collectivité par les membres de celle-ci, et par conséquent considérés comme des obligations civiques normales pour les membres de la collectivité, "à condition que la population elle-même ou ses représentants directs aient le droit de se prononcer sur le bien-fondé de ces travaux". Les autorités tunisiennes ont un jour enrôlé de force des étudiants pour des travaux publics lointains afin de les mater à la suite de manifestations hostiles au régime en place. La mesure ne répondait assurément pas à ces conditions.

Encore faut-il ne pas apporter à la libre circulation de la main-d'œuvre (d'un emploi à un autre ou d'une région à une autre) des restrictions qui pourraient aboutir à contraindre les intéressés à rechercher un travail dans des industries ou des régions déterminées, ajoute la recommandation n° 35 sur la contrainte indirecte au travail, 1930, sauf si de telles restrictions paraissent justifiées par l'intérêt même de la population ou des travailleurs dont il s'agit. L'Europe avait connu dans son histoire des limitations graves

---

[227] Conférence internationale du Travail (96e session, 2007), *Eradication du travail forcé*, Rapport III (partie 1B), Genève, BIT, 2007, § 51.

à la liberté de circulation des personnes, à l'intérieur même des frontières de chaque pays. Singulièrement, les lois sur le vagabondage avaient été utilisées à cette fin[228]. La CIT a voulu éviter la répétition de ces abus.

La question de la liberté du travail s'est encore posée quand la constitution de certains pays communistes européens ont imposé le devoir de travailler. Leurs législations notamment obligeaient les citoyens valides, qui ne suivaient pas un enseignement, à exercer une activité lucrative sous la menace d'être astreints à un travail déterminé ou de se voir appliquer une punition. La situation contredisait clairement les normes de l'OIT, comme le font, parce qu'elles aboutissent au même résultat, les lois qui définissent en termes très larges le vagabondage[229].

La convention n° 105 se focalise sur l'interdiction de situations précises de travail forcé ou obligatoire[230]: comme mesure de coercition ou d'éducation politique, comme sanction à l'égard de personnes qui ont ou expriment une opinion politique ou manifestent leur opposition idéologique à l'ordre politique, social ou économique établi, comme mesure de discipline du travail ou en tant que mesure de discrimination raciale, sociale, nationale ou religieuse, outre la mobilisation et l'utilisation citées antérieurement de la main-d'œuvre à des fins de développement économique.

Un rapport du Haut-Commissariat des Nations Unies aux droits de l'homme consacré à la région autonome du Xinjiang en Chine a conclu en 2022 à de graves violations des droits de l'homme à l'encontre des Ouïghours et d'autres communautés majoritairement musulmanes. Les allégations portaient sur des violations de ces droits dans les camps et autres lieux de détention, y compris des cas de torture, de violences sexuelles, de mauvais traitements, de traitements médicaux forcés, de travail forcé ainsi que sur des informations faisant état de décès en détention. La CEACR a également demandé des explications au gouvernement dans le cadre de l'application de la convention n° 111 (discrimination), ratifiée par cet État. Elle devrait examiner plus directement ces questions puisque la Chine vient de ratifier le 12 août 2022

---

[228] R. Castel, *Les métamorphoses de la question sociale. Une chronique du salariat*, Paris, Fayard, 1995.

[229] Conférence internationale du Travail (65e session, 1979), *Abolition du travail forcé. Rapport de la Commission d'experts pour l'application des conventions et recommandations,* Genève, BIT, 1979), §§ 45 et suiv.

[230] Article 1.

les conventions n°29 et n°105. C'était l'une des conditions mises par l'UE à la ratification d'un accord sur les investissements conclus en 2020. [231]

La dernière situation prévue par la convention n° 105 porte sur les mesures punitives pour fait de grève. Les rapports de la Commission de la CIT qui a discuté le projet de convention reconnaissent que dans certaines circonstances, des sanctions peuvent être infligées pour la participation à des mouvements illégaux et que ces mesures incluent un travail pénitentiaire normal ; ces peines découlent de dispositions interdisant la grève dans certains secteurs, pendant les procédures de conciliation, ou sur la base d'accords collectifs. En examinant la compatibilité de ces dispositions avec la convention, les organes de contrôle ont suivi les principes déjà exposés en matière de liberté syndicale[232].

Section 2. L'élimination du travail des enfants

La problématique des enfants et des adolescents au travail se concentre sur une double question que le droit international et la plupart des législations nationales ont généralement résolue dans un sens analogue. La première consiste à s'interroger sur ce que l'on ne peut pas faire ; c'est mettre les enfants au travail. La seconde, à se demander ce que l'on doit faire. La réponse vient naturellement : il faut protéger les adolescents qui travaillent, mais préalablement, leur trouver un emploi.

Telle est l'approche de la Convention sur les droits de l'enfant adoptée par l'Assemblée générale des Nations Unies, le 20 novembre 1989. Au sens de cet instrument, un enfant s'entend de tout être humain âgé de moins de dix-huit ans, sauf si la majorité est atteinte plus tôt selon la loi en vigueur. Il oblige, d'une part, les États qui la ratifient à établir des âges minimums d'admission à l'emploi, leur demande de prévoir des services de garde pour les enfants dont les parents travaillent, pose le principe que tout enfant a le droit de bénéficier de la sécurité sociale et de services médicaux ainsi que de mesures spécifiques s'il est physiquement ou mentalement handicapé ; il souligne encore la nécessité de la réunification de la famille des travailleurs migrants. Il demande, d'autre part, de protéger l'enfant contre tout travail mettant en danger sa santé, son éducation ou son

---

[231] https://news.un.org/fr/story/2022/09/1126282 ; Conférence internationale du Travail, (110e session, 2022), *Rapport de la Commission d'experts pour l'application des conventions et recommandations*, rapport III (addendum; partie A), Genève, BIT, 2022, pp. 557-566, 456; Le Monde, 22 avril 2022, p.19.

[232] Conférence internationale du Travail, (101e session, 2012), *Donner un visage humain à la mondialisation*, *op. cit.* § 313.

développement, de réglementer les conditions d'emploi et prévoit de rendre accessibles à tout enfant l'information et l'orientation scolaires et professionnelles.

La problématique de l'interdiction et de la protection se retrouve dans le Pacte des Nations Unies sur les droits économiques, sociaux et culturels, ainsi que dans la Charte sociale européenne et dans son annexe. Elle s'exprime dans les conventions et recommandations de l'OIT qui contiennent des normes plus précises sur la mise en pratique des principes ainsi consacrés. Les fondateurs de l'Organisation s'y étaient déjà référés, en 1919, dans le Préambule de sa Constitution.

Je diviserai, par conséquent, mes développements en deux parties. La première, consacrée à l'interdiction de faire travailler les enfants ; la seconde, aux garanties nécessaires pour aider l'adolescent à trouver un travail et à le protéger dans celui-ci. J'en tirerai quelques conclusions.

Paragraphe I. Le travail des enfants

Le débat sur le travail des enfants, comme sur celui des femmes, a constitué au siècle dernier, l'un des épisodes les plus frappants de ce qu'il a été convenu d'appeler la question sociale. Pourquoi protéger spécialement ceux-ci, et non pas les travailleurs adultes? Ces derniers souffraient aussi, après tout, de conditions d'emploi peu humaines. La raison peu exprimée trouvait ses racines dans une tradition ancienne consistant à aider seulement ceux qui n'étaient pas, ou pas totalement, en mesure de travailler[233]. Les enfants, comme les femmes, passaient - à tort déjà pour ces dernières - comme particulièrement fragiles. Les uns comme les autres souvent, étaient frappés d'incapacité civile. En outre, l'état des jeunes soldats était devenu tel que la situation risquait d'affecter l'avenir même des pays concernés.

La première loi limitant la journée de travail des enfants fut, à ma connaissance, britannique; elle date de 1802. Elle ne semble pas avoir été réellement appliquée jusqu'à l'institution, en tout cas, en 1833, d'une inspection d'État[234]. La Prusse réglementa la question en 1839, la France essentiellement en 1841. La Belgique accusa un retard certain: à l'exception

[233]Cons. L. François, *Le droit social et ses origines*, Presse universitaires de Liège, 1972, pp. 61 et suiv.. Dans un registre en définitive voisin, R. Castel explique dans *Les métamorphoses de la question sociale. Une chronique du salariat* (*op.cit*, notamment pp. 60 et ss.) comment, dès le Moyen Age, l'accent est mis sur le critère de l'inaptitude au travail pour l'octroi d'une assistance, les autres personnes devant être capables de s'aider elles-mêmes.

[234] Voir E. Mahaim: *Le droit international ouvrier* (Paris), Sirey, 1913, p. 8; J. Follows: *Antecedents of the International Labour Organization* (Oxford), Clarendon Press, 1951, p. 179.

d'un décret impérial de 1813 interdisant le travail souterrain des enfants de moins de dix ans, le premier arrêté royal sur la question remonte au 28 avril 1884 (l'âge minimum d'admission aux travaux souterrains fut alors porté à douze ou quatorze ans) et la première loi, au 31 décembre 1889.

Le mouvement de protection se développa au plan international[235]. En 1890, l'empereur Guillaume convoqua à Berlin une conférence sur le travail qui traita de l'emploi des enfants; elle n'aboutit cependant qu'à des vœux sans valeur juridique précise. L'année suivante, Léon XIII publia son encyclique *Rerum Novarum* ; celle-ci posait le principe que le nombre d'heures de travail au cours d'une journée ne devait pas dépasser la mesure des forces des travailleurs. La fin de la première guerre mondiale vit la création de l'OIT et l'adoption de textes juridiques internationaux sur l'âge minimum d'admission à l'emploi.

La Conférence de l'OIT adopta à sa première session, en 1919, une convention n°5 sur l'âge minimum d'admission à l'emploi qui interdit d'employer des enfants de moins de quatorze ans dans les établissements industriels. Plusieurs autres instruments fixèrent, peu après, un âge équivalent pour d'autres secteurs d'activité. Par la suite, la norme générale fut élevée à quinze ans, voire au-delà pour certains travaux pénibles. En 1973, enfin, la CIT révisa les règles antérieures dans une nouvelle convention (n°138) et une recommandation (n°146) complémentaire.

Cette convention reprend, en les aménageant, les dispositions prévues dans des instruments antérieurs. Elle n'indique pas un âge déterminé : elle demande aux États de spécifier, dans une déclaration annexe, un âge minimum. Toutefois, celui-ci ne doit pas être inférieur à l'âge auquel cesse la scolarité obligatoire, ni, en principe, à quinze ans. On relèvera le lien établi entre l'emploi et la fin de l'obligation scolaire. Si le seconde date est inférieure à la première, grand est en effet le risque de voir le jeune travailler clandestinement.

La convention donne aux pays "dont l'économie et les institutions scolaires ne sont pas suffisamment développées" une possibilité supplémentaire d'autoriser, comme première étape, le travail dès l'âge de quatorze ans. De nouvelles déclarations permettent de relever par la suite cet âge minimum. De même, tout État "dont l'économie et les services administratifs n'ont pas atteint un développement suffisant", peut spécifier dans un premier temps les branches d'activités ou les types d'entreprises

---

[235] Consulter par exemple «Le Bureau international du Travail et la protection de l'enfance», *Revue internationale du Travail*, vol. III, juillet-août 1921, n° 1-2, pp. 3-26.

auxquelles s'appliquera la convention, et limiter ainsi le champ de l'instrument.

Un État peut en outre exclure certaines catégories d'activités, quand l'application de la convention y rencontrerait des difficultés substantielles. Il s'agit par exemple de l'emploi dans des entreprises familiales ou du travail à domicile ; les autorités possèdent une grande latitude pour adapter ces dispositions à la situation nationale.

Les enfants de moins de treize ans, ou même de douze ans, sont autorisés à effectuer, à certaines conditions, des travaux légers. Des exceptions sont également prévues, dans des cas individuels, pour la participation à des activités telles que des spectacles artistiques. Ce type de manifestation a conduit à des abus quand les parents sont obnubilés par la fierté d'obtenir une publicité flatteuse à travers leurs enfants. D'où l'importance de la disposition suivante qui porte la limite d'âge à dix-huit ans pour les travaux qui, par leur nature ou les conditions dans lesquelles ils s'exercent, sont susceptibles de compromettre la santé, la sécurité ou la moralité des adolescents.

Même dans les pays industrialisés, des enquêtes révèlent périodiquement que des filles et des garçons sont clandestinement au travail. C'est dire la nécessité des mesures d'application demandées. Elles consistent à prévoir et à imposer des sanctions réellement dissuasives et, par conséquent, à compter sur une inspection du travail efficace ainsi qu'à prescrire la tenue de registres ou d'autres documents par l'employeur ; ces documents doivent indiquer le nom et l'âge, ou la date de naissance, des travailleurs de moins de dix-huit ans.

Malgré sa souplesse, cet instrument a suscité des difficultés considérables de mise en œuvre, spécialement dans les pays en développement. La pauvreté constitue l'explication principale de ce fléau.[236] Sait-on suffisamment que beaucoup d'enfants doivent aider leurs parents à gagner leur vie parce que les revenus familiaux ne suffisent pas à assurer le minimum vital? Bien plus, j'ai rencontré en Extrême-Orient des gamins qui revenaient chez eux avec plus d'argent que leur père. Il est inutile d'épiloguer sur l'autorité parentale dans ce cas.

Les laisser accomplir certains travaux s'avère par conséquent inévitable. Les en priver condamnerait toute la famille à la misère et à la faim. En revanche, d'autres activités confinent à l'exploitation : la prostitution

---

[236] Voir BIT: *Le travail des enfants. L'intolérable en point de mire* (Genève), 1996, pp. 18 et ss.

assurément, mais encore l'exploitation d'un travail pénible par des mafias ou l'obligation de passer de longues heures dans des conditions de travail médiocres, voire dangereuses, comme celle de souffleur de verre qui conduit à des invalidités durables.

Ces gosses perdent en même temps des années essentielles d'éducation. Les filles davantage que les garçons restent au foyer pour aider leur mère dans les travaux à domicile. Les déficiences du système éducatif et la perpétuation des inégalités sociales, les pesanteurs propres au secteur informel expliquent également la difficulté de venir à bout de cette plaie endémique. L'assistance technique du BIT a permis de réaliser des progrès importants. J'ai pu constater pendant mon affectation en Asie de 1991 à 1993 qu'en Thaïlande, les enfants du pays n'étaient plus que rarement sollicités ; ce n'était cependant pas le cas des petits étrangers venus subrepticement des États voisins, y compris de Chine.

Les autorités peuvent seulement progresser si elles reconnaissent le problème. Telle est la première démarche demandée par l'OIT dans son programme de lutte contre le travail des enfants, connu sous son anglais sigle d'IPEC, lancé en 1992 et financé par des contributions volontaires. Il a largement contribué aux succès de l'Organisation dans ce domaine. Des projets sont élaborés, des campagnes de sensibilisation menées à bien, le développement d'institutions spécifiques, gouvernementales, ou non, et la collecte de données favorisés.

Pourtant, des millions d'enfants se trouvent encore dans une situation qui échappe à tout contrôle comme dans les *favelas* de Rio de Janeiro. On les rencontre dans l'industrie textile, dans l'agriculture, dans les bars, les hôtels, les restaurants et les secteurs de la vente ou de la distribution des pays industrialisés. Ces activités, le plus souvent clandestines, sont effectuées dans des petites entreprises ou des établissements familiaux. Elles se font après l'école ou à sa place. Les accidents de travail ne sont pas rares. J'ai déjà évoqué les courses de chameaux dans deux pays du Golfe où des enfants d'émigrés étaient attachés à l'animal pour éviter de tomber.

Un nombre considérable d'enfants continuent de travailler sous la contrainte dans toutes sortes d'activités, attirés quelquefois sous de faux prétextes dans des occupations qu'ils ne pourront plus quitter. Beaucoup de filles et de garçons figurent parmi ces êtres humains évoqués précédemment, asservis en raison d'une dette (" *bonded labour* ") que ni leurs parents ni eux-mêmes n'arrivent à rembourser. Celle-ci grossit et la servitude se transmet d'une génération à l'autre. Parfois, ces petits travaillent dans des conditions effrayantes ; fréquemment ils souffrent de troubles respiratoires ou de maladies de la peau, connaissent les harcèlements et les coups.

Il y avait par conséquent une distinction à opérer entre ces formes abominables de travail des enfants et les activités, regrettables certes, mais physiquement et moralement plus supportables appelées se poursuivre aussi longtemps que la famille en avaient besoin pour survivre. Cette dernière situation reste, cela va sans dire, difficile à admettre, même à titre temporaire. Je me souviens m'être fait violemment prendre à partie à Paris par un professeur de philosophie du droit qui défendait dogmatiquement l'inviolabilité des droits de la personne.

Il n'empêche. Cette analyse a conduit l'OIT a adopté, en 1999, une convention n° 182 qui reprend cette distinction. Le terme " enfant " s'y entend de toute personne de moins de 18 ans. Les États doivent prendre des mesures immédiates et efficaces pour faire disparaître les pires pratiques qui couvrent en tout cas: " a) toutes les formes d'esclavage ou pratiques analogues, telles que la vente et la traite des enfants, la servitude pour dettes et le servage ainsi que le travail forcé ou obligatoire, y compris le recrutement forcé ou obligatoire des enfants en vue de leur utilisation dans des conflits armés ; b) l'utilisation, le recrutement ou l'offre d'un enfant à des fins de prostitution, de production de matériel pornographique ou de spectacles pornographiques ; c) l'utilisation, le recrutement ou l'offre d'un enfant aux fins d'activités illicites, notamment pour la production et le trafic de stupéfiants, tels que les définissent les conventions internationales pertinentes; d) les travaux qui, par leur nature ou les conditions dans lesquelles ils s'exercent, sont susceptibles de nuire à la santé, à la sécurité ou à la moralité de l'enfant".

Ces derniers travaux, ajoute la recommandation complémentaire n° 190, peuvent être autorisés à partir de l'âge de 16 ans dans les mêmes conditions que la disposition équivalente de la convention n° 138, à savoir : a) la consultation des organisations patronales et syndicales ; b) la protection assurée de la santé, la sécurité et la moralité des intéressés, et c) l'assurance d'avoir reçu la formation professionnelle pu l'enseignement voulu.

La recommandation apporte en outre quelques précisions sur les éléments à prendre en compte dans la détermination et la localisation des activités prohibées ; celles-ci comprennent : " a) les travaux qui exposent les enfants à des sévices physiques, psychologiques ou sexuels; b) les travaux qui s'effectuent sous terre, sous l'eau, à des hauteurs dangereuses ou dans des espaces confinés ; c) les travaux qui s'effectuent avec des machines, du matériel ou des outils dangereux, ou qui impliquent de manipuler ou porter de lourdes charges ; d) les travaux qui s'effectuent dans un milieu malsain pouvant, par exemple, exposer des enfants à des substances, des agents ou des procédés dangereux, ou à des conditions de température, de bruit ou de vibrations préjudiciables à leur santé; e) les travaux qui s'effectuent dans des conditions particulièrement difficiles, par exemple pendant de longues heures, ou la nuit, ou pour lesquels l'enfant est retenu de manière injustifiée dans les locaux de l'employeur".

Une fois prise la décision politique d'éliminer ces pratiques, et même élaborés les programmes d'action qui s'ensuivent, encore faut-il les mettre en œuvre. Apparaissent alors des problèmes d'autant plus ardus que les activités prohibées sont fréquemment clandestines, la difficulté par exemple à réunir l'information nécessaire et des statistiques fiables. Le contrôle s'avère, pour les mêmes raisons, malaisé. La convention n° 182 et la recommandation n° 190 contiennent plusieurs dispositions à cet effet.

La pauvreté autorise-t-elle à relativiser ce droit fondamental?

J'ai été convié, il y a quelques années à participer depuis Genève à un jury de thèse sur ce sujet à l'Université du Cap. Le document soulignait qu' inévitablement les conventions que je viens de citer étaient des solutions de compromis en raison des différences politiques et économiques entre les États développés et les États en développement. Ces derniers avaient cependant très peu participé à la rédaction des textes et avaient rarement eu une réelle intention de les mettre en œuvre.

L'auteure explorait dans ces conditions l'application de l'interdiction du travail des enfants dans trois États d'Afrique australe, l'Afrique du Sud, le Lesotho et le Zimbabwe, choisis principalement parce qu'ils partageaient un passé colonial, des traditions culturelles et des systèmes de pluralisme juridique. Elle soutenait que dans ce contexte spécifique les termes 'enfant' et 'travail' prenaient une signification très différente même si les rédacteurs des instruments avaient supposé les définitions occidentales applicables. Elle juxtaposait les idées occidentales et africaines de l'éducation appropriée des enfants et expliquait comment le travail d'un enfant à la maison ou dans les champs pouvait être interprété, selon le premier point de vue, comme une exploitation économique ou, selon l'autre, comme une socialisation bénéfique. Le candidat appelait à une évaluation plus réaliste de la façon de venir à bout de ce problème, recommandant une approche non universaliste, mais plutôt une forme de relativisme culturel qui impliquerait de permettre à la sous-région d'Afrique australe de déterminer ses propres dispositions.

J'ai relevé dans mon rapport que la candidate ne montrait pas comment les instruments en question, notamment la convention n°182 que je viens de commenter, ne prenaient pas en compte les contraintes propres aux pays les plus pauvres, se limitant, selon elle, à une vision individualiste. J'ajoutais en passant que le mot "occidental" pour la caractériser était inapproprié puisque des pays comme le Japon, la Corée du Sud ou l'Argentine l'avaient également fait leur.

Le caractère universel des normes internationales du travail rendait assurément leur application plus complexe. Aux difficultés juridiques bien connues, s'en ajoutaient ici d'autres de caractère économique, institutionnel et culturel (sociologique, religieux, historique). Je reviendrai, à la fin de ce livre, sur ces obstacles et sur la manière de les surmonter. J'ai précisé que l'élaboration de la convention n°182 avait été précédée d'un débat animé en 1996 sur la manière d'intégrer ces préoccupations. De très nombreux représentants des pays concernés y avaient participé. L'un des experts les plus brillants en faveur de l'approche adoptée avait d'ailleurs été le Dr. Assefa Bequele[237], lui-même Africain.

L'idée, à première vue attrayante, de substituer aux instruments universels des normes régionales n'est pas neuve, mais elle n'est pas accueillie avec enthousiasme, même par les pays qui pourraient bénéficier de ce type de flexibilité. Des délégués africains s'opposent depuis longtemps à l'existence "de sous- normes pour des sous-hommes". L'OIT a fait sien ce refus affirmant que tout retard dans la mise en œuvre de droits fondamentaux mettait en danger l´égalité même de tous les travailleurs, hommes et femmes, partout dans le monde.

Elimination du travail des enfants et sécurité sociale

Imposer la fréquentation de l'école jusqu'à un âge raisonnable (celui-là où les jeunes gens peuvent accéder à l'emploi) et en contrôler l'obligation, constitue de l'avis unanime, une mesure efficace. Je viens de relever qu'autrement les parents risquent de mettre subrepticement leur progéniture au travail en attendant qu'ils puissent le faire au grand jour.

Beaucoup de pays européens ont élevé l'âge de l'obligation scolaire face à la montée du chômage. Un régime sophistiqué de sécurité sociale y permet, en principe, d'écarter le besoin de travailler de manière précoce.

---

237 Voir en particulier son livre avec W. Myers, *First things first in Child Labour: Eliminating work detrimental to children*, Geneva, ILO, 1995.

La définition de l'enfant à charge (comme la détermination de la fin de la scolarité obligatoire) correspond d'ailleurs également, mais en sens inverse, à la limite d'âge fixée pour l'admission à l'emploi: ces notions coïncident en général, sauf pour les enfants qui poursuivent des études ou pour ceux qui souffrent d'un handicap. La prise en charge des enfants apparaît ainsi comme le complément naturel de la règle fixant un âge minimum d'accès au travail. La recommandation n° 146 le suggère expressément.

La convention des Nations Unies sur les droits de l'enfant consacre en outre la tendance récente du droit de la famille, voire de la sécurité sociale, à reconnaître des droits propres à ce dernier. Il s'agit en effet d'enlever à certains parents la conviction que leur progéniture leur appartient. L'instrument voudrait amener un changement dans leurs mentalités, renforcer leur résistance à laisser leurs enfants exécuter des tâches inacceptables.

Le plus souvent, les systèmes de sécurité sociale considèrent l'enfant en tant que personne à charge. Il jouit alors de droits dérivés du travail de son père et/ou de sa mère, principalement des prestations médicales, des allocations en cas de décès du soutien de famille, des allocations familiales. En outre, des prestations accordées au père ou à la mère qui travaillent peuvent être plus élevées s'ils pourvoient à la subsistance des enfants.

Des droits de sécurité sociale propres à l'enfant se rencontrent cependant dans des systèmes dits universalistes ; ils restent exceptionnels. Dans tous les pays à régime universel en effet et, a fortiori, dans ceux ayant un régime professionnel, les liens familiaux ou, à défaut, les liens économiques entre parents et enfants bénéficiaires demeurent déterminants dans l'établissement du droit, l'accent étant davantage mis sur les premiers, sur les seconds, ou sur les deux à la fois. L'universalité, quand elle existe, semble le plus souvent fondée sur la qualité du parent bénéficiaire, et non sur celle de l'enfant : le droit est généralement ouvert à toute personne assumant la charge d'enfants, des conditions de résidence sur le territoire national et parfois aussi de ressources, étant requises par ailleurs. La reconnaissance d'un droit propre de l'enfant n'apparaît, en général, qu'à titre exceptionnel, par exemple lorsqu'il s'agit d'enfants orphelins (Allemagne).

On ne discerne pas non plus, sauf exception, dans l'universalisation du droit aux allocations familiales l'émergence d'un droit personnel de l'enfant : les systèmes en place ont plutôt comme but le soutien des familles dans le coût que représente la charge d'enfants ; ils tendent même très souvent à établir des priorités en fonction de la situation sociale des familles. Aucun pays, à ma connaissance, ne fait état d'un droit de l'enfant qui serait reconnu de manière formelle.

Paragraphe 2. Les adolescents au travail

La prohibition du travail infantile trouve sa suite naturelle dans une prise de conscience, de la part de la société, d'une responsabilité particulière à l'égard du travail des adolescents, en premier lieu, celle de faciliter à ces jeunes travailleurs la recherche d'une activité, d'un emploi convenable.

Les observateurs ont relevé, dans la plupart des pays industrialisés, un taux de chômage élevé parmi les jeunes travailleurs. Le problème semble endémique en Espagne. Les raisons en varient sans doute. Elles peuvent certes tenir à l'attitude des intéressés eux-mêmes vis-à-vis de la formation et du travail. Mais l'absence d'homogénéité de ce groupe d'âge interdit les généralisations. Beaucoup se plaignent de la discrimination dont ils feraient l'objet lors du recrutement, comme dans leurs conditions de salaire et de travail (emplois plus dangereux, plus pénibles, plus sales, plus répétitifs, etc.). Bien des patrons éprouvent de leur côté des réserves à l'égard des adolescents et préfèrent recruter des adultes. Ils l'expliquent par le coût de l'embauchage, de la formation et de l'emploi de jeunes alors qu'ils ne peuvent être sûrs de leur fidélité à l'entreprise.

Le souci de faciliter l'emploi des jeunes se double de celui de les protéger dans la mesure où ils restent plus fragiles que les adultes. D'où des tendances contradictoires dans les législations qui leur sont applicables. D'une part, nombre d'États cherchent à encourager leur recrutement en diminuant les charges de sécurité sociale imposées aux employeurs, en établissant des exceptions aux règles du salaire minimum ou encore un allègement des conditions de licenciement que dénonce par ailleurs le BIT[238]. D'autre part, les adolescents reçoivent des garanties supplémentaires de leurs conditions de travail. Aussi utile soit-elle, celles-ci peuvent cependant décourager un chef d'entreprise d'engager ces travailleurs plus protégés en considérant, à tort ou à raison, que ces sauvegardes augmentent les coûts de production. Débat difficile, déjà évoqué.

Dans deux domaines en tout cas, le droit international du travail, relayé par les droits nationaux, veille spécialement sur les jeunes travailleurs. Il interdit le travail de nuit et demande d'organiser des examens médicaux.

[238] Voir ci-dessous le cas de l'application de la convention n° 158 par la France.

La recommandation n°146, de 1973, sur l'âge minimum, contient d'autres dispositions encore: sur la rémunération équitable et sa protection compte tenu du principe "à travail égal, salaire égal", sur la limitation de la durée du travail et l'interdiction des heures supplémentaires (pour des raisons à la fois de détente et de formation), sur le repos hebdomadaire, l'octroi d'un congé annuel payé (au moins quatre semaines et, en tout cas, pas moins que les vacances équivalentes accordées aux adultes), sur l'application de normes satisfaisantes de sécurité et d'hygiène au travail.

Cette recommandation insiste également pour que les États assurent aux jeunes gens une protection dans le cadre des régimes de sécurité sociale. Beaucoup de législations européennes ont ainsi limité ou supprimé en leur faveur les conditions de stage ou les délais d'attente donnant droit aux prestations. La mesure doit permettre aux adolescents d'obtenir immédiatement une protection satisfaisante.

Paragraphe 3. En guise de conclusions

Il est notoire qu'un certain nombre d'enfants sont au travail même dans des pays industrialisés. Ils le sont fréquemment de manière clandestine ; d'où la difficulté d'obtenir des données fiables. Le problème ne ressemble en rien à ce qu'il était il y a cent cinquante ans, mais il est sérieux, exige une attention, une action accrue. Il convient, par exemple, d'enlever aux parents la conviction que leurs enfants sont en quelque sorte leur propriété. La Convention sur les droits de l'enfant consacre, on l'a vu, la tendance récente du droit de la famille, voire de la sécurité sociale, à reconnaître des droits propres à ce dernier. Voilà qui devrait amener un changement dans les mentalités.

Mais si le travail en-dessous d'un âge donné, quinze ans en principe, n'a pratiquement que des inconvénients, il convient en revanche d'accorder un soin particulier à l'insertion professionnelle des adolescents. Ceci concerne les mesures positives prises ou à prendre pour leur trouver une activité rémunérée. On sait le coût humain et social élevé d'un chômage prolongé en début de carrière. Voilà qui appelle à une formation professionnelle adaptée et à une mobilisation de toutes les capacités, d'autant plus nécessaire que les courbes démographiques révèlent qu'en Europe, la main-d'œuvre va aller déclinant et qu'au chômage se substituera peut-être bientôt une pénurie de travailleurs qualifiés.

Raison supplémentaire pour permettre à chacun de réussir le passage de l'enfance à l'âge adulte, celui de l'école à l'atelier ou au bureau. Faciliter la rencontre des jeunes avec le travail constitue la raison d'être de ces formules qui, à la fin de la formation, font alterner aujourd'hui enseignement scolaire et stages dans les entreprises. La tendance consiste nettement à intégrer l'un et l'autre, à combler le fossé entre formation et emploi, à entamer le travail avant la fin de la formation et à poursuivre celle-ci après les débuts d'une activité professionnelle. Quand l'adolescence est regardée, de ce point de vue également, comme une période de transition, la protection spéciale des premières années d'exercice d'un métier retrouve de solides fondements. N'est-ce pas là une voie plus efficace de réconcilier les jeunes avec le travail, dont nul n'ignore les servitudes, mais aussi la fonction d'intégration.

Chapitre 3. La santé et la sécurité au travail

La relation de travail, salarié ou indépendant, engage la personne même dans l'exécution des obligations acceptées. Pour l'avoir négligé, le XIXe siècle a connu, aux débuts de l'ère industrielle, des situations intolérables. D'où l'adoption de normes pour la protection de sa vie et de sa santé.

Le Pacte international relatif aux droits économiques, sociaux et culturels est venu rappeler en 1966, en termes juridiques, qu'au-delà de la satisfaction de certaines prétentions, aussi respectables soient-elles, au-delà même des sauvegardes contre certains abus, la question se pose, fondamentale, de la dignité de la personne humaine. Le travail est fait pour l'homme, et non le contraire. Tout travailleur a le droit d'être traité en être humain, et l'État, l'obligation corrélative. Plus précisément, ce Pacte demande aux États de reconnaître le droit de bénéficier "de conditions de travail justes et favorables, qui assurent notamment : … la sécurité et l'hygiène du travail". Il se réfère en outre au droit pour chacun de jouir du meilleur état de santé physique et mentale qu'il lui soit possible d'atteindre.

L'OIT n'avait pas attendu cette date pour adopter des normes sur la question. La convention (n° 13) sur la céruse (peinture), 1921, fut la première à aborder directement la question, mais une majorité de celles qui l'avait précédée avaient parmi leurs principales préoccupations, celle de la santé. Beaucoup d'autres ont suivi. Pourtant le nombre des ratifications des principales conventions reste, en moyenne, assez faible. L'impact de celles-ci est certes plus large que le nombre de ratifications ne le laisserait penser, mais cette influence aussi reste perfectible.

La mise en œuvre de ces dispositions a donné des résultats mitigés : remarquables dans certains cas, beaucoup moins dans d'autres. La CEACR a constaté des améliorations substantielles. Malgré des progrès plus souvent lents mais réguliers, les accidents industriels majeurs, les autres accidents du travail, les maladies professionnelles demeurent fréquents et continuent de provoquer de très nombreux décès et encore plus d'invalidités. Il faut lire les rapports d'inspection du travail à ce propos (1). Aujourd'hui, les nouvelles technologies, le télétravail en particulier, créent des risques supplémentaires de types nouveaux (2).

Soucieuse de rendre la protection plus large et plus efficace, l'Organisation a par conséquent évolué dans son approche juridique. Ces développements se reflètent dans l'extension du champ d'application de ses conventions et recommandations. Ils se manifestent ensuite dans une globalisation des méthodes de prévention. Plus important encore, ils apparaissent dans la vision même de la protection et enfin dans l'intégration des conditions de travail sûres et saines dans sa Déclaration sur les principes et droits fondamentaux au travail (3).

Section 1– La mise en œuvre des normes sur la santé au travail dans les droits nationaux

Paragraphe 1. Des difficultés durables

L'Union européenne enregistrait 2,88 millions d'accidents du travail en 2021, selon des chiffres d'Eurostat, outre les 3 347 fatals accidents. En Espagne, la mortalité professionnelle dépasse la douzaine par semaine[239]. Les problèmes observés par l'OIT tiennent tant aux écarts entre la loi et la norme qu'à la pratique suivie par les États.

Les difficultés d'ordre législatif portent en particulier sur les limitations du champ d'application des lois protectrices à certaines branches d'activité, à certaines catégories d'entreprises ou de travailleurs. Ces restrictions ne sont pas nécessairement incompatibles avec une convention ; celle-ci peut contenir des clauses dites de souplesse qui autorisent ces exceptions, quitte à laisser de nombreux travailleurs en dehors de toute sauvegarde. Parmi les plus fréquemment exclus figurent les salariés des petites entreprises ou des établissements familiaux, les travailleurs à domicile ou juridiquement indépendants, et toutes ces personnes occupées, dans les pays en développement, à des emplois précaires dans le secteur non structuré des villes et des campagnes.

La loi peut ne pas s'étendre à l'ensemble du territoire national, ne pas offrir aux bénéficiaires le niveau de garanties voulu, ne pas respecter toutes les exigences posées par les règles internationales. La CEACR a ainsi relevé que, si l'interdiction d'utiliser des machines sans dispositifs protecteurs adéquats est en général prévue, l'extension de cette interdiction à la vente, à la location, à la cession ou à l'exposition de ces machines constituait un obstacle à la mise en œuvre de la convention n° 119 sur la protection des machines, de 1963. Elle a constaté également, à propos de la convention n° 148 sur le milieu de travail (pollution de l'air, bruit et vibrations), 1977, que plusieurs pays n'avaient pas établi de critères et de seuils d'exposition

[239]https://ec.europa.eu/eurostat/statistics-explained/index.; *Público*, Zaragoza, 24/09/2022Eduardo Bayona@e_bayona.

pour la pollution de l'air, ce qui mine l'efficacité des autres mesures de protection que l'on pouvait prendre[240].

La mise en œuvre d'un texte juridique suppose en principe des contrôles menés par des inspecteurs du travail et par conséquent, pour ce corps de fonctionnaires, des effectifs dûment formés et suffisants. Il n'en est pas toujours ainsi, loin s'en faut, même dans les États les plus industrialisés. J'ai eu l'occasion, surpris, de l'observer plus d'une fois dans les pays d'Europe centrale et orientale à l'époque communiste. Les difficultés d'ordre pratique tiennent aussi au coût des mesures de sécurité pour les entreprises, surtout de taille modeste, ou à l'absence de connaissances techniques nécessaires. Mais il ne faut pas diaboliser les entreprises. Des raisons techniques imprévisibles expliquent également certains accidents, comme le basculement d'une plateforme d'extraction de gaz en mer du nord. Le spectacle de cette usine de fer renversée dans l'eau m'avait à l'époque profondément choqué.

Les problèmes peuvent tenir encore à l'attitude de certains ouvriers, peu enclins à voir leur travail gêné par des dispositifs ou des équipements sophistiqués ou, d'une manière plus générale, au poids des habitudes acquises ou des superstitions qu'il n'est jamais simple de bousculer. Je me souviens d'avoir visité une coutellerie en Thaïlande. Son patron me décrivit l'équipement de sécurité qu'il avait acheté pour son personnel, et comme je m'étonnais de ne pas le voir porté, il ajouta qu'un moine bouddhiste était venu bénir les ateliers et que depuis, les salariés avaient abandonné casques, masques et gants se sentant suffisamment protégés par son geste.

Cette anecdote souligne toute l'utilité de sensibiliser chacun aux dangers nés du travail et de déterminer les responsabilités puisque les causes dites objectives ou sociales ne doivent pas occulter les fautes par insouciance, imprévoyance ou négligence. C'est dire l'importance d'une information des travailleurs et de leurs représentants, ainsi que des consultations, et même d'une véritable coopération des employeurs avec ceux-ci. De nombreux droits nationaux européens instituent, à cet effet, soit des délégués travailleurs à la sécurité, soit des comités (ouvriers ou conjoints) de sécurité et d'hygiène, dans la ligne de la recommandation n° 164 de

---

[240] Conférence internationale du travail (110ème session, 2022), *Rapport de la Commission d'experts pour l'application des conventions et recommandations*, rapport III (partie A), Genève, BIT, 2022, p. 806 (Sierra Leone) ; Conférence internationale du Travail (101ème session, 2012), *Rapport de la Commission d'experts pour l'application des conventions et recommandations*, rapport III (partie1), Genève, BIT, 2012, pp. 902 et 904 (Equateur) et 911 (Hongrie).

l'OIT concernant la sécurité, la santé des travailleurs et le milieu de travail, 1981.

Les programmes d'action de l'Organisation apportent aux États intéressés la coopération technique nécessaire, notamment sur la promotion d'habitudes de prévention, la sensibilisation et la mobilisation des énergies ainsi que sur la connaissance des instruments normatifs.

Paragraphe 2. Le coût des normes sur la santé au travail

Posée plus ou moins discrètement par des délégués au Conseil d'administration ou à la Conférence annuelle, une interrogation se répète : ces normes, ou certaines d'entre elles, n'ont- elles pas un prix trop élevé face à une concurrence exacerbée par la mondialisation de l'économie ? L'argument choque évidemment : c'est d'êtres humains qu'il s'agit, de leur vie, de leur santé, du bonheur de leurs proches. La préoccupation apparaît cependant bien réelle.

Sans aborder ici toute la problématique du prix du travail, je voudrais formuler quelques remarques qui se focalisent sur la sécurité et l'hygiène professionnelles.

La première, pour observer que le coût des normes protectrices de l'intégrité physique des travailleurs apparaît dans bien des cas comme modeste, sinon insignifiant, par rapport au montant total des investissements en machines et en équipements ; une rationalisation permet, quelquefois, de le réduire encore. Il reste que ces montants peuvent apparaître importants dans des pays où le développement économique reste incertain.

Il ne faut pas, deuxièmement, sacrifier le moyen au court terme, même au très court terme, car ces normes constituent fréquemment, contrairement à bien des idées reçues, une source d'enrichissement pour l'État concerné. Des rapports chiffrent régulièrement la charge financière pour les États des maladies et des accidents professionnels. Les dépenses ainsi occasionnées occupent une place considérable dans le budget des États, même les plus prudents[241].

---

[241] Agence européenne pour la sécurité et la santé au travail, *Estimation du coût des accidents et des problèmes de santé liés au travail: une analyse des sources de données européennes*, Bilbao, 2017 ; *ibid. The value of occupational safety and health and the societal costs of work-related injuries and diseases*, Bilbao, 2019.

Les mesures prises contre les maladies et les accidents liés au travail permettent d'éviter des dépenses parfois sensiblement plus élevées, parce que ces maladies et ces accidents reviennent finalement chers à l'employeur comme à la collectivité nationale. Outre la compensation financière du dommage subi (par des allocations de sécurité sociale ou autrement), et l'octroi de prestations en nature (soins médicaux, médicaments, …), le BIT n'a pas manqué de signaler que d'autres frais, indirects certes, mais très réels, sont à comptabiliser : réparations éventuelles du matériel et de l'équipement, immobilisation de la machine, perturbations engendrées dans le programme de production par l'absence du travailleur.

Plus graves, ces maladies et ces accidents peuvent, s'ils se produisent fréquemment, affecter le potentiel productif d'un pays, et donc son développement économique ultérieur. L'employeur ne remplacera pas facilement, et sans délai, un travailleur accidenté ou malade par un autre qui possède la formation voulue et l'expérience des tâches spécifiques confiées à son prédécesseur. Bien plus, un environnement de travail sûr constitue un facteur important de satisfaction pour l'ouvrier et entraîne une hausse de la productivité, pour ne rien dire des tensions et des conflits sociaux que des risques professionnels sérieux provoquent inévitablement.

Et, en réponse à ceux qui, non sans brutalité, soutiennent que le coût de ces maladies et de ces accidents est en fin de compte insignifiant pour bien des pays en développement (en raison de la masse des chômeurs et des carences du système d'indemnisation), les experts de l'Organisation soulignent qu'ils sont plus dommageables encore à l'économie de ces pays où la main-d'œuvre qualifiée est plus rare et les délais de remplacement normalement plus longs. En outre, la collectivité dont fait partie le travailleur accidenté ou malade devra de toute façon en supporter les conséquences, même si la couverture de sécurité sociale fait défaut et que les frais restent à la charge de la victime elle-même ou de ses proches.

Section 2. Les risques nouveaux

Les nouvelles formes d'organisation du travail, singulièrement le travail à distance, affectent la santé au travail. Il y a également d'autres leçons à tirer de la pandémie de covid-19.

Paragraphe 1. Le travail à distance et ses conséquences sur la santé

Le travail à distance autorise plus de souplesse d´organisation, mais il amène souvent des dépassements d'horaires. Il présente plus généralement des risques sérieux pour la santé, spécialement quand l'intéressé se retrouve face à des demandes excessives. Tel est facilement le cas si la rémunération n'est pas calculée au temps, mais à la pièce ou au résultat, ou si la personne est engagée pour une tâche déterminée. Le droit à la déconnexion constitue une garantie nécessaire sinon suffisante pour disposer d'un repos réparateur. Il découle de l'obligation de respecter des horaires de travail, mais constitue un utile rappel. L'exposition prolongée à un écran, surtout petit, entraîne des problèmes oculaires.

Plus fréquents s'avèrent les risques psychosociaux. Ils dérivent principalement de l'état de subordination du salarié, ou plus largement de la dépendance économique d'un travailleur, salarié ou petit indépendant, laissé dans l'isolement. Il va de soi que les individus vivent plus ou moins bien ce mode de travail selon leur personnalité et leur environnement.[242]

Les dangers viennent d'une perception déstabilisatrice d'insécurité. Insécurité des revenus liés à un emploi peu stable ou à des commandes incertaines, insécurité due à de mauvaises conditions de travail, insécurité par manque réel ou supposé des qualifications et d'un niveau de formation nécessaires, quand spécialement les instructions reçues sont absconses ou trop exigeantes. Insécurité plus généralement dans l'environnement de travail avec tous les aléas des échanges interactifs, les discriminations diverses, les harcèlements de tous genres, les violences, avec les difficultés de mener de front une vie familiale et une carrière professionnelle, avec les frustrations remuées seul(e) face à la marginalisation. Insécurité encore, pour les plus jeunes et les plus vieux, quand les obligations requises ne sont pas adaptées à leur âge, insécurité en raison de l'absence ou à la faiblesse de la représentation des intérêts loin de tout lieu naturel de réunion, insécurité devant les lacunes de la sécurité sociale.

Cette tension nerveuse excessive et traumatisante[243], resta longtemps un sujet peu étudié. Ce fut le mérite de chercheurs anglais et américains d'avoir souligné le besoin de se pencher sur ces questions. L'OIT prit le relais, réfléchissant sur les effets de ces risques et promouvant leur évaluation dans les situations concrètes. L'approche correspond à une

---

[242] T. Takami, "Remote Work and Job Satisfaction that Depends on Personality Traits: Evidence from Japan", *Japan Labor Issues*, Volume 6 Number 37, March-April 2022, pp. 8-15.

[243] Définition du stress proposée par les dictionnaires *Robert*.

vision moderne de la santé au travail qui vise à détecter, estimer, prévenir (y compris par la formation et l'information), puis à éliminer les dangers ou adapter les activités. Elle suppose en particulier un examen attentif de la charge de travail, de son rythme et de ses horaires, et le cas échéant, un accompagnement social et psychologique[244].

Un accord cadre européen du 6 octobre 2022 entre les interlocuteurs sociaux des administrations gouvernementales centrales traite de plusieurs des difficultés que je viens de mentionner.

La question est aujourd'hui d'assurer les transitions, les ajustements de l'ensemble des conditions de travail à ce monde en mutation. Si elle n'a pas provoqué le "big bang" annoncé, la pandémie a néanmoins montré l'urgent besoin de repenser l'organisation du travail ainsi que de posséder un cadre légal adapté. Elle a aussi agrandi le fossé qui sépare les systèmes de protection sociale entre pays riches et moins riches.[245] D'où le besoin d'élargir et d'approfondir les politiques de santé au travail. Les programmes de l'OIT illustrent cette évolution significative.

Paragraphe 2. Les leçons de la pandémie de covid-19

Le covid-19 a démontré l'importance de services de santé efficaces, mais aussi, dans de nombreux pays, le sous-investissement ainsi que les faibles rémunérations et les rudes conditions d'emploi du personnel hospitalier. C'est un point où ce fléau devrait provoquer des changements de politique, conformément à la Convention n°161 et à la Recommandation n° 171 sur les services de santé au travail de 1985 ainsi qu'à la Convention n° 149 et à la Recommandation n° 157 sur le personnel infirmier de 1977.

Dans la ligne de la Convention n° 155 de 1981 sur la sécurité et la santé des travailleurs, il convient de définir clairement les responsabilités respectives des employeurs et des travailleurs certes, mais aussi des autorités (interdictions, surveillance par un système d'inspection approprié et suffisant, autorisations administratives, procédures de déclaration de maladies et d'accidents, enquêtes, production de statistiques, coordination

[244] L. Lerouge, *Répertoire Dalloz, droit du travail*, fascicule «Le droit des risques psychosociaux au travail»; L. Lerouge (dir.), *La numérisation du travail. Enjeux juridiques et sociaux en santé au travail*, Paris, L'Harmattan, 2021.Voir également: European Agency for Safety and Health at Work, *Artificial intelligence for worker management: implications for occupational safety and health*. Bilbao, 2022; H. Lanouzière, E. Wurtz, *La santé au travail: droit et pratique*, Paris, Economica, 2023.

[245] ILO, *World Social Protection Report 2020/22*, https://www.ilo.org/wcmsp5/groups/public/---dgreports/---dcomm/---publ/documents/publication/wcms_817572.pdf, p. 19 and pp. 63 and ff.

des services.) et des fabricants et vendeurs de machines, d'équipements ou de substances nocives. Pour sa part, l'employeur est tenu d'assurer la sécurité dans son entreprise, de maintenir des distances sanitaires, de fournir des vêtements de protection appropriés et des équipements de protection (masques) sans frais pour les travailleurs, et de fournir les informations et la formation nécessaires. Le non-respect de ces règles peut entraîner l'obligation de payer une indemnité compensatoire, y compris auprès des organismes de sécurité sociale, comme le souligne la Professeure Melda Sur pour la Turquie[246]. Le travailleur doit également collaborer, comme ses représentants, et signaler toute situation à risque.

Une convention collective générale autrichienne a stipulé que les employés se verraient accorder un test PCR si un résultat négatif était requis avant d'entrer sur le lieu de travail. Les salariés tenus de porter un masque pendant le temps de travail avaient la permission de le retirer pendant au moins dix minutes après trois heures d'utilisation au plus. Une pause supplémentaire n'était pas nécessaire. Il suffisait de passer à des activités où le contact physique avec d'autres personnes pouvait être écarté ou les mesures de protection appropriées minimisaient le risque[247].

Autre question : si les règles exigent que les employeurs créent un environnement de travail sûr, peuvent-ils exiger la vaccination de leur personnel, ou du moins de ceux qui entrent en contact avec d'autres personnes? Seraient-ils responsables des dommages causés par la vaccination de leurs employés? Les réponses restent controversées. La Cour de justice de l'UE a souligné dans un arrêt du 13 juillet 2023 que la législation européenne, plus précisément le règlement n° 1 2021/953 du 14/6/2021, ne prennait pas position sur cette obligation.

Il semble raisonnable d´appliquer ici au cas par cas le principe de la proportionnalité. D'une part, la gravité du covid-19 par rapport à la grippe ordinaire souligne le besoin de vaccination. Il convient ainsi, pour évaluer le caractère raisonnable d'une obligation de vaccination, de prendre en considération le risque d'infection pour la santé des patients et des résidents de soins de longue durée. Imposer cette mesure affecte d'autre part l'intégrité physique de la personne et, par conséquent, ses droits fondamentaux. Elle peut en outre refuser les vaccins pour des raisons religieuses et médicales.

En bref, hormis des situations particulières, une telle décision serait en termes généraux disproportionnée et une sanction, inappropriée. On peut

---

[246] *Noticias CIELO* No 3/2021

[247] E. Brameshuber y P. Ondrejka, *Noticias CIELO* No 3/2021.

toutefois considérer comme légitime d'accorder une prime de vaccination ou de transférer les employés qui refusent la mesure dans un lieu de travail plus sûr avec des normes de protection plus strictes. En tout état de cause, le traitement des données personnelles sur ce point paraît acceptable dans la mesure nécessaire à l'exécution du contrat de travail.

Au Portugal, lorsqu'un salarié est mis à l'isolement, l'employeur peut exiger qu'il travaille à domicile si cela est réalisable[248]. Plus généralement, plusieurs États (Bulgarie, France, Hongrie, Pologne, Russie) ont modifié leurs législations et permettent désormais à l'employeur, en cas de menace d'épidémies, d'imposer le télétravail. Dans le secteur danois de la santé, de l'assistance sociale et des soins aux personnes âgées, les personnes à risque ne peuvent entrer en contact direct avec des personnes infectées ou suspectées d'être infectées par le covid-19. Si le déplacement de l'intéressé n'est pas possible, on a le droit de le renvoyer chez lui pour y travailler. S'il ne peut pas y exercer ses tâches, il est considéré comme en congé de maladie et a droit aux prestations y afférentes. Il en va de même pour ceux et celles qui vivent avec des personnes à risque. Un médecin généraliste évalue si le salarié court un danger à ce point grave qu'il ne devrait pas se trouver physiquement sur le lieu de travail[249].

Si un travailleur estime nécessaire d'interrompre une tâche parce qu'il a des motifs raisonnables de penser qu'elle présente un danger imminent et grave pour sa vie ou sa santé, il doit être protégé contre les représailles[250]. Ce droit de retrait, prévu par exemple par la législation française, doit s'appliquer avec bon sens : la nature de l'activité influence l'exercice du droit de cesser le travail. On ne peut pas l'invoquer quand le risque est une condition normale de l'emploi (comme pour les médecins ou les infirmiers). En Nouvelle-Zélande, au Canada ou en Pologne, les travailleurs ne peuvent refuser d'effectuer ce travail que si celui-ci est devenu significativement plus probable[251].

Le personnel de santé, y compris les médecins, a joué un rôle crucial pendant la crise. Les femmes en représentaient 70 pour cent, si l'on prenait en compte les soins aux personnes. Elles furent confrontées à une double charge, celle d'une journée de travail prolongée et des tâches familiales plus lourdes à domicile[252]. Plus généralement, la pénurie chronique de

---

[248] T. Pimenta Fernandes,*ibid.*.
[249] N. Videbaek, *ibid.*
[250] Article 13 de la convention n° 155 déjà citée.
[251] CIT, 98ème session, 2009, *Rapport III (partie 1B)*, § 149, Genève, BIT, 2009; *ILO standards and COVID-19 (coronavirus)*, Genève, BIT, 23 mars 2020 (version 1.2).
[252] OIT, http://www.ilo.org/global/about-the-ilo/newsroom, 7 April 2020.

travailleurs de la santé, le pourcentage relativement plus élevé de congés de maladie et une augmentation des heures supplémentaires, la limitation des possibilités de prendre des jours de congé, ont entraîné une augmentation du stress et rendu ces personnes plus vulnérables aux maladies psychologiques[253].

Les médias se sont fait l'écho des préoccupations des infirmières sur leurs conditions de travail et leur rémunération. La Convention. n° 149 de l'OIT et sa Recommandation complémentaire n° 157 de 1977 poursuivent un double objectif : promouvoir la qualité des soins et des services, mais en même temps les perspectives de carrière des infirmiers en leur garantissant des conditions d'emploi susceptibles de les attirer et de les retenir dans la profession. Les législations doivent s'adapter à la nature particulière du travail infirmier.

Les lois hongroise et russe ont prévu une augmentation substantielle des salaires de base des médecins. En Hongrie, un décret a accordé, en outre, aux travailleurs de la santé une prime unique en reconnaissance de leur dur labeur pendant la première vague de la pandémie. Il en a été de même en Lituanie[254].

La crise du covid-19 a stimulé de manière durable le travail à distance, sur les plateformes électroniques et a favorisé les techniques de l'intelligence artificielle, confirmant l'importance de ces questions. Plusieurs États américains ont développé depuis la protection des lanceurs d'alertes ("whistleblowers") sur les questions de santé et de sécurité au travail[255].

Voilà qui démontre la nécessité d'élargir et d'approfondir la vision de la santé au travail. L'évolution à cet égard apparaît très significative.

Section 3. Evolutions des politiques de santé au travail

Les premières lois nationales sur la sécurité et l'hygiène professionnelles renvoient aux problèmes graves des débuts de l'ère industrielle en Europe occidentale. On sait par exemple qu'une forte proportion de jeunes travailleurs était déclarée inapte au service militaire, signe d'une rapide détérioration de leur état physique, qui tenait à leurs conditions déplorables de travail et de vie.

---

[253] B. Ter Haar y H.Bennaars, *Noticias CIELO* No 3/2021.
[254] *Noticias CIELO* No 3/2021
[255] *On Labor* 10 février 2022.

Des dispositions légales avaient déjà vu le jour précédemment dans des domaines limités. Dès l'époque napoléonienne en France, par exemple, une loi du 21 avril 1810 traitait des mines, des minières et des carrières et permettait au gouvernement d'édicter des règlements pour la sécurité dans ce secteur. Sous l'Empire également, un décret du 15 octobre 1810 visait les manufactures et les ateliers qui répandaient une odeur insalubre ou incommodante.

Ces lois réglementaient certains établissements industriels, en vue de prévenir ou de limiter les désagréments ou les dangers pour la sécurité et la santé publiques. Leur but dépassait l'intérêt des travailleurs, même si ceux-ci n'étaient évidemment pas exclus. Elles ont servi de base aux mesures prises pour la protection des voisins, et d'autres personnes étrangères aux entreprises. Les lois spécifiquement de protection ouvrière sont venues plus tard.

Des législations récentes sur la santé au travail tendent à nouveau, bien qu'en des termes différents, à lier prophylaxie au profit du personnel et sauvegarde de l'environnement. De même, certaines directives européennes sur le sujet ont trouvé leur fondement dans l'article 191 TFUE consacré à l'environnement, voire dans le Traité instituant la Communauté européenne de l'énergie atomique (EURATOM).

La manière d'aborder la santé au travail a évolué. Le changement se marque dans l'élargissement du champ d'application. Plus important, elle se reflète dans la conception même de la protection. Elle se manifeste, à un stade ultérieur, dans la globalisation des méthodes de prévention, celles-ci constituant aujourd'hui un outil, et une mesure, de gestion efficace de l'entreprise. L'OIT comme les Nations-Unies ont rappelé enfin que le droit à la santé et à la sécurité au travail figure parmi les droits de la personne humaine.

Paragraphe 1. Elargissement du champ d'application

Les premières lois, comme les premières conventions de l'OIT, sur la sécurité et l'hygiène au travail tendaient à prémunir les salariés contre des maladies très redoutées (charbon, saturnisme) ou à l'égard des dangers inhérents à des produits spécialement nocifs (céruse, phosphore blanc). Quelquefois, des travaux étaient interdits aux travailleurs jugés les plus exposés par leur âge (jeunes gens de moins de 18 ans) ou leur sexe ; une des conventions adoptées par l'OIT en 1919 accordait aux femmes le droit – et leur imposait à certains égards l'obligation – de s'absenter du travail pendant une période déterminée avant et après l'accouchement.

La CIT vota par la suite des instruments sur la réparation des accidents du travail et des maladies professionnelles, dont l'effet préventif paraissait évident (les responsables souhaitant échapper aux obligations de réparation). A la fin des années 1920 spécialement, ils élaborèrent, sous l'impulsion de l'OIT, des prescriptions de sécurité dans l'industrie en général et des branches économiques très exposées, comme les ports ou le bâtiment.

Le mouvement se poursuivit après la seconde guerre mondiale. Des normes nouvelles virent le jour contre des risques déterminés (radiations, benzène, substances et agents cancérigènes, amiante, produits chimiques). De nombreuses lois ont prescrit un examen médical pour les jeunes gens de moins de 18 ou 21 ans selon le cas et ont réglementé les conditions d'emploi des adolescents occupés aux travaux souterrains dans les mines. D'autres normes sectorielles sur l'hygiène et la sécurité ont été adoptées, en particulier pour le commerce et les bureaux, au profit des gens de mer et des travailleurs agricoles, pour le travail dans les ports, ainsi que pour la construction et les mines.

Depuis 1946 surtout, l'OIT comme les législateurs européens, ont en outre élaboré des normes générales, du point de vue à la fois des travailleurs couverts et des risques envisagés ; toutes les branches d'activité et tous les travailleurs de ces branches sont normalement inclus. Les États ont également institué peu à peu des services de santé pour l'ensemble des travailleurs dans toutes les branches d'activité et toutes les entreprises.

Paragraphe 2. Un plus large éventail de mesures à adopter

Parallèlement, une autre évolution s'était produite. Les premières législations contenaient essentiellement des dispositions qui interdisaient l'utilisation de certains produits, en réglementaient sévèrement l'emploi ou prescrivaient les précautions à prendre. Peu à peu, sous l'influence de doctrines qui, comme aux États-Unis, mettaient davantage l'accent sur l'effort volontaire et la responsabilité individuelle, une conception plus large prévalut.

En 1929 déjà, la recommandation n° 31 de l'OIT énumérait, pour les établissements industriels, la plupart des principes modernes de prévention des accidents du travail. On peut les résumer ainsi : l'importance de la recherche des causes et des circonstances, le rôle des facteurs physiques, physiologiques et psychologiques, l'examen préalable des plans de construction ou de transformation des établissements par les autorités, la consultation des organisations professionnelles pour l'élaboration des règlements de sécurité, la collaboration de toutes les parties intéressées et notamment des patrons et des ouvriers, la responsabilité des employeurs, des travailleurs et de leurs organisations, la formation à l'esprit de sécurité, etc.[256].

Toutefois, ce fut de nouveau après la seconde guerre mondiale du XXe siècle que furent adoptés les grands textes juridiques qui traitent globalement des problèmes de prévention des dangers menaçant la santé sur les lieux de travail. Ainsi la recommandation n° 97 de 1953 ne se limitait plus à énumérer des mesures protectrices : elle cherchait plus profondément à améliorer aussi l'hygiène du travail et à établir les règles essentielles pour la sauvegarde de la santé des personnes au travail. Les dispositions nouvelles appelaient à des mesures techniques de protection (y compris des mesures telles que l'analyse périodique de l'atmosphère des locaux de travail et l'utilisation d'un équipement de protection individuelle) et à une surveillance médicale des personnes concernées, ainsi que les premiers soins. Ces dispositions impliquaient un recours à des spécialistes, ingénieurs, médecins, hygiénistes en particulier, ainsi qu'aux services de médecine du travail déjà cités.

Les recherches n'en restèrent pas là. L'ergonomie a permis de mettre en œuvre des principes dégagés précédemment et d'analyser de manière complète l'ensemble des réactions, bref le comportement de l'homme dans son milieu de travail, ses facultés mentales tout autant que physiques, ses possibilités d'adaptation, de relations, ses émotions. Elle a mis l'accent sur l'environnement du travail, ainsi que sur les outils, les matériaux, les méthodes utilisées et l'organisation du travail. Elle a fait appel à la physiologie, mais encore à la psychologie du travail, à la psychosociologie, et même à l'économie de l'entreprise. Elle a fait ressortir que la prévention des accidents et des maladies professionnelles ne pouvait pas se limiter aux seules causes immédiates et que les multiples circonstances qui entourent le travail formaient un tout, réagissaient les unes sur les autres.

Des conditions médiocres de travail, par exemple, des horaires trop chargés ou mal conçus, un rythme de travail excessif ou le stress peuvent, autant que des installations peu sûres, provoquer accidents ou maladies. Les liens avec la protection générale de l'environnement, celle de l'ensemble de la population, apparurent clairement à l'occasion de

---

[256] Voir M. Robert et L. Parmeggiani, « Cinquante années de collaboration internationale au service de la santé et de la sécurité des travailleurs », *Revue internationale du Travail*, vol. 99, n° 1, janv. 1969, notamment p. 106 ; voir aussi L. Bougnol, « L'action de l'OIT en matière d'hygiène et de sécurité du travail », *Revue française des affaires sociales*, avril-juin 1969, pp. 144 et ss.

catastrophes. La distance entre la résidence et le lieu de travail, les traditions, les structures sociales, l'état sanitaire, la malnutrition étaient des facteurs à prendre en considération.

Voilà autant de raisons qui plaidaient pour une approche globale de ces problèmes et l'établissement, afin d'y remédier, d'un système de protection systémique. Cette conception a progressivement prévalu. Elle a inspiré toute l'action normative menée aux niveaux national et international.

La traduction en termes juridiques de cette conception plus moderne de santé au travail appellait des formulations différentes, une rédaction plus souple des normes dans ce domaine : les textes nouveaux insistent davantage sur les résultats à atteindre et précisent moins les moyens spécifiques d'y arriver. La flexibilité est également nécessaire pour adapter les règles à des techniques progressant rapidement et aux possibilités quelquefois vertigineuses qu'elles ouvrent sur l'avenir. D'ailleurs, cette accélération rend assez aléatoire la possibilité de réglementer chaque cas, de prévoir des réponses satisfaisantes pour toutes les situations.

Paragraphe 3. Un outil de gestion

Les experts, et la recommandation n° 197 de l'OIT, considèrent aujourd'hui qu'une gestion efficace des ressources humaines exige des entreprises une politique active de santé au travail. Celle-ci apparaît comme un facteur de motivation des salariés, les rassurant sur les dangers de leur emploi. Elle s'analyse également comme un instrument de diminution des coûts occasionnés par les ruptures de production dues aux accidents, par la nécessité de remplacer les absents et par tous les autres frais déjà cités liés aux risques professionnels. Dit de manière quelque peu cynique, la protection de la santé constitue un élément important pour atteindre un niveau satisfaisant de productivité.

Les chefs d'entreprise sont par conséquent encouragés à engager une action de programmation méthodique à l'égard de ces risques, pour les détecter, les évaluer et les prévenir. Ils doivent informer et former leur personnel, en particulier des délégués choisis à cet effet et, plus généralement, intégrer le personnel dans leur politique de sécurité et de santé.

De nouvelles préoccupations se font jour depuis peu, pressantes. Au-delà de leur influence sur le marché de l'emploi et plus généralement sur l'adaptation à une nouvelle organisation de la production, il s'agit pour chacun, autorité publique, employeur, travailleur, d'évaluer les conséquences sociales, positives ou négatives, mais toujours incertaines, des bouleversements climatiques et de la transition écologique sur la santé et la sécurité des salariés, des voisins et des autres personnes en contact avec une entreprise.

Paragraphe 4. Un droit de la personne humaine

Faut-il rappeler qu'en juin 2022, la Conférence internationale du Travail a intégré des conditions de travail sûres et salubres parmi les principes et droits fondamentaux au travail proclamés dans une Déclaration adoptée par l'OIT en 1998? L'Assemblée générale des Nations Unies vota le mois suivant[257] une résolution sur la reconnaissance d'un droit humain à un environnement propre, sain et durable.

Cette insertion de la santé et de la sécurité au travail parmi les droits et principes fondamentaux marque une étape importante dans la perception de ces droits à l'OIT. Sa Déclaration de 1998 tendait jusque-là à responsabiliser les acteurs sociaux et à garantir un droit égal à des libertés fondamentales reprises dans le Pacte des Nations Unies sur les droits civils et politiques, approche libérale de l'épanouissement personnel et sociétal. L'histoire sociale du XXème siècle et les législations qui en étaient sorties avaient été quelque peu négligées. La Déclaration révisée y fait aujourd'hui écho avec un des droits les plus essentiels pour la vie quotidienne des hommes et des femmes au travail. L'adjonction de 2022 y consacre l'obligation pour l'Etat de protéger positivement les travailleurs, dans la vision plus interventionniste du second Pacte des Nations Unies, celui sur les droits économiques sociaux et culturels.

Certains auteurs vont plus loin et considèrent que le droit à la santé au travail est incorporé ainsi dans la notion de *jus cogens* du travail, constitue une norme impérative du droit international "acceptée et reconnue par la communauté internationale des États dans son ensemble en tant que norme à laquelle aucune dérogation n'est permise et qui ne peut être modifiée que par une nouvelle norme du droit international général ayant le même caractère ". [258] Aussi souhaitable qu'elle soit, cette interprétation n'est nullement confirmée par les travaux préparatoires de cet amendement à la Déclaration, instrument lui-même non contraignant qui ne peut en aucun cas modifier la qualité d'une convention.

[257] Le 28 juillet 2022.

[258] Art. 53 du Traité de Vienne de 1969 sur le droit des traités; C. Arese, "Impacto de la incorporación de la seguridad y de la salud a la Declaración de principios y derechos fundamentales de OIT", *Revista jurídica del trabajo* vol. 3 n°8, p. 39.

La pratique internationale n'avait pas attendu cette reconnaissance pour mettre l'accent sur ces droits. De nombreux accords collectifs transnationaux, bien des codes de conduite adoptés par des entreprises avaient déjà intégré cette dimension d'ailleurs peu conflictuelle. Bien plus, l'obligation de sécurité du patron, consacrée par une majorité de lois nationales et par les conventions de l'OIT, se trouve de toute façon engagée.

Point d'orgue, la Cour Interaméricaine des Droits de l'Homme, dans un arrêt du 15 juin 2020 (affaire *Empleados de la fábrica de fuegos en Santo Antônio de Jesus y sus familiares vs. Brasil*), a reconnu, dans le cadre de l'explosion d'une usine de feux d'artifices, une violation du droit à l'intégrité de la personne consacré par l'article 5.1 de la Convention américaine relative aux droits de l'homme, au détriment des familles des personnes décédées ainsi que des survivants. Dans son arrêt *Spoltore c. Argentine* du 9 juin 2020, elle a ajouté que les travailleurs avaient le droit d'exercer leurs fonctions dans un environnement sûr, garanti contre les accidents du travail et les maladies professionnelles.

Chapitre 4. Droit de l'emploi et sécurité sociale

"Le travail éloigne de nous trois grands maux : l'ennui, le vice et le besoin".[259] Singulièrement les gains tirés d'une activité indépendante ou salariée restent une forme digne et naturelle d'acquérir un moyen d'existence. Les assurances sociales servent seulement de palliatif quand certaines circonstances, comme la maladie ou le chômage, en privent l'intéressé. La sécurité sociale constitue alors l'instrument sans doute le plus efficace que l'esprit humain ait inventé pour lutter contre la pauvreté.[260] Garantir à chacun un revenu minimum sans contrepartie risquerait de créer une société d'assistés, affecterait par conséquent l'esprit d'initiative et de créativité, source de dynamisme économique et de développement. Laissant de côté tout parti pris idéologique, mes voyages dans des États sous régime communiste m'en ont profondément convaincu. La protection sociale exige toutefois un financement, qui n'est pas toujours garanti, ou pas garanti de manière complète, parce que ne le permettent pas les revenus du pays considéré ou que fait défaut ce consensus minimum qui autorise à mettre chacun à contributions.

Droits de l'emploi et de la sécurité sociale s'articulent ainsi intimement. Stimuler l'emploi, encourager sa recherche, développer les qualifications pour un boulot, et un boulot de qualité, constitue la voie la plus sûre pour vivre décemment (I). Prémunir les citoyens contre la perte des gains, quand surviennent certains événements, le but de la sécurité sociale (II). Il est de bonne politique de lier l'un et l'autre comme le font, avec des succès divers, les législations européennes sur le revenu minimum garanti.

Section 1. Le droit de l'emploi

Ni l'OIT ni ses normes ne peuvent aider directement les gouvernements à créer de l'emploi. Ce résultat dépend avant tout d'une situation économique qui engage les entreprises privées et, lorsque l'argent le permet, le secteur public à recruter. L'Organisation cherche toutefois à fortifier à moyen terme le marché du travail. Elle analyse en détail ses perturbations, évalue les perspectives et formule des recommandations qu'accompagnent souvent des programmes d'assistance technique. Elle

---

[259] Voltaire, *Candide ou l'optimisme*, Genève 1759.

[260] Voir R. Castel, *Les Métamorphoses de la question sociale : une chronique du salariat* Paris, 1ère éd. Fayard, 1995 ; Gallimard, (Folio Essais) ,1999.

critique des stratégies qui mettent trop l'accent sur les préoccupations à court terme au détriment de reprise durable et créatrice d'emplois.

Des politiques visant à dépasser le dilemme traditionnel entre maintien des avantages sociaux et assouplissement du marché du travail ont vu le jour à l'OIT avec le concept de "travail décent" et au sein de l'Union européenne avec celui de "flexicurité". Les deux notions ont beaucoup en commun, mais la seconde se révèle plus construite parce qu'elle s'adresse à un groupe de pays plus homogène.

J'ai eu l'occasion d'examiner le relatif insuccès de cette approche.[261] Il n'empêche, les dimensions de solidarité et de mobilisation des capacités qu'elles contiennent apparaissent comme des facteurs incontournables d'un développement à visage humain. S'y ajoute aujourd'hui la recherche de moyens permettant de réduire les émissions de gaz à effet de serre et d'adopter des mesures d'adaptation au changement climatique sans affecter le marché de l'emploi ou la lutte contre la pauvreté, question ô combien complexe, et partant controversée, du ressort des économistes bien plus que des juristes.

La voie juridique, qui s'appuie sur la contrainte, n'est probablement pas la plus efficace pour stimuler l'embauche. D'autres méthodes, largement utilisées, font appel à la persuasion et à la rationalité. Rappelons qu'elles consistent dans la conclusion d'engagements politiques, l'adoption de mesures économiques, le lancement d'initiatives de formation et de campagnes d'information ainsi que l'élaboration de "normes techniques" (par opposition à "juridiques"), et de directives pratiques. Les pays de l'Union européenne font appel à ces mesures de "soft law" dans la coordination de leurs efforts en faveur de l'emploi. Le souci d'éviter un marché du travail trop rigide a rendu les autorités législatives plus réticentes à choisir la loi pour régler les problèmes sociaux. J'ai pu observer combien l'OIT fait appel à ces moyens d'action.

Chercher à assurer le plein emploi productif et librement choisi, est comme le souligne une recommandation de l'OIT[262], mettre en œuvre ce droit à un travail, droit programmé plutôt qu'immédiatement réalisable, du moins dans les pays à économie de marché. Mentionné également dans le Pacte international relatif aux droits économiques, sociaux et culturels des

---

[261] "La quête contemporaine de la justice sociale", dans M. Delmas-Marty, K. Martin-Chenut, C. Perruso (dir.), *Sur les chemins d'un jus commune universalisable*, Paris, Mare & Martin (Collection de l'Institut des sciences juridique et philosophique de la Sorbonne), 2021, pp.151-170.

[262] Recommandation (n° 169) concernant la politique de l'emploi (dispositions complémentaires), 1984, paragr. I.

Nations Unies, dans la Charte sociale européenne et dans nombre de constitutions nationales, il possède un caractère plus politique, "promotionnel", que directement exécutoire. J'ajoute qu'il s'agit d'un droit, non d'une obligation de travailler.

Ce droit est interprété dans un sens qui n'impose en principe pas à l'État de fournir un emploi à toute personne désirant travailler. Ce dernier a le devoir d'agir, non de réussir. Il s'engage à concevoir et à adopter une politique d'emploi – et les vues sur la valeur de celle-ci peuvent varier – qu'il appliquera par des mesures économiques et sociales. A l'égard des premières, en tout cas, aucune obligation spécifique n'incombe aux entreprises. Néanmoins, un véritable droit subjectif d'obtenir ou de conserver un travail correspondant à ses qualifications existe quelquefois au bénéfice de groupes ciblés de travailleurs (handicapés, anciens combattants, femmes enceintes). En outre, la doctrine et certaines jurisprudences considèrent volontiers aujourd'hui qu'en cas de doute dans l'interprétation, il faut choisir la solution la plus favorable à la réalisation de ce droit[263]. Certains auteurs, anglo-saxons en particulier, ont inclus le droit au travail dans la catégorie des droits réflexes *(reflexive rights)*.

Quoi qu'il en soit, ces dispositions ont le plus souvent en économie de marché un caractère programmatique. Elles consacrent des obligations de moyen, non de résultat. Les normes qui prévoient ce droit au niveau international imposent aux États qui les ont ratifiées essentiellement une obligation de justifier leur politique à cet égard. La convention n° 122 de l'OIT sur la politique de l'emploi, 1964, contient par exemple une telle obligation, tout en ne mentionnant pas expressément le "droit au travail". La mention figure en revanche, je l'ai dit, dans la recommandation n° 169, avec le même contenu.

Jamais un texte de droit n'est venu à bout du chômage en économie libérale : seule une thérapeutique économique peut y remédier. Elle aboutit par exemple à des restructurations au sein des entreprises et dans les chaînes de production. Mais des normes juridiques aident à la recherche d'une solution si, d'une part, elles fixent des objectifs à atteindre, recommandent des politiques et des programmes déterminés, créent les véhicules appropriés à ces politiques et à ces programmes et si, d'autre part, elles prévoient très concrètement des actions sur le marché du travail et les moyens d'en évaluer l'efficacité.

---

263 J.M. Thouvenin et d'A. Trebilcock, A., *op. cit.* ; J. Mouly, « Le rejet de la réintégration du salarié injustement licencié à l'épreuve du droit à l'emploi », *Droit social*, juillet-août 2012, pp. 815-820.

J'examinerai successivement, après une introduction générale aux mesures de stimulation de l'emploi (I), les moyens utilisés à court terme (II), les services de l'emploi (III), la formation et à la réadaptation professionnelles (IV) et la réglementation du licenciement (V).

Paragraphe 1. La promotion de l'emploi.

L'OIT consacre un de ses principaux programmes à la création d'emplois productifs et librement choisis. L'adjectif "productifs" vise, pour s'y opposer, les systèmes, singulièrement communistes, qui auraient mis plusieurs personnes sur un même poste de travail afin de faire croire qu'ils avaient réalisé le plein emploi.

Selon l'Organisation, il n'est pas possible de venir à bout de la pauvreté dans les États en développement "si l'économie ne génère pas des possibilités d'investir, d'entreprendre, de créer des emplois et des moyens d'existence durables".[264] La stratégie d'élimination de la misère qu´elle propose comporte différents volets liés le plus souvent, d'une manière ou d'une autre, aux normes internationales du travail : développer les qualifications pour créer des moyens d'existence durables ; investir dans les collectivités (par des programmes d'infrastructures à forte intensité de main-d'œuvre) ; promouvoir l'esprit d'entreprise ; faire travailler l'argent (par la micro finance) ; favoriser le développement local grâce aux coopératives ; éliminer la discrimination et le travail des enfants ; garantir un revenu et une sécurité sociale de base ; travailler sans risque (par une prévention adéquate des accidents de travail et des maladies professionnelles).

J'ai pu constater combien l'inactivité forcée produit également des effets destructeurs dans les pays industrialisés, tant sur les chômeurs que sur les entreprises contraintes à des licenciements collectifs : les départs obligés laissent des traces durables dans la dynamique interne à l'entreprise et dans l'esprit de ses travailleurs. On ne se prive pas d'une partie de son personnel sans que s'échappe avec lui une expérience, un savoir-faire, des capacités qui ne se reconstituent pas aisément, d'autant plus que, par définition, les temps ne se prêtent pas à des dépenses de formation au profit des restants. Pourtant, ce serait bien le moment pour l'employeur de réagir, de s'adapter, d'innover.

---

[264] Conférence internationale du travail (91e session, juin 2003), *S'affranchir de la pauvreté par le travail.* Rapport du Directeur général à la 91e session de la Conférence internationale du Travail, Genève, BIT, 2003, pp. 8 et suiv.

En Europe occidentale comme au Japon, l'emploi se concluait le plus souvent sans limitation de durée, c'est-à-dire en fait pour très longtemps, sinon, au Japon surtout, pour toute la vie professionnelle. Un lien – moral – de fidélité attachait en quelque sorte le patron au salarié. L'observation perd aujourd'hui de sa pertinence. Les congédiements viennent briser la confiance, déstabiliser ceux-là mêmes qui demeurent. Des blocages psychologiques apparaissent également. La priorité accordée parfois au réengagement de ceux qui partent pour des raisons économiques n'y change rien. Si les personnes qui restent cherchent peut-être à travailler mieux pour se mettre à l'abri d'un renvoi, souvent la perception qu'elles ont du travail change : elles prennent du champ, modifient leurs priorités en faveur d'occupations extra-professionnelles (ou la recherche d'un autre boulot). Comment tout ceci n'aurait-il pas de conséquences sur le rendement ?

Les contrecoups de l'absence d'emploi vont bien au-delà. Il est troublant de découvrir le parallélisme entre les licenciements et les divorces au sein des familles. Le chômage touche gravement les plus jeunes[265], les pousse à la consommation de drogues ou d'alcool et à la délinquance, pour ne rien dire de ses effets psychosomatiques. Si le chômage prend de l'ampleur, le tissu social des pays concernés s'en trouve affecté.

Cde quelle manière les normes juridiques participent-elles à la lutte contre ces fléaux ? L'on se trouve aux frontières du droit et de l'économie. Raison de plus d'être précis et de rendre à chaque discipline ce qui lui revient, remarque évidente, mais conduite peu observée.

Les mesures rencontrées sont de deux ordres ; elles impliquent toutes un encadrement juridique de stratégies économiques. Les unes cherchent à jeter les bases d'une politique active de l'emploi à long terme. Je citerai l'organisation de services efficaces de l'emploi, l'amélioration de l' "employabilité" et d'autres interventions sur le marché du travail, l'aide à la recherche d'un emploi, le conseil, la formation et le recyclage. Les autres apparaissent plus orientées vers l'immédiat, comme les subsides temporaires pour maintenir le personnel en poste pendant la pandémie de covid-19 et le confinement qui s'en est suivi ou les politiques de travaux publics qui apportent aux bénéficiaires une occupation rémunérée. Les

---

[265] BIT, *Global Employment Trends for Youth 2022. Investing in transforming futures for young people*, Genève, 2022; European Industrial Relations Observatory, *Helping young workers during the crisis: contributions by social partners and public authorities. Comparative Study*, Eironline, May 2012.

États du nord de l'Europe ont développé fortement ces politiques dites "actives". Je les évoquerai en premier lieu.

La négociation collective — bi ou tripartite — constitue un moyen très approprié d'aborder ces questions, comme les effets d'un aménagement du temps de travail sur l'emploi. Les parties aux discussions peuvent toutes y trouver un profit. Les salariés chercheront plus de souplesse dans les horaires, et donc de possibilités d'autres activités (sportives culturelles, sociales, etc.), de même qu'une meilleure conciliation de la vie familiale et des obligations professionnelles (y compris le temps partiel) ou la retraite anticipée s'ils la souhaitent. L'employeur aura la faculté d'éviter des licenciements, mais aussi l'occasion de modifier le calendrier de la production afin d'utiliser plus longtemps (avec des équipes successives) des machines devenues très coûteuses. L'État visera à influencer le contenu des accords et à obtenir, le cas échéant, pour sa politique, un très utile appui. Les parties peuvent se risquer à aborder les sujets qui les divisent: le recours aux heures supplémentaires (c'est une manière pour le patron d'éviter les recrutements), la retraite — totale ou partielle — anticipée ou à la carte, le partage du temps de travail.

Il existe, dans les débats à ce propos, des zones de non-dit qui touchent notamment au travail féminin. Que le nombre des femmes dans la vie professionnelle se soit considérablement accru est avéré surtout chez les employées et les cadres, car la main-d'œuvre féminine était depuis toujours plus présente dans les milieux ouvriers. L'offre d'emploi augmentant, le phénomène a certainement contribué à la baisse générale du niveau des rémunérations. Il ne va pas sans créer d´autres problèmes sérieux quand les postes de travail se font plus rares. Certaines cultures —comme au Japon—poussent encore les femmes à "rentrer à la maison".

Formuler de telles remarques comporte le risque d'être taxé de "politiquement incorrect". Je préciserai par conséquent que ces préoccupations ne reflètent pas une nostalgie du passé, mais le souhait de trouver des moyens nouveaux de lutter contre certains développements actuels. L'idée d'un partage du travail à l'intérieur du couple en est un, quand les deux époux gagnent leur vie et que des certains aménagements paraissent possibles au niveau des revenus.

Autre point: il faut tenir compte de cette forme de souplesse dans l'application des lois qui se nomme travail clandestin, c'est-à-dire non déclaré, ou camouflé en emploi indépendant. La vigueur des réactions, des mesures d'identification et des sanctions varie, on l'a dit, selon les gouvernements.

Paragraphe 2. Les mesures à court terme

Un moyen traditionnel, quoique coûteux, pour l'État d'influencer positivement l'emploi consiste à lancer des grands travaux publics — ou d'accroître autrement les investissements publics — pour la construction de routes et d'autoroutes, de chemins de fer, de ports, d'écoles, de centres de formation, d'hôpitaux, etc. Il peut aussi augmenter ses commandes dans les secteurs en récession. Ces mesures d'intérêt public s'insèrent le plus souvent dans une stratégie globale de promotion de l'emploi, qui comporte un cadre législatif.

Des initiatives analogues se rencontrent aux niveaux régional et local. Les autorités y encouragent l'assistance à la communauté. Ainsi, la Suède a adopté depuis longtemps une loi sur les travaux de secours (*relief works*) dont, à certaines conditions, les participants sont payés partiellement grâce à des subventions gouvernementales. Dès les années 1990, le gouvernement de ce pays avait lancé un programme d'activités de développement de la vie au travail, destiné spécialement à venir en aide aux chômeurs en fin de droit ; une autre idée sous-tendait ces dispositions : lutter contre la passivité venant d'une longue inaction[266]. Des expériences équivalentes se retrouvent ailleurs. J'observe qu´elles ne visent pas toujours à former ou à parfaire les connaissances des participants, mais cherchent à leur fournir un dossier professionnel récent et à leur permettre ainsi de trouver plus facilement du travail.

Qu'ils interviennent à un niveau ou à un autre, les pouvoirs publics donnent fréquemment la préférence à des projets à haut coefficient de main-d'œuvre. La remarque vaut spécialement dans les pays en développement.

Les autorités gouvernementales s'efforcent encore d'influencer le marché de l'emploi par une assistance apportée aux entreprises publiques et privées. Il peut s'agir d'encourager la création de nouveaux établissements, spécialement de PME, et de promouvoir le travail indépendant. Les subventions publiques, directes ou indirectes, peuvent se concentrer sur les entreprises en difficulté ou profiter au contraire à tous les établissements qui participent aux campagnes de promotion de

---

[266] Voir le rapport de R. Eklund: «Promotion and regulation of job creation opportunities», rapport national présenté au XIVe Congrès mondial de Droit du travail et de la Sécurité sociale (Séoul, 27-30 sept. 1994), *Rapports et débats*, vol. I (Séoul), Korean Academy of Industrial Relations, 1996, pp. 652-679. Voir aussi D. Cohen: «Labor Market Policy in Sweden and the United States: The Cooperative State *vs.* Enduring Nations of Capitalism», *Comparative Labor Law Journal*, vol. 15 n° 1, automne 1993, pp. 62 et ss.

l'emploi. Les abus existent et la Commission européenne veille par exemple à ce que ces aides d'État ne faussent pas le jeu de la concurrence.

Inciter les employeurs à recruter prend des formes très diverses et les difficultés économiques ne manquent pas de stimuler l'imagination. L'on va des subsides pour le recrutement de chômeurs — jusqu'à 65 pour cent des coûts salariaux en Suède à un moment donné — à la libéralisation des législations sur le travail temporaire (une telle loi a suscité pas mal de remous en Espagne, mais d'autres pays ont connu semblable évolution) ou à la création de bureaux de placement pour travail temporaire (Pays-Bas). Certains États ont réduit les cotisations de sécurité sociale sur les bas salaires, ce qui revient finalement à modifier la répartition du financement des prestations sociales entre travailleurs, employeurs et État.

Ces mesures, pour être efficaces, doivent s'articuler à l'assurance-chômage. Au Japon, les employeurs en difficulté peuvent recevoir différentes subventions afin d'éviter qu'ils ne recourent à des licenciements. Les fonds à cet effet proviennent en principe des contributions patronales à l'assurance-chômage.

Pour de nombreuses législations, et pour la convention n° 168 sur la promotion de l'emploi et la protection contre le chômage, 1988, une attention spéciale doit se porter au placement de personnes en situation défavorisée. Parmi celles-ci, les invalides, les handicapés, occupent une place particulière. Souvent, la législation se préoccupe aussi du sort des jeunes chômeurs dont l'inoccupation provoque un vrai problème social. La convention se réfère en outre aux femmes, aux travailleurs âgés, aux chômeurs de longue durée, aux émigrés réguliers et aux travailleurs affectés par des changements structuraux. Les habitants de régions déprimées bénéficient parfois aussi de programmes d'emploi spécifiques.

Les moyens de mettre en œuvre ces politiques varient : ils sont législatifs, consensuels ou combinent les uns et les autres. Les employeurs, les travailleurs et leurs associations jouent quelquefois, mais pas toujours, un rôle déterminant dans l'application des programmes. Parfois, comme c'est le cas fréquemment en Europe, la négociation se fait tripartite et l'État conclut avec les organisations professionnelles de véritables pactes sociaux, à valeur politique plus que juridiquement contraignante, du moins s'ils ne sont pas repris dans d'autres types d'instruments. Je les ai examinés dans une étude que le BIT m'avait confiée[267].

[267] J.M. Servais (sous la direction de), *Le Travail dans le monde 1997-98.* «Relations professionnelles, démocratie et cohésion sociale», Genève, BIT, 1997, spécialement pp. 27-28; 134 et ss.

Paragraphe 3. La gestion des services de l'emploi: vices publics, vertus privées?

Gestion privée des services de l'emploi comme d'autres prestations d'utilité sociale ? N'a-t-on pas été jusqu'à privatiser des prisons? Question ancienne, débat idéologique, voire dogmatique. Encore faut-il rappeler que le mot "privé" s'entend dans le sens de "qui ne dépend pas des pouvoirs publics" et que les institutions privées ne poursuivent pas toutes un but marchand.

Anciennes sont les modalités non étatiques de l'administration des services de l'emploi et du travail : bureaux de placement privés (à but lucratif ou non), participation patronale et syndicale à la direction de la sécurité sociale, association de délégués ouvriers à l'inspection du travail, médecins d'entreprises titulaires d'un contrat de travail, mais chargés d'une mission d'intérêt public. La convention n° 150 de l'OIT sur l'administration du travail de 1978 s'en fait l'écho.

Fréquemment dogmatique, et lourd de visions a priori, reste le débat sur l'administration publique de l'emploi. Il dépasse assurément la simple querelle d'experts. Pourtant, cette discussion pourrait permettre de trouver des justifications à l'existence de départements importants en personnel et en responsabilités ainsi que les repères nécessaires au partage entre ce que l'on peut et ce que l'on ne doit pas privatiser. Remonter le temps devrait y aider, comme à départager le contingent souvent attaché à des modes, du structurel lié à la nature des tâches à accomplir.

Autre rappel : qui dit service public, dit usager en quête de prestations de qualité au meilleur prix, et contribuable, soucieux de leur poids financier. La tension entre ces deux relations du citoyen avec l'État conditionne à bien des égards les réponses aux questions que l'on se pose ici.

A leurs débuts, les services publics de l'emploi se chargeaient essentiellement de l'orientation professionnelle et des chômeurs. En se développant, leurs activités se firent plus systématiques: classement des professions, analyse des postes de travail, recherche et distribution de l'information sur l'embauche.

Le rôle accru que l'État commença à jouer, dans de nombreux pays, sur les terrains économique et social, le conduisit à se doter de nouveaux moyens d'action. Après la seconde guerre mondiale en particulier, beaucoup de gouvernements adoptèrent des objectifs de plein emploi qui les poussa à se faire les régulateurs de ce marché, ou du moins à le tenter, car les résultats ont fluctué avec la santé économique de chaque pays. Dans les années 1960, ils élargirent encore leur champ d'action et intégrèrent ces activités dans des politiques et des programmes globaux.[268]

Les normes de travail élaborées par l'OIT dans ce domaine reflètent cette évolution. En 1948, la Conférence annuelle adopta une convention n° 88 sur ce service de l'emploi, et une recommandation n° 83 complémentaire, qui considèrent le plein emploi comme un aboutissement naturel d'un aménagement rationnel du marché du travail. En 1964, la convention n° 122 et la recommandation n° 122 sur la politique de l'emploi appelèrent les États à engager de vastes programmes d'action. L'évolution se poursuivit avec un accent mis toujours davantage sur une politique active et globale. La recommandation n° 158 sur l'administration du travail de 1978 souligna la nécessaire coordination des services de l'emploi, des programmes de création et de promotion des postes de travail, de l'orientation et de la formation professionnelles et des régimes de prestations de chômage. Si elle reprit, dans une certaine mesure, des dispositions déjà contenues dans les instruments de 1948, elle insista sur l'articulation de ces divers services, régimes et programmes avec la mise en œuvre d'une politique d'ensemble. La recommandation n° 169 de 1984 vint encore compléter l'arsenal des mesures suggérées par l'OIT.

La dernière décennie du XXème siècle vit un changement, une tendance au repli de l'État. Ce mouvement a réactivé les discussions sur la gestion publique ou privée des agences de placement. La question n'a jamais été vraiment tranchée, même si les partisans d'une interdiction de principe des bureaux privés ont paru un moment l'emporter et que la situation s'est inversée aujourd'hui. L'évolution a d'ailleurs ses limites. La part active que les autorités publiques prennent au placement des travailleurs a permis de mettre fin à des abus que personne ne souhaite voir réapparaître. La gestion du marché de l'emploi ne peut ignorer un autre groupe de travailleurs, les migrants. Plus généralement quel ministre du travail, quel gouvernement ne voit pas son bilan évalué au moment des élections par les chiffres du chômage? Voilà qui suppose des politiques publiques et une administration pour les exécuter. La convention n° 88 confirme

[268] Sur tout ceci, consulter Conférence internationale du Travail, 61e session (Genève, 1976): *L'administration du travail: rôle, fonctions et organisation*, rapport V (partie 1) (Genève, BIT), 1975, pp. 170-172; S. Ricca: *Les services de l'emploi. Leur nature, leur mandat, leurs fonctions* (Genève, BIT), 1982, pp. 20-21; et du même auteur: *Introduction aux services de l'emploi* (Genève, BIT), 1994, pp. 6 et ss.

l'obligation de créer et d'entretenir un service public et gratuit dans ce domaine.

Les administrations du travail interviennent dans les mécanismes régulateurs du marché de l'emploi sous différentes formes : indemnités de transport et primes à la mobilité, participation aux frais de recherche d'un nouvel emploi, subventions spéciales aux travailleurs déclarés prioritaires, stages professionnels, conseils aux entreprises, priorités en vue du placement. Plusieurs de ces tâches relèvent éminemment de la mission de l'État moderne.

Les pouvoirs publics se chargent des individus difficiles à placer, les chômeurs de longue durée, personnes sans diplômes, handicapées, c'est-à-dire celles-là mêmes auxquelles les agences privées n'arrivent pas à trouver un emploi. Les droits nationaux fournissent également des réponses sur l'équilibre à trouver pour séparer les mesures discriminatoires, de l'action positive destinée à favoriser l'embauche de catégories de travailleurs désavantagés.

S'agissant du placement en général, beaucoup de législations exigent des demandeurs d'emploi, pour qu'ils puissent s'enregistrer auprès des bureaux publics, qu'ils remplissent certaines conditions, comme accepter un travail d'une durée hebdomadaire minimum.

On ne peut pas donner de réponse tranchée à l'interrogation posée sur le caractère public ou privé des services de l'emploi. La démarche exige d'examiner les objectifs et les tâches de ces services, de relever également l'intérêt tout particulier d'associer à ces derniers les usagers, employeurs et travailleurs groupés respectivement dans leurs organisations privées patronales et syndicales.

Au-delà, les pouvoirs publics ont tendance, aujourd'hui, à s'inspirer davantage des méthodes de gestion du secteur privé, là où elles sont transposables. Cela dit, les études du BIT soulignent que les institutions publiques ont leur spécificité propre et que les règles de la gestion privée n'ont pas nécessairement une portée universelle.

Importants sont cependant les efforts entrepris pour améliorer l'aptitude des administrations du travail à réaliser leur mission. Ils portent sur une planification plus systématique des activités et la détermination des priorités grâce à des critères rationnels et préétablis. Ils visent à accroître la qualité des prestations offertes, comme des relations avec les clients. Ils concernent un réaménagement des structures administratives afin d'assurer à la fois un contrôle réel de la part des autorités centrales, et une meilleure collaboration entre unités du ministère du Travail, ou avec les départements à vocation économique. Cette coordination reflète aussi les préoccupations de la convention n° 150 et la recommandation n° 158.

L'action tend à la consolidation d'une administration, compétente et efficiente, instrument privilégié d'élaboration, de coordination et d'exécution d'une politique sociale globale, capable de donner des instructions aux unités opérationnelles et de veiller à leur application. Encore celle-ci doit- elle posséder les données nécessaires pour construire son action sur des bases techniquement irréprochables et pour stimuler les créativités.

Voilà qui suppose des recherches sérieuses ainsi que sur des statistiques fiables. Nommé à Beyrouth, j'ai rendu la traditionnelle visite de prise de fonction au ministre libanais du travail. Je l'ai interrogé sur le taux de chômage dans son pays. Il m'a avoué ne pas disposer de chiffres précis, car leur collecte pouvait révéler des écarts importants entre les régions et les confessions. Le sujet restait trop sensible politiquement. Comment mener dans ces conditions une politique d'emploi efficace ?

La convention n° 160 de 1985 fait obligation aux États de recueillir, compiler et publier régulièrement des statistiques de base qui doivent — progressivement — s'étendre aux principales données liées au travail : population active, emploi, chômage et (si possible) sous-emploi visible ; gains et durée du travail ; salaires ; coûts de la main-d'œuvre ; indices des prix à la consommation ; dépenses et revenus des ménages ; lésions et maladies professionnelles ; conflits de travail.

La recommandation complémentaire n° 170 ajoute les statistiques sur la productivité et souligne l'importance de désagréger les données selon le sexe, le groupe d'âge, le groupe de professions ou le niveau de qualification, la branche d'activité économique, la région géographique et la situation dans la profession (telle qu'employeur, indépendant, salarié, travailleur familial non rémunéré, membre d'une coopérative de producteurs). Il reste que ces statistiques, éléments de pouvoir tout autant que d'information, suscitent bien des controverses et que les difficultés se multiplient sur la route des experts, dans la collecte des renseignements, les méthodes d'élaboration des statistiques et leur interprétation.

Plus difficile, la tâche du fonctionnaire? Assurément. Mais c'est le prix à payer à une concurrence avec le secteur privé qui se fait plus présente là où ce dernier offre des avantages comparatifs évidents.

Paragraphe 4. La mise en valeur des capacités professionnelles

L'éducation constitue, aux yeux de tous les experts, un facteur clé du progrès économique et social. La remarque s'impose à l'évidence dans les États en développement. Elle reste vraie dans les pays industrialisés, offrant un atout considérable à certains dans les politiques d'ajustement aux bouleversements technologiques et à la mondialisation.

Issue des idées d'égalité et de démocratie véhiculées en particulier par la Révolution française et inspirée par Condorcet, l'instruction publique pour tous s'est affirmée au cours du XIXe siècle. Parallèlement, les États ont interdit, les uns après les autres, le travail des enfants. L'intention était de dispenser un enseignement de base à chacun et de permettre aux meilleurs, quel que soit le milieu dont ils provenaient, d'accéder à plus de science, plus de culture et de progresser ainsi sur l'échelle sociale. Ce type d'éducation était général : il ne correspondait pas à la préparation d'un métier. Toutefois, un enseignement technique et professionnel l'a par la suite complété.

En revanche, l'apprentissage d'une profession par un stage auprès d'un "patron" remonte à des temps très anciens : quoi de plus naturel que d'apprendre un travail auprès de quelqu'un qui en a l'expérience ? On sait que l'institution s'intégra au Moyen Age dans le système de corporations où les apprentis côtoyaient maîtres et compagnons, qu'elle a survécu à ces associations d'artisans et qu'elle a évolué après la révolution industrielle.

L'opposition de ces deux formes d'éducation tend aujourd'hui à s'estomper. Beaucoup de pays en effet font alterner, au cours de la formation, enseignement scolaire et stages en entreprises. Ce système dual est vu comme une des principaux facteurs de la santé du marché du travail en Allemagne ou en Suisse par exemple.

Il offre en tout cas une chance de prolonger son stage par un premier boulot. Lors d'une rencontre avec des directeurs de ressources humaines de grandes entreprises allemandes à la fin des années 1990, ces derniers s'étaient plaints à moi que ces stages ne conduisaient plus nécessairement à un emploi stable au sein de la firme. Interrogés, ils avaient toutefois admis qu'une large majorité continuait à en profiter. Ce léger déclin aurait encore fait rêver ailleurs les responsables du marché du travail.

L'éducation, même professionnelle, n'est plus toujours dirigée vers un emploi spécifique que l'on peut perdre, ou même ne jamais décrocher. Il est devenu malaisé de prévoir le ou les métiers que l'on exercera précisément au cours de sa carrière. La formation technique tend par conséquent à permettre à l'ouvrier, à l'employé, au cadre, de s'adapter sans trop de mal à un changement d'emploi. Elle vise aussi à son épanouissement, à une prise de conscience de ses possibilités. Elle tend également à favoriser l'avancement social des intéressés.

Longtemps, les pouvoirs publics ont eu, de la formation et de l'orientation professionnelles, une vision en quelque sorte comptable. Ils cherchaient à fournir la main-d'œuvre la plus adaptée à des postes de travail spécifiques au moment où elle était demandée. Les intéressés étaient appelés à remplir des emplois existants et, dans la meilleure hypothèse, à s'adapter aux modifications dûment prévues de ces emplois. Formation et orientation professionnelles constituaient d'ailleurs des activités très indépendantes.

L'optique a changé dans bien des pays industrialisés et institutions internationales, ainsi que chez beaucoup de responsables politiques. Elle s'est faite plus globale, plus systémique, plus rationnelle. Formation et orientation professionnelles apparaissent aujourd'hui comme des éléments articulés – c'est-à-dire coordonnés entre eux – d'une politique d'ensemble de développement économique et social. L'on n'ambitionne plus tellement d'éduquer et de guider un travailleur en fonction d'un emploi vacant, ou d'un secteur où il y a de l'embauche. L'on envisage les besoins spécifiques d'une région, d'un pays, voire d'un groupe d'États et l'on favorise la mobilité géographique. L'on prend aussi en considération les problèmes particuliers de certains secteurs, de certaines catégories de travailleurs.

Cette globalisation apparaît dans le contenu de la formation. De plus en plus, les responsables s'assurent que le système éducatif puisse réagir aux progrès, en accélération, des techniques, aux mutations des marchés du travail, aux restructurations des entreprises, aux changements d'attitude face au travail (avec, par exemple, l'importance de la coordination des vies personnelle et professionnelle).

Au-delà, il n'est pas simple de réconcilier des demandes, des objectifs, des impératifs parfois opposés. Convient-il de privilégier l'intérêt des entreprises et d'assigner pour but exclusif, ou principal, à la formation, une meilleure productivité ? Cette politique peut conduire à favoriser le recyclage des cadres et de ceux qui possèdent déjà de solides qualifications. Faut-il au contraire, au nom de la justice et de la promotion sociales, s'employer à élever le niveau professionnel de tous les travailleurs, et notamment des moins qualifiés ?

Chacun voudrait poursuivre l'une et l'autre fins, mais comment ne pas choisir quand l'argent est compté ? Il s'agit également d'évaluer les coûts, de les rapporter aux résultats escomptés ou réalisés. Les pouvoirs publics procèdent par conséquent à un examen du ratio prix-efficacité de la formation. Ils remettent en question méthodes et structures dans un souci d'efficacité. Ils visent à rendre plus performant l'ensemble du système à travers la réforme des institutions, des programmes d'enseignement ou des procédés de financement.

Certains soulignent encore l'intérêt de former des éducateurs. Ces derniers ont d'autant plus avantage à se recycler et à s'ouvrir aux problèmes des entreprises que la formation fait alterner enseignement et stages pratiques.

En bref, on s'attache à harmoniser les intérêts de l'individu, ceux de l'entreprise et ceux de la société envisagée. Voilà qui conduit à élargir encore les perspectives. Souvent, les considérations purement matérielles cèdent le pas à des motivations et à des préoccupations plus larges. Ainsi, les services d'orientation professionnelle ne se contentent-ils plus de fournir un emploi à un travailleur et de la main-d'œuvre à un employeur. Ils donnent des conseils et apportent des informations de caractère général sur les possibilités de développement d'une région ou d'une branche d'activité, s'adressant non seulement aux personnes en quête d'un travail, mais à toutes. Ils encouragent le dialogue entre les décideurs et la population.

De la formation des jeunes, on distingue celle des adultes. Effectivement, on reconnaît de plus en plus l'utilité du recyclage, d'un perfectionnement ou d'une adaptation des connaissances du travailleur en activité. Des qualifications nouvelles peuvent lui offrir un nouvel emploi, lui ouvrir des perspectives de carrière ou, tout simplement, une meilleure acclimatation aux modifications introduites dans l'organisation du travail.

La conception moderne de la formation consiste, je l'ai dit, à intégrer l'éducation technique à l'école et l'apprentissage dans l'entreprise, à combler le fossé entre formation et travail, à entamer le travail avant la fin de la formation et à poursuivre celle-ci après les débuts du travail. Les formules à cet effet se multiplient au moment où l'État encourage l'insertion des jeunes travailleurs sur le marché de l'emploi. Elles vont des conventions de formation entre les pouvoirs publics et des employeurs privés en vue de la prise en charge de stagiaires jusqu'aux contrats d'apprentissage ou, modalités plus modernes, aux contrats de travail-formation avec un chef d'entreprise.

L'État intervient souvent ici dans la relation de travail pour alléger certaines obligations ou les assumer à la place de l'employeur : réduction des cotisations de sécurité sociale, ou même paiement d'une partie du salaire ; parfois encore, les établissements concernés bénéficient d'avantages fiscaux, dont la compatibilité avec les règles de l'Union européenne concernant la concurrence restent dans chaque cas à vérifier soigneusement. Les pouvoirs publics réclament normalement de l'employeur, en contrepartie, des assurances minimales en matière de formation.

Le chef d'entreprise qui pourvoit à un complément de formation souhaite quelquefois insérer dans le contrat de travail une disposition par laquelle le travailleur s'engage à demeurer un certain temps à son service et à lui verser une indemnité s'il résilie son contrat avant le terme fixé ou s'il est, au cours de cette période, licencié pour un motif grave. J'ai examiné la légitimité de cette clause au regard de l'interdiction du travail obligatoire.

L'éducation continue recouvre aussi des situations diverses. Elle suppose, à tout le moins dans le cas d'un salarié, la possibilité – voire le droit – de s'absenter de son travail et la suspension soit du contrat, soit des principales obligations qui en découlent. Cette absence, ce congé est-il payé, et par qui : l'employeur ? les autorités publiques ? Profite-t-il à chacun ou seulement à des catégories particulières de travailleurs : ceux de certains secteurs, les jeunes ? Les intéressés ont-ils le grand choix du type d'enseignement qu'ils veulent suivre, ou doivent-ils tenir compte de l'intérêt de l'entreprise? Ici encore, nombreuses sont les décisions à prendre. Une convention n° 140, 1974, et certaines législations consacrent, en termes généraux, un congé - éducation payé.

A l'État incombe normalement le contrôle des règles qu'il impose, du fonctionnement de ses institutions ainsi que des financements. Ces dispositions concernent notamment les conditions de la formation. Elles peuvent être nombreuses et porter sur les critères de sélection (des adultes en particulier), sur les indemnités et les prestations sociales des stagiaires (ou de ceux parmi eux dont les revenus ne dépassent pas un certain plafond, afin d'éviter que le coût de la formation ne constitue un motif d'élimination). Les dépenses de financement se rapportent principalement à la construction et à l'équipement des centres, au fonctionnement des stages, au paiement des formateurs, aux subventions pour l'organisation des études, aux recherches et aux expériences ou aux indemnités pour les stagiaires.

La formation est prise en charge par les pouvoirs publics ou par les employeurs, voire par les organisations syndicales. De plus en plus d'entreprises prennent conscience que les qualifications constituent un élément de concurrence important. Les établissements petits et moyens éprouvent toutefois des difficultés à en assumer les frais. D'où la volonté des responsables politiques d'en réduire le coût, et des organisations patronales d'unir les efforts à cet effet.

Les employeurs peuvent, dans certains pays, imputer tout ou partie des dépenses pour la formation de leur personnel sur l'impôt des sociétés ou sur une contribution obligatoire spécifique. Des taxes spécifiques imposées aux entreprises ont quelquefois sensibilisé les patrons aux questions de formation, les ont amenés à prendre celles-ci en main, les ont poussés à rentabiliser les investissements à cet effet.

La formation professionnelle constitue enfin un marché, ce qui ne va pas sans créer à l'occasion des discordances par rapport à la politique adoptée, voire des problèmes plus graves de la part de personnes peu scrupuleuses.

Paragraphe 5. La réglementation du licenciement

La convention n° 158 de l'OIT sur le licenciement, 1982, contient des normes générales sur les justifications du congédiement, sur la procédure à suivre pour y procéder (en particulier la notification d'un préavis), sur les recours possibles de même que sur les indemnités de départ et sur les autres modes de protection du revenu des travailleurs concernés. Des dispositions particulières traitent des licenciements pour des raisons économiques, technologiques ou structurelles.

L'article 4 établit une interdiction de licencier un travailleur sans motif valable lié à l'aptitude ou à la conduite du travailleur ou fondé sur les nécessités du fonctionnement de l'entreprise, de l'établissement ou du service.

L'article 2 définit le champ d'application de l'instrument : il couvre toutes les branches d'activité et tous les salariés. Plusieurs clauses de souplesse autorisent toutefois d'exclure certains de tout ou partie de la convention : les travailleurs engagés aux termes d'un contrat de travail portant sur une période déterminée ou une tâche déterminée, ceux recrutés à titre occasionnel pour une courte période ainsi que ceux effectuant une période d'essai ou n'ayant pas la période d'ancienneté requise, à condition que la durée de celle-ci soit raisonnable et fixée d'avance. Je vais revenir sur ce point à propos d'un cas français. Des garanties adéquates doivent exister contre le recours à des contrats de travail de durée déterminée visant à éluder la protection découlant de la convention.

L'autorité compétente peut encore laisser de côté des catégories de salariés dont les conditions d'emploi sont soumises à un régime spécial leur assurant, dans son ensemble, une protection au moins équivalente à celle de la convention ainsi que d'autres catégories limitées de salariés "au sujet desquelles se posent des problèmes particuliers revêtant une certaine importance, eu égard aux conditions d'emploi particulières des travailleurs intéressés, à la taille de l'entreprise qui les emploie ou à sa nature". Dans ces derniers cas, l'État qui ratifie la convention devra, "dans le premier rapport sur l'application de la convention qu'il sera tenu de présenter en vertu de l'article 22 de la Constitution" de l'OIT, indiquer, avec motifs à l'appui, les catégories qui pourront avoir fait l'objet d'une telle exclusion ; il devra exposer, dans des rapports ultérieurs, "l'état de sa législation et de sa pratique à leur égard en précisant dans quelle mesure il a été donné effet ou il est proposé de donner effet à la convention en ce qui les concerne".

On le voit, le texte s'ouvre ainsi largement aux réformes législatives adoptées dans ce domaine par de nombreux États en quête de flexibilité, autre point sur lequel je formule ci-dessous quelques observations. La recommandation n° 166, adoptée en même temps suggère des mesures pour éviter un recours abusif aux contrats à durée déterminée. Tel est aussi l'un des objets principaux, on le sait, de la directive européenne n°1999/70 du 28 juin 1999 qui met en œuvre l'accord-cadre du 18 mars 1999 sur le travail à durée déterminée.

Souvent les licenciements collectifs perturbent gravement l'économie d'une région. D'où les mesures imaginées pour les prévenir ou en limiter les effets. La législation peut prévoir, comme en France ou en Allemagne (là, les comités d'établissement jouent un rôle essentiel), l'élaboration de véritables plans sociaux. Ces deux pays ont également vu se créer des entreprises d'insertion. Ailleurs, l'obligation d'établir des plans sociaux découle de conventions collectives. La recommandation n° 166 suggère expressément une série de dispositions à prendre. Parmi les plus courantes figurent le gel du recrutement, le non renouvellement des contrats temporaires, le changement d'affectation, le reclassement à l'extérieur (le cas échéant, avec un programme de recyclage et/ou une aide à la mobilité), la mise à pied provisoire, le travail à temps partiel, la retraite anticipée ou progressive, le départ volontaire (avec ou sans prime), la réduction des heures supplémentaires, etc. Au Japon, les tribunaux s'assurent que l'employeur a utilisé ces procédés pour conserver son personnel avant de considérer comme valides les licenciements économiques.

Le bureau régional du BIT à Bangkok reçu un jour, au début des années 1990 un appel du ministère népalais du travail. Encouragé par la BM, le gouvernement de ce pays avait entrepris une vaste opération de restructuration de son administration. Il demandait rien moins que d´envoyer un expert en licenciement (*sic*). Il était hors de question d'accéder à cette demande. Je me rendis néanmoins à Katmandou, avec une collègue experte dans l'organisation du travail. Nous obtînmes leur accord pour les aider plutôt à adopter le type de mesures décrites ci-dessus.

La quête d'une "flexicurité"

Ce terme insolite vient, on le sait, des Pays-Bas et d'une législation qui cherchait à conjuguer la flexibilité du travail et la sécurité de revenu pour le travailleur. Sur la base d'une large consultation entre partenaires sociaux, une loi du 1er janvier 1999 y avait notamment établi un régime nouveau pour les travailleurs temporaires : après avoir travaillé un certain temps (26 semaines en principe, mais ce délai pouvait être prolongé par convention collective, et le fut effectivement) pour l'agence de placement, les intéressés étaient considérés comme au bénéfice d'un contrat d'emploi avec cet organisme. La formule offrait aux travailleurs concernés un point d'arrimage qui leur permettait de bénéficier pleinement de la protection des droits du travail et de la sécurité sociale, tout en maintenant la mobilité du travail. Elle semblait bien acceptée par tous les intéressés.

Le concept a toutefois pris dans le langage politique européen une signification plus large. Il vise toute politique sociale qui cherche à allier souplesse du marché du travail et sécurité des conditions d'emploi. Il ne s'est cependant pas traduit par une approche identique dans tous les États de l'UE. Des différences ont continué d'exister dans la conciliation de l'emploi et de la protection sociale. Sans prétendre faire œuvre systématique, nous pouvons, du point de vue de la recherche d'un équilibre entre la promotion de l'emploi et la protection sociale, identifier en Europe plusieurs groupes de pays :

– Une première politique, fondée sur des pactes sociaux, se manifeste dans les États du Nord de l'Europe où le licenciement apparaît relativement aisé en pratique, mais où l'indemnisation du chômage est généreuse. Ces pays poursuivent une politique active de réintégration dans l'emploi, grâce à des programmes comme ceux évoqués précédemment.

– Les pays d'Europe centrale ou orientale présentent, dans leur majorité, un tableau contrasté. Si la relation de travail se rompt facilement en pratique, les politiques de retour au travail ne sont guère actives. Les allocations aux chômeurs sont limitées.

– Une troisième option se dégage assez clairement dans les pays du Sud de l'Europe. Malgré les réformes qui y sont intervenues, le licenciement reste en fait malaisé, mais les politiques de réintégration au marché de l'emploi, de même que les indemnités de chômage, sont limitées.

– De petits États européens, comme l'Autriche la Belgique, l'Irlande, le Luxembourg et les Pays-Bas, ou, en dehors de l'UE, la Suisse, connaissent une quatrième orientation. La faible étendue géographique de ces pays facilite la recherche d'un fort consensus social dans l'élaboration et la mise en œuvre des politiques d'emploi et d'indemnisation du chômage. L'efficacité de celles-ci varie de l'un à l'autre, et à l'intérieur de chacun, mais ils offrent tous, de quelque manière, des facilités de congédiement.

- L'Allemagne enfin offre une synthèse de plusieurs tendances. Ce pays présente des traits communs avec le Sud de l'Europe (licenciements malaisés, indemnités de chômage limitées), mais les politiques de création d'emploi y sont plus actives et la formation professionnelle duale, exemplaire. Le pays connaît également un solide consensus social.

Il paraît vain d'établir une relation trop étroite entre ces politiques et le taux du chômage ou le niveau des charges sociales et fiscales. Trop d'éléments interviennent dans les équations. On peut toutefois conclure que les différences restent nombreuses d'un pays à l'autre et qu'elles illustrent la difficulté à construire des politiques communes en dépit d'une histoire, d'une culture et d'un contexte sociopolitique largement partagés.

Le cas de l'application de la convention n° 158 par la France

En novembre 2007, le Conseil d'administration du BIT donnait suite à une réclamation de Force ouvrière qui reprochait à la France de violer la convention n° 158. Il demandait en particulier une modification d'une ordonnance n° 2005-893 sur le contrat de travail dit “nouvelles embauches”. Le texte avait déjà été contesté pour le même motif devant les tribunaux français jusqu'au Conseil d'État et à la Cour de Cassation[269]. Le premier avait estimé "raisonnable" au sens de l'article 2, 2 (b) de la convention, la disposition de la loi française qui exigeait une période de deux ans avant que les travailleurs concernés puissent bénéficier de la

[269] CE, 19 octobre 2005, *JCPE* 2005, 1652; Cass. soc, 29 mars 2006, *JCPE,* 2006, 2568. Le Tribunal des conflits a reconnu, le 19 mars 2007, la compétence des juridictions de l'ordre judiciaire pour apprécier cette compatibilité ; la Cour d'appel de Paris a estimé, le 6 juillet 2007, que l'ordonnance était incompatible avec la convention n° 158 : voir note M-E C dans *RDT*, n°9, septembre 2007, p.493. Voir aussi BIT, *document GB 300/20/6*, Genève, novembre 2007, paragr. 54, 55, 69-70 et 78.

protection prévue par l'instrument international, spécialement l'obligation de motiver le congé.

L´OIT est arrivée à des conclusions différentes. Elle a souligné que cette norme internationale visait à limiter l'absence de protection pour les travailleurs effectuant une période d'essai ou n'ayant pas une période d'ancienneté requise. La volonté de favoriser l'emploi et les mesures prises pour compenser l'exclusion ou la limitation des garanties normalement prévues permettaient sans doute de justifier une période relative longue. La principale justification devait cependant consister à s'assurer que la durée d'exclusion des avantages prévus par la convention se limitait à ce qui pouvait être raisonnablement considéré comme nécessaire à la lumière des objectifs pour lesquels la période d'ancienneté a été fixée : permettre à l'employeur de mesurer la viabilité économique et les perspectives de développement de son entreprise, et aux travailleurs concernés, d'acquérir des qualifications et de l'expérience. Une période de consolidation de deux ans ne pouvait pas être assimilée à la “période d'ancienneté requise” d'une durée " raisonnable " au sens de la convention, et justifier l'exclusion des travailleurs concernés. L'OIT a demandé à la France de modifier sa législation[270], ce qui fut fait.

Quand un juge interprète un texte international, le risque existe, on le voit, que sa décision contredise l'interprétation donnée à une convention par les instances internationales et soit critiquée par celles-ci au même titre que des dispositions législatives ou d'une pratique opposées à l'instrument.

La doctrine s'est fait à l'époque l'écho de cette affaire, non sans créer une certaine confusion entre les pouvoirs d'interprétation des tribunaux nationaux, de la Cour de Justice de l'UE et des instances internationales. Il paraît utile de revenir sur ce débat et d'en clarifier la portée fondamentale du point de vue du droit international.

Faut-il s'étonner de voir confier à un organe supranational le pouvoir de contredire l'interprétation du caractère "raisonnable" de la période incriminée, donnée par une haute juridiction française? La réponse relève du droit des gens. Le terme figure dans une convention liant des États ; des instances établies au niveau international ont reçu mandat de contrôler son application. Elles le font à partir d'arguments tirés de son texte, de ses travaux préparatoires et d'autres éléments pertinents de caractère international. Elles n'avaient pas en l'occurrence à se référer à l'appréciation de ce caractère raisonnable fondée sur le droit français. La

---

[270]Conseil d'administration du BIT, document GB 300/20/6, 300ème session, Genève, novembre 2007, § 71.

démarche ne serait acceptable que pour apprécier la situation nationale au regard de la convention, mais non pour interpréter celle-ci.

La solution contraire donnerait une large marge de discrétion à des instances non accréditées pour ce faire. Le pays critiqué serait à la fois juge et partie dans la même affaire. Le principe de l'autonomie des ordres juridiques ne serait pas respecté. Grand serait le danger de voir une même disposition internationale interprétée différemment selon le pays concerné, de rompre ainsi l'égalité entre les États et de contredire l'objectif de convergence des dispositions nationales sur le sujet traité, qui inspire les normes de l'OIT.

En bref, il revient à ces organes d'assurer une mise en œuvre uniforme de l'instrument dans tous les pays qui l'ont ratifié. Laisser la décision finale à des institutions étatiques risquerait de créer des disparités entre pays et irait directement à l'encontre de l'objectif d'harmonisation qui inspire l'activité normative de l'OIT.

Ces principes valent pour les instruments classiques de droit international public. Le contrôle de compatibilité entre ordres juridiques se présente en des termes différents dans le droit européen.[271] Les traités de l'UE donnent en effet aux tribunaux nationaux la possibilité de saisir la Cour de justice de l'UE d'une question préjudicielle d'interprétation du droit européen ; la réponse s'impose à lui.

Gardons-nous toutefois de nous focaliser sur les cas, rares, où une juridiction nationale se voit désapprouvée par une institution internationale. Bien plus nombreux sont les exemples d'une utilisation des normes internationales du travail à l'appui du droit interne, non pour s'y substituer[272], mais pour en combler une lacune, voire invalider ou écarter une disposition législative qui le contredit, comme dans un arrêt de la Cour d'appel de Paris du 6 juillet 2007, à propos également de l'ordonnance sur le contrat nouvelles embauches[273]. Plus révélateurs encore apparaissent les jugements de tribunaux, en particulier de *Common*

[271] Voir aussi N. Valticos et G. von Potobsky, *International Labour Law,* 2e éd.., La Haye, Kluwer, 1995, para. 654.

[272] Voir à ce propos les recherches entreprises au Centre international de formation de l'OIT à Turin, décrites par X. Beaudonnet dans « L'utilisation des sources universelles du droit international du travail par les juridictions internes », *Bulletin de droit comparé du travail et de la sécurité sociale*, 2005, pp. 68-70.

[273] Voir la note M-E C précitée dans *RDT*, n°9, septembre 2007, p.493. Plus généralement, sur l'application des conventions internationales du travail en droit français, voir : A. Jeammaud, « Sur l'applicabilité en France des conventions internationales du travail », *Droit social*, 1986, pp.3999 et ss. ; J.M. Verdier, « L'apport des normes de l'OIT au droit français », in *Etudes offertes à G. Lyon-Caen*, Paris, Dalloz, 1989, pp. 51 et ss.

Law, qui utilisent des dispositions, même non obligatoires du droit international du travail (ainsi des conventions non ratifiées ou des recommandations) pour interpréter le droit interne ou pour dégager des principes jurisprudentiels nouveaux[274]. Encore faut-il évidemment que ces instruments soient suffisamment connus. Je rappellerai que la responsabilité de leur donner la publicité voulue incombe certes à l'OIT, mais clairement aussi aux États quand ils les ont ratifiés.

Section 2. La sécurité sociale

La sécurité sociale est au cœur des préoccupations quotidiennes. J'ai fréquemment observé que le nombre de questions parlementaires posées à ce sujet dépasse de beaucoup celles relatives au droit du travail. L'urgence accordée à la solution de problèmes dans ce domaine à l'occasion de crises le montre abondamment. En voici quelques exemples.

Je me suis déjà référé à l'expulsion par la Libye de milliers de travailleurs étrangers dans la seconde moitié des années 1980. La médiation du BIT a permis d'obtenir le transfert de leurs droits de sécurité sociale acquis ou en cours d'acquisition. Les travailleurs tunisiens furent remboursés sur la base de documents produits à l'appui de leurs allégations, par des versements opérés par les institutions libyennes de sécurité sociale aux organismes tunisiens équivalents.

Nous avions convaincu les autorités israéliennes, lors d'une de mes missions sur place, d'agir de même à l'égard des journaliers palestiniens qui rentraient tous les soirs en Cisjordanie ou à Gaza. Leur employeur devait prélever sur leurs salaires une contribution à une assurance maladie dont ils ne profitaient guère puisqu'elle couvrait les frais encourus en Israël, mais non dans les territoires occupés. Malheureusement, les transferts de cotisations ne purent finalement pas avoir lieu, car l'organe palestinien de sécurité sociale n'offrait manifestement pas les garanties de transparence financière et de bonne gouvernance qui aurait permis l'opération.

Les États à économie planifiée intégraient les entreprises, sauf parfois les plus petites, hiérarchiquement dans les structures des administrations centrales ; leur budget relevait de celui du ministère compétent y compris au titre des assurances sociales. Souvent, la gestion de ces dernières relevait des syndicats. La Hongrie fut sans doute le premier pays à confier cette

---

[274] C.Thomas, M.Oelz, X. Beaudonnet, « The use of international law in domestic courts : Theory, recent jurisprudence, and practical implications » dans J.C Javillier et B. Gernigon (dir. de publ.), *Les normes internationales du travail : un patrimoine pour l'avenir*, Genève, BIT, 2004, p.252.

responsabilité aux autorités publiques à la suite de la mission que nous avions faite sur place en 1983. Lorsque ces pays se sont tournés vers l'économie de marché, le besoin s'est évidemment fait sentir de réformer plus en profondeur leur législation de sécurité sociale.

La tâche était techniquement complexe. La Roumanie apprit à ses dépens qu'il ne suffisait pas de reproduire le code français de sécurité sociale pour faire fonctionner un système nouveau. Surgirent des obstacles de tous ordres. Les experts occidentaux ne possédaient aucune expérience d'un système construit sur une organisation communiste de la société. Ceux de l'Est européen qui avaient acquis, avant 1989, une connaissance suffisante des systèmes adoptés à l'Ouest. la devait en général à des séjours prolongés dans les institutions internationales. J'ai déjà relevé qu'à l'époque, pour obtenir un tel poste, ils devaient s'engager à faire rapport sur ce qu'ils observaient aux services secrets de leur pays. D'où une forte méfiance à leur égard une fois le régime changé..

Quand elle libéralisa son économie, la Chine se tourna en premier lieu vers la Banque mondiale, séduite par la proposition d'établir une protection sociale à trois étages, avec des prestations de base réduites, des bénéfices supplémentaires financés par des cotisations des employeurs et de leur personnel, puis une assurance complémentaire au bon vouloir de l'entreprise. Elle déchanta rapidement et adopta le mécanisme prôné par l´OIT dans sa convention n°102 : des bénéfices pour tous, ou du moins pour le plus grand nombre possible, financés par des cotisations ou par l'impôt.

Les questions sur lesquelles j'ai eu le plus l'occasion de me pencher porte sur l'évolution sensible de l'approche de la protection sociale, sur la gestion publique ou privée des organismes de collecte et de délivrance des prestations ainsi que sur la conciliation des allocations de chômage et de la recherche d'emploi.

Paragraphe 1. Evolution de l'approche normative de l'OIT

A l'origine, les conventions et recommandations de l'OIT – comme les législations nationales – établissaient des régimes d'assurances dites sociales, couvrant obligatoirement les risques liés au travail ; quelquefois également (en matière d'accidents du travail et de maladies professionnelles), elles se limitaient à stipuler la responsabilité de l'employeur, laissant à ce dernier le choix des moyens de remplir son obligation.

Les idées évoluèrent avec la grande dépression des années 1929-1933, la guerre de 1939-1945, et l'inflation corrodante que connurent ces périodes. Les législations américaine de 1935 et néo-zélandaise de 1938 avaient amorcé le tournant. Le rapport " *to the Parliament on Social Insurance and Allied Services* " de Lord William Beveridge, publié en 1942 à la demande du gouvernement britannique, a constitué un pas décisif dans cette direction. L'OIT avait apporté son assistance aux gouvernements américain et britannique. Sur le continent européen, de nombreux pays sortis de la guerre nationalisèrent les caisses privées d'assurance devenues incapables de faire face à leurs obligations financières. Ces évolutions aboutirent au système de sécurité sociale que promeut l'OIT et que connaissent aujourd'hui beaucoup de pays, consistant dans la prise en charge par l'État lui-même de ces responsabilités, au moins à titre supplétif, l'extension du champ d'application des bénéfices et l'intégration des différentes branches dans un système unifié ou coordonné.

Deux recommandations adoptées en 1944 furent les premiers instruments de l'OIT à exprimer cette nouvelle orientation. La recommandation n° 67 prône un régime de garantie des moyens d'existence qui soulage le besoin et prévient l'indigence, en rétablissant jusqu'à un niveau raisonnable les revenus perdus soit par incapacité de travailler (y compris en raison de la vieillesse) ou d'obtenir un emploi rémunérateur, soit en raison du décès du soutien de famille. L'instrument demande que cette garantie se base autant que faire se peut, sur une assurance sociale obligatoire : les assurés remplissant les conditions exigées devraient avoir droit aux prestations en fonction des cotisations payées à un organisme d'assurance. Il suggère néanmoins qu'une assistance sociale satisfasse les besoins non couverts en faveur notamment des enfants à charge ainsi que des invalides, vieillards et veuves indigents qui devraient recevoir des allocations d'un montant raisonnable, comme tout autre individu dans le besoin.

La recommandation énumère les diverses éventualités que devraient embrasser les assurances sociales obligatoires : maladie ; maternité ; invalidité ; vieillesse ; décès du soutien de famille ; chômage ; dépenses exceptionnelles ; lésions (blessures ou maladies) résultant de l'emploi. Celles-ci protégeraient les travailleurs indépendants comme les salariés, ainsi que les personnes à charge; leur gestion s'unifierait ou se coordonnerait au sein d'un système général de services de sécurité sociale; les cotisants se verraient représenter, par l'entremise de leurs organisations, aux organes "qui arrêtent ou conseillent les lignes générales de la gestion et qui présentent des projets législatifs ou établissent les règlements". Une annexe contient des propositions pour l'application de ces principes directeurs.

La deuxième recommandation, n° 69, regarde les soins médicaux et prévoit leur extension, de manière complète, à l'ensemble de la population. Ils doivent être fournis soit par un service relevant de l'assurance sociale, complété par l'assistance sociale, soit par un service public.

Vint ensuite la convention n° 102 de 1952 qui établit des normes minima de la sécurité sociale. Elle consacre un système général appelé à s'étendre progressivement à tous les secteurs d'activité et à l'ensemble de la population. Il comprend les neuf principaux types de bénéfices liés à l'apparition d'éventualités perturbatrices : les soins médicaux, les indemnités de maladie, les prestations d'accidents de travail et de maladies professionnelles, les prestations d'invalidité, de vieillesse, de maternité, celles aux familles, de survivants ainsi que les prestations de chômage. Les instruments élaborés depuis l'ont été sur le modèle de la convention n° 102, mais en offrant une plus large protection quant à la population couverte et au montant des prestations. Ils portent sur des branches spécifiques de la sécurité sociale ou des problèmes propres aux déplacements internationaux de main-d'œuvre.

L'influence de la convention n°102 et des instruments adoptés par la suite ne se mesure pas seulement ici non plus au nombre de ratifications. L'UE sollicita l'aide du fonctionnaire du BIT peut-être le plus brillant dans ce domaine, Guy Perrin, pour construire le système européen de coordination des systèmes de sécurité sociale de ses États membres. La convention a eu, et continue d'avoir, un effet significatif sur le développement de ces systèmes à travers le monde.

De nombreux États (ainsi la Chine, la Lettonie ou le Liban), en dehors même d'une ratification, se sont inspirés de ses dispositions dans la préparation de leur législation. Les régimes de sécurité sociale de maints pays européens et latino-américains suivent le modèle défini dans l'instrument et dans les conventions subséquentes. L'influence de ces normes est très sensible au Japon, en République de Corée, au Maroc ou en Tunisie. La convention no 102 a joué un rôle déterminant dans l'établissement de véritables systèmes de sécurité sociale dans des pays à faible revenu : plus de 30 États africains ont mis en place des régimes de pension qui s'en inspirent. Même si leurs dispositifs de protection ne couvrent qu'une faible partie de la population, la convention constitue une référence utilisée dans les documents fixant les objectifs à long terme[275].

Les conventions sur la sécurité sociale, adoptées depuis la fin de la seconde guerre mondiale, s'adressent, selon des formules qui varient à des catégories soit de salariés, soit plus largement de la population active ou de résidents. Il reste que les travailleurs en situation professionnelle instable rencontrent de nombreuses difficultés à s'intégrer aux régimes mis en place.

Les intéressés figurent quelquefois parmi les personnes que ces instruments autorisent à exclure ; c'est le cas des travailleurs occasionnels et des indépendants, mais aussi, pour les accidents du travail et les maladies professionnelles, des travailleurs à domicile. Les recommandations complémentaires demandent fréquemment de lever ces restrictions, le cas échéant de manière progressive. La réglementation contient parfois des ajustements aux conditions particulières d'emploi de certains groupes de travailleurs. La convention n° 102 consacre par exemple une disposition spéciale aux indemnités de chômage des saisonniers.

Au-delà, ces travailleurs ne remplissent pas aisément les conditions posées à l'octroi des prestations, en particulier l'obligation d'effectuer une période minimale d'emploi (ou un nombre minimum d'heures de travail) ou de cotisations (ou d'avoir versé un montant minimum de cotisations). La convention de l'OIT n° 102 et des conventions plus récentes, à l'instar des réglementations nationales, permettent ainsi d'imposer des périodes de stage. Néanmoins, les recommandations complémentaires en demandent souvent la suppression.

Autre difficulté : les prestations sont fréquemment fonction du salaire antérieur des intéressés et, chez les travailleurs précaires, le montant en est souvent modeste. Cette méthode de calcul n'est toutefois pas la seule. La convention n° 102 et les instruments subséquents permettent des techniques qui ne sont pas directement liées à une rémunération perçue.

En bref, les personnes dont l'emploi est fragile ou inexistant peuvent passer entre les mailles des systèmes de sécurité sociale prônés par les instruments de l'OIT qui viennent d'être mentionnés. Nous touchons ici à un problème primordial : l'adaptation de la sécurité sociale – qui est une

---

[275] Comme le Code de sécurité sociale de la Communauté de développement de l'Afrique australe (CDAA), ou certains documents d'orientation nationaux, par exemple en République Unie de Tanzanie et en Zambie. Voir Conférence internationale du travail, (100e session, 2011) *La sécurité sociale pour la justice sociale et une mondialisation équitable*, Genève, BIT, 2011 §§ 40-41.

garantie de revenus – à des catégories de travailleurs peu fortunés que la protection sociale traditionnelle n'arrive pas, pour diverses raisons, à prendre convenablement en charge.

D'un autre point de vue, la CEACR souligne depuis longtemps [276] les graves problèmes financiers qu´affrontent les systèmes de sécurité sociale au risque de compromettre l'application des normes de l'OIT. La lecture de ses rapports a permis de mieux appréhender leurs conséquences. Elles concernent le niveau insuffisant des prestations ainsi que le champ d'application trop limité des régimes nationaux. Elles portent sur le financement du système et sa viabilité. Elles regardent enfin les conditions de stage mises à l'octroi des prestations ainsi que des questions plus techniques comme la liste des maladies professionnelles, la durée des soins médicaux, etc.

L'élargissement de la couverture de sécurité sociale dans les pays les moins riches, c'est-à-dire là où le besoin s'en fait le plus sentir, mais où son financement est le plus problématique, continue d'interpeller l'OIT. Ses experts paraissent convaincus de la nécessité d'introduire la protection sociale dans les stratégies de développement économique et de lutte contre la pauvreté. Ils jugent économiquement possible d'assurer, à moyen terme, des prestations de sécurité sociale de base dans des pays à faible revenu. Ils ont relevé toutefois les problèmes que posent même là, pour le coût des soins de santé et des régimes de retraite, le vieillissement de la population, ainsi que le VIH/SIDA.

Au-delà, il ne faut pas se cacher l'ampleur de la tâche et les difficultés bien connues : l'importance de l'économie informelle, la limitation des revenus de l'État, et la faiblesse de la gestion, plus spécifiquement l'incapacité de percevoir les cotisations et de les investir de manière sûre et rentable, la confusion des budgets de l'État et de la sécurité sociale, voire la corruption, ou plus souvent la bureaucratie et le gaspillage des ressources, l'impossibilité d'ajuster les indemnités au taux d'inflation, de réaliser les mêmes économies d'échelle que les pays hautement industrialisés, et de posséder un système informatique aussi performant. On peut ajouter les dangers du clientélisme politique et l'abandon de la culture du travail, effets pervers d'une politique sociale mal appliquée comme au Venezuela.

---

[276] Conférence internationale du travail, Rapport III (1A), *Rapport de la Commission d'experts pour l'application des conventions et recommandations,* Genève, BIT, 2009, pp. 38 et ss. et p.660.

En 2012, la CIT a adopté une recommandation sur les socles de protection sociale. Elle fait la synthèse de ces approches nouvelles. Ce texte programmatique revient à l'approche esquissée par les recommandations n° 67 et n° 69. Il fournit des orientations sur une stratégie de développement de la sécurité sociale, complémentaire des grandes politiques économiques et sociales, qui contribuent à la lutte contre la pauvreté et à l'intégration de l'économie informelle dans les marchés structurés. Les États devraient établir et maintenir tout au long de leur vie, pour les personnes dans le besoin, des garanties de sécurité sociale qui assurent au minimum l'accès à des soins de santé essentiels et une sécurité élémentaire de revenu.

L'instrument prône l'extension (horizontale) du champ d'application de la protection sociale. Il encourage les États à ratifier la convention n° 102 et les autres conventions récentes de l'OIT dans ce domaine, afin d'en assurer progressivement des niveaux plus élevés (extension verticale). Il laisse une grande souplesse dans le choix des politiques et des méthodes. Celles-ci peuvent inclure des régimes de prestations universels, d'assurance sociale, d'assistance sociale, d'impôt négatif sur le revenu, des régimes publics d'emploi et des régimes d'aide à l'emploi. Les États peuvent couvrir à l'aide de régimes contributifs les populations non protégées, si elles jouissent d'une capacité financière suffisante.

La protection va par conséquent au-delà des systèmes traditionnels de sécurité sociale. Il intègre l'accès à des biens et des services indispensables, comme les soins de santé essentiels, y compris les soins de maternité, ainsi que l'accès des enfants en particulier à l'alimentation et à l'éducation.

J'ai eu connaissance de cas exemplaires. Ainsi le gouvernement indien a décidé d'assurer 100 jours d'emploi payé par an à tout ménage adulte rural dont le ou les membres acceptaient de faire un travail manuel non qualifié. Le Parlement a voté à cet effet une loi n°42 de 2005 sur la garantie de l'emploi rural[277] ; elle s'applique progressivement aux districts de tous les États du pays. En Inde, je rappelle que la *Self-Employed Women Association* (SEWA) a mis sur pied un fonds de pension financé par les cotisations de ses membres, travailleuses de l'économie rurale informelle. D'autres expériences réussies concernent le Brésil[278], l'Inde encore, l'Iran ou la Tanzanie[279].

---

[277] *The Gazette of India*, n°48, 7 septembre 2005.
[278] S. Rocha, *Pobreza no Brasil. A final, de que se trata?*, Rio de Janeiro, Editora FGV, 2003.
[279] AISS, *Une sécurité sociale dynamique pour l'Afrique : une stratégie pour le développement*, Genève, 2008; T. Akson, « Extension de la couverture du système de sécurité sociale en

Le gouvernement brésilien a lancé en 2003 un programme appelé " Bolsa Familia " qui apporte un soutien financier aux familles pauvres respectant certaines exigences de développement, notamment en matière d'école, de vaccinations, de surveillance alimentaire ou de tests pré- et postnatals. L'initiative a touché quelque 11,3 millions de familles, soit 46 millions de personnes ou le quart de la population du pays. Le projet doit certes encore être amélioré car il bénéficie trop souvent à des personnes qui ne sont pas réellement pauvres. Il a toutefois permis au Brésil de réduire significativement le nombre de ses concitoyens vivant en dessous du seuil de la pauvreté[280].

Le micro crédit constitue un autre moyen de venir en aide aux plus impécunieux. Il cherche à le faire tout en préservant la profitabilité des mécanismes imaginés. Le BIT et d'autres institutions internationales ont souligné les possibilités qu'offrent ces derniers[281] et relevé des réussites exemplaires, comme la *Grameen Bank* au Bengladesh[282].

Les systèmes de protection sociale qui réussissent présentent ainsi une formule dualiste. Ils comportent des garanties contre des éventualités spécifiques, telles que la maladie, l'accident, la vieillesse ou le décès. Ils sont complétés par des instruments de lutte contre la pauvreté comme la fourniture gratuite ou subventionnée de nourriture ou de logement, l'assistance médicale et les campagnes de prévention ou les programmes d'emplois publics. Au-delà, un système solide et pérenne de protection sociale suppose la réalisation de conditions fondamentales : une base économique (financière) saine, une structure étatique efficace et un sens profond de la solidarité entre les personnes concernées.

Paragraphe 2. Gestion publique, gestion privée

Les régimes de sécurité sociale constituent l'une des expressions les plus sophistiquées de la fraternité institutionnelle. Nous savons que des sociétés d'entraide s'étaient formées pendant la révolution industrielle ; les

---

Tanzanie : les leçons de l'Inde et de l'Iran », *Bull. droit comparé travail sécurité sociale*, 2008, pp. 65-81 ; S. Routh, « Droits sociaux et initiatives privées : les figures de la solidarité en faveur de la dignité des travailleurs informels en Inde », dans A . Supiot (dir.), *La solidarité. Enquête sur un principe juridique*, Paris, Odile Jacob, 2015, pp. 239-259.

280 BIT, *Bolsa Família in Brazil: Context, concept and impacts*, Département de la sécurité sociale du BIT, Genève, mars 2009. R ; Fragale Filho, « Les nouvelles démarches de la solidarité au Brésil : le cas du programme 'Bourse famille' » dans A . Supiot (dir.), *op. cit.* pp. 261-280.

281 B. Balkenhol (dir. de publ.), *Microfinance and public policy: Outreach, performance and efficiency*, Genève, BIT, 2007.

282 Voir le site www.grameen-info.org/

salariés y versaient des contributions en échange d'une assistance réciproque. Des formes spontanées et communautaires de solidarité existent aujourd'hui encore dans certaines parties du monde, en Afrique par exemple. Elles reposent sur des liens familiaux, l'adhésion à une religion ou à un groupe ethnique, ou sur des pratiques ancestrales concernant l'exploitation de terres en commun ou la résolution des crises. On en rencontre d'autres formes, aux structures plus complexes. Elles se basent sur des critères personnels ou territoriaux, comme les tontines africaines, ou professionnels comme les coopératives et les associations de secours mutuels. Elles couvrent des domaines qui vont des soins de santé à la micro finance. Elles offrent un intéressant champ d'investigation aux chercheurs dans la mesure où elles pourraient servir d'alternative, du moins provisoire, à la protection sociale moderne quand cette dernière reste hors de portée.

Si elles exigent une bien plus grande sophistication, les normes de l'OIT, laissent cependant une grande marge de manœuvre dans l'organisation des régimes qui assurent le service des prestations. L'article 72 de la convention n° 102 prévoit ainsi que le système peut être administré par une institution réglementée par les autorités publiques, par un département gouvernemental ou par tout autre organisme, sous réserve du respect de certaines dispositions. Ces instruments ont néanmoins posé des règles de base qu'il faut respecter quel que soit le régime mis en place. La CEACR a estimé, en examinant la compatibilité d'un système privé de pensions avec cette convention, que la coexistence dans un système de sécurité sociale de deux régimes, l'un public, l'autre privé n'est pas incompatible avec la convention puisque cette dernière "permet d'organiser un degré minimum de sécurité sociale par des moyens différents"[283].

Tant cette convention que les instruments subséquents posent ainsi la responsabilité générale de l'État pour la bonne administration des régimes de sécurité sociale. La souplesse doit s'accompagner de règles claires en matière d'organisation et de fonctionnement. Ces principes de saine gestion concernent notamment la responsabilité incombant en dernière instance à l'État, la participation des assurés et le financement des prestations. L'État doit s'assurer, que les études et les calculs actuariels concernant l'équilibre financier sont établis périodiquement s'il y a lieu, et

[283] Conférence internationale du Travail (86e session, 1998). *Rapport de la Commission d'experts pour l'application des conventions et recommandations*, rapport III (partie IA), Genève, BIT, 1998, pp. 301-302.

en tout cas avant toute modification des prestations, du taux des cotisations ou des impôts affectés à la protection.

La CEACR a souligné, à propos des prestations de vieillesse, que les pouvoirs de surveillance ou de contrôle reconnus à l'État ne devaient pas l'amener à puiser d'une manière ou d'une autre dans les fonds constitués à cet effet[284], en vue par exemple de combler un déficit budgétaire. De même, la convention n° 168 stipule que si des subventions sont accordées par l'État ou le système de sécurité pour la sauvegarde des emplois, il convient de prendre les mesures nécessaires pour garantir l'affectation exclusive de ces subsides aux fins prévues ainsi que pour empêcher fraudes ou abus des bénéficiaires.

Cas particulier, la convention n° 183 sur la protection de la maternité déclare que les prestations dues pendant les congés de maternité et de maladie doivent en principe provenir d'une assurance sociale obligatoire, d'un prélèvement sur des fonds publics ou de toute autre manière déterminée par la législation et la pratique nationales. L'employeur ne peut pas néanmoins supporter une responsabilité personnelle dans le coût direct des prestations à l'égard d'une femme qu'il emploie. Le but est de protéger la situation des travailleuses sur le marché de l'emploi, d'éviter, selon une problématique souvent évoquée, que la protection de la maternité n'alourdisse la charge de l'employeur et ne l'incite à embaucher moins facilement de la main-d'œuvre féminine. L'interdiction s'accompagne toutefois de trois exceptions : quand l'employeur consent expressément à assumer ces dépenses ; quand cette responsabilité lui incombait en vertu de la loi ou de la pratique nationale avant l'adoption de l'instrument ; quand le gouvernement et les organisations patronales et syndicales en conviennent ultérieurement.

S'il est un lieu où cohabitent depuis longtemps institutions publiques et organismes privés, c'est assurément la sécurité sociale. La répartition des responsabilités entre l'État, les employeurs, les travailleurs et leurs organisations respectives, ainsi que d'autres groupements d'intérêts est ici une question traditionnelle, comme l'est le rôle accordé au secteur privé (par exemple pour les pensions complémentaires) et aux instances professionnelles[285].

---

[284] Conférence internationale du Travail (76e session, 1989), *Protection de la vieillesse par la sécurité sociale*, Rapport de la Commission d'experts pour l'application des conventions et recommandations, rapport III (partie 4B), Genève, BIT, 1989, § 210.

[285] Voir par exemple M. Voirin: *L'organisation administrative de la sécurité sociale. Un enjeu social et politique* (Genève, BIT), 1991, p. 1; H.F. Zacher et F. Kessler, «Rôle respectif du

Les sommes accumulées et distribuées, l'importance des prestations sociales dans la vie quotidienne des bénéficiaires expliquent la persistance des débats sur l'autonomie de gestion des organismes de sécurité sociale, sur la participation à ceux-ci de représentants des personnes intéressées, voire sur la privatisation de tout ou partie des structures concernées, en particulier leur transfert à des sociétés à but de lucre[286].

Ces controverses ont mis en évidence dans bien des cas, spécialement pour les pays en développement, les déficiences graves déjà évoquées dans le fonctionnement des organismes publics concernés. Répétons-le : l'efficacité des administrations de la sécurité sociale à assurer le respect de la législation en vigueur laisse fréquemment à désirer. L'observation s'applique en particulier au paiement des cotisations. Celles-ci ne se recouvrent pas en totalité. Les institutions compétentes ne paraissent pas toujours vouloir prendre les mesures appropriées pour remédier à la situation. Le faire prend effectivement du temps et de l'argent, surtout quand il s'agit des (très) petites entreprises.

Le rendement de ces institutions, les travaux du BIT en particulier l'ont montré[287], varie grandement. Le pourcentage des frais d'administration par rapport aux prestations s'avère très faible dans les pays industrialisés. Il tend à s'élever sensiblement quand on se tourne vers les pays en développement. Sans en épuiser les raisons, je citerai les suivantes : des régimes d'ampleur limitée ne peuvent pas bénéficier des mêmes économies d'échelle que le système allemand par exemple ; les difficultés économiques que rencontrent ces États rendent plus difficile le contrôle de l'application de la législation pertinente ; l'automatisation, qui permet de réduire les coûts, n'a pas progressé au même rythme dans ces pays, loin s'en faut, qu'en Europe occidentale.

Pour trouver une solution à ces problèmes notamment, des pays comme le Chili en 1981, ont entrepris de privatiser leur système national de pensions. Il s'est rapidement avéré que les avantages de la réforme étaient plus que limités. Les fonds de pension subissent en effet de fortes perturbations durant les crises financières. Les frais de fonctionnement

---

service public et de l'inititive privée dans la politique de sécurité sociale», *Revue internationale de droit comparé*, 1990, n° 1, pp. 203 et ss.

[286] Voir OCDE: *Les régimes de retraite privés et la politique gouvernementale* (Paris), OCDE, 1992; R. Beattie et W. McGillivray: «Une stratégie risquée. Réflexions sur le rapport de la Banque mondiale. La crise du vieillissement», *Revue internationale de sécurité sociale*, 1995, n° 3/4, pp. 5-25.

[287] Conseil d'administration du BIT, Conseil d'administration du BIT, 254e session (Genève, nov. 1992): *Protection sociale et filets de sécurité*, document GB.254/CE/1/14, paragr. 43 et ss.

des caisses de retraite du secteur privé représentent un pourcentage trop élevé des recettes des cotisations ; une part importante de ceux-ci semble bien provenir des postes commercialisation et vente[288]. Je me souviens d'avoir rencontré dans un centre commercial de Buenos Aires de jeunes hôtesses en minijupes vantant les mérites de fonds de pensions privés.

Bien plus, des doutes existent encore sur la capacité de ces caisses privées de faire respecter la législation : la proportion des affiliés qui paient régulièrement leurs contributions peut rester faible. La situation ne leur provoque pas de problème majeur, dans la mesure où les cotisations non perçues ne confèrent aucun droit à des prestations. Elle en suscite en revanche pour les pouvoirs publics s'ils sont tenus de verser aux retraités un minimum social garanti. Le Chili s'est finalement résolu en 2008 à amender le mécanisme mis en place et à établir une pension de base[289].

Une réforme en profondeur des institutions de sécurité sociale apparaît comme une solution plus appropriée, au moins pour l'octroi des prestations minimales. Elle devrait comporter deux volets : des mesures positives et l'arrêt des pratiques frauduleuses ou abusives. Les principaux remèdes sont connus : des mises à disposition de l'ensemble des données indispensables relatives aux assurés ; l'indexation des cotisations et des prestations; des méthodes rationnelles et adaptées de prélèvement des unes et de versement des autres ; l'amélioration des services offerts aux assurés ; la déconcentration administrative. De nombreux moyens permettent par ailleurs de lutter contre les gabegies, la confusion des budgets publics, les malversations et les autres déficiences dans la gestion des fonds sociaux.

Le plus efficace consiste sans doute à intégrer des représentants des principaux intéressés, employeurs et assurés sociaux, à la direction et au contrôle des institutions concernées. Voilà aussi une manifestation d'une synergie d'organisations étatiques et privées dans la gestion de ce service public.

---

288 C. Gillion et A. Bonilla: «Analyse d'un régime national de retraite privé: le cas du Chili», *Revue internationale du Travail*, vol. 131, 1992, n° 2, pp. 183-208, ainsi que les commentaires de R. Bustos Castillo, *ibid.*, vol. 132, 1993, n° 3, pp. 449-459; voir aussi BIT, *Le travail dans le monde*, *op.cit.*

289 N. Barr et P. Diamond: "Chile: The pension system", dans N. Barr et P. Diamond: *Reforming pensions. Principles and policy choices,* Oxford University Press, 2008, pp. 227–238; M. Délano: *Reforma previsional en Chile, protección social para todos,* Santiago, BIT, 2010; BIT, *La Reforma previsional en Chile y la contribución de la OIT* ,Santiago, 2008; Conseil d'administration du BIT, *op. cit.*, paragr. 44; Conférence internationale du travail, *La sécurité sociale pour la justice sociale et une mondialisation équitable*, *op. cit.*, paragr. 134 et 151.

Paragraphe 3. Prestations de chômage et recherche d'emploi

L'argument selon lequel la hauteur des allocations reçues freinerait la recherche d'un travail est aussi ancien que l'existence de ces prestations. Formulons une première remarque : cette affirmation, quelle qu´en soit la pertinence, perd sa valeur pratique quand les emplois se font rares et les postulants nombreux.

De toute manière, si l'on prohibe le travail obligatoire, la condition pour être indemnisé d'accepter tout emploi convenable est bien reçue. Elle figure dans la convention (n° 168) de l'OIT sur la promotion de l'emploi et la protection contre le chômage de 1988. L'instrument demande plus généralement aux États de coordonner régime de protection contre le chômage et politique de l'emploi. Les modalités d'indemnisation du chômage, en particulier, doivent contribuer à la promotion du plein emploi, non décourager les employeurs d'offrir, et les travailleurs de rechercher un tel emploi.

Chapitre 5. Droits sociaux, précarité et pauvreté

"La société est composée de deux grandes classes, écrivait Chamfort au XVIIIe siècle, ceux qui ont plus de dîners que d'appétit et ceux qui ont plus d'appétit que de dîners ", et La Bruyère, à l'époque du Roi Soleil : " L'on voit certains animaux farouches, répandus par la campagne, noirs, livides et tout brûlés de soleil, attachés à la terre qu'ils fouillent et qu'ils remuent avec une invincible opiniâtreté : ils ont comme une voix articulée et quand ils se lèvent sur leurs pieds, ils montrent une face humaine, et en effet, ils sont des hommes "[290].

Vint la révolution industrielle. Ces hommes, ces femmes, ces enfants étaient venus chercher à la ville du travail et des revenus, fuyant des campagnes incapables de les leur assurer. Le libéralisme ambiant avait aussi démonté, avec le système corporatif, les garanties qui protégeaient les travailleurs qualifiés (compagnons et apprentis), et ne les avaient pas remplacées. " Les progrès de la civilisation n'(ont pas exposé) seulement les hommes à beaucoup de misères nouvelles, ils (ont porté) encore la société à soulager des misères auxquelles, dans un état à demi policé, on ne songeait pas"[291].

Le droit a réagi à ces situations de pauvreté, en construisant un régime d'emploi salarié, qui soit source de revenus, de sauvegardes contre des phénomènes avérés d'exploitation dans les conditions de travail, et souvent un système d'assurances contre les risques liés à ce mode d'activité. Il a visé en priorité à protéger la classe "sociale" dont la misère avait donné naissance à la question "sociale"[292]. Le droit "social ", droit du travail et de la sécurité sociale, trouve sa justification historique dans la situation de ces ouvriers prolétaires dépourvus ou mal pourvus du nécessaire, en tout cas de la sécurité du lendemain. En allemand, le terme " Arbeitsrecht " couvre l'assistance sociale. Droit protecteur, il constitue en outre un droit de la solidarité apportant aux travailleurs une certaine

---

[290] Chamfort, *Maximes et pensées*, dans Chamfort et Rivarol, *Œuvres choisies*, Paris, E. Dentu, 1884, II, p.155; Jean de la Bruyère, *Les caractères* (De l'homme, 128), Paris, Garnier/Flammarion, 2005, p .292.

[291] Alexis de Tocqueville, *Mémoire sur le paupérisme*, fin de la 1ère partie, dans *Mémoires de la Société académique de Cherbourg*, 1835, pp. 293-344, édition électronique réalisée par Jean-Louis Benoît: http://classiques.uqac.ca/classiques/De_tocqueville_alexis/memoire_pauperisme_1/memoire_pauperisme_1_texte.html

[292] André Lalande, *Vocabulaire technique et critique de la philosophie*, Paris, Presses universitaires de France, 1962.

sécurité matérielle, grâce à leur défense collective au sein d'associations et de coopératives ainsi qu'à des assurances professionnelles qui se sont peu à peu transformées en mécanismes étatiques de redistribution des revenus.

Voilà qui est connu. Il faut néanmoins avoir visité les bidonvilles de Delhi, de Guayaquil ou d'ailleurs pour se rendre concrètement compte de la misère du monde, avoir béni la couronne de fleurs offerte qui préserve – un peu – des odeurs nauséabondes, ne pas avoir bu le verre proposé d'eau non purifiée, mais l'avoir porté aux lèvres pour ne pas refuser ce geste d'hospitalité.

Comment savoir si ce vieil homme qui répare une télévision ou ce cordonnier dans son baraquement travaille à titre indépendant ou comme salarié pour le donneur d'ordre? Méritent réflexion les objections de juristes qui en Equateur expliquent combien il serait vain de demander aux intéressés de payer taxes et cotisations sociales sur une rémunération déjà insuffisante. Voilà bien les premiers éléments à envisager dans une stratégie de passage à une économie formelle d´activités peu perméables aux règles juridiques nationales ou internationales. La question, cela va sans dire, ne concerne pas seulement l'état des textes, mais leur application concrète.

Plus grave, certains économistes rejettent la recherche d'un encadrement juridique de ce type de travail, invoquant l'urgent besoin de modifier les structures de l'emploi et bannissant ce qu'ils voient comme des obstacles, quoique fondés sur de beaux sentiments. Des responsables politiques des pays du sud prennent appui – ou est-ce un prétexte ? - sur la misère qui sévit pour repousser des valeurs "occidentales", incapables selon eux de résoudre leurs problèmes urgents. Figurent parmi celles-ci, les libertés publiques au travail, notamment les droits syndicaux.

Les instances dirigeantes de l´OIT continuent en revanche à rechercher un équilibre entre ces trois composantes de la lutte contre la misère que sont la promotion de l'emploi, source de revenus, la garantie contre l'exploitation du travail, et la protection sociale. Il y a loin toutefois de la proclamation de ces idéaux à leur réalisation pratique, d'autant que les plus faibles réclament rarement la réalisation de leurs droits ; ils n'adhèrent guère à des associations de défense de leurs intérêts, s'adressent peu à la justice.

J'ai participé, au Costa Rica, à une émission de radio consacrée à des questions sociales. Je dus répondre en direct à des travailleurs de régions éloignées dont les connaissances du droit étaient évidemment limitées, mais grandes les craintes qu'un recours aux tribunaux se retournent contre eux. Appréhension peu fondée, mais largement répandue comme l'a montré un récent rapport des NU. La lutte contre "le non-recours aux droits" constitue une priorité.[293]

Les pages qui suivent cherchent à répondre à deux questions. La première concerne les possibilités réelles d'appliquer des normes (internationales) du travail dans des situations de pauvreté (I). On vérifiera en premier lieu si ces règles couvrent l'ensemble des formes de travail, y compris les plus précaires (1). On s'interrogera ensuite sur leur mise en œuvre dans la pratique (2). La seconde question porte plus précisément sur les moyens qu'offre positivement le droit social dans la lutte contre le dénuement (II). On en examinera quatre: la protection du salaire (1) et le salaire minimum (2), les services sociaux (3) et le droit d'association professionnel (4). La sécurité sociale en situation de précarité vient d'être examinée.

Section I. L'application des normes (internationales) du travail dans les situations de précarité

On sait les critiques adressées aux conventions de l'OIT pour leur manque de réalisme, leur absence d'influence réelle sur les législations et les pratiques nationales. L'essentiel des reproches concerne les formes précaires de travail et leur expression ultime, dans l'économie informelle des pays en développement. D'où l'utilité d'une réflexion plus approfondie sur l'application des conventions à ces catégories de travailleurs : dans quelle mesure la protection du travail s'étend-elle à ces activités non seulement sur la foi des textes, mais dans la pratique.

Beaucoup de conventions ne couvrent que les salariés, alors que la précarité du travail se rencontre aussi, sinon plus, chez les indépendants. Fréquemment d'ailleurs les exceptions et les clauses de souplesse inscrites dans ces instruments écartent précisément de leur champ d'application des secteurs d'activité ou des catégories de travailleurs, où se rencontre une telle instabilité. Exemples rarement mentionnés, je l'ai observé à l'égard des personnes employées dans les entreprises familiales ou les petites entreprises agricoles. La convention n° 138 de 1973 sur l'âge minimum constitue un exemple très caractéristique d'instrument dont on peut pratiquement limiter le champ d'application au secteur moderne d'activité.

[293] Rapporteur spécial sur la pauvreté extrême et les droits humains, Olivier De Schutter, ONU, *document A/HRC/50/38, 19 Avril 2022.*

Certaines normes couvrent en revanche l'ensemble des travailleurs et, quelquefois, contiennent des dispositions consacrées expressément au secteur non structuré. Ainsi l'article 7 de la convention n° 78 de 1946 sur l'examen médical des adolescents (travaux non industriels) prescrit que " la législation nationale déterminera... les mesures d'identification qui devront être adoptées pour contrôler l'application du système d'examen médical d'aptitude aux enfants et adolescents occupés, à leur propre compte, ou au compte de leurs parents, à un commerce ambulant ou à toute autre occupation exercée sur la voie publique ou dans un lieu public". On ne peut néanmoins cacher que le respect de telles dispositions est particulièrement difficile à imposer et à vérifier.

Au-delà, l'extrême pauvreté accroît considérablement les difficultés. La situation ne se présente pas comme un ensemble monolithique. On la rencontre chez les sans-emplois, chez les travailleurs indépendants et chez tous ceux qui ont un emploi, précaire ou non, insuffisant pour vivre et faire vivre leur famille. Dans les pays en développement, on la trouve dans le travail familial coutumier et dans les activités agricoles. Y figure le travail non déclaré dans de petits métiers et de microentreprises personnelles : charpentiers, mécaniciens, réparateurs en tous genres, etc. On y inclura aussi des firmes de taille réduite, connues des autorités et enregistrées auprès d'elles, mais qui éprouvent des difficultés considérables à appliquer l'ensemble de la législation, qu'elle soit administrative, fiscale ou sociale.

Qu'en est-il de la mise en œuvre des normes juridiques à l'économie informelle et à ses multiples facettes? L'activité agricole est exclue de la majorité des codes du travail africains. Il n'est guère possible non plus d'appliquer de ses règles précises aux petits métiers des villes où d'ailleurs se brouille la distinction entre salariés et indépendants. Chercherait-on à le faire qu'on ne trouverait pas les moyens du contrôle. Plutôt que d'inclure de manière théorique ces activités dans un code du travail, il serait plus utile de chercher à éviter l'exploitation en puisant dans les règles fondamentales du droit privé, voire dans le droit coutumier, d'identifier des sauvegardes essentielles dans les mécanismes du droit civil, ou dans une protection renforcée dans le cadre du contrat d'entreprise. Tel est l'argument développé devant moi par des chercheurs africains qui ont suggéré d'utiliser à cet effet les dispositions sur la responsabilité civile, l'enrichissement sans cause ou la gestion d'affaires.

Les petites entreprises qui ont intégré, au moins partiellement, le secteur structuré se trouvent dans une situation intermédiaire à l'égard des normes sur les conditions de travail spécialement, mieux en mesure d'en appliquer certaines que d'autres. Il faut les identifier.

Plus généralement, un dilemme apparaît clairement. Les travailleurs en situation précaire ont besoin plus que d'autres d'une législation explicite et protectrice, puisque leur position fragile les rend vulnérables. Que l'on pense aux coursiers et aux autres personnes qui exercent leurs tâches à travers des plateformes électroniques. On revient aux origines du droit du travail. Très solides sont par conséquent les arguments avancés en faveur de l'application à ces catégories particulières de travailleurs de la législation nationale et internationale du travail et de la sécurité sociale. Ces derniers se voient alors assurés, au moins sur le papier, d'une protection équivalente à celle des autres travailleurs ; l'égalité de traitement est respectée ; il n'y a pas de citoyens de deuxième zone.

Pourtant, la tendance à promouvoir ces emplois répond à un souci précis : favoriser le recrutement de travailleurs supplémentaires en allégeant les charges sociales de l'entreprise, pousser à l'embauche des employeurs réticents à engager du personnel au moyen d'un contrat de travail traditionnel. Ce dernier peut être prêt, en revanche, à donner du travail quand il y en a, c'est-à-dire quand les commandes arrivent, et en fonction de celles-ci. La remarque est particulièrement vraie pour les petites et moyennes entreprises, très sensibles aux aléas de la conjoncture économique. Et pour le chômeur, un "petit boulot" vaut sans doute mieux que pas de boulot du tout. Mais cette motivation, et le souci de plus de souplesse dans les règles applicables ainsi que dans le type de relations de travail choisi, exclut toute assimilation aux travailleurs traditionnels censés coûter plus cher : ce serait tarir une source d'emplois. A l'inverse, l'insistance à maintenir une égalité de traitement avec les autres travailleurs équivaut, par conséquent, en termes objectifs, à chercher à limiter le recours à ces formes d'emploi.

D'un point de vue technique, il n'est pas simple non plus d'étendre purement et simplement le code du travail à certains de ces emplois, le travail à domicile ou temporaire, par exemple, pour ne pas citer les métiers indépendants. Des ajustements, des adaptations paraissent souvent indispensables afin de tenir compte des besoins spécifiques de ces travailleurs.

Le niveau de protection dont bénéficient ces derniers représente finalement un point d'équilibre, différent selon le contexte politique et les conditions concrètes de chaque pays, entre des exigences opposées : l'égalité de traitement, les garanties minimales pour la vie, la santé, le bien-être de ces travailleurs et de leurs familles, les impératifs économiques de l'entreprise, le souci de préserver des possibilités d'emploi.

Le libellé de chaque convention permet de déterminer si elle s'applique ou non à tout ou partie de ces travailleurs. En bref, les normes de l'OIT qui consacrent les droits fondamentaux au travail couvrent en principe l'ensemble des situations d'emploi. On ne peut se cacher cependant les difficultés de mise en œuvre que l'on rencontre en matière de liberté syndicale, d'égalité de chances et de traitement et d'abolition du travail des enfants. Les normes sur la promotion de l'emploi ou la formation professionnelle ne distinguent pas non plus entre les travailleurs. Comme elles ont un caractère programmatique et ne contiennent normalement pas d'obligation de résultat à charge des États, elles soulèvent peu de problèmes d'application immédiate. Ces instruments se réfèrent en revanche, dans les politiques à adopter, à des mesures en faveur des travailleurs en situation instable.

Sur bien d'autres sujets, les relations professionnelles, les conditions de travail, l'inspection du travail, et quelle que soit la portée des textes qui fixent le champ d'application, on remarquera que les instruments adoptés n'ont pas été conçus pour certains types de travaux. Il ne suffit pas, par conséquent, d'étendre théoriquement à ces travailleurs vulnérables les dispositions en question.

La solution consiste-t-elle, dans ces conditions, à adopter des normes spécifiques ? Des conventions ont effectivement vu le jour sur le travail intérimaire (réglementation des agences privées d'emploi), sur le travail à domicile ou à temps partiel. L'Espagne, la France ou l'Italie reconnaissent formellement aux télétravailleurs un droit à la déconnexion.[294] L'adaptation des règles générales aux contraintes spécifiques de ces personnes, comme le suggèrent des instruments récents en matière de sécurité et de santé au travail, a également abouti à des résultats positifs.

Le contrôle de la règle se révèle en outre plus aléatoire dans ces cas car les obstacles à la mission des inspecteurs du travail se multiplient. Ils sont déjà nombreux pour contrôler la législation applicable aux salariés à durée indéterminée. Rappelons-les brièvement. Rarement ce corps de fonctionnaires possède des effectifs bien formés et suffisants. Il souffre, y compris dans les pays les mieux nantis, de maux bien connus : faiblesse des ressources, manque d'effectifs, précarité des moyens de transport face à la dispersion des lieux de travail. Sait-on que, dans bien des pays pauvres,

---

[294] Eurofound, *Right to Disconnect: Exploring Companies practices,* Luxembourg, Publication Office of the European Union, 2021 pp1 et ss.

les inspecteurs ne disposent pas toujours même d'un vélo pour mener leur contrôle?

En bref, il ne convient d'adopter, à l'égard de la pertinence du droit du travail pour les plus pauvres, une attitude ni aveuglément optimiste, ni exagérément négative. Des exemples existent ainsi de mesures de prophylaxie simples qui ont pu s'appliquer même dans des lieux de travail extrêmement misérables. Lors d'une visite dans les quartiers les plus démunis de Dacca au Bangladesh, un administrateur du travail m'a expliqué à quel point les autorités publiques pouvaient remplir une fonction de formation et d'information plutôt que de police. Dresser un procès-verbal de non-conformité à des règles sur la santé et la sécurité au travail semble surréaliste. En revanche efficace est le conseil d'allonger le fil de la lampe pour que, voyant mieux, la couseuse ne se pique pas, quand les blessures s'infectent rapidement dans un milieu tropical. Utile encore est celui de cuisiner pour sa famille et de teindre des tissus pour un donneur d'ordre, dans des pièces séparées du baraquement qui sert de logement. Les associations de défense, là où elles existent, jouent également un rôle de contrôle pour le respect de conditions minimales d'existence.

Examinons plus généralement comment les normes de travail participent à la lutte contre la pauvreté.

Section II. Le droit de l'OIT dans la lutte contre la pauvreté

Un devoir de lutter contre la pauvreté incombe aux gouvernants. Ils mobilisent des moyens économiques, soutiennent les structures d'éducation, recourent à des mesures sociales pour pallier les situations d'urgence comme pendant la pandémie de covid-19, ou, plus généralement, pour remédier à l'absence de moyens de subsistance à court ou à plus long terme. Le droit de l'emploi cherche à identifier des occupations rémunérées, celui de la sécurité sociale protège contre les aléas de la vie professionnelle. S'y ajoute encore les lois d'assistance sociale. Toutes ces règles contribuent à la lutte contre le dénuement.

Les régimes de sécurité sociale au sens large ont prouvé leur rôle incontournable à cet effet. J'en ai déjà traité. Les services sociaux en sont l'utile complément. J'y reviendrai ici. Les entreprises possèdent également des obligations, à la fois juridiques et sociétales, celles souvent de verser un salaire minimum et toujours de payer la rémunération dans des conditions décentes, celle aussi de respecter la liberté d'association. Examinons ces questions.

Paragraphe 1. La protection du salaire

Fournir une rétribution adéquate, décente, constitue une exigence de base. Elle figure dans le Pacte international relatif aux droits économiques, sociaux et culturels et dans la Constitution de l'OIT. Encore faut-il que ce montant soit effectivement payé. D'où l'adoption de normes à la fois sur le niveau minimum de rémunération et sur la protection de ce dernier. Certaines s'appliquent à toutes les branches d'activité, d'autres se focalisent sur un secteur, comme les plantations.

Le salaire constitue le plus souvent l'unique source de revenu, On trouve dès le XIXe siècle dans les États européens des lois réglementant le paiement en nature et les économats d'entreprise[295]. La littérature et l'histoire rappellent en effet des abus singulièrement déplaisants.

Contrairement à bien des législateurs nationaux, la Conférence de l'OIT, a d'abord porté son attention sur le niveau (minimum) de rémunération avant d'aborder dans des instruments normatifs la question de sa protection. Le texte principal à cet effet reste la convention n° 95 adoptée en 1949 et complétée par une recommandation n° 85. La convention s'applique aux personnes auxquelles un salaire est " payé ou payable ". Les autorités compétentes peuvent cependant exclure de l'application de toutes les dispositions, ou de certaines d'entre elles, des catégories de travailleurs non manuels ou employées à des services de type domestique ; les associations patronales et syndicales doivent normalement être consultées au préalable.

L'instrument exige le paiement en monnaie ayant cours légal, mais l'interdit sous forme de billets à ordre, de bons ou de coupons. Il envisage quatre moyens de paiement principaux : les espèces, le chèque bancaire, le chèque ou le mandat postal et le paiement en nature. Les autres moyens scripturaux et électroniques, aujourd'hui couramment pratiqués, ne sont pas expressément mentionnés.

L'affaire suivante paraît bien clarifier ce point. Des syndicats vénézuéliens s'étaient plaints que le versement électronique des

---

[295] Et même avant: il semble que la plus ancienne loi interdisant le « truck system » remonte à 1464 en Angleterre : voir BIT, *Protection du salaire. Normes et garanties relatives au paiement de la rémunération des travailleurs,* rapport III (partie 4B) à la 91e session de la Conférence internationale du Travail, Genève, BIT, 2003, paragr. 96.

rémunérations ne permettait pas aux travailleurs, en particulier ceux qui habitaient des localités dépourvues de services bancaires ou qui n'avaient pas l'électricité, de retirer de l'argent à des distributeurs ou dans des agences et d'avoir ainsi accès à la totalité de leur salaire. Dans ses conclusions, la CEACR a insisté pour que le gouvernement, en consultation avec les partenaires sociaux, prenne des mesures effectives pour régler la question, et fournisse des informations à cet égard[296].

Le paiement en nature ne constitue pas seulement un problème du passé. Il continue à susciter des difficultés dans plus d'un pays[297]. Il n'est admis que dans de strictes limites ; il ne peut s'agir que d'une partie de la paye, et seulement dans les branches d'activité où ce mode de règlement "est de pratique courante ou souhaitable en raison de la nature de l'industrie ou de la profession en cause" ; dans les cas autorisés, il convient de prendre les mesures nécessaires pour que les prestations en nature servent à l'usage personnel de la famille du travailleur et soient conformes à son intérêt (interdiction des spiritueux et des drogues nuisibles) ; la valeur attribuée à ces prestations doit être juste et raisonnable.

L'histoire sociale lie l'apparition des économats d'entreprise à la rétribution en nature. Des lois sont venues interdire ces derniers en Europe occidentale et aux États-Unis. L'article 7 de la convention interdit toute contrainte sur les travailleurs pour qu'ils utilisent ceux-ci ou d'autres services fournissant des prestations. Lorsqu'il n'est pas possible, ajoute-t-il, d'accéder à d'autres magasins ou services, les marchandises y seront vendues, et les services fournis à des prix justes et raisonnables ; ils ne seront pas exploités en vue d'un bénéfice, mais dans l'intérêt du personnel. La recommandation n° 85 suggère en outre d'assurer la participation de représentants des travailleurs à la gestion générale de ces magasins et services. Il s'agira en particulier des membres des comités d'entreprise ou d'institutions similaires.

Plus généralement le salaire sera en principe payé directement au travailleur intéressé. L'employeur ne peut pas restreindre, de quelque manière que ce soit, la liberté de celui-ci d´en disposer à son gré. Ainsi, l'obligation d'acheter un uniforme ou un équipement de sécurité (des masques pendant la pandémie de covid-19) ne devrait pas grever celui-ci exagérément.

---

[296] CIT (110ème session, 2022), *Rapport de la Commission d'experts pour l'application des conventions et recommandations*, rapport III (Partie A), Genève, BIT, 2022, pp.784-785.
[297] CIT, *op.cit.*, pp. 778 (Ouganda) 784 (Venezuela).

La paye que le travailleur ramène chez lui est normalement inférieure à la rémunération brute à laquelle il a théoriquement droit. Des retenues y sont opérées au titre de l'impôt sur les revenus, de contributions aux régimes de sécurité sociale, voire de la cotisation syndicale (check-off). L'article 8 de la convention les autorise seulement dans des conditions et limites à déterminer par une loi, une convention collective ou une sentence arbitrale. Les travailleurs en seront dûment informés. L'article 9 de la convention interdit celles qui assurent le paiement à l'employeur ou à un intermédiaire d'une somme pour l'obtention ou la conservation d'un emploi.

La recommandation fixe d'autres limites aux retenues autorisées. La première devrait aller de soi : ne pas dépasser "la mesure jugée nécessaire pour assurer l'entretien du travailleur et de sa famille". Elle établit également des conditions à respecter quand l'entreprise en effectue pour perte ou de dommage affectant ses biens ou ses installations ainsi que pour les outils, fournitures et équipements mis à la disposition du personnel.

Le salaire peut encore faire l'objet d'une saisie ou d'une cession, lorsqu'un travailleur est endetté, mais la loi en précisera les modalités et les limites. Le travailleur sera ici encore protégé dans la mesure nécessaire à son entretien et à celui de sa famille.

La rémunération doit être payée à des intervalles réguliers, au moins deux fois par mois s'il est calculé à l'heure, à la journée ou à la semaine, au moins une fois par mois s'il est calculé au mois ou à l'année. La loi, la convention collective ou la sentence arbitrale détermine normalement cette périodicité comme les modalités du règlement final lorsque le contrat prend fin. Dans ce dernier cas, et à défaut d'autres indications, la liquidation des derniers salaires dus s'effectuera dans un délai raisonnable.

Témoignage d'abus du passé, le versement en espèces s'effectue en principe, selon la convention,, un jour ouvrable, sur le lieu de travail ou à proximité ; il est interdit dans les débits de boissons, dans des établissements similaires et, si l'exige la prévention des abus, dans les magasins de vente au détail ou les lieux de divertissement.

La convention et la recommandation contiennent enfin plusieurs dispositions à l'effet d'informer pleinement le travailleur, lors de son recrutement et en cours d'emploi, des conditions de salaire ainsi que des éléments constitutifs de celui-ci. La directive européenne n° 2019/1152 du 20 juin 2019 y fait écho. La législation applicable sera portée à sa connaissance. Elle prévoira, dans tous les cas appropriés, la tenue d'états des rétributions. La recommandation précise les renseignements à fournir, comme le taux et la méthode de calcul du salaire, la périodicité et le lieu de son paiement ainsi que les modalités de décompte de chaque paye.

Nombre d'observations récentes des organes de contrôle de l'OIT ont porté sur des problèmes d'arriérés de salaires et sur les manquements de certains États à leur obligation de garantir leur paiement régulier. Le phénomène touche particulièrement les pays d'Europe centrale et orientale, d'Afrique et d'Amérique latine[298].

En cas de faillite ou de liquidation judiciaire de l'entreprise, les salariés bénéficieront, selon la convention, du statut de créanciers privilégiés. La convention n° 173 et la recommandation n° 180 ont renforcé, en 1992, la protection des créances des travailleurs en cas d'insolvabilité de leur employeur.

Le droit comparé offre au salarié deux moyens principaux pour faire face à cette situation : le privilège de paiement et l'institution d'une garantie.

Accorder une préférence à certains créanciers vient de temps anciens. Ces derniers sont payés sur les actifs du débiteur insolvable, selon le rang qui leur est attribué, avant les autres créanciers, moins privilégiés ou sans privilège. Essentiel est le rang (élevé) de préférence accordé à ces créances. Cette méthode est la plus répandue en Europe continentale pour protéger les salaires impayés. Le privilège y remonte à l'Ancien Régime. Le Code Napoléon consacra la mesure pour les gages des domestiques et la législation sur les faillites étendit celle-ci aux ouvriers et aux commis. Le droit du travail, enfin, consolida souvent et élargit encore ce type de protection. L'évolution se fit cependant plus lentement et moins complètement dans les pays de *common law* dont le droit était au départ moins développé sur ce point[299].

La seconde voie consiste à faire garantir par une tierce institution le paiement des créances du travailleur si l'employeur insolvable ne peut pas s'en acquitter. Des fonds à cet effet se sont progressivement créés en Europe occidentale ; la Belgique a joué un rôle de pionnier dès les années soixante. L'OIT a depuis longtemps relevé que les principes de fonctionnement de ces fonds s'apparentent à ceux de la sécurité sociale : caractère obligatoire, solidarité, financement (sauf exceptions) par des

---

298 BIT, *op. cit.*, paragr. 356 et suiv.; CIT (110ème session, 2022), *Rapport de la Commission d'experts pour l'application des conventions et recommandations*, rapport III (Partie A), Genève, BIT, 2022, p.775 (Nigéria), 778 (Moldavie), 779 (Tadjikistan), 781 (Ukraine).

299 Voir Conférence internationale du Travail (1991), *Protection des créances des travailleurs en cas d'insolvabilité de leur employeur*, rapport v (partie 1), Genève, BIT, 1990, p. 21.

cotisations calculées sur la base du salaire, gestion par des institutions autonomes du point de vue administratif, financier et juridique. En Israël et en Suisse, le fonds de garantie est d'ailleurs intégré aux assurances sociales[300].

La convention n°173 et la recommandation n°180 connaissent l'une et l'autre sauvegarde. La directive européenne n°2008/94 du 22 octobre 2008 envisage seulement le paiement des créances salariales, malgré la défaillance de l'employeur, grâce à une institution de garantie. Le choix à l'époque de cette méthode s'y explique sans doute par sa meilleure adaptabilité au droit anglo-saxon.

Les commentaires de la Commission d'experts ont porté[301] sur la notion de rémunération à protéger : tous les gains, a-t-elle estimé, quelle que soit leur dénomination ou leur traitement dans le calcul du salaire de base, y compris les allocations et prestations, ont droit à la protection même si le caractère salarial des montants payés au travailleur peut varier en droit comparé.

Paragraphe 2. Le salaire minimum

Parmi les craintes les plus fréquemment exprimées à propos de la concurrence par le social entre entreprises ou entre pays fondées, figure assurément celle sur le niveau de la rémunération. Si ce dernier dépend en premier lieu de celui des prix ainsi que de l'offre et de la demande de main d'œuvre, l'OIT a cependant cherché à harmoniser les normes qui pouvaient l'être, à commencer par le salaire minimum.

La question continue de diviser les économistes, selon une ligne de démarcation qui ne respecte pas la division traditionnelle entre libéraux et interventionnistes, les uns vantant les vertus du marché, les autres soulignant ses imperfections et la nécessité de les corriger au bénéfice des plus faibles. Les premiers insistent sur les risques d'inflation et d'accroissement du chômage. Les arguments des seconds se focalisent sur la protection du pouvoir d'achat des salariés. La politique qu'ils défendent vise à éliminer les situations d'exploitation, où le travail ne permet pas de vivre et de faire vivre sa famille. Elle tend à éviter une compétition par le

---

300 Conférence internationale du Travail, 91e session (Genève, 2003) : *Etude d'ensemble de la Commission d'experts pour l'application des conventions et recommandations*, rapport III (partie 1B) (Genève, BIT), 2003, paragr. 346 et 349.
301 Voir ainsi CIT (110ème session, 2022), *op.cit.*, p. 782 (Ukraine).

bas entre candidats à l'emploi et à assurer plus d'égalité dans la rémunération.

Dans des pays industrialisés, comme en développement, les salaires minima ont été instaurés, rétablis ou réévalués pour réduire les tensions sociales dues aux inégalités croissantes dans la moitié inférieure de l'échelle salariale. Un exemple symbolique du regain de faveur vient du Royaume-Uni. Le pays démantela son système de salaires minimums sectoriels dans les années quatre-vingt. En 1999, il mit en place un nouveau régime d'amplitude nationale. Aujourd'hui 90 pour cent des États Membres de l'OIT possède un tel système[302].

Peu, même dans les pays en développement, remettent en cause le principe de la fixation d'une rétribution minimum. On considère toutefois que son niveau doit être raisonnable et les hausses modérées. Les critiques concernent surtout les mécanismes de fixation. D'où l'intérêt des normes de l'OIT inscrites dans la convention (n° 131) et la recommandation (n° 135), 1970. Comme la directive européenne n°2022/2041 du 19 octobre 2022, elles demandent aux États de fixer et de réviser les salaires de base ; elles n'en arrêtent pas le montant. La seule exception concerne les marins pour qui la convention n°186 sur le travail maritime de 2006 précise un taux plancher dans ses principes directeurs.

L'État qui ratifie la convention s'engage à instituer et à maintenir des mécanismes de fixation et d'ajustement des salaires minima payables aux travailleurs protégés. Les méthodes de détermination comprennent, précise la recommandation, les dispositions législatives, celles prises par les autorités ou émanant des conseils ou commissions de salaires, les sentences judiciaires et les actes donnant force de loi aux conventions collectives de travail. En tout état de cause, ajoute la convention, les salaires minima doivent avoir force de loi, et des sanctions "pénales ou autres" s'appliquer en cas d'infraction.

Les représentants des employeurs et des travailleurs seront pleinement consultés sur l'établissement, la modification et l'application de ces mécanismes en particulier, ajoute la recommandation, sur le choix et l'application des critères de fixation, le ou les taux de rémunération minima, leur ajustement, sur les difficultés rencontrées ainsi que sur la collecte des informations. Les États devraient consacrer des moyens suffisant à cet effet et à l'élaboration de statistiques et des données nécessaires à l'analyse économique.

302 BIT, *Global wage Report 2022-2023,* Genève, 2022, p. 116

Ces délégués participeront, le cas échéant, à la mise en œuvre des procédures. Appel pourra aussi être fait à des personnes à la compétence reconnue pour refléter les intérêts généraux du pays. Une rétribution minimum constitue, souligne la recommandation, l'un des éléments d'une politique efficace de lutte contre la pauvreté et de satisfaction des besoins des travailleurs et de leur famille.

Les méthodes de fixation varient. On distingue celles d'application générale de celles qui couvrent une branche d'activité, une région ou une catégorie professionnelle particulière.

Trouver la meilleure combinaison possible entre les critères à prendre en considération n'est pas simple, d'autant plus qu'il convient de respecter la liberté des négociations collectives. La convention et la recommandation les énumèrent : les besoins des travailleurs et de leur famille, le niveau général des salaires dans le pays considéré, le coût de la vie et ses fluctuations, les prestations de sécurité sociale et les niveaux de vie comparés d'autres groupes sociaux d'une part ; d'autre part les facteurs économiques, en ce compris les exigences du développement, la productivité et l'intérêt de maintenir un haut niveau d'emploi.

Les experts de l'OIT suggèrent d'éviter les systèmes de détermination trop complexes qui découragent la négociation collective. Le salaire minimum doit compléter celle-ci, en établissant un socle de base, non s'y substituer. Il ne faut pas, insistent-ils, lier le niveau des prestations sociales et le salaire minimum afin de dissiper la crainte qu'une augmentation grèverait la sécurité sociale. Le ou les taux retenus doivent s'ajuster, de temps à autre, au coût de la vie et aux conditions économiques qui évoluent, en particulier à l'inflation[303]. La recommandation suggère de mener périodiquement des enquêtes à cet effet.

Les difficultés proviennent également de la mise en œuvre concrète des mécanismes choisis. Leur fonctionnement harmonieux suppose non seulement une réelle prise en compte de tous les éléments qui viennent d'être mentionnés (y compris les problèmes propres aux PME et au secteur agricole), mais encore un système d'inspection adéquat et l'adoption de mesures pratiques. La recommandation suggère une information largement diffusée sur les taux de salaires minima, des procédures simples, non bureaucratiques, l'accès aisé des travailleurs aux procédures de recours et la protection contre d'éventuelles représailles, une administration du travail dotée d'un personnel qualifié et bien

---

[303] BIT, *op. cit.*, p.64.

organisé, l'association des organisations patronales et syndicales aux efforts déployés pour l'application effective de la loi.

Le Qatar a récemment défrayé la chronique en raison des conditions de travail déplorables des étrangers, notamment dans la construction des stades de football en vue du championnat du monde 2022. Je me suis déjà référé aux progrès réalisés en matière de travail obligatoire. On en constate d'autres dans le domaine de la rémunération. En mars 2021, le pays est devenu le premier du Golfe à adopter un salaire minimum applicable à tous les travailleurs, de toutes nationalités, dans tous les secteurs, y compris aux domestiques. Treize pour cent de la main-d'œuvre, quelque 280 000 personnes, ont vu leur paye augmenter jusqu'au nouveau seuil minimal. Obligation est faite aux employeurs de verser les rémunérations à travers des banques qataries, et permettre ainsi au ministère du Travail de surveiller les transferts et de réduire les abus.

Il reste que, dans ce pays, trop de travailleurs attendent encore des mois pour voir leur salaire versé. Selon les experts du BIT, les pénalités pour non-paiement des salaires ont augmenté et sont appliquées plus rigoureusement. Un fonds créé par le gouvernement a versé 320 millions de dollars aux travailleurs depuis 2019, démontrant l'ampleur des abus salariaux. Cela dit, il conviendrait de recueillir d´autres données sur le coût de la vie en particulier, et ajuster en conséquence la rétribution minimum. La Commission nationale du salaire minimum devrait pour ce faire consulter les représentants des travailleurs et des employeurs[304].

Paragraphe 3. Les services sociaux

Il est avéré que les services gratuits, ou à faible prix, de la santé, de l'éducation ou des logements sociaux constituent des moyens efficaces de lutte contre la pauvreté. Les comités d'entreprise, là où ils existent, constituent un cadre traditionnel de l'action sociale en entreprise, mais leurs moyens restent partout limités.

Deux instruments de l'OIT portent sur les services sociaux en faveur des travailleurs. La recommandation n° 102, 1956, traite des facilités à accorder aux salariés en matière d'alimentation, de moyens de repos (sièges et salles de repos) et de récréation ainsi que de transport. La recommandation n° 115, 1961, s'applique au logement "des travailleurs manuels et non manuels, y compris les travailleurs indépendants et les personnes âgées, retraitées ou physiquement diminuées". Elle définit les

[304] https://www.ilo.org/global/lang--fr/index.htm 22 novembre 2022.

objectifs d'une politique nationale du logement et la responsabilité des autorités publiques. Elle aborde successivement les questions des logements fournis par les employeurs, du financement des programmes de logement, des normes d'habitation, des mesures tendant à améliorer l'efficacité dans l'industrie du bâtiment, du lien entre la construction de logements et la stabilisation de l'emploi, de l'urbanisme et de l'aménagement rural et régional. Elle contient des suggestions sur les modalités d'application des principes qu'elle établit.

La convention n° 117, 1962, et quelques autres instruments de l'OIT portent plus généralement sur la politique sociale. Ils encouragent les États à engager une action systématique et des programmes bien coordonnés dans ce domaine, soit pour un secteur particulier, comme les plantations ou les fermes et le métayage, ou encore les coopératives, soit d'une manière générale.

Paragraphe 4. La liberté d'association

On l'a dit : les plus pauvres bien moins que les travailleurs stabilisés utilisent les possibilités qu'offre le droit de s'associer pour la défense de leurs intérêts. Les difficultés tiennent à l'extrême hétérogénéité des situations personnelles et des types d'activités, à leur caractère souvent peu structuré, voire clandestin ou illégal, à la brièveté en tout cas, et à la précarité des relations de travail, et fréquemment à la faible motivation de personnes davantage concernées par la recherche de moyens de subsistance que par la mise en commun des efforts de survie. De leur côté, les syndicats se focalisent naturellement sur les conditions d'emploi des salariés au contrat plus durable qui constituent l'essentiel de leurs adhérents, même si les conséquences de la précarité de longue durée figurent aussi parmi leurs préoccupations.

Une bonne politique consiste à appuyer les efforts des intéressés à créer des groupements de défense, ou à les attirer dans les organisations qui existent. L'objectif figure dans la convention n°141 et la recommandation n°149 de l'OIT sur les organisations de travailleurs ruraux, 1975, dans une branche d'activité traditionnellement peu syndiquée. L'une et l'autre engagent les États à ne pas rester passifs, se contentant d'éliminer les barrières juridiques, mais à adopter une attitude dynamique, à faciliter l'établissement et le développement de ces groupements, à vaincre les obstacles de fait à la poursuite de leur action, à leur accorder des facilités pour y parvenir, en termes de formation, d'information et de ressources matérielles. La problématique revêt une dimension essentielle dans les pays en développement.

L´appellation de ces associations importe moins que leur capacité d'agir. La pratique apprend qu'elles ont pris des formes variées : syndicats, coopératives, fraternités, groupes d'autodéfense, etc. L'important est d'obtenir des pouvoirs publics une reconnaissance, qui leur donne un statut et une visibilité ainsi que la possibilité de participer aux institutions professionnelles qui structurent la vie sociale et apportent une assistance en matière d'éducation, de communication et de gestion. Un passage à la télévision se révèle souvent porteur.

Ces groupements organisent des fonds de pension même parmi les plus déshérités, je l'ai déjà évoqué, forment des coopératives, ou réclament avec succès – j'ai pu le constater lors d'une visite au SEWA - un congé de maternité pour des travailleuses juridiquement autonomes, mais dépendant d'un ou deux clients. L'exercice du droit de grève paraît éloigné des réalités, même si des intermittents du spectacle ou des salariés temporaires de la restauration ont démontré en France qu'ils possédaient une solide capacité de mobilisation. Il n'est pas rare en revanche que le succès des revendications vienne d'une coordination efficace avec d'autres organisations, comme des syndicats traditionnels ou des ONG de défense des droits fondamentaux, avec les consommateurs de leurs produits, ou encore avec les entreprises qui commercialisent ceux-ci et se préoccupent de leur image ou de leur intégration au marché local. Les problèmes restent d'autant plus nombreux que les institutions collectives déjà établies les perçoivent quelquefois comme des concurrents plus que comme des partenaires. J'ai examiné la question en détail dans une étude que j'ai dirigée en son temps[305].

Les réussites résultent souvent d'une lente action en profondeur pour mobiliser les intéresser, permettant la création d'associations de type syndical, patronal ou autre (coordinations de crédits, de formation professionnelle, de défense des femmes). Ces groupes fonctionnent en général selon des principes permettant à la base de s'exprimer largement. Ils ont une assise locale plutôt qu'entrepreneuriale. Ils collaborent fréquemment avec des institutions de bienfaisance (églises, œuvres caritatives, aides aux sans-emploi, etc.). Leur rôle ne se cantonne pas à la revendication traditionnelle. Ils fournissent à leurs membres (ou les aident à obtenir) des facilités de financement, des conseils pour la création et la

---

305 BIT, « Relations professionnelles, démocratie et cohésion sociale », *Le travail dans le monde 1997-98,* Genève, spécialement pp. 34-39

gestion de leurs (micro-) entreprises, le marketing ou l'accès à certaines techniques. Les coopératives occupent une place évidente dans l'accomplissement de ces tâches. J´ai évoqué le fonds de solidarité mis sur pied par la SEWA pour financer les pensions de vieillesse.

Les associations de l'économie informelle apportent aux intéressés des informations et des conseils sur la législation en vigueur. Elles s'efforcent d'élever la protection par des propositions de réformes, des initiatives législatives. Elles cherchent à conclure des accords collectifs même si leur pouvoir de négociation reste faible. Elles ne peuvent guère recourir aux modes d'action normalement utilisés dans les relations professionnelles. Nul besoin de répéter l'inanité, le plus souvent, de lancer un arrêt de travail, pourtant mouvement unificateur par excellence des personnes concernées. En revanche d'autres moyens de pression se sont révélés efficaces : les manifestations, le lancement de campagnes de presse utilisant les canaux modernes de communication, les lobbies auprès d'organismes et groupes d'influence nationaux ou étrangers (spécialement dans les pays consommateurs de leurs produits et services). Parfois des représentants extérieurs ont obtenu le droit de négocier en leur nom.

Des formes très souples de mouvements sociaux se sont organisées en réseaux transnationaux, notamment en Afrique. Ces derniers relient des groupements nationaux, ou plus souvent locaux, de travailleurs démunis. Leurs plateformes ou les autres coordinations utilisent des méthodes de fonctionnement qui les rapprochent de certaines associations écologiques ou de consommateurs. En font partie, non seulement – et même pas toujours – des syndicats, mais aussi des représentants des églises, de fondations diverses, de partis politiques ou d'institutions académiques. Leur vision sociale peut être très radicale.

Ces initiatives ont stimulé la création de mécanismes de participation ou de concertation avec leurs partenaires ou les autorités publiques, contribué à l'amélioration des conditions de travail, mais encouragé aussi les pouvoirs publics à s'engager dans une politique plus active de soutien (pour ne rien dire de l'élimination des freins aux mesures autoritaires, tel le déplacement discrétionnaire du lieu de travail).

En termes généraux, ces associations peuvent susciter ou accompagner les efforts des administrations nationales pour établir une infrastructure favorable au développement qualitatif de ces activités. Leur politique prônera l'élimination des règlements et des pratiques restrictives (en matière d'enregistrement ou de permis par exemple), y compris de la corruption, et un accès plus aisé à des facilités telles que l'octroi de crédit ou de locaux, le raccordement aux systèmes d'eau, d'électricité, d'égouts, l'accès aux services de santé, d'éducation et de formation, la fourniture à peu de frais de matières premières ou d'équipements de base, l'obtention de conseils sur les débouchés. Elle portera sur les subventions publiques (et la lutte contre les prêts usuriers) ou les avantages fiscaux. Elle clarifiera les droits (notamment de propriété) et les obligations des intéressés. Elle poussera les patrons de petits établissements à offrir sur les lieux de travail, des installations sanitaires décentes et des facilités de restauration minimales. Ces associations protègent encore leurs membres contre les abus et les voies de fait d'intermédiaires peu scrupuleux.

Une leçon est à tirer de ces observations : mieux vaut fréquemment aider ces travailleurs à défendre et à promouvoir eux-mêmes leurs intérêts plutôt que d'imposer un strict encadrement étatique pour lequel ils ne sont pas mûrs. L'action de leurs associations représentatives peut contribuer grandement à améliorer leur sort et, souvent, à augmenter leur productivité. La conception que l'État a de sa mission, la vision qu'il a de son pouvoir législatif peut dans ces conditions avantageusement évoluer. Le propos n'est pas de rejeter l'utilisation de moyens règlementaires pour mettre en œuvre les politiques sociales. Il s'agit d'accorder une place plus significative aux acteurs sociaux dans le processus de régulation et de créer des procédures de discussion à cet effet.

Chaque fois le rôle, important, des pouvoirs publics — aux échelons local, régional et national — consistera à reconnaître les délégués de cette société civile, à favoriser leur développement et les aider dans leur action, c'est-à-dire, j'y insiste, à faciliter leur accès à l'information (en éliminant les barrières, y compris les pratiques hostiles), à consacrer les institutions qu'ils créent (en participant, par exemple, à leur création) et à rendre plus aisés les rapports entre eux.

En bref, les autorités étatiques assureront moins une fonction de tuteur que d'inspirateur et de médiateur créant un environnement propice au dialogue. Ils créeront les structures de communication qui facilitent cette concertation ; ils intégreront ces acteurs représentatifs aux organismes qui mettent en œuvre des politiques sociales de formation professionnelle, de crédit, de sécurité sociale, etc. ; ils étendront le champ de leurs négociations autonomes, ou les impliqueront davantage dans l'élaboration des politiques sociales, ainsi que des lois qui traduisent celles-ci en mesures durables, et, à un degré qui varie, contraignantes. La même approche vaut pour des institutions interétatiques.

Le renforcement des capacités des acteurs de terrain devrait aboutir, si le processus est bien conduit, à une consolidation de la position de l'État lui-même. Ce dernier ne doit d'ailleurs pas promouvoir seulement ces formes renouvelées de participation, il doit encore assurer une bonne coordination entre les différents niveaux.

Partie IV. Perspectives

" Les exemples vivants ont bien plus de pouvoir;
Un prince dans un livre apprend mal son devoir "[306].

Depuis cent ans, la justice sociale est au centre du mandat de l'Organisation internationale du travail, l'OIT. La partie XIII du Traité de Versailles, qui a formé sa Constitution, déclarait en 1919, qu'elle constitue le fondement d'une paix universelle. L'histoire de l'Organisation dépeint la chronique d'une recherche permanente à concilier progrès économique et protection des travailleurs.

Vinrent peu après sa création la grande crise économique des années 1929-33, puis la deuxième guerre mondiale. L'Organisation survécut au conflit. Elle adopta à Philadelphie en 1944 une Déclaration qui actualisa sa mission. Le document mit l'accent sur la dignité du travail (il " n'est pas une marchandise "), sur l'affranchissement du besoin, sur l'importance des libertés d'association et d'expression, et sur le rôle du tripartisme. Dans la foulée, furent votées entre 1948 et 1958 la plupart de ses normes fondamentales au travail, les conventions (n° 87) sur la liberté syndicale et la protection du droit syndical, (n° 98) sur le droit d'organisation et de négociation collective, (n° 100) sur l'égalité de rémunération, (n° 105) sur l'abolition du travail forcé et (n° 111) concernant la discrimination (emploi et profession). La Conférence internationale du travail adopta également l'instrument de base relatif à sécurité sociale, la convention n° 102 en 1952 et, en 1964, son équivalent n°122 sur la politique de l'emploi. Tous ces instruments ont été ratifiés par plus de 150 pays, à l'exception des deux derniers (65 et 115 ratifications respectivement au au 13.12.2023).

Une très riche littérature relève l'impact des normes internationales du travail sur les législations nationales, sur les tribunaux et sur les pratiques quotidiennes. Dans l'Afrique du sud de l'*aparheid* qui avait quitté l'Organisation, des juridictions se sont même référées, je l'ai relevé, à des conventions non ratifiées par leur pays pour interpréter ou corriger le droit interne, et même pour dégager de nouveaux principes généraux du droit. J'ai cité et je citerai dans ce livre bien d'autres exemples concrets tirés de ma propre expérience.

[306] Pierre Corneille, *Le Cid*, acte 1, scène 6.

Cette influence repose sur un système sophistiqué de supervision, construit sur des procédures de rapports réguliers et de plaintes, combinant comités tripartites représentatifs et commissions d'experts indépendants. Le crédit en revient également à un corps de fonctionnaires dévoués auxquels on ne peut rendre en quelques lignes qu'un hommage abstrait, non décrire les longues journées de travail, les heures creuses, les doutes, l'anxiété et la peine face aux drames rencontrés, tout ce qui par-delà les mots demeure le non-dit.

A la fin du XXème siècle, la révolution technologique et les bouleversements politiques en Europe centrale et orientale symbolisés par la chute du mur de Berlin rendirent l'univers plus ouvert aux échanges. Les effets n'en furent pas tous positifs, spécialement pour celles et ceux qui éprouvaient de la peine à s'adapter à une mondialisation accélérée. La concurrence aigüe induite par ce processus poussa nombre de pays et d'entreprises à assouplir les règles protectrices. La fin de la guerre froide des deux blocs rivaux laissa les pays peu industrialisés livrés davantage à eux-mêmes et accrut leurs difficultés à faire coïncider développement économique et avancées sociales. Une Déclaration en 1998, puis un programme dit du " travail décent " lancé l'année suivante, cherchèrent à adapter le rôle de l'OIT au changement de millénaire.

La première se focalisait sur des droits jugés fondamentaux au travail : l'abolition du travail forcé ou infantile, la liberté d'association et de négociation collective, l'élimination des discriminations professionnelles. S'y est ajouté depuis 2022 le droit à un milieu de travail sûr et salubre.

Le second contenait quatre objectifs stratégiques : créer des emplois, garantir les droits qui viennent d'être rappelés, assurer la protection sociale et du travail, favoriser le dialogue social. Il reprenait ainsi les principes énoncés à Philadelphie en 1944, mais y introduisait une mesure, la décence, qui n'y figurait pas. Cette notion sous-entendait que les relations de travail demandaient le respect de la personne du travailleur, spécialement de ses libertés essentielles. Elle impliquait une solidarité qui se manifestait par le dialogue social, mais aussi à travers l´extension de la sécurité sociale au sens large, comme en témoignait la recommandation n°202 de 2012.

L'OIT prit acte des résistances à réaliser immédiatement l'ensemble de ses ambitions. Elle donna une large priorité à la promotion de l'emploi, a préféré fréquemment recourir à la *soft law* plutôt qu´à des règles contraignantes. Elle appela à des conditions de travail décentes sans plus, suffisantes, c'est-à-dire qui n'humiliaient pas les individus concernés pour reprendre les analyses du philosophe Avashai Margalit[307].

Néanmoins la terre a continué à tourner, et les innovations technologiques, à se multiplier. Lors du débat organisé par l'OIT à l'occasion de son centenaire, des voix ont insisté sur trois défis qui attendent l´Organisation : la mondialisation, l'"informalisation" et la numérisation[308]. L'économie numérique, celle des plateformes électroniques, a bouleversé les relations sociales, déstabilisé les rapports entre ceux qui fournissent le travail et ceux qui le réalisent; les interlocuteurs sociaux se préoccupent de ses effets sur le partenariat social. La distinction cardinale entre emploi subordonné et activités indépendantes s'est désagrégée, celle entre horaires professionnels et vie privée est bousculée. La revendication d'un droit à la déconnexion en constitue une démonstration emblématique.

En même temps, l'on a perçu de plus en plus les dangers de cette " flexicurité " universelle, d'une concurrence sans pitié, d'une utilisation débridée des possibilités offertes par les nouveaux moyens de production et de communication. La question qui se pose aujourd'hui à l'OIT revient à s'interroger sur la nécessité d'aller au-delà de la notion de travail décent ou de lui donner un sens qui réponde aux préoccupations nouvelles.

Prôner le dialogue social ne suffit plus à créer de l'emploi, à sécuriser les transitions dans les carrières professionnelles. Encore faut-il être capable de négocier à armes égales, intégrer les travailleurs précarisés au mouvement syndical ou à d'autres structures associatives, mais aussi, selon les mots du syndicaliste français Marc Blondel, " avoir du grain à moudre " : autre chose doit figurer sur la table des discussions qu'une défense pure et dure de l'ouverture des marchés ou un effort désespéré de maintenir un statu quo voué tôt ou tard à l'échec.

J´ai jeté dans ces débats quelques réflexions dans le cadre d'un projet – d'un pari ? – sur un droit commun " universalisable".[309] Elles se groupent autour de trois thèmes : l'utilité de puiser aux sources du droit de la responsabilité général ou de celle spécifique à d'autres disciplines

---

[307] A. Margalit, *The Decent Society*, Cambridge/EU, Harvard University Press, 1998

[308] I. Daugareilh,"Mondialisation, informalisation et digitalisation : trois défis du XXIè siècle pour l'OIT ?". dans *L'OIT et le droit social en Russie : 100 ans et après ?*, May 2019, Genève, Suisse.

[309] "La quête contemporaine de la justice sociale", dans M. Delmas-Marty, K. Martin-Chenut, C. Perruso (dir.), *Sur les chemins d'un jus commune universalisable*, Paris, Mare & Martin (Collection de l'Institut des sciences juridique et philosophique de la Sorbonne), 2021, pp.151-170.

juridiques comme le droit de l' écologie qui présente des problématiques parallèles, la mise en question d'institutions traditionnelles de droit du travail, une meilleure gouvernance dans la préparation à l'emploi et dans les modes de régulation.

L'accroissement du champ de la responsabilité correspond à une idée simple : n'est-il pas moralement et politiquement acceptable que le bénéficiaire réponde au moins solidairement à l'égard de ceux qui lui permettent de s'enrichir ou de profiter d'un autre avantage [310]? Certains instruments internationaux et plusieurs législations nationales utilisent déjà la responsabilité partagée, *in solidum* ou subsidiaire, pour imposer des devoirs à une entreprise utilisatrice de main-d'œuvre qui n'apparaît pas juridiquement comme l'employeur. Tant les Principes directeurs de l'OCDE à l'intention des multinationales que les Principes directeurs préparées par John Ruggie et souscrits, en 2011, par le Conseil des droits de l'homme des Nations Unies[311] demandent aux grandes compagnies d'encourager leurs partenaires commerciaux, y compris leurs fournisseurs et leurs sous-traitants, à appliquer des principes de conduite des affaires qui soient conformes à leur contenu.

Elles ont influencé à l'OIT le texte révisé en 2017 de la Déclaration de principes tripartite. On sait qu'une loi française n° 2017-399 du 27 mars 2017 a consacré le devoir de vigilance des sociétés mères et des entreprises donneuses d'ordre à l'égard des atteintes graves aux droits de l'être humain et aux libertés fondamentales, à la santé et à la sécurité des personnes ainsi qu'à l'environnement[312]. Pourquoi ne pas aller plus loin?

Cette déclaration comprend une description des politiques appliquées par l'entreprise à ces propos, y compris les procédures de diligence raisonnable mises en œuvre[313].

---

[310] *Ubi emolumentum, ibi onus* (là où est le profit, là est la charge) disposait déjà le *Sexte*, *De regulis juris*, LV. A. SUPIOT cite l'adage en exergue du chapitre 14 de son livre *La gouvernance par les nombres*, Paris Fayard 2015, p. 385 et 400; voir aussi son livre (dir.), *Face à l'irresponsabilité: la dynamique de la solidarité*, Paris, Collège de France, 2018 ainsi que E. VILLA, *La responsabilità solidale come tecnica di tutela del lavorator*e, Bologne, BUP, 2017.

[311] Le 16 juin 2011.

[312] Voir encore la directive européenne n° 2014/95 du 22 octobre 2014 sur la publication d'informations non financières et d'informations relatives à la diversité par certaines grandes entreprises et certains groupes. Cette déclaration comprend une description des politiques appliquées par l'entreprise à ces propos, y compris les procédures de diligence raisonnable mises en œuvre (Commission européenne, *Study on due diligence requirement through supply chain*, janvier 2020).

.

Quand se développent le travail non subordonné et les formes instables d'emploi salarié, la protection du travail ne peut plus rester fondée seulement sur des institutions du travail héritées de la révolution industrielle. Plusieurs catégories de travailleurs se trouvent à la marge de la relation salariale. Il apparaît souvent malaisé de décider si un ouvrier à domicile, un livreur, un chauffeur de camion ou de taxi, un artiste, un journaliste doivent être considérés comme salariés ou comme indépendants. Quelquefois la législation étend à certains le bénéfice du droit du travail. Ailleurs la loi présume soit leur état de subordination, soit au contraire leur caractère autonome. Plusieurs droits ont institué une catégorie intermédiaire de travailleurs appelés "para-subordonnés" par les Italiens et protègent les intéressés comme tels. La solution, radicale certes, ne consisterait-elle pas à remplacer le critère de subordination juridique, dans tous les cas, par la dépendance économique[314]?

Il convient en outre de veiller à la bonne gouvernance des mutations sociales. Les pays qui ont le mieux pris le tournant de la mondialisation possèdent, comme l'Allemagne ou la Suisse, un système d'éducation et de formation professionnelle répondant, pour tous, aux besoins du jour. Ils veillent en outre à sa coordination réelle avec les politiques d'intégration ou de réintégration sur le marché de l'emploi, de détermination de l'âge de la retraite et d'accueil des migrants.

Autre point : des institutions de toutes natures, de droit public ou de droit privé, adoptent des normes d'impérativité variable, sans réelle articulation entre elles, si ce n'est de manière lâche au sein du système des Nations-Unies ou entre l'OIT et le Conseil de l'Europe. Leur foisonnement donne une impression de désordre qui nuit à l'effectivité. Une meilleure coordination de ces dispositions constituerait un autre principe de bonne administration.

Ces divers points pourraient – devraient – faire l'objet de discussions approfondies au sein de l´Organisation. Certaines interrogations exigent toutefois des réponses plus immédiates encore car elles touchent au fonctionnement même de l'OIT. Elles regardent les difficultés d'application de ses normes, l'avenir du tripartisme ainsi que les effets de la trans-nationalisation des rapports de travail, car réguler plus clairement et plus utilement les relations et les conflits de travail qui dépassent les

---

[314] V.B. DUBAL, "Wage Slave or Entrepreneur?: Contesting the Dualism of Legal Worker Identities", *California Law Review*, 2017, vol. 105, pp. 101-159; E. DOCKES (dir.), *Proposition de code du travail*, Paris, Dalloz, 2017, pp.5-7.

frontières d'un État devient urgent. Ces trois points font l'objet des chapitres qui suivent.

Chapitre 1. Observations sur les difficultés d'appliquer les normes de l'OIT

Les questions suscitées par la mise en œuvre des normes nationales et internationales du travail coïncident largement puisque les premières constituent les moyens privilégiés de traduire les deuxièmes dans l'ordre juridique de chaque pays. Une première porte sur le caractère approprié ou non d'une régulation par le droit et sur sa formulation. D'autres concernent le contexte socio-économique dans lequel ces règles s'insèrent, leur coût, le contrôle de leur application effective. La pandémie de covid-19, a montré la capacité de l'OIT à utiliser ses normes pour inspirer des stratégies de sortie de crise.

Section 1. Besoin de régulation par le droit et formulation des règles

Je reviendrai en premier lieu sur la distinction traditionnelle entre normes contraignantes et autres moyens de régulation sociale. Ces derniers reposent le plus souvent sur l'inadéquation du droit à apporter des solutions satisfaisantes à des situations problématiques ou sur les écueils à leur application. J'envisageai ensuite les techniques de rédaction de règles internationale qui cherchent à couvrir de très nombreux pays.

Paragraphe 1. Normes contraignantes et autres instruments de régulation sociale

La première question, élémentaire, que doit, que devrait, se poser un législateur international ou national regarde la nature de la régulation sociale qu'il veut élaborer. Est-elle juridique, elle suppose une contrainte. Un gouvernement peut assurément poursuivre des objectifs sociaux par d'autres voies, principalement par un appel à la raison, à la persuasion. Il conclura alors un compromis politique, adoptera des mesures économiques, lancera des initiatives de formation et des campagnes d'information, élaborera des normes dites "techniques" (par opposition à "juridiques") et des directives pratiques. L'une et l'autre méthodes peuvent coexister, mais ne le feront pas nécessairement.

Ce n'est pas sans équivoque que l'on parlera pour ces derniers instruments, ou certains d'entre eux, de "soft law". Je m'en suis expliqué. Ils peuvent certes posséder une valeur interprétative, clarifier les obligations des institutions concernées, créer des attentes légitimes ; leurs effets juridiques n'en sont pas moins flous. Dans le domaine qui nous occupe, ils ne mettent pas en marche les procédures de contrôle et ne donnent pas lieu au même examen rigoureux de conformité, le cas échéant, aux mêmes pressions pour obtenir un changement de la loi ou de la pratique. Ils ont été adoptés avec la claire conscience d'alléger celles-ci.

Le souci de ne pas rigidifier le marché du travail a rendu les autorités réglementaires plus réticentes à privilégier le droit dans la solution de l'ensemble des problèmes sociaux. L'OIT a utilisé cette voie alternative dans plusieurs déclarations et dans un Pacte mondial pour l'emploi en 2009. Je m'en suis expliqué.

Je clarifierai ici mon propos en raison des confusions possibles sur la notion de droit, notamment à propos des droits sociaux. Celle-ci renvoie à une manière d'exécuter une politique (sociale par hypothèse) qui permet d'exiger un certain comportement sous la menace d'une sanction. Cette politique, comme ce comportement, peuvent certes apparaître quelquefois parfaitement haïssables (supposons qu'ils proviennent d'un dictateur brutal) ; la force contraignante des règles juridiques qui en sont l'expression n'en est pas nécessairement affectée.

A cette conception du droit vient se superposer une autre qui assigne à ce dernier lui-même – plutôt qu'au pouvoir qui l'édicte – une fin déterminée, la poursuite de certaines valeurs (ainsi la justice sociale) inspirées de préceptes religieux ou moraux, ou de la vision que l'on a de la société et des rapports entre ses membres. Quelles que soient la vigueur et la qualité des auteurs qui défendent cette position[315], on y opposera l'opinion de ceux qui, à la suite de Pascal, admettent que la justice est sujette à dispute mais que la force est très reconnaissable, et sans dispute, et qu' "ainsi ne pouvant faire que ce qui est juste fut fort, on a fait que ce qui est fort fut juste"[316].

Invoquer des principes, se fixer des objectifs sociaux dans l'élaboration d'une politique et dans sa mise en œuvre, semble assurément raisonnable, et même très souhaitable. Pourtant, l'affirmation dans ce contexte de "droits" moraux dont chacun devrait jouir ne confère pas à ceux-ci une force exécutoire. Proclamer par exemple un droit à l'emploi sans l'assortir d'une menace de sanction en cas d'inexécution correspond à l'expression

---

315 Voir par exemple J. M. Bonvin, *L'Organisation internationale du Travail. Etude sur une agence productrice de normes*, Paris, PUF, 1998.

316 *Pensées*, 298 éd. Brunschvicg, pp. 110 – 111.

d'un souhait ou d'un message politique, important certes, mais sans portée juridique autre qu'interprétative.

Ces remarques n'entament nullement, je le répète, l'utilité de telles déclarations, leur capacité de convaincre, leur effet d'entraînement. Il faut toutefois pousser plus loin l'examen. La situation socio-économique empêche bien des fois d'adjoindre cette dimension astreignante qui assurerait permanence et coercition. L'OIT a voté ces dernières années une série de recommandations qui ne s'appuient pas sur une convention.

Autre point à rappeler : les conditions ont pu se trouver réunies à un moment donné pour adopter la voie juridique, puis disparaître. La règle tend alors à ne plus s'appliquer, à s'effacer par désuétude, même en l'absence d'une abrogation formelle. La situation se présente quand les principaux acteurs de la scène sociale – employeurs, travailleurs, administrateurs et inspecteurs– ne connaissent plus l'existence de certaines règles, ou ne leur apportent plus le soutien minimum, indispensable à leur mise en pratique. L'OIT établit aujourd'hui une classification sophistiquée, qui distingue les instruments à jour, de ceux qui seraient à réviser, au "statut intermédiaire", "appelant de nouvelles actions en vue de maintenir une pertinence continue et future" et de ceux qui s'avèrent dépassés. La CIT décide alors d'abroger ou de retirer ces derniers.

Paragraphe 2. Une plus ou moins grande souplesse dans la formulation.

Des questions de libellé se posent également. Les conventions internationales du travail sont écrites en termes plus ou moins spécifiques selon le sujet traité (technique ou davantage politique), les caractéristiques de la norme (est-elle plutôt programmatique ?) et les objectifs fixés en l'adoptant. La tendance se dessine depuis une trentaine d'années au moins à l'élaboration de textes plus généraux. Elle tient au souci déjà relevé d'étendre autant que faire se peut l'application de ces instruments à des pays au niveau de développement contrasté. Elle s'explique aussi par les mutations profondes du travail au cours des dernières décennies, avec l'introduction de nouvelles techniques de production et de communication, et leur remplacement rapide.

L'exemple de la santé au travail paraît éclairant, avec l'adoption en 2006 de la convention n° 187 sur le cadre promotionnel pour la sécurité et la santé au travail. La traduction juridique de la conception moderne de santé au travail exigeait, je l'ai dit, une formulation plus souple des normes.

Des textes écrits en termes généraux ou des clauses de grande souplesse laissent à l'interprète un pouvoir d'appréciation important qui n'est pas sans péril. Menace un risque très réel de subjectivisme ; personne sans doute n'y échappe totalement. Il est, par exemple, tentant de chercher à justifier des discriminations dans l'emploi qui font corps avec les mœurs du moment, sans réfléchir à ce qu'elles ont de choquant. N'ai-je pas relevé que d'aucuns veulent aujourd'hui encore justifier des différences de traitement à l'encontre des femmes au travail, arguant par exemple de leur rigidité dans les horaires en raison de leurs responsabilités familiales ?

Un premier danger consiste par conséquent à limiter à l'excès la portée de ces dispositions, à multiplier les distinguos supposés tenir à l'essence des choses. Mais un deuxième péril apparaît : celui de choisir à l'inverse une lecture radicale des textes, de bannir les distinctions les plus naturelles. Dans le cas des instruments internationaux, où les mécanismes de contrôle apparaissent plus fragiles, des critiques fondées sur une interprétation extrémiste peuvent amener un gouvernement à rejeter les remarques qui lui sont adressées, à mettre en cause l'autorité des organes de vérification, voire à dénoncer la convention concernée.

Paragraphe 3. La convention consolidée sur le travail maritime: un modèle à suivre?

J'aimerais mentionner les aspects novateurs de la convention consolidée sur le travail maritime de 2006 qui regroupe dans un seul texte de nombreuses conventions et recommandations plus anciennes. L'instrument intègre en outre des droits, considérés par l'Organisation comme fondamentaux qui figurent déjà dans d'autres conventions ainsi que dans la Déclaration de 1998.

Rassembler dans un seul texte des normes qui traitent de plusieurs aspects du travail dans une branche d'activités particulière, n'était pas une nouveauté. L'OIT avait ainsi voté, en 1958, une convention n° 110 sur les plantations. Néanmoins, l'instrument consolidé modifie plus profondément la pratique qui consistait traditionnellement à adopter des conventions sectorielles se focalisant sur un sujet limité[317]. Il présente plusieurs originalités.

Réunissant à la fois des conventions et des recommandations antérieures, il possède une structure inédite, du moins en droit international du travail. Il comprend quatre niveaux et utilise

[317] Voir le document du Conseil d'administration *GB.286/LILS/8* de mars 2003.

malheureusement, pour les différencier, une terminologie passablement ambigüe.

Le premier se présente sous la forme d'une convention classique et contient des "articles". Cette partie se réfère aux droits fondamentaux et à d'autres droits relatifs à l'emploi et à la protection sociale du marin. Elle comporte des dispositions sur la mise en œuvre, l'entrée en vigueur, la dénonciation et la procédure d'amendement de l'instrument, ainsi que sur d'autres questions d'ordre général.

Les trois autres niveaux s'inspirent des instruments de l'Organisation Maritime Internationale (OMI). Le second comporte des "règles" (" *regulations* " en anglais) reprenant les dispositions essentielles des conventions antérieures sur le travail maritime. Celles-ci entraînent les mêmes effets que les articles du premier niveau, mais ont un contenu plus technique et plus détaillé. Les deux derniers niveaux constituent ensemble un "code" qui porte sur la manière d'appliquer les prescriptions de fond. Il est divisé en "normes obligatoires" ("*mandatory statements*") et en "principes directeurs" ("*guidelines*") qui ne le sont pas. Les États doivent toutefois donner une pleine considération à ces derniers dans l'application des obligations juridiques imposées par les autres dispositions.

Il serait inapproprié de pousser trop loin une analogie entre la convention et les lois cadres nationales assorties de règlements d'application ; ici le pouvoir régulateur est unique. L'appellation "code" ne doit pas tromper. La consolidation, dans un seul instrument, de nombreuses conventions et recommandations ayant un lien entre elles le rapproche – dans le domaine qui est le sien – d'un code, au sens de ce mot en Europe continentale. Il reste toutefois que le mot "code" utilisé en l'occurrence offre plus de points communs avec certains " codes " annexés aux lois anglo-saxonnes. Quoi qu'il en soit, il se distingue des deux premiers niveaux de l'instrument. Nous verrons que la procédure d'amendement diffère selon qu'il s'agit des articles et des règles d'une part, des dispositions du code d'autre part.

Les règles ainsi que les prescriptions du code se répartissent sous cinq titres. Les quatre premiers regardent les conditions minimales requises pour le travail des gens de mer à bord des navires ; les conditions d'emploi ; le logement, les loisirs, l'alimentation et le service de table ; la protection de la santé, les soins médicaux, le bien-être et la protection en matière de sécurité sociale. Certaines conventions générales de l'OIT s'appliquent en outre aux gens de mer ; d'autres cependant les excluent expressément, telle la convention n° 181 de 1997 sur les agences d'emploi privées.

Le cinquième titre traite - sur base de l'article V de la première partie - des différents aspects de la mise en œuvre de l'instrument sur le plan national. On y définit le rôle à cet effet des différents acteurs : l'État du pavillon (dont la responsabilité est primordiale), celui du port et celui dont les gens de mer sont les ressortissants.

Chaque État Membre exerce effectivement sa juridiction et son contrôle sur les bateaux battant son pavillon. Il doit organiser un régime de certification et de documents de conformité portant sur les conditions à bord des navires ainsi qu'un système de normes de qualité et de contrôle dans l'application de l'instrument. Il s'assure que ces bateaux possèdent un certificat et ce document de conformité délivrés à bon droit par l'autorité compétente. Il doit établir clairement des objectifs et des normes relatives au fonctionnement de l'inspection, et aux systèmes de certification ainsi que des procédures générales satisfaisantes pour l'évaluation du degré de concordance à ces objectifs et à ces normes.

Répondre de l'application de la convention revient également à l'État du port et à celui de la résidence du marin. Un navire auquel l'instrument s'applique peut être inspecté par les autorités d'autres États que celui du pavillon, lorsque le navire mouille dans leur port. En outre, chaque État exerce effectivement sa juridiction et son contrôle sur le recrutement des marins et les services de placement sur son territoire, ainsi que sur les accords d'emploi de marins conclus à l'intérieur de ses frontières.

En multipliant ainsi les points de rattachement et les acteurs chargés d'assurer l'exécution effective des normes de travail qu'elle impose, la convention tend à en assurer une application universelle, même en l'absence de ratification par des États habitués à permettre, par complaisance, à des armateurs peu scrupuleux d'utiliser leur pavillon. Elle ouvre une voie à suivre face aux défis de la mondialisation. La réalisation de cet objectif suppose cependant des contrôles sociaux systématiques par l'État du port, alors que ceux-ci restent jusqu'à présent plus limités que l'inspection technique des navires.

Point délicat : la consécration de l'égalité de chances et de traitement des marins, prévue à l'article III de l'instrument, pourrait provoquer de sérieuses difficultés, voire retarder des ratifications. De nombreux États en effet continuent à restreindre, ou même à interdire l'emploi des femmes en mer. Je relève toutefois que les amendements aux textes introduits en 2016 recommandent de prendre en compte le document "*Guidance on eliminating shipboard harassment and bullying*" publié conjointement par l'*International Chamber of Shipping* et la Fédération internationale des ouvriers du transport.[318]

L'article VI contient une clause générale d'équivalence : un pays qui ne serait pas en mesure d'appliquer précisément les normes obligatoires prévues dans la partie A du code pourrait en principe le faire par des dispositions législatives, réglementaires " ou autres " (c'est-à-dire en particulier conventionnelles) "qui soient équivalentes dans l'ensemble" aux normes en question.

Une douzaine de conventions plus anciennes sur le travail maritime prévoient que les ratifications comptabilisées pour atteindre le seuil d'entrée en vigueur doivent émaner de Membres figurant parmi les pays énumérés sur une liste ; certaines exigent même qu'un nombre déterminé de ratifications émanent de pays disposant d'une flotte marchande d'un certain tonnage (en général un million de tonneaux). Le nouvel instrument simplifie – techniquement et politiquement – le processus, mais n'enlève rien à la difficulté d'arriver au seuil minimum, atteint toutefois dès 2013. Selon l'article VIII en effet, l'instrument entrait en vigueur douze mois après la ratification d'au moins 30 Membres ; le chiffre est considérable comparé aux deux ratifications exigées en principe par les conventions classiques, et même à la pratique suivie (entre 5 et 12) par des conventions maritimes. Ces 30 États devaient de surcroît représenter 33 pour cent au moins de la jauge brute de la flotte marchande mondiale.

L'originalité de la convention vient aussi de la méthode suivie pour sa mise à jour. En vertu des articles XIV et XV, des changements peuvent être introduits aux articles et "règles" par voie d'amendements plutôt que par l'élaboration d'une convention révisée ou d'un protocole ; une procédure simplifiée, mais respectant le mécanisme constitutionnel de l'OIT a par conséquent semblé appropriée. En revanche, les modifications au code, c'est-à-dire aux "normes obligatoires" et aux "principes directeurs", peuvent intervenir par acceptation tacite, procédure qui s'inspire de celles établies dans les instruments d'autres organisations internationales, comme l´OMI.

La différence essentielle avec une révision normale réside dans la vocation du texte amendé à se substituer au texte original. Les articles XIV et XV apportent quelques précisions ; ainsi, seul le texte amendé se trouve ouvert à de nouvelles ratifications, selon le cas, dès l'adoption de

---

318 Principe directeur B4.3.1

l'amendement ou au moment de son entrée en vigueur telle qu'elle est prévue ; de même l'amendement est soumis soit à la ratification, soit à l'acceptation des parties à la convention originale. La technique d'amendement a l'avantage de la simplicité à tous les stades de son processus. Elle introduit cependant une dualité de régime, moins visible que l'adoption d'un protocole ou d'une convention portant révision (s'il n'y a pas dénonciation de l'ancienne convention)[319].

La CEACR a suggéré que l'Organisation utilise une technique équivalente pour la consolidation des lois nationales de sécurité sociale[320]. La proposition pourrait également valoir pour les instruments internationaux en la matière.

Section 2. Facteurs liés au contexte socio-culturel

Les méthodes adoptées pour mettre en œuvre les normes (internationales) du travail varient. Elles résultent dans chaque État, du cadre historique, social et juridique dans lequel le marché du travail s'est développé, mais aussi de la puissance des organisations patronales et syndicales, de l'expérience de leurs dirigeants, du rôle respectif de la législation et des conventions collectives dans le système de relations professionnelles concerné. Plus profondément, la formulation de la règle et son exécution découlent d'un ensemble de formes acquises de comportements dans une société donnée, ou pour le dire autrement de sa culture[321].

L'économie apparaît certes comme un lieu privilégié de rencontre entre les espaces privé et public et comme un important champ de configuration des rapports sociaux[322]. Il n'empêche : la dimension culturelle reste fondamentale pour expliquer les solutions divergentes adoptées par des pays, même proches, à des problèmes communs. Les caractéristiques particulières de chaque pays continuent de peser d'un poids significatif sur la conduite des êtres humains et sur la manière dont ils travaillent. Le juriste comparatiste sait à quel point les droits positifs varient dans leur contenu certes, mais aussi dans leur formulation et dans les moyens

---

[319] Voir les documents du Conseil d'administration *GB 276/LILS/WP/PRS/2* et *GB 286/LILS/1/2*.

[320] Conférence internationale du travail (100[e]session, 2011), *La sécurité sociale et la primauté du droit*, Etude d'ensemble de la Commission d'experts pour l'application des conventions et recommandations, Rapport III (partie 1b), Genève, BIT, 2011, § 614; voir aussi § 605.

[321] Telle est la définition que donne de la culture le *Nouveau Petit Robert*. Voir aussi P. Ory, *L'histoire culturelle*, Paris, PUF (Que sais-je ?), 2004.

[322] D. Mercure, « Adam Smith : les assises de la modernité » dans D. Mercure et J. Spurk (sous la dir. de), *Le travail dans l'histoire de la pensée occidentale*, Saint-Nicolas (Québec), Les presses de l'Université Laval, 2003, p. 120.

d'exécution. Le psychologue ou le sociologue ont relevé depuis longtemps combien les relations interpersonnelles, spécialement entre femmes et hommes, portent la marque des traditions nationales.

Les Grecs anciens affichaient pour les tâches rémunérées un clair mépris. Le regard porté aujourd'hui sur le travail, sur son rôle social, diffère selon que l'on se trouve en France ou au Royaume-Uni, au Brésil ou en Australie, au Japon ou au Canada. Ici on estime le chômeur mal chanceux, là on ne voit en lui qu'un paresseux. Dans tel pays, l'idéal religieux consiste à se retirer de la vie professionnelle, à la manière d'un ermite ou du moins d'un missionnaire ; dans un autre, le modèle théologique se matérialise dans la réussite matérielle. Le moraliste insiste sur l'aptitude des métiers à permettre un épanouissement personnel. Tel fut déjà la conception qu'avaient du travail un Luther, et surtout un Calvin.

On connaît le talent de Max Weber à décrire les effets de leurs doctrines sur la formation de la société moderne et sur l'esprit du capitalisme[323]. La Réforme protestante a valorisé le travail et condamné l'oisiveté jugée nuisible ; elle a vu dans la richesse, le succès dans les tâches terrestres, des signes annonciateurs du salut éternel. D'où un effort considérable de rationalisation des modes de vie et d'organisation des activités puis, avec le temps, une sécularisation de ces idéaux[324]. Sergio Buarque de Holanda a souligné combien en revanche les relations affectives et le farniente sont aux racines de la civilisation brésilienne[325].

Montesquieu insiste également dans son *De l'esprit des lois*[326] sur le rapport des lois à la religion. Il analyse en outre les effets sur ces dernières, du climat, de la nature du terrain, de la démographie ainsi que « des mœurs et des manières ». L'enracinement constitue sans doute un besoin vital de l'âme humaine : l'individu a des racines par sa participation active et naturelle à l'existence d'une collectivité qui conserve vivants certains trésors du passé et certains pressentiments d'avenir ; une civilisation fondée sur une spiritualité au travail serait le plus haut degré de fixation de l'homme dans l'univers[327].

Les fondateurs de l'Organisation avaient inscrit dans sa constitution (article 19, paragraphe 3) que sa conférence annuelle a le devoir

---

323 Max Weber, *L'éthique protestante et l'esprit du capitalisme*, Paris, Plon (Pocket), 2e édition (traduction), 1967.
324 H. P. Müller, « Travail, profession et vocation. Le concept de travail chez Max Wéber » dans D. Mercure et J. Spurk, *op. cit.*, pp. 261-266.
325 S. Buarque de Holanda, *Raizes do Brasil*, São Paulo, Companhia dos Letras, 26e éd., 1995.
326 Paris, NRF (La Pléiade), 1966, livres 14 à 24.
327 S. Weil, *L'enracinement*, Paris, NRF/Gallimard (Idées), 1949, pp. 61 et 128.

d'introduire de la flexibilité dans les textes qu'elle adopte : « en formant une convention ou une recommandation d'une application générale, la Conférence devra avoir égard aux pays dans lesquels le climat, le développement incomplet de l'organisation industrielle ou d'autres circonstances particulières rendent les conditions de l'industrie essentiellement différentes, et elle aura à suggérer telles modifications qu'elle considérerait comme pouvant être nécessaires pour répondre aux conditions propres à ces pays ». Leurs successeurs ont introduit dans les conventions qu'ils ont votés des clauses dites de souplesse.

L'argument d'un droit à la différence, face à la prétention d'appliquer les mêmes normes, peut être d'autant plus mal compris que chacun insiste sur sa propre vision de la vie sociale et que, est-on puissant, elle tend à s'imposer[328]. Fréquemment, les porte-parole de certaines cultures jugent ces dernières négligées et invoquent leur particularisme pour s'écarter de la règle commune. L'argument a des fondements[329], mais aussi des limites : "l'identité culturelle enferme l'individu dans son appartenance et ... sous peine de haute trahison, lui refuse l'accès au doute, à l'ironie, à la raison – à tout ce qui pourrait le détacher de la matrice collective"[330]. Cette ambivalence caractérise le droit international du travail[331]. Elle invite à trouver le meilleur point d'équilibre possible.

Le sentiment d'être menacé de tous ces dangers s'explique en partie par la crainte d'un assujettissement culturel. Les investissements étrangers et les autres formes de mondialisation ont en effet favorisé un type de soumission : l'obligation d'accepter une culture venue d'ailleurs. Un sous-traitant tunisien me confiait, lors d'une réunion d'audit social à Hammamet, la difficulté qu'il éprouvait à concilier le code de conduite qui lui était imposé par une société anglo-saxonne avec les règles de comportement d'une population pénétrée de ses traditions.

L'efficacité du contrôle dépend puissamment de l'importance du droit, dans une société donnée, comme moyen de solution des conflits. L'esprit de discipline, le respect de l'autorité existent davantage dans certaines

---

[328] Francis Picabia dans les mots de Philippe Dagen (*Le Monde* du 8 mai 2005, p VII).

[329] Voir Chafik Chebata, *Droit musulman*, Paris, Dalloz (Précis), 1970, p. 2 ; voir aussi Mahdi Zahraa, « Characteristic features of Islamic law : Perceptions and Misconceptions », *Arab Law Quaterly*, 2000, pp. 168 et suiv; S. Jahel, « Les droits fondamentaux en pays arabo-musulmans » R.I.D.C.oct-déc. 2004, p 795.

[330] A. Finkelkraut, *La défaite de la pensée*, Paris, Gallimard (NRF), 1987, p. 165.

[331] J. C. Javillier, « Libre propos sur la « part » du droit dans l'action de l'Organisation internationale du Travail », dans J. C. Javillier et B. Gernigon (dir. de publ.), *Les normes internationales du travail : un patrimoine pour l'avenir. Mélanges en l'honneur de Nicolas Valticos*, Genève, BIT, 2004, pp. 669 et suiv.

traditions que dans d'autres. J´aime citer l'exemple d´ancien des cheminots allemands qui, participant à une manifestation massive sur les quais d'une gare, achetèrent tous un billet de quai avant de se rendre au lieu de rassemblement. Peut-on imaginer pareil comportement dans d'autres pays, même voisins ? Autre élément : le recours aux tribunaux est fréquent aux États-Unis. Une action en justice apparaît en revanche comme l'ultime recours en Asie de l'Est et du Sud-est quand les efforts de conciliation ont tous échoué.

Les convictions religieuses encouragent parfois à l'observation des règles protectrices du travail. Je l'ai observé, dans un cas cité plus haut, pour convaincre l'Arabie saoudite d'interdire d'utiliser des enfants comme jockeys dans les courses de chameaux. Certaines dérives superstitieuses risquent cependant d'avoir des effets pervers, tel cet autre exemple déjà mentionné d' ouvriers thaïlandais d'une coutellerie qui jugèrent inutile de porter l'équipement de sécurité requis une fois béni l'atelier par un moine bouddhiste.

L´OIT doit prêter attention à cet environnement socio-culturel dans la recherche d'une solution à des divergences par rapport à ses conventions et aux valeurs qu'elles consacrent. Plus d'un projet d'appui technique a échoué faute d'avoir attaché une importance suffisante à cette dimension. L'exercice n'est pas simple car il s'agit de tenir compte du contexte socio-politique national, sans renier en aucune façon les valeurs consacrées par les normes internationales.

La problématique appelle à des réponses concrètes aux vieilles interrogations sur la manière de résoudre des tensions dues à la pluralité des langues, des races, des religions, des comportements sociaux. Il n'existe pas de recette générale pour y parvenir. On en prendra pour preuve les débats houleux qu'ont soulevés aux Nations Unies la définition des droits culturels, et surtout la reconnaissance des droits des minorités[332].

Ils reflétaient une autre discussion sur la primauté de l'individuel ou du collectif dans le processus d'épanouissement de l'être humain. Lors de la rédaction de la Déclaration universelle des droits de l'homme, le Canada, les États-Unis et de nombreux pays latino-américains défendaient le droit des personnes à participer à la vie culturelle de la communauté ; l'Inde et les pays d'Europe de l'Est préféraient parler des droits des minorités. La controverse traduisait, au-delà des conflits idéologiques, des craintes diffuses : celle de se trouver obligé à cerner précisément les contours de la

---

[332] PNUD, *Rapport mondial sur le développement humain 2004. La liberté culturelle dans un monde diversifié*, Paris, Economica, 2004, spécialement pages V et pp. 28, 37.

notion de culture, celle de remettre en cause des pratiques ancestrales dommageables à certains groupes, celle surtout d'accepter un relativisme culturel qui viendrait justifier – le risque, on l'a vu, est réel – des violations aux droits fondamentaux de l'être humain. On ajoutait que la sauvegarde des droits civils et politiques (les libertés de culte, d'expression ou d'association par exemple) suffisait pour permettre à chacun de vivre en accord avec ses convictions et de respecter ses traditions culturelles.

En 1966, une formule fut finalement trouvée. Le Pacte international relatif aux droits civils et politiques reconnaît aux personnes appartenant à des minorités ethniques, religieuses ou linguistiques, le droit de posséder "en commun avec les autres membres de leur groupe" une vie culturelle propre, de professer et pratiquer leur religion et d'utiliser leur langue. Plus généralement, le second Pacte de 1966, relatif aux droits économiques, sociaux et culturels, proclame le droit de chacun de participer à la vie culturelle.

Le Programme des Nations unies pour le développement (PNUD) a cependant dénoncé des idées reçues qui continuaient à hanter les esprits[333] : que des cultures plus que d'autres favoriseraient le progrès, que la diversité culturelle conduirait inévitablement à des oppositions sur les valeurs et constituerait même un obstacle au développement. Quiconque possède l'expérience d'un travail international connaît l'inanité de telles affirmations. Il sait par contre combien le trop d'égards que l'on a pour les pesanteurs nationales peut aussi provoquer un échec. Alchimie complexe.

Section 3. Facteurs économiques et coût des normes internationales du travail

Au-delà, le niveau de développement économique joue évidemment un rôle essentiel dans l'intégration du droit international du travail à un ordre juridique interne ; le caractère très technique de certaines normes dans des domaines comme le temps de travail ou la sécurité sociale ajoute aux écueils.

Bien des régulations traditionnelles correspondent à un système manufacturier bâti pour une fabrication de masse bien plus qu'aux processus de production éclatés que nous connaissons aujourd'hui. Faut-il redire combien le travail à distance, l'utilisation de l'intelligence artificielle bouleversent l'organisation du travail. Certains ont plus que d'autres besoins de temps pour s'adapter. Il en est qui échouent. Les normes

[333] *Ibid.*, pages 38 et suiv.

internationales du travail et de la sécurité sociale constituent alors un coussin de garanties sociales qui permet d'assurer les transitions, d'assurer un travail ou un revenu à ceux qui prennent du temps pour se former ou qui n'y arrivent pas et se retrouvent à la marge de la société.

Autre éclairage : l'exécution effective des normes de travail dépend des capacités institutionnelles de chaque État ; là où elles sont faibles, l'application des règles – nationales et internationales – du travail ne peut que connaître des difficultés. Que l'on pense à la sécurité sociale! Les ministères européens du travail reposent sur un budget important, des fonctionnaires nombreux et bien formés, des outils technologiques de premier niveau. Faut-il les comparer aux institutions équivalentes en Bolivie, au Tchad ou au Népal?

J'ai insisté sur les effets délétères de la pauvreté L'applicabilité des normes internationales du travail suscite de fortes réserves dans les pays en développement où une partie importante de la population vit dans des conditions misérables. Même si le nombre des ratifications de la part de ces pays continue d'augmenter, ils s'interrogent fréquemment sur le poids financiers des normes de l'OIT face aux défis économiques auxquels ils continuent de faire face Il faut bannir ici les réponses simplistes. Tenter par exemple de mesurer le coût des normes de travail constitue un exercice bien périlleux.

Paragraphe unique. Le coût des normes internationales du travail

Une évidente confusion règne dans les discussions consacrées aux avantages et aux inconvénients économiques de certaines règles ou de certaines formes de réglementation en matière de travail. Que ces controverses, que ces polémiques concernent des experts de disciplines variées — des sociologues, des politologues, des philosophes et beaucoup d'autres, en plus des juristes et des économistes — ajoute au désordre.

Si certaines normes augmentent sans aucun doute les charges d'un employeur individuel, d'autres, comme celles qui préservent l'intégrité physique des travailleurs peuvent, en revanche, lui permettre d'éviter des frais importants. En outre, la question se pose en termes très différents quand on se place au niveau macro-économique où toutes les dépenses doivent se comptabiliser. Dans la recherche, difficile, d'une synthèse satisfaisante des contraintes économiques (transformation des structures, lutte contre les déséquilibres) et des impératifs sociaux (justice, égalité de chances, maintien d'un mode de vie décent), les normes sur les relations professionnelles, en particulier celles sur la liberté syndicale et la négociation collective, apparaissent indispensables.

On a souligné depuis longtemps que le prix de revient d'un produit dépend de très nombreux facteurs : prix des matières premières, marchés existants, fluctuations monétaires, politique d'investissement, régime fiscal, tarifs douaniers, qualifications de la main-d'œuvre, valeur des dirigeants d'entreprise, pour n'en citer que quelques-uns. Il est donc risqué de chercher à mesurer le coût des normes internationales du travail, d'autant plus que celles-ci sont très diverses et s'appliquent dans des pays très différents, par leur taille et leur structure industrielle notamment.

Les études menées notamment à l'OIT permettent de formuler quelques remarques supplémentaires. Clarifier la discussion suppose, en premier lieu, la capacité d'évaluer d'une manière relativement précise l'impact économique des normes de travail. La méthode est quantitative ou qualitative.

De nombreux auteurs qui se sont attelés à la tâche ont adopté la seconde option[334]. Beaucoup insistent sur les effets déjà relevés d'une bonne protection sociale et du travail sur le rendement des salariés et sur la gestion productive des entreprises Elle donne aux entreprises — et aux économies — un avantage comparatif très réel. Cet argument dit de la "high road" paraît à bien des égards convaincant, mais il n'a pas mis fin aux débats. De nombreux employeurs considèrent encore que payer de bas salaires, que restreindre les frais d'aménagement du milieu de travail permet d'économiser des coûts. Bien plus, s'observe en Europe et même au Japon, où ce phénomène était limité, une augmentation sensible des recrutements de travailleurs sur des bases précaires, afin de parer aux risques financiers des engagements à durée indéterminée.

L'on paraît attendre un mesurage exact dans un domaine où il semble impossible d'arriver à des certitudes. Comment déterminer avec précision l'effet économique de dispositions sur la sécurité de l'emploi? Bien des chercheurs s'y sont cassé les dents. Faute de données et de chiffres pourtant, la crainte subsiste, diffuse et à bien des égards irrationnelle, qu'un

---

334 La littérature abonde sur le sujet, mais on peut toujours relire avec profit par exemple R. Freeman et J.L. Medoff , "What do unions do", New York, *Basic books*, 1984, ou W. Sengenberger et D. Campbell (dir. de publ.) *Creating economic opportunities. The role of labour standards in industrial restructuring*, Genève, Institut international d'études sociales, 1994.

délai de préavis même limité, avant la fin du contrat de travail, puisse mettre en péril la compétitivité des entreprises.

On appelle par conséquent à construire des indicateurs fiables qui permettent d'évaluer l'impact économique de la mise en œuvre des valeurs contenues dans certaines règles. Quelquefois, la loi présume ces effets et restreint l'octroi de certains avantages. La législation belge sur la promotion de l'emploi et la sauvegarde "préventive" de la productivité a ainsi limité les augmentations salariales négociées collectivement selon un système complexe, mais qui prend en compte l'évolution des coûts salariaux en Allemagne, en France et aux Pays-Bas, États voisins considérés comme les principaux concurrents.

Il conviendrait de distinguer, sans en ignorer aucun, les effets purement économiques et socio-économiques. Fondamentales sont ici la définition et la sélection des éléments retenus pour construire les indicateurs. Comment expliquer, me disait un jour l'économiste en chef de l'OCDE, que des analyses portant sur les conséquences des règles du licenciement n'aient pas inclus le Japon — où congédier un travailleur reste spécialement malaisé — alors que sa croissance fut spectaculaire dans les années 1980? Il faut encore distinguer selon la taille de l'entreprise et les niveaux macro ou micro-économiques. Une législation sur la prévention et l'indemnisation des accidents du travail impose certains frais à l'employeur ; elle peut cependant lui faire économiser ceux qui compensent les dommages causés. Encore plus positifs paraissent, dans l'ensemble, les résultats de ces dispositions légales sur la comptabilité nationale.

Il reste que ces indicateurs permettent de développer une réflexion sur l'application de certaines règles dans des contextes socio-économiques différents, séparant ce qu'il y a d'absolu (ainsi la protection de la vie même des travailleurs) et de relatif (son confort) dans les valeurs qu'elles portent et dans les moyens de les mettre en œuvre.

Section 4. Difficultés liées au contrôle des normes de travail

La mise en œuvre des normes internationales du travail, et des législations nationales qui leur servent de relais, appelle des vérifications menées par des inspecteurs du travail, et pour ce corps de fonctionnaires, des effectifs bien formés et suffisants.

Si le respect des lois, quelles qu'elles soient, n´est jamais total, l'on touche trop souvent, dans ce domaine, aux limites mêmes de leurs capacités à s'imposer. Il y a des zones où le travail s'immerge, devient clandestin, où, plus souvent, la tricherie, la fraude fleurissent, où, en tout cas, le contrôle se fait malaisé. Les difficultés économiques semblent justifier aux yeux de certains toutes les infractions. Les écarts se font-ils trop fréquents, on en vient à douter de la valeur juridique – et de l'utilité – de ces normes de travail ; leur crédibilité est en cause.

A vrai dire, les embûches posées sur le parcours de l'administrateur du travail ressemblent fort à une course d'obstacles. On les connaît. Elles tiennent en premier lieu à l'excessive complexité ou à l'ampleur démesurée des réglementations du travail, à leur caractère tatillon ou, plus simplement, à leur inaptitude à s'adapter à certaines branches d'activités. Les lois inutiles affaiblissent les lois nécessaires, écrivait Montesquieu[335].

La législation serait-elle adaptée – et l'administration du travail possède ici une responsabilité particulière dans sa préparation –, patrons et salariés, peuvent ne pas la connaître, surtout dans les petits établissements. Il leur arrive aussi, cela va sans dire, d'éprouver des réticences à la respecter parce que cela coûterait trop cher, ou par flemme.

Quant à l'inspection du travail elle-même, elle souffre, même dans les pays les mieux nantis, de maux traditionnels déjà évoqués: la faiblesse des ressources, le manque d'effectifs (bien plus, le personnel est encore requis quelquefois d'exercer d'autres fonctions), les carences de la formation, la précarité des moyens de transport face à la dispersion des lieux de travail. Je me souviens d'avoir donné une conférence à l'INTEFP (Institut National du Travail de l'Emploi et de la Formation Professionnelle), près de Lyon et d'y avoir entendu les doléances des étudiants sur ce point. J'avais dépeint des situations ô combien pire ailleurs. La convention n° 81 de l'OIT demandait déjà, en 1947, d'y porter remède.

Ces obstacles ont provoqué une réflexion sur les méthodes utilisées dans la mise en œuvre des législations du travail, sur les moyens d'en assurer le caractère impératif. La mesure la plus traditionnelle, celle qui la première vient à l'esprit, consiste à imposer une sanction en cas d'infraction. De nombreuses conventions de l'OIT s'y réfèrent expressément. Un véritable droit pénal du travail et de la sécurité sociale s'est développé dans beaucoup de pays. Prévoyant une amende ou un emprisonnement, celui-ci punit soit l'employeur seul, soit également le

---

[335] *L'Esprit des lois*, livre XXIX, chap. XVI.

travailleur, voire toute autre personne (le constructeur, le vendeur, le loueur d'une machine inadéquate) qui enfreindrait les dispositions protectrices.

Il ne convient assurément pas de sous-estimer les effets – préventifs en particulier – de ces sanctions ; mais il ne faut pas non plus les exagérer, car en pratique le juge répugne fréquemment à prononcer une peine sévère, de prison spécialement ; et l'impact des amendes dépend de leur montant et de leur ajustement régulier à l'évolution du coût de la vie. La justice n'est d'ailleurs nulle part rapide, ce qui enlève encore à l'efficacité de la peine.

Pour pallier cette situation, des législateurs nationaux ont investi des autorités administratives, parfois des organes de sécurité sociale, du pouvoir d'appliquer des peines pécuniaires. Néanmoins, les inspecteurs du travail eux-mêmes préfèrent souvent dans les faits – et sauf cas grave – donner des conseils, user de persuasion, plutôt que de provoquer une répression.

Peu à peu se sont par conséquent développés d'autres procédés plus préventifs que répressifs, engageant à la prudence les employeurs, mais aussi les travailleurs (qui négligent à vrai dire aussi des précautions même élémentaires contre les accidents et les maladies professionnelles, peu conscients des risques qu'ils prennent). Cette approche figurait déjà pour l'essentiel dans la recommandation n° 31 de l'OIT, instrument précurseur de 1929, sur la prévention des accidents de travail. Elle se retrouve dans la recommandation n° 81 de 1947 sur l'inspection du travail et, depuis, de manière plus systématique, dans les instruments récents.

Ces méthodes viennent s'ajouter, non se substituer, aux mesures punitives et insistent sur les tâches d'information, de formation et d'éducation ainsi que de conseil. Elles se fondent sur l'idée très simple qu'il faut convaincre employeurs et travailleurs de l'utilité de la norme, leur expliquer sa raison d'être, chercher leur adhésion. Si le message n'est pas traduit dans un langage qui suscite leur intérêt, s'il ne devient pas pour eux un enjeu, les chances qu'ils respectent une règle contraignante diminuent de beaucoup.

De nombreux pays assurent effectivement une formation à ceux qui peuvent se trouver exposés ou exposer autrui à un risque professionnel ; des campagnes d'information sont lancées par voie de presse, d'affiches dans les ateliers, de brochures, de conférences, d'instructions, etc. Des mesures plus incitatives ont également vu le jour. La législation allemande prévoit par exemple la possibilité d'augmenter ou de diminuer les cotisations sociales au prorata du nombre d'accidents survenus dans l'entreprise. Le droit italien conditionne certains avantages accordés aux entreprises (surtout petites) au respect des dispositions contenues dans la loi ou la convention collective du travail.

A l'administration du travail incombe un rôle crucial dans la prévention. La voir dans certains pays en développement comme une institution peu efficace, voire corrompue, constitue manifestement une généralisation abusive que contredisent les faits[336].

Mais considérable aussi est le rôle des institutions non gouvernementales, spécialement dans la lutte contre les maladies et les accidents liés au travail. Parmi elles, une place à part revient évidemment aux organisations d'employeurs et de travailleurs. Leur action s'est, au fil des ans, affirmée. Elle va de la sensibilisation des personnes responsables et du dépistage des sources de risques jusqu'à la participation, selon des modalités qui varient (consultations, accords collectifs, etc.), à l'adoption de règles de protection et de prophylaxie et, plus largement, d'une véritable politique de la santé.

De surcroît, la recommandation n° 164 de l'OIT concernant la sécurité, la santé des travailleurs et le milieu de travail est venue consacrer en 1981 la pratique de plusieurs pays européens en particulier, d'instituer soit des délégués travailleurs à la sécurité, soit des comités (ouvriers ou conjoints) de sécurité et d'hygiène aux fonctions principalement consultatives. Au-delà, des pays comme le Luxembourg et, dans une certaine mesure, la Belgique, ont intégré des délégués travailleurs à l'inspection du travail. Dans plusieurs pays enfin, les institutions chargées de combattre les accidents du travail et les maladies professionnelles comprennent des représentants des organisations patronales et syndicales.

Il y a plus. Des multinationales sous-traitant tout ou partie de leur production dans des pays à bas salaires, se montrent de plus en plus préoccupées par le comportement des entrepreneurs locaux à l'égard de leur personnel. Outre les questions d'éthique que la situation soulève, ces grandes sociétés commerciales se préoccupent de leur image et des menaces de boycottage brandies ici ou là, à l'instigation de syndicats ou d'organisations de défense des droits de l'homme. Les consommateurs, s'ils l'apprennent, ne peuvent en effet qu'être choqués que tel vêtement

---

[336] Voir ainsi B. Waas, "How to Improve Monitoring and Enforcement of International Labour Standards?" dans T. Halonen, U. Liukkunen (dir.), *International Labour Organization and Global Social Governance*, Cham, Springer, 2021, pp. 79–95; S. Lee and D. McCann (dir.), *Regulating for Decent Work: New Directions in Labour Market Regulation,* Genève, BIT, 2011, p. 23 et la contribution de R. Rocha C. Pires, pp. 313–338.

soit fabriqué ou tel fruit récolté par des enfants, dans des conditions d'hygiène et de sécurité déplorables, ou par des ouvriers privés des droits élémentaires de se syndiquer et de négocier collectivement.

Beaucoup de ces grandes firmes cherchent également à bien s'intégrer dans la région où ils établissent une filiale et à obtenir un bon accueil pour leurs produits. Elles se disent prêtes à y consacrer un peu d'argent. Je me rappelle avoir conseillé au Ministre équatorien du travail d'en tirer avantage pour améliorer les infrastructures.

Voilà qui a conduit certaines sociétés supranationales à imposer à leurs sous-traitants un code de bonne conduite sociale plus ou moins détaillé, voire à le faire contrôler par de véritables inspecteurs privés, engagés par elles. Ainsi, le secteur privé pallie-t-il lui-même l'absence d'une législation protectrice suffisante ou les défaillances du contrôle exercé.

En plus termes généraux, ces procédés nouveaux viennent compléter plutôt que remplacer les anciens : la distinction entre la législation et les autres moyens de protection n'a rien de dichotomique. De nombreux pays adoptent dans des domaines comme la santé au travail des lois cadres, même des dispositions constitutionnelles, contenant des principes généraux et des règles de base. Des dispositions réglementaires viennent les compléter. En outre, l'administration du travail élabore fréquemment des "normes" techniques et des directives pratiques qui n'ont pas un caractère juridiquement contraignant, mais dont les effets n'en apparaissent pas moins incontestables. Leur rédaction échoit également à des institutions publiques spécialisées et à des organismes de sécurité sociale (qui ont un intérêt manifeste à prévenir les maladies, les accidents et les frais consécutifs).

Cette tâche incombe aussi aux employeurs, à leurs associations et aux syndicats dans les négociations collectives qu'ils mènent à différents niveaux. Ceci n'est pas nouveau, mais leur rôle à cet effet s'est accru là où les relations professionnelles se sont développées efficacement. L'intervention des partenaires sociaux garantit en outre, dans les pays démocratiques, une plus parfaite égalité dans l'application des normes de travail. Les pouvoirs laissés à l'administration dans des systèmes politiques autoritaires peuvent conduire à des abus, à des dérives et notamment à une inspection à géométrie variable. Je me suis référé aux anciens régimes ultra-centralisés d'Europe centrale et orientale dont l'exemple peut nous éclairer sur ce point.

Section 5. Covid-19 : de l'utilité d'une vision internationale

Je viens de relever les difficultés rencontrées dans la mise en œuvre d'une politique de la santé au travail. La crise provoquée par le covid-19 permet cependant d'éclairer la pertinence toujours actuelle des normes de l'OIT et d´esquisser les paramètres de leur développement. Au cours de cette période calamiteuse, l'Organisation a rapidement proposé ses connaissances et son expertise à ses Membres pour faire face, de manière durable, aux conséquences sociales de la pandémie. Deux outils principalement ont aidé à atténuer les incidences négatives de la pandémie et des mesures de confinement prises alors.

L'Organisation a, d'une part, recueilli des données et publié des études examinant les effets du fléau sur l'emploi et, par conséquent, sur les revenus individuels. Elle a formulé sur cette base des propositions économiques en vue d´une reprise rapide. Elle a mis régulièrement à jour ces analyses (I) [337].

Elle a, d'autre part, souligné que ses conventions et recommandations présentent plus d'importance encore dans une période critique. La CEACR a analysé les situations qui ont émergé pendant la crise, spécialement celles liées à la fois au travail précaire, indépendant compris, et au travail à distance. Elle en a conclu à la nécessité de renforcer les règles protectrices nationales, dans la ligne des normes internationales[338]. J'ajouterai que ces recherches manifestent également celle de les compléter (II).

Paragraphe 1. La nécessité de réponses rapides et coordonnées

1) Une action coordonnée

L'OIT a évalué régulièrement, pendant cette période, la baisse de la production et le nombre d'emplois affectés ou perdus. Dans plusieurs secteurs, les entreprises, en particulier petites, rencontraient des situations qui menaçaient leurs activités et leur solvabilité. En même temps, des millions de travailleurs risquaient de voir baisser ou s'évanouir leurs

---

[337] BIT, *ILO's response to the impact of COVID-19 on the world of work: Evaluative lessons on how to build a better future of work after the pandemic* Genève, 2021; dans une perspective entrepreneuriale, voir BIT, *Business Resilience in Retrospect: Lessons from the COVID-19 Pandemic*, Genève, BIT, 2023.

[338] CIT (109ème session, 2021), *Rapport de la Commission d'experts pour l'application des conventions et recommandations. Addendum à l'étude d'ensemble: promouvoir l'emploi et le travail décent dans un monde en mutation* , Genève, BIT, 2021.

revenus. Tous ceux qui ne bénéficiaient pas d'une protection efficace se trouvaient dans une condition catastrophique. La baisse des heures de travail touchait durement le commerce de détail, l'hébergement et la restauration, les arts et la culture, la construction. En revanche, l'emploi augmentait dans quelques branches offrant des services hautement qualifiés comme l'information et la communication, la finance et l'assurance.

La conjoncture se révélait particulièrement mauvaise dans les États à moyen ou faible revenu, l'Afrique du Sud, la Géorgie, le Pérou ou la Tunisie. Ces pays comptaient une forte proportion de travailleurs dans l'économie informelle et de ressortissants avec un accès limité aux services de santé et à la protection sociale. Beaucoup risquaient de tomber dans la pauvreté et d'avoir plus de mal encore à trouver un moyen de subsistance.

Le covid-19 avait perturbé l'éducation et la formation de plus de 70 % des jeunes. Ses effets disproportionnés exacerbaient les inégalités et mettaient en danger la capacité productive de toute une génération.

Il fallait agir et rapidement, de manière coordonnée et sur une large échelle. Les mesures proposées par l'Organisation s'inspiraient de sa recommandation n° 205 sur l’emploi et le travail décent pour la paix et la résilience de 2017. Son champ d'application couvrait clairement la pandémie. Des dispositions *ad hoc* semblaient indispensables pour toute la durée de la crise. Le Professeur Kurt Pärli le relevait à l'époque : le gouvernement suisse considérait que l'acceptation sociale des restrictions à la liberté individuelle comme aux activités économiques, dépendait de l'octroi d'un soutien rapide et facilement accessible aux travailleurs concernés, indépendants ou salariés[339].

L'approche suggérée reposait sur quatre volets. Le premier concernait l'offre de travail. Il visait à stimuler l'économie et l'emploi, à maintenir les postes et les revenus, par des décisions à court et à moyen terme sur l'aménagement du temps de travail, l'organisation du chômage partiel, l'octroi de congés payés ou par des subventions, des aides financières, des allègements fiscaux en faveur de secteurs déterminés ainsi que des micros, petites et moyennes entreprises. L'Allemagne et le Japon y ont eu recours largement. Le Président Biden parvint de son côté à faire adopter un énorme plan de relance, et à apporter ainsi une aide financière aux personnes dans le besoin.

[339] Voir les monographies nationales du numéro spécial de *Noticias CIELO* que j'ai coordonné (No 3/2021).

Le second volet portait sur la demande de travail. Il se focalisait sur la consolidation de mesures de protection du travail et de sécurité sociale aptes à résister aux crises. Il consistait en particulier à appliquer strictement, et à compléter, les règles sur le travail à distance, la conciliation de la vie familiale et des activités professionnelles, le licenciement, le temps de travail, les conditions d'emploi du personnel infirmier et sur la santé au travail. Bien des gouvernements ont effectivement adopté des mesures conjoncturelles de protection sociale et assuré un revenu minimum aux personnes qui avaient perdu, même temporairement, emploi et moyens de subsistance. Quelquefois cependant, comme en Hongrie, il leur a été reproché de saisir l'occasion pour assouplir le droit du travail[340].

La politique adoptée devait, troisième volet, respecter les grandes libertés civiles et les droits sociaux fondamentaux, ainsi que les conventions internationales sur ces questions. "Il n'y a pas de vaccin contre la cruauté. La pandémie a érodé la démocratie et le respect des droits de l'homme", écrivait durement *The Economist* le 17 octobre 2020. L'Inde aurait ainsi profité des circonstances pour supprimer certaines garanties sociales en matière syndicale afin d'attirer des investissements étrangers. Soyons clairs : les éventuelles restrictions à l'organisation des réunions syndicales par exemple, devraient au contraire suivre le principe de proportionnalité, dans la ligne de la jurisprudence allemande, et se limiter à ce qui est essentiel pour atteindre les objectifs de la législation d'urgence.

Les gouvernements devaient agir en concertation avec leurs partenaires sociaux, mais aussi avec les autres États.

2) Deux formes de concertation

Les effets des maladies infectieuses transmissibles sur le travail constituent un sujet sur lequel les intérêts des partenaires sociaux convergent grandement. En témoignent bien des exemples. Pour la première fois depuis les années 1970, les patrons et syndicats autrichiens ont conclu une convention collective générale et établi les bases d´un large consensus sur le dépistage du covid-19 et l'utilisation de masques au travail. Au Danemark, des accords tripartites ont abouti rapidement à des solutions positives[341].

Sur le plan transnational, UNI Global Union, les groupes Auchan Retail et Carrefour ont signé le 9 avril 2020 une déclaration commune pour répondre aux problèmes de santé causés par la pandémie. Ils se sont

---

340 *Ibid.*
341 *Ibid.*

engagés à examiner ensemble l'adoption et l'application de mesures issues des bonnes pratiques commerciales, capables de prévenir, réduire ou éliminer les risques de contagion pour leurs salariés et clients[342].

De même, l'Organisation internationale des employeurs (OIE), la Confédération syndicale internationale (CSI) et IndustriALL Global Union ont élaboré une déclaration commune le 22 avril 2020 pour l'industrie du vêtement. Inditex , C&A , H&M, Adidas, Marks & Spencer, Primark, Bestseller, Tchibo et PVH, VF Corporation et Zalando, et d'autres grandes marques mondiales y ont adhéré. Le document visait à mobiliser des fonds en vue de garantir la continuité des activités, le paiement des salaires, ainsi que des plans de soutien et de maintien dans l'emploi pour protéger les revenus, la santé et l'emploi des travailleurs de l'habillement. Employeurs, travailleurs, grandes marques et détaillants concernés ont établi un groupe de travail international pour mettre en œuvre, sur convocation de l'OIT, des mesures destinées à limiter les dommages affectant les entreprises et les moyens de subsistance des salariés. Le groupe de travail s'est engagé à soutenir, dans le cadre de la reprise, le développement des systèmes de protection sociale[343]. Par la suite, Inditex et IndustriALL Global Union ont signé une autre déclaration commune le 4 août 2020 pour renforcer leur coopération "durable" et soutenir la reprise de l'industrie mondiale de l'habillement pendant la crise[344].

Les États également ont renforcé leur coopération internationale, notamment par l'échange volontaire et systématique d'informations, de connaissances, de bonnes pratiques et de technologies pour coordonner étroitement et assurer la complémentarité des réponses. Faut-il rappeler l'action européenne de solidarité de l'UE avec un budget de relance se montant à 750 000 millions d'euros?

Paragraphe 2. Une base solide de garanties sociales

Les normes internationales du travail couvrent la plupart des personnes qui furent touchées par la catastrophe. Elles traitent du travail à domicile et de la conciliation des responsabilités familiales et professionnelles, du temps de travail, du licenciement, de la sécurité sociale et de la santé au

342 https://www.uniglobalunion.org/news
343 https://www.ilo.org/global/about-the-ilo/newsroom/news/WCMS 22 avril 2020.
344 https://www.inditex.com/documents/10279/653009/Declaracion conjunta de Inditex e IndustriALL Global Union

travail. D'autres concernent des groupes rendus particulièrement vulnérables par la pandémie.

Le personnel de santé, médecins compris, a joué un rôle crucial à cette époque. Selon les calculs, les femmes représentaient 70 pour cent du personnel de ce secteur. On sait que celles-ci firent alors face à une double charge : des journées de travail prolongées et des tâches familiales souvent compliquées par la présence des enfants à domicile après la fermeture des écoles. De surcroît, la pénurie chronique de soignants, la limitation des possibilités de prendre congé et le pourcentage relativement plus élevé de congés de maladie, combinés avec l'augmentation des heures supplémentaires, ont augmenté le stress professionnel[345].

Les médias se sont fait l'écho des plaintes des infirmières sur leurs conditions de travail et sur leur rémunération. C'est le moment de rappeler que la convention n° 149 de l'OIT et sa recommandation complémentaire n° 157 de 1977, établissent le double objectif de promouvoir la qualité des soins et des services en même temps que de développer les perspectives de carrière en garantissant des conditions d'emploi susceptibles d'attirer des candidats dans la profession et de les y retenir. Des lois hongroise et russe ont permis une augmentation substantielle des salaires statutaires de base des médecins.

Au-delà, comme l'a bien dit Jean Malinowski, le chef du département de la charte sociale européenne au Conseil de l'Europe, l'inégalité est à la fois cause et conséquence. Une crise l'exacerbe car elle frappe de manière disproportionnée les travailleurs les moins protégés et les moins bien rémunérés, surtout les jeunes, les personnes âgées, les femmes, les personnes d'origine ethnique différente et les migrants (légaux et autres). En principe, les clandestins ne reçoivent pas de prestations de sécurité sociale. Perdre leur emploi, même temporairement, peut les faire basculer dans la pauvreté. On a vu les queues s'allonger pour la soupe populaire à Genève. Et que dire de l'économie informelle? Ou encore des mauvaises conditions des 300 à 400 000 marins bloqués à bord d'un navire en raison des mesures sanitaires liées au covid-19. Les Nations-Unies et l'OIT ont fortement réagi en leur faveur[346]; la presse s'en est émue.

La pandémie a stimulé le télétravail et l'utilisation des plateformes numériques. La réorganisation du travail qui s'ensuivit, a touché une

[345] OIT, http://www.ilo.org/global/about-the-ilo/newsroom ; 7 April 2020. *Noticias CIELO* No 3/2021.

[346] https://www.business-humanrights.org/fr 29 septembre 2020; Note de Synthèse ISEMAR n°232 – Juin 2021.

majorité d'individus dans ces groupes vulnérables. L'OIT a élaboré pour eux des normes de travail spécifiques. Leur application reste cependant problématique, surtout dans des situations critiques.

Il existe certes d'heureuses exceptions, des travailleurs qui contournent plus facilement les obstacles tels ceux, surtout indépendants, qui se déplacent d'un pays à l'autre (par exemple en Estonie) pour profiter d'avantages technologiques ou fiscaux. Cela dit, la majorité d'entre eux rentre en tout cas dans l'une ou l'autre des deux catégories dont il faudrait consolider d'urgence la protection sociale : les travailleurs précaires, ceux des plateformes compris, et les non-salariés.

J'ai déjà regretté que trop souvent les lois excluent de leur champ d'application tout ou partie des secteurs d'activité où la précarité est omniprésente. Les raisons invoquées par les entreprises renvoient au besoin de flexibilité et de réduction des charges sociales. En outre les garanties accordées s'y appliquent plus difficilement en pratique.

La crise du covid-19 a encore amplifié, semble-t-il, la violence à l'égard des femmes[347]. La convention n° 190 et recommandation n° 206, 2019, qui cherchent à éliminer ce fléau au travail, couvrent, au-delà des salariés, toutes les personnes "dans le monde du travail", quel que soit leur statut contractuel, celles en formation, stagiaires et apprentis, les travailleurs licenciés, les bénévoles, les demandeurs d'emploi, ainsi que les individus exerçant l'autorité, les fonctions ou les responsabilités d'un employeur. Ces normes s'étendent aux secteurs public comme privé, à l'économie informelle, aux zones rurales comme urbaines. Ne faudrait-il pas plus largement s'en inspirer?

L'enjeu social d'aujourd'hui pour les pays industrialisés et en développement concerne l'appauvrissement de tous ceux, salariés ou non, qu'emporte, du fait de leur inactivité forcée, de leur salaire insuffisant ou de leur emploi précaire, un courant qui les éloigne ou les maintient écartés des structures établies. Pour conserver une voix significative dans le débat public, l'OIT devrait sans aucun doute avancer sur cette question qui déstabilise sérieusement les relations professionnelles.

---

347 https://www.un.org/fr/chronique-onu/la-pand%C3%A9mie-de-covid-19-et-la-violence-%C3%A0-l%E2%80%99%C3%A9gard-des-femmes-et-des-filles

Chapitre 2. Le tripartisme à l'OIT entre présent et avenir

Associer patrons et syndicats au pouvoir politique pour rechercher un développement socio-économique harmonieux constitua une des idées force de la création de l'OIT. La méthode participe d'un processus démocratique. On la retrouve dans le modèle social européen.

Le tripartisme, comme le bipartisme, a été théorisé. Le premier reflète une politique plus interventionniste, le second, plus volontariste. L'une et l'autre expriment le souhait des employeurs et des travailleurs de traiter les questions, de travail surtout, à un niveau supérieur à celui de l'entreprise

Le bipartisme se rencontre dans les États où les associations patronales et syndicales dominent largement la scène sociale. Il en allait ainsi dans les pays du nord de l'Europe avant la crise des années 1970 ; leur poids y reste considérable lorsqu'ils parviennent à s'entendre. Un système équivalent prévaut également en Autriche, en Belgique ou en Suisse. Je me souviens d´une conversation avec Jeff Houthuys, le dirigeant syndical belge venu à Genève pour une CIT. Il était monté au Salève, la montagne toute proche, durant le week-end avec des compatriotes membres des délégations patronales et syndicales. Ils avaient saisi l'occasion pour négocier tranquillement, en dehors des séances de travail, les grandes lignes d'un accord national sur des sujets sensibles.

Dans les pays démocratiques, les autorités publiques associent volontiers les partenaires sociaux à leur politique socio-économique. La discussion se fait tripartite quand elles vont au-delà d'une simple consultation et négocient une décision consensuelle, voire un pacte social comme ce fut fréquemment le cas dans de nombreux États européens à la fin du siècle dernier et jusqu'à aujourd'hui, quoique moins souvent. Ces accords ont cherché à modérer la hausse des salaires en fonction d'impératifs économiques, à réformer la législation du travail ou de la sécurité sociale, à élaborer, en Espagne, un règlement pacifique des différends, à moderniser, en Italie, le système des pensions, voire à assurer, comme en Belgique à certaines époques, une gouvernance conjointe du marché de l'emploi.

L´Allemagne et la France recourent moins à cette manière de procéder, en raison sans doute des pouvoirs considérables historiquement laissés aux hauts fonctionnaires du ministère de l'emploi. Les milieux professionnels y sont certes régulièrement consultés sur des questions de leur ressort, mais le gouvernement passe plus facilement outre à leurs avis. Une situation équivalente prévaut au Royaume-Uni: Sir John Wood, alors Président de l'"ACAS, le Service Consultatif de Conciliation et d'Arbitrage, m'expliquait que des accords collectifs nationaux seraient vus comme un empiètement sur les pouvoirs du Parlement.

Relevons-le, la terminologie qui a cours de "dialogue social" révèle un glissement de sens. Il signifie échanger des avis, mais sans avoir nécessairement la volonté d'aboutir à une solution consensuelle. Le dialogue peut s'avérer de sourds. Nous en connaissons toutes et tous des exemples.

L'OIT a donné un rôle essentiel aux interlocuteurs sociaux dans ses organes directeurs. C'est même un de ses traits les plus originaux. Ses conventions et recommandations, les conclusions de ses organes de contrôle, ses délibérations et décisions encouragent régulièrement ces derniers à s´entendre. Ne nous méprenons cependant pas : elle reste une organisation intergouvernementale, intégrée au système des Nations-Unies.

Les États totalitaires s'accommodent mal de cette concertation institutionnalisée, quand l'indépendance des organisations professionnelles, et par conséquent leur représentativité, y sont mises à mal. Je l'ai rappelé à propos de l'URSS.

Mais une autre difficulté surgit. Lorsque les deux groupes professionnels se mettent d'accord, ils n'ont besoin que d'un vote gouvernemental pour atteindre une majorité, si celle-ci n'est pas qualifiée. Longtemps la Suède ou un de ses voisins a joué ce rôle appuyant par principe leur position. Pourtant rien n'est alors résolu. L'exécution des décisions prises revient normalement aux autorités publiques. Celles-ci manqueront d'une réelle volonté d'agir à un résultat qu'ils n'ont pas voulu. L'une des tâches du secrétariat de l'Organisation consiste par conséquent à impliquer les délégués gouvernementaux dans les débats et dans leur conclusion.

Ce chapitre, dans une première partie, reconnaît les effets profondément déstabilisateurs pour l'OIT de la mondialisation accélérée des échanges. Il souligne néanmoins combien le tripartisme continue de permettre une approche participative et non technocratique du développement. Une seconde partie se focalise sur les acteurs globaux de la scène sociale, insistant sur le besoin de les intégrer davantage dans les activités de l'Organisation et de favoriser leurs rapports pacifiques.

Section I. Le tripartisme toujours à la manœuvre

Les cérémonies célébrant le centenaire de l'Institution donnèrent lieu à des débats qui se focalisèrent sur deux visions antagonistes de son avenir. L'une, nostalgique et idéalisée, rêvait d'un retour à 1919, au du moins à 1944, et à l'esprit d'une période disparue. L'autre comparait également présent et passé pour conclure à sa disparition si elle ne changeait pas de fond en comble ses structures et ses moyens d'action.

Je ne souscris ni à l'une ni à l´autre de ces thèses qui ne correspondent pas, à mes yeux, à la réalité de son action. La raison se perd dans l'excès.. Si la transnationalisation de l'économie a bouleversé les relations de travail, y compris à l'OIT (1), cette dernière conserve un corpus relativement complet de normes minima ainsi que des programmes d'action qui donnent un contenu concret à sa mission de poursuivre la justice sociale (2).

Paragraphe 1. Ne pas jeter le bébé avec l'eau du bain

1. L'influence affaiblie, mais toujours bien présente des acteurs sociaux traditionnels

La révolution dans les techniques de production et de communication de même que dans l'organisation du travail, les changements dans le paysage politique symbolisé par la chute du mur de Berlin, l'émergence de nouveaux pays industrialisés, l'interdépendance croissante entre firmes et entre bien des économies nationales ont provoqué des ondes de choc au sein des États, des milieux d'affaires et des syndicats. L'internationalisation des échanges et la prééminence des politiques de libre marché ont limité les capacités des autorités publiques, en matière de travail notamment. Une politique keynésienne suppose de la part des États, je l'ai dit, une parfaite maîtrise des instruments économiques ; ils l'ont en partie perdue.

Ceux-ci peuvent même éprouver des difficultés à imposer l'application de leur droit à des entités détachées d'un contexte national. Le caractère multinational de nombreuses entreprises a éloigné le centre de décisions du lieu de travail. Pourtant les opinions publiques appellent plus encore que précédemment les gouvernements à résoudre les problèmes d'emploi et à adapter la protection sociale au contexte nouveau.

En Europe, ces derniers se tournent naturellement vers les partenaires sociaux pour chercher une solution à ces équations complexes. Ces derniers rencontrent cependant leurs propres difficultés dans cet environnement. Le mouvement syndical doit s'adapter à des marchés plus globaux ou en tout cas régionalisés et à des structures entrepreneuriales éclatées. L'économie numérique laisse souvent le travailleur seul avec son ordinateur ou son portable face à une plateforme anonyme. L'équilibre des forces a nettement basculé du côté entrepreneurial, limitant les succès syndicaux et provoquant par ricochet une baisse du taux de syndicalisation. Les problèmes n'ont pas épargné non plus les associations patronales. La segmentation et la diversification des intérêts affectent pareillement les fédérations patronales quand les préoccupations des petites et moyennes entreprises ont peu en commun avec celles des firmes multinationales. Elles voient, comme les syndicats, remis en question leur monopole de représentation.

L'intégration des travailleurs précaires, flottant d'un job à l'autre, dans le mouvement syndical ou d'autres structures associatives exige de surmonter bien des écueils. Les syndicats cherchent à s'adapter. La manière de refonder les solidarités et d'ouvrir à tous le droit collectif demande de nouvelles réflexions. Des formes originales de représentation et de concertation collectives sont à imaginer.

On a relevé en Europe et ailleurs des exemples de défense des intérêts des plus vulnérables, y compris les travailleurs de plateforme. Les communes italiennes ont pris l'initiative, seules ou en accord avec les partenaires sociaux, de mieux protéger ces derniers. Une équipe de travailleurs d'Amazon a récemment forcé le géant de la technologie à reconnaître pour la première fois un syndicat aux États-Unis. Les travailleurs d'un entrepôt de New York ont voté à 55 % en faveur de l'adhésion à l'Amazon Labor Union. D'autres succès ont été accomplis dans six cafés Starbucks à Buffalo[348].

Des moyens plus sophistiqués, sinon nouveaux, d'action collective ont vu le jour. Les manifestations, les campagnes de protestation, les appels au boycott, voire les grèves ont ce commun dénominateur d'attirer l'attention des médias et de créer une publicité préjudiciable aux entreprises concernées. On peut citer des exemples réussis de mouvements de protestation, comme "Breque dos Apps" au Brésil[349], et de conventions collectives conclues avec un employeur virtuel.

---

[348] https://www.bbc.com/news/business and https://www.washingtonpost.com/business April 2, 2022

[349] R. Lima dos Santos, Cl. Maçaneiro Viana, " `Breque dos Apps`: la grève nationale des travailleurs des plateformes au Brésil durant la pandémie de covid-19 et le droit à la liberté d'association", *Revue de droit comparé du travail et de la sécurité sociale*, 2022/1, pp. 20-29.

Lorsque les protagonistes sont identifiés, les négociations collectives au sens large restent un instrument reconnu dans la recherche d'un compromis entre la dynamique économique et les exigences de la protection, de la mutualisation des risques sociaux, de la solidarité dans la distribution des fruits de la croissance.

Des mécanismes spéciaux tels des comités ad hoc pallient, pour le travail à domicile, les déficiences de la négociation collective des conditions d'emploi[350]. Lorsqu'une plateforme détermine les caractéristiques de la prestation de service fournie ou du bien vendu et fixe son prix, les articles L-7341-1 à L-7342-6 du code du travail français ont introduit une reconnaissance explicite des droits syndicaux, y compris le droit de grève ainsi que l'obligation pour la plateforme de prendre en charge les cotisations à l'assurance souscrite contre les accidents du travail et à la formation professionnelle. Ces dispositions restent timides face à l'ampleur des problèmes actuels et potentiels[351]. Le Chili, la Chine et la Grèce ont également adopté certaines mesures[352].

On se souviendra que la Commission européenne a lancé une consultation sur un projet de lignes directrices. Ce dernier spécifie l'application du droit européen de la concurrence aux conventions collectives des travailleurs indépendants qui n'emploient pas de salariés et cherchent à améliorer leurs conditions, en ce compris quand ils utilisent des plateformes numériques.

Certains syndicats, nord-américains notamment, ont réussi à atteindre dans leurs communautés des groupes sociaux particuliers, au-delà des lieux de travail. La nécessité s'en est fait spécialement sentir là où les négociations collectives se déroulent normalement au sein de l'entreprise ou de l'établissement. Ils y sont parvenus soit directement, soit par le biais d'alliances avec des mouvements populaires. Leur action est maintenant

---

350 OIT, *Le travail à domicile De l'invisibilité au travail décent*, Genève, BIT, 2022, pp. 201-203.

351 E. Kocher, *Digital Work Platforms at the Interface of Labour Law. Regulating Market Organisers*, Oxford, Hart Publishing, 2022; I. Desbarats, I.," Quel statut social pour les travailleurs des plateformes numériques? La RSE en renfort de la loi", *Droit social*, n°11, novembre 2017, pp. 971-983.

352 Yu, H., "The Destiny of Web Platform Workers in China: Employees, Nothing or a `Third Option`", *Japan Labor Issues*, vol. 2, no 8, August-September 2018, pp. 92-100; Linxin He, " La protection des travailleurs des plateformes numériques en Chine : avancée ou recul ? ", *Revue de droit du travail*, février (n°2) 2022 pp.121et ss.; J. Leyton García; Rodrigo A. Simonet, "Análisis crítico de la regulación del trabajo en plataformas en Chile, introducida al Código del Trabajo por la Ley Nro. 21.431", *Revista jurídica del trabajo*, Vol. 3 (7) 2022, pp. 162-195; C. Papadimitriou, *op.cit.*

largement analysée.[353] Le poids de celle-ci reste cependant assez limitée. Le nombre croissant d'ONG et de mouvements sociaux dans certaines régions ne compense pas, loin s'en faut, la faiblesse d'une action syndicale et le retrait partiel de l'État. A quelques exceptions près, ces nouveaux acteurs ne possèdent pas les qualités et les capacités qui leur sont supposées.

La leçon de ces expériences semble néanmoins très claire : les problèmes d'adaptation à la mondialisation devraient engendrer une réponse démocratique venant d'en bas. Les autorités municipales ou régionales ont pris depuis longtemps en Europe des initiatives coordonnées avec divers acteurs, y compris les syndicats locaux et avec le soutien, le cas échéant, de fonds européens. Elles tendent à créer des emplois (Autriche, Belgique, France et Allemagne[354]), à encadrer notamment les travailleurs licenciés et à intégrer ou réintégrer les chômeurs sur le marché du travail (Belgique). Plus largement, elles ont stimulé le développement économique et social de la région (Irlande, Italie), mettant l'accent sur la réforme du marché du travail et des programmes de formation professionnelle ou sur l'amélioration des conditions de vie et de travail (les « tempi della cittá » en Italie).

S'il veut encourager ces activités, l'État doit modifier la conception qu'il a de son rôle, plus précisément de celui des pouvoirs publics aux niveaux national, régional et local. Il lui revient alors de créer l'environnement institutionnel nécessaire. Je me suis déjà expliqué sur son rôle de médiateur appelé à favoriser le dialogue, plutôt que de tuteur. Les responsabilités de l'État ainsi définies revêtent une dimension particulière pour des activités spécifiques telles que celles de l'économie informelle ou des PME, où le dialogue social est plus difficile à instaurer. Enfin, l'État ne devrait pas seulement promouvoir ces nouvelles formes de participation, mais également assurer une bonne coordination entre les différents niveaux.

---

353 Voir ainsi K. V.W. Stone, "The Decline of the Standard Contract of Employment in the United States: A Socio-Regulatory Perspective", dans K.V.W. Stone et H. Arthur (dir), *Rethinking Workplace Regulation: Beyond the Standard Contract of Employment,* New York, Russell Sage Foundation, 2013, p. 75; K. Nakamura, M. Nitto, "Organizing Nonstandard Workers in Japan: Old players and New players" *ibid.*, pp. 253-270; J. Fine, «Alternative labour protection movements in the United States: Reshaping industrial relations? » *International Labour Review,* Vol. 154/1 2015 ; D. Gelot, "Travailleurs pauvres et syndicalisme. L'exemple américain", *Droit social*, n°6, June 2010, pp. 615-622; ; J. McBride and I. Greenwood (dir.), *Community Unionism: A Comparative Analysis of Concepts and Contexts,* London, Palgrave McMillan, 2009.

354 OECD LEED Forum on Partnerships and Local Governance, Austria, Belgium, France, Germany, etc.

2. Une nécessaire clarification dans les relations professionnelles transnationales

La montée en puissance des acteurs transnationaux, en premier lieu des entreprises multinationales est un phénomène depuis longtemps observé. L'Union européenne, l'Accord Canada-États-Unis-Mexique (ACEUM) et d'autres groupements régionaux interviennent également sur la scène sociale. Les organisations non gouvernementales (ONG) ont habilement utilisé les technologies numériques pour créer des réseaux transnationaux et acquis plus de poids. Tous ces protagonistes se sont plus rapidement adaptés que les autorités publiques et les partenaires sociaux traditionnels, à l'ouverture des frontières et à la libéralisation des échanges. Certains groupes ont une capacité inégalée à se faire entendre dans les médias.

Aucun des acteurs mondiaux n'est directement intégré au processus décisionnel de l'OIT. Ses structures se fondent sur un tripartisme élaboré au siècle dernier et ses modes d'action, sur des relations interétatiques affaiblies. Il existe un besoin évident de reconstruire une concertation sociale globale. Les efforts d'intégrer des représentants de la société civile mondiale manifestent le souci d'adapter les objectifs aux nouvelles réalités : les résultats restent pourtant modestes.

Urgente est également la nécessité de traiter les relations de travail et les conflits qui dépassent les frontières d'un État. Il faut clarifier les effets juridiques des engagements fondés sur les codes de conduite et les autres initiatives sociales qui lient les entreprises multinationales. Il convient de mieux faire converger les règles de droit international privé domestique sur le choix du droit national applicable, le tribunal compétent et l'exécution des jugements prononcés à l'étranger.

Le télétravail, le "*crowd-work*" et l'organisation transnationale de la production et des services appellent également une réglementation plus appropriée des relations et des conflits de travail, quand les activités auxquelles le différend se rapporte sont menées dans plus d'un pays. S'agit-il d'un conflit de droit, le droit européen peut le cas échéant apporter une solution. Même alors, les solutions ne vont pas toujours dans le sens de l'apaisement. Je vais y revenir.

Et que dire, je le répète, de la surabondance des normes supranationales de protection sociale et du travail, de droit public comme de droit privé, et du manque de coordination entre elles? Il convient d'y porter rapidement remède.

Paragraphe 2. Si l'Organisation n'existait pas, il faudrait l'inventer

Le système de contrôle tripartite de l'OIT ne bénéficie pas d'une gamme de sanctions fortement dissuasives quand fait défaut la volonté commune de défendre et de promouvoir les valeurs consacrées dans ses normes. Si des progrès ont été réalisés dans la structuration des relations internationales, la souveraineté des pays et leur liberté d'action restent le fondement du droit international. Un gouvernement démocratique mondial et un système juridique unifié tiennent encore du rêve comme la guerre en Ukraine et les bruits de bottes ailleurs le démontrent amplement. Les niveaux national, régional, universel de l'ordre juridique continuent à être faiblement hiérarchisés, en dépit des efforts pour imposer des règles de *ius cogens* ou pour appliquer strictement l'article 103 de la Charte des Nations Unies sur la prévalence des obligations découlant de cette dernière.

J'ai montré cependant que ces procédures conservent un impact important. L'Organisation peut en outre utiliser diverses mesures pour la mise en œuvre de son droit : coopération technique ou différents types de médiation, ainsi que des instruments *soft law* non contraignants. Ses normes, je le relèverai dans le chapitre suivant, constituent encore une référence dans les clauses de la Nation la plus favorisée (systèmes de préférences généralisées) introduits aux États-Unis et en Europe spécialement, dans les traités commerciaux bilatéraux ou multilatéraux ainsi que dans les codes de conduite des grandes entreprises ou dans d'autres initiatives privées. Je le souligne sans nier les difficultés rencontrées et la nécessité d'y trouver des solutions.

J'ai souvent insisté dans mes activités académiques, sur la nécessité de comprendre ce qu'une organisation internationale peut faire de façon réaliste et ce qu'elle ne peut pas faire dans l'état actuel des relations entre Etats. Nulle raison cependant de céder au découragement. La mondialisation à marche forcée ne permet plus le retour à un isolationnisme pur et dur sinon avec des effets hautement dommageables. Elle contraint les pays, s'ils veulent éviter un laisser-faire débridé, à s'entendre sur des objectifs partagés, sur un minimum de gestion commune, sur des règles de conduite internationales en matière économique certainement, mais aussi sur le plan social et humain. C'est le mandat de l'OIT.

Il nous faut toutefois, pour construire un avenir meilleur, dissiper deux modes de réactions. Certains, surtout parmi les États les plus puissants, continuent de se méfier de l'idée même d'une réglementation sociale commune, restent enclins à se replier sur eux-mêmes, préfèrent compter sur leurs propres forces pour assurer le bien-être de leurs concitoyens dans un marché pourtant largement ouvert sur l'extérieur. D'autres craignent, en revanche, que cette régulation ne permette aux plus forts de les dominer voire de prendre contre eux des sanctions en dernière analyse, de nature protectionniste. C'est la problématique de la clause sociale que je vais examiner plus loin. La synthèse à opérer consiste par conséquent à surmonter l'une et l'autre peur, à créer, autour d'intérêts communs, de nouvelles solidarités et de nouvelles sauvegardes pour les personnes au travail, avec la conviction que le sort de tous est lié. Incontournable apparaît l'appui à ce processus des forces sociales vives de chaque pays.

La grande difficulté, et en même temps la grande aspiration des organisations de la société civile, y compris les syndicats, est de combler un déficit démocratique et social[355] et de réinventer de nouvelles règles du jeu permettant à tous les intéressés d'obtenir un travail accompli dans le respect de la dignité humaine et avec une protection couvrant les risques qu'il comporte. L'OIT doit intensifier ses efforts pour relever ce défi de taille.

Section II. Les nouveaux acteurs mondiaux à l'OIT

Multinationales, ONG, groupements d'États ne sont pas organiquement représentés à l'OIT. Pourtant cette dernière, comme les Nations-Unies, cherche à les associer plus étroitement à son processus décisionnel. Je l'ai relevé. La démarche, souvent réclamée, rencontre toutefois des obstacles institutionnels et politiques (1). Les syndicats regroupés au niveau global conservent de leur côté un rôle majeur à jouer au sein de l'Organisation (2).

Paragraphe 1. Les nouveaux protagonistes mondialisés

1) Les compagnies multinationales

Le caractère supranational de nombreuses entreprises tend à éloigner la gouvernance du lieu de travail. Les décisions importantes ne sont pas prises dans le pays du droit applicable, mais au niveau central. Il se peut par exemple que le montant total des salaires à payer soient fixé au niveau du groupe, ne laissant à la filiale que la liberté de distribuer la somme

---

[355] CIT (89ème session, 2001), *Réduire le déficit de travail décent: un défi mondial*, rapport I (A), Genève, 2001.

allouée entre les différentes catégories de salariés; d'où la difficulté pour les organisations locales de travailleurs de négocier des augmentations.

Les grandes firmes ont tendance à agir de manière autonome, à préférer, même en Europe continentale, la négociation en leur sein. IBM quitta le Gesamtmetall, l'association patronale allemande du métal, malgré les vives tensions que sa décision provoqua dans les milieux allemands des affaires et dans la DGB. La raison en était que ses opérations couvraient plusieurs secteurs d'activités. Les firmes qui opèrent en réseaux éprouvent également des difficultés à participer aux négociations sectorielles ou intersectorielles, principale justification de l'existence d'organisations d'employeurs à vocation sociale.

Des liens plus ou moins officiels se sont en revanche créés entre les plus grandes entreprises. Les relations de travail figurent à l'ordre du jour de rencontres de leurs directions ou de leurs départements des ressources humaines. Les responsables des principales sociétés japonaises coordonnent informellement, par secteurs ou autrement, leur réponse aux revendications syndicales chaque printemps (*shunto*).

De manière plus institutionnelle, les entreprises établissent entre elles des liens qui varient en intensité et en couverture. Les fabricants et distributeurs de vêtements ont cherché par exemple à unifier leurs stratégies, non seulement industrielles et commerciales mais aussi sociales, pour répondre à l'indignation provoquée par une catastrophe, comme celle du Rana Plaza au Bangladesh ou à une crise telle celle du covid-19. Cela dit, les groupements patronaux continuent fréquemment à voir dans ces réseaux des concurrents qui peuvent les affaiblir.

Le caractère transnational de ces firmes constitue un frein évident à leur intégration dans l'Organisation. Seules leurs entités localisées dans un Etat, en particulier l'entreprise dominante du groupe, peuvent adhérer à l'association patronale de ce pays et participer par ce biais à ses débats et à ses décisions.

Il n'empêche, les cabinets juridiques qui conseillent ces entreprises étendent fréquemment leurs consultations au groupe patronal à l'OIT sans posséder de sensibilité sociale. Trop souvent, leurs conseils se bornent à rejeter les mesures proposées. Raison supplémentaire pour expliquer les relations complexes de ces firmes avec l'Organisation.

L'OIT, pas plus que les autres organisations internationales, ne possède les outils juridiques nécessaires pour obliger une multinationale à adopter une conduite déterminée. Si l'État d'accueil ne fait pas respecter chez lui les normes internationales, elle peut se sentir libre de les appliquer ou non.

Il reste que la crainte de voir son image se détériorer par une publicité négative constitue un puissant levier à leur respect.

Faute de pouvoir imposer ses décisions, cette dernière a adopté une approche volontariste. Elle s'est engagée, conjointement avec d'autres institutions internationales, dans un effort soutenu pour nouer des collaborations avec le secteur privé, dans la ligne de sa Déclaration de 2008 sur la justice sociale pour une mondialisation équitable qui appelait à favoriser de nouveaux partenariats avec des acteurs non étatiques. Les États étaient invités à procéder de même, notamment par des accords bilatéraux, régionaux ou multilatéraux. La Coalition mondiale pour la justice sociale, établie en 2023 par le Directeur-Général récemment élu, confirme cette approche. La collaboration doit s'étendre aux organisations internationales et régionales dont le mandat couvre des questions voisines.

L´OIT utilise en particulier les deux instruments non contraignants déjà cités pour promouvoir ses normes : la Déclaration tripartite de 1977 sur les principes relatifs aux entreprises multinationales et à la politique sociale, telle que modifiée, et la Déclaration de 1998 sur les principes et droits fondamentaux au travail. Elle a en outre adopté une résolution sur le travail décent dans les chaînes d'approvisionnement mondiales en 2016. Observons qu´elle a évité, faute d'un appui suffisant, d'élaborer une recommandation, instrument lui aussi non contraignant, mais entraînant une procédure plus sophistiquée de suivi.

Singulièrement, la Déclaration de 1998 a servi d'inspiration aux entreprises multinationales dans la rédaction de leurs codes de conduite sociale ou dans la définition des critères à respecter dans leurs rapports ou audits sociaux. Les initiatives privées complètent ainsi le droit national sur ces points ou, ce qui est le plus souvent le cas, en assurent le respect. Des multinationales se réfèrent aux commentaires des organes de contrôle de l'OIT pour identifier les violations de ces règles et utilisent informellement ses conseils et son expérience pour résoudre certains conflits de travail. Je reviendrai sur ce point dans le chapitre suivant.

Une résolution de 2016 appelle l'Organisation à renforcer sa capacité à guider les entreprises dans l'application des normes du travail dans leurs chaînes d'approvisionnement. Ainsi s'esquisse une dynamique de complémentarité. Le programme "*Responsible Supply Chains in Asia*" en constitue un bon exemple. Il encourage un progrès économique, social et environnemental "durable et inclusif" en intégrant des pratiques commerciales responsables dans les opérations des entreprises multinationales et de leurs chaînes d'approvisionnement. Actif dans les secteurs industriels sélectionnés dans six pays asiatiques, ce programme promeut le respect des droits de l'homme, des normes du travail et de celles de l'environnement. Il est cofinancé par l'Union européenne.

Je citerai encore des initiatives multilatérales privées pour la promotion du travail décent. L'OIT a ainsi conclu en septembre 2015 un partenariat avec la *Japan Tobacco International* pour collaborer dans la chaîne d'approvisionnement du tabac et y promouvoir les droits fondamentaux au travail, en particulier l'interdiction du travail des enfants.

L'Organisation a mis en place un service d'assistance gratuit et confidentiel aux entreprises qui veulent favoriser le développement de bonnes relations professionnelles et aligner leurs opérations commerciales sur les normes internationales du travail. Ce "Helpdesk" fournit des conseils aux gestionnaires et aux salariés pour encourager l'application de la Déclaration tripartite de 1977. Les utilisateurs formulent directement des demandes spécifiques à ce propos et accèdent aux ressources et outils disponibles. J'ajouterai cependant qu´éloigné des conditions locales, ce programme a été critiqué pour le caractère extrêmement général de certains avis.

L'annexe II de la Déclaration de 1977 prévoit des mesures de mise en œuvre, singulièrement un mécanisme régional de suivi, un dialogue entre l'entreprise et ses syndicats et une procédure d'interprétation. L'OIT fournit en outre une aide ciblée sur les pays. Elle encourage gouvernements, employeurs et travailleurs à désigner, sur une base tripartite, des points focaux nationaux. La procédure fait écho aux lignes directrices de l'OCDE. Ces centres de contact peuvent jouer un rôle de médiation et de conciliation pour résoudre les problèmes pratiques qui surviennent. Leur création n'a malheureusement pas eu le même succès que dans l'institution parisienne, en raison sans doute du manque d'implication directe des multinationales, voire des ONG.

L'Organisation assiste encore les grandes entreprises et les syndicats internationaux à conclure des accords en s'inspirant de ses normes. Ce fut le cas du mémorandum signé le 13 mai 2013 par deux confédérations de travailleurs et plusieurs sociétés multinationales, afin de protéger contre l'incendie et plus généralement d'assurer la sécurité des bâtiments, au Bangladesh, à la suite de la tragédie du Rana Plaza. Le document invite l'OIT, vu son indépendance et sa neutralité, à présider le comité de coordination chargé de la mise en œuvre de l'accord[356]. Son entremise a également abouti à un accord suite à l'incendie à l'usine de vêtements Ali Enterprises à Baldia, Karachi, le 11 septembre 2012. Les plus de 5 millions de dollars consentis dédommagent les victimes de la perte de leurs revenus et leur offrent des soins médicaux ainsi qu'une réadaptation[357].

Autre exemple, déjà cité: la déclaration commune entre l'Organisation internationale des employeurs (OIE), la Confédération syndicale internationale (CSI) et de l'Union mondiale IndustriALL du 22 avril 2020 cherche à lutter contre les conséquences sociales du covid-19 dans l'industrie textile.

2) Les ONG mondialisées

Fréquemment les ONG invoquent la Déclaration de 1998 pour réclamer le respect d'un corpus de principes fondamentaux de politique sociale. L'OIT les a associées à certains programmes dans des domaines où elles sont très présentes, comme l'abolition du travail des enfants ou la protection des populations autochtones. Le désir parfois exprimé d'une collaboration plus étroite se heurte non seulement à sa structure tripartite, mais encore aux réserves des partenaires sociaux traditionnels qui voient en elles des concurrents aux objectifs moins clairs ou plus limités. Leur poids croissant sur la scène mondiale pourrait obliger ces derniers à plus de souplesse.

Les changements dans les méthodes de production, dans l'organisation du travail et dans l'architecture des entreprises ont favorisé l'activité de groupes d'influence qui défendent une cause particulière. Des chevauchements se produisent avec le mouvement syndical qui fait face au dilemme de l'affrontement ou de la coopération.

Prenons l'exemple des actions revendicatives des employés du secteur public. Le président du groupe des travailleurs au CA du BIT me confiait un jour que celles-ci, pour réussir, exigeaient aujourd'hui la prise en compte des préoccupations des usagers ainsi que de l'intérêt général, la bonne gestion des services comprise. L'appui de l'opinion publique s'avère d'autant plus précieux que la position de ceux qui emploient ces salariés en dépend largement.

---

[356] Voir l' *Accord on Fire and Building Safety in Bangladesh*, de mai 2013. Il reste que les ouvriers du textile continuent, dans cette region, à gagner des "salaires de pauvreté" (*Le Monde* du 8 décembre 2023, p.20)

[357] https://www.ilo.org/global/about-the-ilo/newsroom/news/WCMS_630292/lang--fr/index.htm 20 mai 2018.

Les enseignements à tirer de ces constatations dépassent les services publics. Les gardiens d'immeubles californiens ont participé dans les années quatre-vingt à une opération devenue célèbre "*Justice for Janitors*", lancée par le *Service Employees International Union.* Elle court-circuitait la législation américaine sur les relations professionnelles, parce qu'elle visait non pas un employeur déterminé, mais un marché du travail dans une zone géographique donnée. Le mouvement concernait essentiellement des personnes d'origine mexicaine. Il a mis l'accent sur la dimension libertés civiles (égalité notamment) des revendications, a tissé des liens avec des organisations de défense des droits de l'homme, des associations religieuses et féminines, d'autres institutions communautaires. Il a réussi à atteindre, pour un travail de plus en plus organisé en sous-traitance, le groupe des sous-contractants et, au-delà, les firmes qui y avaient recours. La réussite a dépassé toutes les attentes.

Je pourrais donner d'autres exemples[358]. Tous démontrent l'intérêt d'une coopération entre syndicats et associations fondées sur des communautés ethniques (d'immigrants asiatiques, par exemple), religieuses de diverses confessions, des associations de consommateurs (avec la menace de boycott de certains produits spécialement ceux fabriqués par des enfants). L'on n'a pas non plus souligné suffisamment le rôle des femmes, et de leurs groupements, comme ferments de cohésion sociale. Dans leur diversité, ces cas rappellent que les personnes au travail ne s'identifient pas complètement à ce dernier et à des rapports sociaux de production.

Dans l'étude sur le rôle des relations professionnelles au tournant des XXème et XXIème siècles à laquelle je me suis déjà référé[359], je distinguais trois types de groupements en fonction de leur parenté avec les partenaires sociaux traditionnels. Les premiers constituent de véritables organisations de travailleurs, même si leurs structures et leurs appellations les éloignent des formes habituelles. Elles restent nombreuses dans les pays en développement et prennent le nom de fraternités, de coopératives, de sociétés, de mutuelles, etc. tout en possédant toutes les caractéristiques des syndicats, c'est-à-dire d'associations ayant pour but de promouvoir et de défendre les intérêts des travailleurs[360].

Les mouvements associatifs poursuivant une fin sociale, mais créés avec des objectifs différents - normalement plus limités - de ceux des syndicats, forment un deuxième type d'organisations. L'assemblée générale des

---

[358] *Le travail dans le monde 1997-98, op. cit.*, pp. 50 et suiv.

[359] *Ibid.*

[360] Article 10 de la convention n°87.

membres y élit les dirigeants et les contrôle. Ces derniers doivent suivre ses décisions et respecter le budget voté par elle sur la base d'un financement approuvé par les membres (en premier lieu les cotisations). Ils doivent répondre de leurs actes devant elle.

Ils procèdent souvent d'efforts de mobilisation de la base aboutissant à la création d'associations, professionnelles ou non, qui permettent à tous leurs membres d'exprimer librement leur opinion. Ils sont communautaires plutôt que centrés sur le lieu de travail et agissent souvent en étroite collaboration avec des institutions publiques ou privées fournissant des services de soutien.

A l'instar des confédérations de travailleurs, ils agissent en tant que corps intermédiaires entre les intérêts qu'ils représentent et les pouvoirs de l'État. On y trouve les groupements de femmes, d'écologistes, d'usagers, de minorités ethniques. L'élaboration de programmes communs (même limités dans le temps, dans l'espace et dans le contenu) se révèle plus difficile à réaliser qu'à recommander. Les membres d'un syndicat peuvent ainsi manifester des réserves à l'égard de telle ou telle de leurs revendications. L'on a dénoncé aussi les dérives associatives vers un excès de bureaucratie ou d'esprit marchand, une trop grande médiatisation et les risques d'abus que ces situations impliquent. Un poids excessif laissé au bénévolat remettrait en cause le principe même du service public. Il n'empêche, ces alliances existent ; elles ont connu des succès.

Le rôle des pouvoirs publics nationaux, régionaux ou locaux s'en trouve modifié. Il se fait plus mobilisateur que de police, comme je l'ai déjà évoqué à propos dans l'économie informelle. Il consiste à reconnaître cet acteur, à favoriser son développement et son accès à l'information (en éliminant les obstacles, y compris les pratiques hostiles), à consacrer les institutions qu'il crée (ou à participer à leur création), à faciliter les rapports avec d'autres groupements..

Les syndicats, comme les coalitions à buts sociaux que je viens d'évoquer, font partie des organisations non gouvernementales. D'autres ONG, qui forment une troisième catégorie, ne se fondent pas, de manière primordiale, sur les principes associatifs. Il s'agit de fondations et d'institutions diverses allant des églises, des œuvres caritatives et des structures d'entraide (notamment aux chômeurs) jusqu'aux projets de coopération technique, d'assistance au développement ou de protection de la santé et de la sécurité au travail. On y rencontre ces gens de terrain qui travaillent, à titre privé, à la formation, à l'insertion, à la réinsertion des personnes en voie d'exclusion sociale (chômeurs de longue durée, sans-abri, personnes au bénéfice d'un revenu minimum garanti ou d'une aide sociale, ménages fortement endettés, immigrés clandestins, toxicomanes ou, tout simplement, pauvres sans ressources). Souvent, ces institutions agissent en collaboration avec les pouvoirs publics locaux, leurs agents de développement et leurs travailleurs sociaux.

Ces organisations, pas plus que celles du deuxième type, ne peuvent se substituer aux syndicats et à leur rôle spécifique. Elles ne possèdent pas toujours cependant la transparence dans leur fonctionnement, leur financement et leurs objectifs des groupements constitués en associations. Elles peuvent malgré tout se révéler des partenaires efficaces pour la réalisation d'objectifs communs. Les liens fréquents en Amérique latine entre des associations du secteur informel et les églises locales en constituent une illustration parmi d'autres.

L'idée d'étendre la coopération traditionnelle entre les employeurs, les syndicats et, dans certains cas, les autorités pour inclure certains des groupes sociaux mentionnés ici est tout sauf nouvelle[361]. Sa réalisation apparaît plus facile avec des associations qui suivent les principes associatifs de transparence et de démocratie. Bien des conseils consultatifs, créés au niveau national, comprennent depuis longtemps des représentants des travailleurs indépendants (comme dans le secteur agricole et l'artisanat), des coopératives, des associations familiales ou des personnes nommées comme experts ou porte-parole de l'intérêt général. C'est le cas des conseils économiques et sociaux créés dans plusieurs pays européens.

Ces alliances paraissent moins dans la tradition de l'AFL-CIO américaine que des syndicats européens qui tissèrent de nombreux liens dans le passé avec des coopératives, des mutuelles, des groupements de jeunes ou de femmes et des partis politiques pour former de vastes mouvements sociaux. Je viens toutefois de mentionner un exemple d'une telle coordination dans la défense des intérêts de travailleurs californiens en situation précaire. Je pourrais en citer d'autres. Les syndicats canadiens se situent, à bien des égards, à l'intersection des deux approches.

Le phénomène ne se limite pas au plan local ou national. Des alliances se nouent évidemment aussi au niveau transnational.

---

[361] CIT (83ème session, 1996), *Consultation tripartite à l'échelon national sur la politique économique et sociale,* Genève, BIT, 1996.

3) Les groupements d'États

L'OIT cherche également à coordonner et à mettre en œuvre ses politiques avec les organisations internationales universelles, créées après la Seconde Guerre mondiale, ou régionales. Elle a ainsi conclu des accords avec les Nations-Unies, ou l'UNESCO d'une part, et d'autre part le Conseil de l'Europe, l'UE, l'Organisation des États américains (OEA), la Ligue des États arabes, et l'Organisation de l'unité africaine (OUA) – aujourd'hui Unité africaine (UA). Elle aussi établi des liens avec l'Organisation de coopération et de développement économiques (OCDE). Parmi les dispositions les plus élaborées figurent celles qui régissent les relations entre l'OIT et le Conseil de l'Europe pour le contrôle de la Charte sociale européenne de même que du Code européen de sécurité sociale et de son protocole.

La Déclaration de 1998 offre la possibilité d'aller ici encore au-delà d'un cadre purement interétatique. Elle se focalise sur les droits sociaux fondamentaux qu'elle énumère sans entrer dans les détails des moyens de leur mise en œuvre. Sa valeur contraignante est, on le sait, très limitée et les procédures de suivi, nettement moins exigeantes que les mécanismes de contrôle traditionnels de l'OIT. Si elle s'adresse avant tout aux États membres, invités à adopter des mesures d'exécution, elle sert également de référence aux nouveaux acteurs mondiaux en raison précisément de sa formulation générale. Le Pacte mondial des Nations Unies l'a intégrée dans ses valeurs et ses principes. Elle est utilisée pour définir les règles à suivre conjointement par l'OIT et les principales institutions financières internationales dans leurs activités au niveau des pays. Elle est reprise dans les chartes sociales adoptées par des institutions régionales telles que l'Union européenne, le Conseil de l'Europe, l'ACEUM (Accord Canada-États-Unis-Mexique, CUSMA ou USMCA selon le sigle anglais) et le MERCOSUR.

Cet instrument a permis à l'OIT de participer davantage aux débats mondiaux sur le développement économique, comme en témoigne sa participation aux réunions du G7 et du G20. L'Organisation y a régulièrement l'occasion de présenter son point de vue sur l'emploi et les questions sociales. Il est en général bien accueilli et appuyé à ce niveau, ce qui affermit son influence sur les politiques des principales puissances mondiales.

Concilier les droits et obligations fondés sur la Constitution de l'Organisation avec le système institutionnel mis en place par les traités européens a cependant provoqué des controverses. Elles se sont concentrées sur les compétences respectives de la Commission européenne et des États membres de l'UE dans l'exécution des obligations découlant des mécanismes normatifs de l'OIT, à savoir la consultation préalable des autorités gouvernementales et des organisations nationales d'employeurs et de travailleurs les plus représentatives dans le processus d'élaboration des normes internationales du travail, leur discussion et leur adoption par leurs délégués à la Conférence annuelle de l'Organisation, la soumission des instruments adoptés aux autorités nationales et le respect d'autres obligations liées à la mise en œuvre de ces instruments.

En 1991, la Commission a demandé à la Cour de justice de l'Union européenne un avis sur la compétence de l'UE pour la ratification de la convention n° 170 sur les produits chimiques de 1990. La question posée à la Cour avait une portée large : quand l'Union européenne adopte des règles communes dans un domaine déterminé, cette mesure lui confère-t-elle une compétence exclusive pour négocier sur le plan international et, le cas échéant, pour ratifier des instruments internationaux adoptés sur la question (ou dont certaines dispositions regardent la question)? La réponse présentait un intérêt considérable pour l'OIT. Dans l'affirmative en effet, les pays membres se trouvaient privés de toute possibilité de ratifier librement une convention dans les domaines totalement ou partiellement couverts par des dispositions juridiques européennes. La Commission serait en effet investie de l'autorité nécessaire pour s'engager au nom des États membres.

La CJUE a considéré, dans son avis n° 2/91 du 19 mars 1993, que l'UE ne peut pas " en l'état actuel du droit international ", ratifier elle-même une convention de l'OIT et qu'elle ne peut le faire que "par l'intermédiaire" des États Membres. Elle conclut à l'existence d'une compétence partagée entre les États et l'Union et, par conséquent, à la nécessité d'une coopération étroite pour la ratification éventuelle de ladite convention[362]. La ratification suppose, par conséquent, la double décision de l'autorité compétente dans chaque État membre et du Conseil des ministres.

Depuis lors, l'incertitude a prévalu quant à la délimitation des compétences entre l'Union et ses États membres. Le Comité économique et social a voté, le 17 janvier 1995, un avis émis de sa propre initiative qui insiste sur la nécessité de maintenir la distinction et de préserver l'autonomie des partenaires sociaux. Il s'est inquiété des effets négatifs pour l'activité normative de l'OIT d'une implication trop grande de l'UE

[362] Voir documents du Conseil d'administration GB 256/SC/1/3 et GB 259/LILS/4/7.

dans celle-ci[363]. Des échanges de lettres[364] entre les secrétariats des deux institutions ont cherché à pallier ces préoccupations et à fortifier leur coopération.

La pratique cependant n'a pas suivi ces bonnes intentions. La CE donne aujourd'hui son feu vert à la ratification de toutes les conventions de l'OIT qui tombent dans le champ de la compétence dite partagée. L'UE a même établi une procédure d'autorisation pour la ratification de ces instruments, comme par exemple dans la décision n° 2007/431 du Conseil en date du 7 juin 2007 à propos de l´importante convention du travail maritime, 2006[365]. Il s'ensuit une diminution du nombre de ces ratifications de la part des pays de l'UE, les plus enclins à y procéder étant freinés par ceux ne s'y sentant pas disposés.

Une fois l'approbation donnée, les Autorités européennes peuvent contribuer directement à son application. Dans le cas du travail maritime, elles ont adopté une ou plusieurs directives de mise en conformité. Ce fut le cas de la directive n° 2013/54 du 20 novembre 2013 portant sur certaines responsabilités de l'État du pavillon en ce qui concerne le respect et la mise en application de la convention du travail maritime, 2006 , de la directive n° 2009/13 du 16 février 2009 qui met en œuvre de l'accord conclu par les Associations des armateurs de la Communauté européenne (ECSA) et la Fédération européenne des travailleurs des transports (ETF) concernant la convention du travail maritime, 2006, et de la directive n°2009/16 du 23 avril 2009 qui organise le contrôle de l'État du port.

La directive n° 2017/159 du 19 décembre 2016 constitue un autre exemple à saluer. Elle donne des effets *erga omnes* à un accord collectif pour l'exécution de la convention n°188 de l'OIT sur le travail dans la pêche, 2007, conclu le 21 mai 2012 entre la Confédération générale des coopératives agricoles de l'Union européenne (Cogeca), la Fédération européenne des travailleurs des transports (ETF) et l'Association des organisations nationales d'entreprises de pêche de l'Union européenne (Europêche). Cette manière de procéder convient davantage à des normes concernant un secteur d'activités particulier. D'un point de vue positif, elle permet d'étendre l'application de l'instrument à l'ensemble des États Membres de l'UE. Il reste qu'elle n'entraîne pas d'obligations

---

[363] Document GB 262/LI LS/2/2 du Conseil d'administration du BIT, 262e session, Genève, mars-avril 1995.

[364] Voir le site http/www.ilo.org/public/french/bureau/leg/index.htm

[365] *JO* L 161 du 22.6.2007, pp. 63–64. Voir aussi S. Robin-Olivier, "Politique sociale de l'Union européenne. Chronique 2013", *RT Deur.*, avril-juin 2013, pp. 387-393.

internationales liées à la ratification ; elle ne permet pas en particulier un contrôle par l'OIT.

Ce problème met plus généralement en évidence les difficultés dans la collaboration entre l'OIT et un groupement d'États lorsqu'un cadre institutionnel clair fait défaut. Les gouvernements européens éprouvent même des réserves à laisser un rôle aux représentants de l'UE dans les organes de décision de l'Institution. Combien de fois n'ai-je pas entendu au Conseil d'administration ou à la Conférence de l'OIT un délégué gouvernemental de l'Allemagne ou de la France préciser qu'il parlait au nom des deux pays, voire de quelques autres, déniant implicitement ce rôle à l'observateur de l'UE.

Concluons sur ce point. L'idée d'impliquer davantage ces acteurs mondiaux dans les activités de l'OIT peut se fonder sur des précédents. Elle rencontre toutefois des réserves, sinon de l'hostilité, au sein des trois piliers historiques de l'Organisation.

Paragraphe 2. Les syndicats dans un contexte de mondialisation

Les syndicats ont toujours exercé une fonction essentielle dans laquelle aucune autre institution ne les a supplantés : donner la parole aux travailleurs. La raison en est simple. Le nombre des syndiqués, et par conséquent le caractère représentatif de ces organisations dépasse très largement celui d'autres ONG. Même si ce chiffre reste très bas, comme en France, leur capacité de mobilisation demeure élevée. Leur création et leur action correspondent fondamentalement à une tendance très naturelle des êtres humains à s'associer lorsqu'ils se sentent vulnérables : l'union fait la force. La solidarité réside au cœur du mouvement social. Elle lui donne le pouvoir et la raison d'être la plus noble.

1) Un rôle toujours essentiel pour les syndicats au niveau mondial

Bien qu'elles aient participé dès leur début d'un mouvement internationaliste, les associations de travailleurs ont éprouvé bien des difficultés à s'adapter à un environnement mondialisé. Rien d'étonnant puisqu'elles ont dû concilier les intérêts particuliers de leurs affiliés et des problèmes généraux, nationaux ou supranationaux. Bien plus, la variété des règles de droit interne entrave fréquemment la coopération intersyndicale. J'y reviendrai spécialement à propos de la grève.

La solidarité transfrontalière se heurte à la diversité des langues, des cultures, des conceptions même du syndicalisme, pour ne rien dire des intérêts économiques de leurs membres. Institutionnalisée, la coopération peut encore signifier un transfert d'autorité et de ressources vers des confédérations supranationales, ce qui ne plaît pas à tous.

Ne brossons pas un tableau trop sombre. Les syndicats internationaux font entendre leur différence sur la scène sociale mondialisée. Ils lancent des campagnes à ce niveau (contre le travail des enfants par exemple), approchent des politiciens ou des membres des gouvernements, participent à l'action de l'OIT, cherchent à influencer les décisions d'autres institutions internationales comme l'OCDE ou l'ONU, et même à être écoutés aux réunions du G8 et du G20. Ils signent des accords-cadres avec de grandes multinationales directement ou au sein de comités d'entreprise établis à ce niveau. Ils ont acquis, avec les associations d'employeurs, un rôle de premier plan pour la solution des problèmes de travail dans l'Union européenne[366].

2) La nécessité d'intégrer les prolétaires d'aujourd'hui

Mais les syndicats doivent s'adapter à un monde nouveau. Leurs structures centrées sur le lieu de travail ne sont plus adaptées aux modes actuels d'organisation due la production des biens et des services. D'autres points focaux sont à trouver. Traditionnellement établis dans l'entreprise, les syndicats des États-Unis - et dans une mesure variable ceux des autres pays anglophones – se sont longtemps donné pour mission exclusive ou presque de défendre les intérêts immédiats des salariés de leur établissement, et avant tout de leurs membres.

De manière contrastée, les syndicats d´Europe continentale disent représenter l'ensemble des travailleurs, la classe laborieuse. Ils prétendent aller au-delà des questions de relations de travail et influencer la vision même de la société et voire lors de de certaines grèves révolutionnaires, prendre en main la direction de l'État. Souvent méfiants à l'égard des gouvernements, ils se conçoivent comme des mouvements de masse plutôt que comme des groupes de défense de préoccupations particulières. Ceci dit, le fossé s'est creusé entre la doctrine et ses réalisations pratiques. Leur premier objectif consiste normalement à améliorer les conditions de travail et de vie de leurs membres, le plus souvent des travailleurs bénéficiant d'un emploi stable. J'ai dit les écueils à la syndicalisation des plus vulnérables.

[366] Voir les articles 152 et suivants du Traité sur le fonctionnement de l'UE (TFUE).

Pourtant les élans de solidarité se dirigent en priorité vers les moins fortunés. Significatif est le glissement de sens du mot « social » comme dans "question sociale". Historiquement, il se référait à la division de la société en classes, aux rapports entre celles-ci, en tant qu'elles diffèrent par la nature et la quotité de leurs revenus[367]. La solidarité, telle qu'elle s'est développée aux 19ème et 20ème siècles en Europe, était professionnelle, unissant ceux dont le statut et les risques étaient semblables. Les classes sociales se sont largement désintégrées depuis, du moins cette distinction ne produit-elle plus les mêmes effets sur le marché du travail. De ce point de vue, la situation s'est rapprochée de celle des États-Unis et du Japon.

La question sociale contemporaine, commune aux sociétés industrialisées et en développement concerne l'appauvrissement, non de la classe ouvrière, mais de tous ceux qui, salariés et indépendants, emportés, en raison de leur inactivité forcée, de leur rémunération insuffisante ou de leur emploi précaire, dans un courant qui les éloigne des structures établies. La numérisation a accentué le phénomène sur les plateformes numériques et dans d'autres formes de travail à distance.

Les syndicats ont pour vocation de défendre ces travailleurs précaires, c'est-à-dire en premier lieu les femmes, les jeunes, les vieux, les travailleurs de l'économie informelle, les migrants, les handicapés. Il leur faut développer de nouvelles voies de collaboration et de communication. La dispersion affaiblit la fraternité et les possibilités de mobilisation collective. Elle complique la tâche des syndicats et aiguise les conflits au sein du personnel. Des formes nouvelles de représentation et de concertation collectives sont à imaginer. La négociation collective doit s'élargir à de nouveaux niveaux, locaux ou transnationaux. J'en ai cité des exemples

La recherche d'une stratégie commune n'est pas aisée pour des groupes aussi disparates, dont les intérêts diffèrent voire entrent en conflit avec ceux des salariés stabilisés, autre difficulté à l'affiliation de ces précaires. Leurs revendications salariales passent maintes fois après celles concernant l'emploi, les conditions de travail, le coût de la vie, la nourriture et les boissons, les soins de santé, l'éducation et le transport. Dans certains pays en développement, les femmes ont créé leurs propres associations tandis qu´ailleurs les syndicats ont réussi à les intégrer dans leur structure de gestion. À ce jour, les efforts pour organiser séparément différents types de travailleurs précaires et même les chômeurs n'ont donné que des résultats médiocres, à quelques exceptions près.

---

367 A. Lalande, *Vocabulaire technique et critique de la philosophie*, Paris, PUF, 1962, p.998.

Les syndicats souhaitent plus sans doute que les autres groupes voir l'OIT agir avec dynamisme et persévérance dans le domaine social. Leur capacité à relever les défis de l'économie numérisée et d'une lancinante précarité constitue à mes yeux une condition indispensable à la revitalisation de l'Institution en tant qu'acteur incontournable de la scène sociale. Ainsi modernisés, ils peuvent jouer un rôle majeur dans la promotion de relations de travail transnationales plus harmonieuses, obtenir des formes nouvelles de négociations collectives et de nouveaux sujets de discussion.

Chapitre 3. La transnationalisation des rapports de travail

Les rapports individuels et collectifs de travail se font chaque jour plus transnationaux. Il devient urgent de leur apporter un encadrement juridique satisfaisant. Je ne redirai pas le poids des multinationales dans les relations professionnelles contemporaines et les efforts des syndicats pour s'adapter.

Le rôle plus en retrait des pouvoirs publics dans un contexte de mondialisation a poussé ces derniers et des ONG à rappeler aux entreprises leurs devoirs à l'égard du personnel, à demander qu'ils rendent des comptes sur les effets de leurs activités pour la qualité de vie de leurs salariés, mais aussi du voisinage et au-delà, sur une société donnée dans son ensemble et sur l'écologie. Leur responsabilité sociale se fonde sur des bases éthiques et sociales incontestables, sur le souci des gestionnaires d'observer un comportement satisfaisant dans leurs relations avec leur personnel, le voisinage et les autorités locales. Elle s'appuie aussi sur la constatation que de bonnes conditions d'emploi stimulent le rendement. Elle correspond enfin à la volonté d'offrir une image de marque positive, c'est-à-dire de conserver une réputation qui ne soit pas entachée par des méthodes de gestion qui soulèvent la réprobation. De tels procédés risqueraient même, l'expérience l'a démontré, de provoquer des campagnes de presse, des boycottages à l'initiative de syndicats, d'associations de consommateurs ou d'autres groupes non gouvernementaux

De telles évolutions devaient remettre en question le système normatif de l'OIT. L'Organisation avait joui jusque tard dans le XXème d'un quasi-monopole dans l'élaboration et le contrôle de l'application des normes universelles du travail et de la sécurité sociale. Quelle place a-t-elle conservé depuis ? Les mécanismes qu'elle a construits, et qui furent repris *mutatis mutandis* par d'autres organisations internationales, sont-ils en panne? Quel rôle peuvent-ils encore jouer? Une première section cherchera à y répondre.

Il convient en outre de revisiter la problématique de la clause sociale. Elle soulève la question de l'efficacité des sanctions en droit international du travail. La réticence de l'OIT à débattre du sujet n'a pas empêché, je l'ai observé, l'insertion de normes minimales de travail dans des législations, des traités de commerce ou dans les codes de conduites d'entreprises multinationales. Ces développements ne devraient pas disparaître rapidement. Les États industrialisés continuent effectivement d'introduire des clauses sociales dans leur législation commerciale ou dans leurs accords de commerce. Les traités bilatéraux de libre-échange, contenant des normes minimales de travail inspirées des conventions de l'OIT, se sont multipliés à l'initiative du Canada, des États-Unis et de l'Union européenne. Bien des conventions de commerce multilatérales contiennent également de telles dispositions.

L'argument de la concurrence justifie la présence de dispositions sociales. La lecture de ces traités le fait très clairement ressortir. La volonté de pallier les conséquences sociales négatives de la libéralisation des échanges commerciaux les rapproche cependant des préoccupations de l'OIT. Leur contenu s'inspire des conventions de l'OIT. Nombreux sont aussi les pays qui demandent l'assistance de l'Organisation pour s´y conformer. Ce sera l'objet de la deuxième section.

L'éloignement permis par le travail à distance favorise enfin l'engagement ou la coopération de collaborateurs exerçant leurs activités au-delà des frontières. Comparés à ceux qui quittent leur pays, ces migrants virtuels ne connaissent pas les mêmes problèmes d'intégration ni des difficultés identiques pour conserver leur culture et pour vivre en famille. Les conflits qui surgissent prennent néanmoins un caractère transnational. Leur solution s'avère quelquefois complexe, surtout si elle conduit, comme cela peut se produire en droit européen, à l'application simultanée de plusieurs droits nationaux. Selon la loi applicable et les contrôles menés en pratique, les risques d'abus peuvent être nombreux.

Quand le conflit prend-il une dimension transnationale suffisante pour demander un traitement particulier? Peu d'auteurs ont abordé les conflits de droit soulevés par la transnationalisation des relations de travail[368]. Les questions en jeu concernent les règles de droit international interne relatives à la compétence juridictionnelle, au choix du droit applicable ainsi qu'aux règles sur l'exécution de jugements rendus à l'étranger. J'en traiterai dans une troisième section.

---

[368] Voir cependant F. Morgenstern,*Les conflits de lois en droit du travail* Genève, BIT, 1986; A. Ojeda Aviles, *Derecho transnacional del trabajo*, Valencia, Tirant Lo Blanch, 2013, pp. 321 et ss.

Section I. L'OIT et la gouvernance des relations de travail dans les entreprises multinationales

Une réflexion sur les liens entre commerce international et droit du travail demande, pour être complète, de prendre en compte trois dimensions extra-légales.

La première, économique, est connue. Une entreprise cherche à réduire ou à éviter toute dépense qui augmenterait le coût de ses produits ou de ses services, y compris celles qui trouvent leur origine vraie ou supposée dans les normes internationales du travail. J'ai relevé précédemment le caractère scientifiquement fragile de nombreuses bases de ce calcul. Il n'empêche, elles ne le sont pas toutes ; de surcroît, l'échange d'arguments théoriques ne convainc pas souvent le praticien - ou le journaliste - sans une démonstration chiffrée qui reste aléatoire.

La deuxième dimension est politique. Même lorsqu'elles souhaitent offrir des conditions de travail décentes, les firmes veulent conserver leur marge de manœuvre et de décision. Elles se montrent a priori réticentes aux réglementations "liberticides", pour ne rien dire de leur ignorance des conditions locales ou de leur désintérêt.

Une troisième dimension, éthique, permet cependant d'envisager la situation avec plus d'optimisme. Bien des multinationales assument un engagement social qui leur permet en outre d'être mieux acceptées au sein de la société du pays de production et d'éviter une mauvaise publicité qui peut s'avérer désastreuse aux yeux des consommateurs. Il ne faut pas sous-estimer le poids d'une opinion publique éclairée. Le premier programme de l'OIT pour l'abolition du travail des enfants fut financé par l'Allemagne. Il faisait suite à une menace de campagne d'affiches dans le pays de la part d´ONG qui auraient dénoncé les pratiques des sous-traitants indiens de leurs entreprises.

Ces remarques s'appliquent à la gouvernance des chaînes de production mondiales. Le schéma classique représente une petite entreprise issue de l'économie formelle ou informelle d'un pays pauvre face à des sociétés transnationales aux ressources énormes. Ce déséquilibre dans les relations pousse aux abus commis le plus souvent par des intermédiaires.

Les gouvernements de ces pays manquent fréquemment de la capacité institutionnelle nécessaire pour vérifier l'application de leur loi, faute d'un nombre suffisant d'inspecteurs bien formés, décemment équipés et payés. Nombre d'entre eux ont en plus opté pour une déréglementation qui attire les investissements étrangers. S'ils ne l'ont pas fait, ils peuvent encore négliger de contrôler strictement les opérations des multinationales ou ne le font qu'en cas d'événement grave (affaire du Rana Plaza). Ils ont même créé des "maquiladoras", des zones franches où s'assouplit voire s'oublie leur législation. La corruption sévit également.

Les pays du siège de l'entreprise principale affichent fréquemment une certaine indifférence. Pourtant, les initiatives se multiplient pour étendre leur responsabilité, notamment par un devoir de vigilance ou par d'autres moyens que je vais évoquer.

Je voudrais préalablement dissiper une ambiguïté, voire une confusion, qui se perçoit dans les débats publics. La distinction s'impose entre d'une part les obligations et les sanctions assumées par les États, et celles d'autre part provenant des engagements sociaux des entreprises. Les instruments de l'OIT participent du droit international public et s'adressent aux États responsables de l'exécution des obligations qu'ils contiennent.

L'Organisation associe certes les organisations d'employeurs et de travailleurs à l'élaboration et au contrôle de ses conventions et recommandations, au point où leur adoption se rapproche de celle des pactes sociaux tripartites signés dans bien des États européens. Certes la constitution de l'OIT s'écarte sur plus d'un point de la procédure traditionnelle de conclusion des traités internationaux (adoption à la majorité qualifiée plutôt qu'à l'unanimité ; remplacement de la signature des États par un enregistrement auprès des Nations Unies et du secrétariat de l'Organisation ; obligation faite aux États de soumettre les instruments nouveaux à leurs autorités législatives pour en encourager la ratification). Le droit de l'OIT reste néanmoins un droit des relations entre Nations, et c'est sur celles-ci que pèsent les engagements pris par la ratification.

Telle est sa force, mais aussi sa faiblesse quand les États et les partenaires sociaux ne possèdent plus en main toutes les cartes du jeu. La mondialisation a conduit à des interactions complexes entre différents niveaux de décisions : local, national, régional et plurinational. Les relations supranationales se font transnationales autant qu'internationales puisqu'un nombre significatif de groupements, compagnies multinationales, ONG mondiales, entités régionales, s'insèrent dans le concert des Nations.

L´exécution des normes sociales ne dépend plus seulement de la volonté des gouvernements, mais encore d'une variété d'acteurs et de facteurs. Les firmes nationales ou plurinationales ne sont pas des sujets de droit international public. Faut-il rappeler qu'elles relèvent du droit privé dans leurs relations avec leur personnel, ou des organisations de travailleurs? Voilà qui offre plus de souplesse mais réduit le champ d'action. Les normes internationales du travail s'appliquent territorialement dans les États qui y ont souscrit. La nature supranationale de nombreuses entreprises les éloigne de cette base de rattachement en même temps que se relâche le pouvoir de décision des gestionnaires basés sur lieu de travail. Les mesures les plus importantes ne sont pas prises dans le pays de droit applicable, mais dans celui de l'entreprise principale.

Les organisations internationales ne disposent pas d'outils juridiques pour contraindre directement les entreprises multinationales à adopter un certain comportement. Il convient par conséquent de clarifier les effets juridiques de leurs codes de conduite et de leurs autres initiatives privées (1). Si les relations entre l'OIT et les firmes internationales se révèlent ainsi complexes, des complémentarités se dégagent cependant que l'on peut développer (2).

Paragraphe 1. Une clarification nécessaire

On ne trouve pas de définition de la responsabilité sociale de l'entreprise qui fasse l'unanimité. On admet toutefois communément que l'expression s'applique à des pratiques très variées qu'adoptent volontairement des firmes privées et qui vont au-delà des normes légales auxquelles elles sont tenues. Elles portent sur une large gamme de sujets depuis la politique du personnel, le respect des droits de la personne et celui de l'environnement jusqu'au rejet des méthodes financières condamnables (évasion fiscale, corruption), la concurrence équitable entre pays, l'intérêt des consommateurs. Elles regardent en particulier les conditions de travail, singulièrement la protection de la santé, et les relations professionnelles. C'est à ces dernières questions que je m'intéresserai ici.

1) Deux types de code

On distingue deux types d'initiatives[369]. Des "codes types" sont publiés par des associations d'entreprises, des syndicats, des ONG ou l'État, soit ensemble, soit séparément. Ils ne s'appliquent pas en tant que tels. Les compagnies nationales ou internationales s'en inspirent pour mettre au point leurs propres règles. Ils établissent un modèle, prévoient des mesures

---

369 See M. Urminsky, "Self-regulation in the workplace : codes of conduct, social labelling and socially responsible investment," ILO Working Papers 993573013402676, Geneva, ILO, 2001; I. Mamic, *Implementing codes of conduct. How Businesses Manage Social Performance in Global Supply Chains*, Geneva, ILO, 2004.

pour assurer leur suivi, fixer des objectifs, identifier des indicateurs. Ils proposent des procédures pour en garantir l'efficacité.

La figure la plus connue est la norme ISO (acronyme en anglais de *International Organization for Standardization*), qui fixe des règles de qualité et d´environnement. Dans le domaine social, la norme ISO précise les mesures préventives et correctives à prendre, privilégie l'amélioration continue et met l'accent sur des méthodes de gestion et de documentation qui démontrent l'efficacité des mesures adoptées.

La *Global Reporting Initiative* (GRI) est une autre institution indépendante de normalisation, qui promeut, au niveau international, auprès des entreprises et des entités publiques un développement durable et la divulgation d'information.

D'autres codes types sont élaborés par des entités publiques. Depuis longtemps, les institutions internationales ou nationales élaborent des principes directeurs qui visent elles aussi à influencer les politiques sociales des entreprises. L'OCDE a adopté en 1976 et révisé ultérieurement, des lignes directrices pour les entreprises multinationales. L'OIT a fait de même avec ses Déclarations de 1977 et de 1998, l'ONU, avec son Pacte mondial de 2000. Le Conseil des droits de l'homme des Nations Unies a approuvé en 2011 des Principes directeurs relatifs aux entreprises et aux droits de l'homme préparés par J. Ruggie. Un projet de traité contraignant sur ces dernières questions se discute actuellement aux Nations Unies. Vu le faible soutien dont il jouit, il n'est sans doute pas près d'être conclu.

Au sein de la Banque mondiale et de son groupe, des initiatives ont vu le jour également. Un "Cadre environnemental et social" (ESF) a été approuvé en 2016 pour aider à protéger les personnes et l'environnement dans les projets d'investissement qu'elle finance. La Société financière internationale (SFI), institution du Groupe de la Banque mondiale, a développé des mesures pour faciliter la promotion de l'entreprise citoyenne ainsi qu'aider ses clients et le secteur privé des pays émergents à identifier les opportunités d'investissement. Elle a adopté en 2012 des normes de performance en termes de durabilité sociale et environnementale.

L'Union européenne utilise divers moyens pour créer les conditions d'une croissance régulière, d´un comportement responsable des entreprises et de la création d'emplois stables. La CE a détaillé, dans une communication de 2015, la stratégie de l'Union[370]. Le programme contient

[370] Document *COM/2015/044 final.*

des engagements de la Commission elle-même de promouvoir ce type d'initiative, ainsi que des suggestions pour les entreprises, les États membres et d'autres groupements intéressés. Les organisations européennes d'employeurs et de travailleurs de la restauration ont signé un accord collectif sur la responsabilité sociale des entreprises en janvier 2007.

Les institutions qui élaborent ces codes modèles rédigent également divers autres documents qui encouragent les entreprises à adopter des méthodes de gestion propices à l'évaluation de leurs activités au regard de leur responsabilité sociale ("*management framework*").

L'étiquetage social fournit des informations sur les conditions sociales dans lesquelles se fabrique un produit ou se fournit un service. Elles figurent sur l'objet lui-même ou sur son emballage, dans le magasin qui les vend ou dans sa vitrine. Le mécanisme répond à une logique de marché ; il vise le consommateur ou le partenaire commercial.

Le "sceau" est établi et contrôlé par des institutions indépendantes du vendeur, associations patronales qui garantissent le respect d'un code de conduite, syndicats qui répondent de la bonne mise en œuvre d'un programme social, ONG ou autres institutions qui certifient la mise en œuvre correcte par la société bénéficiaire d'une politique en fonction des indicateurs choisis, et même en l'absence d'un code de conduite.

Les programmes d'accréditation sont en général administrés par une institution principale qui a créé une agence de certification. Les exemples abondent dans des secteurs tel que le textile, la chaussure, l'industrie légère, les tapis, les jouets, le tourisme, l'agriculture, l'agroalimentaire, l'industrie forestière. Les critères utilisés ont un caractère privé. Ils regardent, entre autres, les relations de travail et les conditions de travail.

La directive européenne n° 2014/95 du 22 octobre 2014[371] demande aux grandes firmes et aux groupes d'établir une déclaration non financière comprenant des informations concernant au minimum les questions sociales, de personnel et d'environnement, de respect des droits de l'homme et de lutte contre la corruption. Le règlement n° 575/2013, dans sa version actuelle, impose aux établissements de grande taille ayant émis des valeurs mobilières admises à la négociation sur un marché réglementé d'un État membre de publier des informations sur les risques

[371] Modifiant la directive 2013/34/UE en ce qui concerne la publication d'informations non financières et d'informations relatives à la diversité par certaines grandes entreprises et certains groupes (*J.O.*, 15.11.2014, n° L 330, pp. 1-9).

environnementaux, sociaux et en matière de gouvernance, ainsi que sur les risques physiques et les risques de transition[372].

La GRI propose un référentiel d'indicateurs dont certains portent sur les conditions d'emploi sous la rubrique "Indicateurs de performance sociale : pratiques en matière de relations de travail et de travail décent". La référence au travail décent renvoie aux travaux de l'OIT, qui a utilisé ce concept pour exprimer la synthèse de ses activités et la coordination de ses objectifs stratégiques. De nombreuses entreprises multinationales, et même nationales élaborent des rapports sur l'impact social et environnemental de leurs activités sur la base de programmes comme celui-ci.

Les investissements socialement responsables favorisent, comme l'indique leur nom, les politiques sociales de qualité en recourant aux outils financiers traditionnels, comme l'utilisation d'indices et de techniques de notation, tout en assurant le rendement économique de leurs apports. Elles utilisent deux moyens principaux d'action. Le premier est la faculté pour les investisseurs de tenir compte des réalisations sociales dans la constitution de leur portefeuille de titres : ils achèteront certains titres sur la base de critères et de règles qu'ils ont choisis et n'en achèteront pas d'autres. Le second moyen profite de la possibilité offerte aux actionnaires d'exercer leurs droits pour influencer la politique des entreprises. Les caisses de retraite de la fonction publique et les fonds des institutions religieuses sont particulièrement actifs à cet égard.

Certaines firmes se sont d'autre part engagées à respecter des normes de travail minimales dans les contrats de nature privée qu'elles ont conclus avec leurs fournisseurs, leurs sous-traitants, leurs concessionnaires ou leurs clients, parallèlement – mais une voie n'exclut pas l'autre – aux engagements pris à l'intérieur de l'entreprise ou du groupe, dans des documents venus s'ajouter, à ce niveau, au règlement d'établissement. Ces mesures ont souvent reçu l'appellation générique de "codes de conduite".

Ces codes opérationnels contiennent les engagements que prennent des entreprises volontairement, c'est-à-dire sans y être contraintes juridiquement. Ils peuvent revêtir la forme d'une convention collective signée avec un syndicat. Ils peuvent se conclure avec d'autres ONG ou, fréquemment, s'analyser comme des actes unilatéraux, des déclarations publiques ou des ajouts au règlement d'entreprise.

---

372 Article 449bis. Voir https://eur-lex.europa.eu/legal-content/FR

Certains codes ne concernent que les activités d'une entreprise soit dans son pays, soit à l'étranger, soit dans l'un et l'autre cas. Il en va ainsi dans des branches d'activité comme l'ingénierie mécanique ou électrique, les mines, la chimie, la métallurgie ou la finance. D'autres s'étendent aux partenaires commerciaux, spécialement aux fournisseurs et aux sous-traitants. On en trouve l'illustration dans les secteurs des textiles, de la chaussure, de l'agriculture ou l'agroalimentaire.[373]

Inspections et audits sont réalisés par de grands cabinets internationaux de comptables agréés et de consultants, par des bureaux de taille plus petite, par des entreprises spécialisées dans le contrôle de la qualité, par des universitaires ou par des syndicats. Des ONG, basées ou non dans les pays industrialisés, participent quelquefois au contrôle.

2) Des limites rarement soulignées

De par leur origine et leur caractère privé, ces initiatives montrent des limites que ne connaissent pas les normes de l'OIT. Je les qualifie de stratégiques et de techniques, avec un accent particulier sur leur mise en œuvre.

a. <u>Les limites stratégiques</u>

Ces initiatives traduisent une politique et des objectifs fixés par la direction de l'entreprise, ou du moins avec son approbation. Ceux-ci en déterminent de premières limites.

Les engagements concernent une compagnie particulière, à laquelle se joignent, le cas échéant, ses partenaires. Ils portent principalement sur les éléments où concourent les préoccupations du personnel et de la direction. On y trouvera rarement des dispositions sur la précarité de l'emploi ou d´autres questions où les intérêts divergent.

Autre point: les politiques sociales dépassent sur bien des sujets (la création d'emplois ou la formation professionnelle par exemple) le cadre d'une entreprise, aussi grande soit-elle. On ne les rencontrera pas non plus dans ces documents, si ce n'est de manière très générale, quand une firme manifeste le désir de participer à des programmes d'insertion ou de réintégration sociales. Même alors ils ne traiteront pas – et tel n'est assurément pas leur rôle – des problèmes sociaux plus larges d'une communauté locale ou nationale.

---

373 Document *GB.288/WP/SDG/3*, paragr. 5

La diffusion de ces pratiques d'entreprise reste inégale. Plus que les PME, pourtant principal bassin d'emploi salarié, elles intéressent les grandes entreprises. Quand ces dernières adoptent une politique dynamique de développement des ressources humaines, elles espèrent en retirer un avantage face à une concurrence active ; elles éviteront par conséquent de les dévoiler à d'autres compagnies. D'où les appels à la transparence lancés par l'Union européenne, mais aussi la difficulté d'y donner suite. Il est vrai que le manque de clarté de certaines initiatives peut avoir d'autres causes et d'autres effets. C'est alors de la valeur des politiques sociales effectivement appliquées dont il s'agit.

Un dernier risque existe : leurs stratégies peuvent contredire les efforts des États pour développer l'emploi, libéraliser les échanges et répartir équitablement les fruits de la croissance[374]. On peut même craindre qu'élaborées par des entreprises de pays industrialisés, sans consultation de leurs filiales et sous-traitants des nations du Sud, les mesures prises ne reflètent pas une connaissance suffisante des problèmes de pauvreté et de disparité culturelle.

b. Leurs limites techniques.

Les termes de l'engagement diffère grandement[375].

Ainsi en va-t-il des dispositions sélectionnées et de leur contenu. Certains codes de conduite énoncent des normes qui leur sont propres ou mentionnent des instruments internationaux spécifiques, dont les conventions et recommandations internationales du travail. D'autres se contentent de principes généraux ; la façon de les mettre en pratique n'apparaît alors pas clairement. Aucune formule, à ma connaissance, ne se réfère à l'ensemble des normes de l'OIT, ou à celles-là que l'institution considère comme les plus actuelles. Elles se concentrent sur la protection de la santé, sur le calcul des salaires, l'interdiction du travail des enfants, la promotion de l'égalité, voire la simple représentation des salariés. Elles ignorent souvent les principes de liberté syndicale sauf si l'initiative émane de syndicats ou d'ONG.

De toute manière, les choix opérés reposent sur des critères entrepreneuriaux qui ne correspondent pas nécessairement aux objectifs de l'Organisation tripartite. Les dispositions varient selon les risques et les

374 J. Diller: «Responsabilité sociale et globalisation: qu'attendre des codes de conduite, des labels sociaux et des pratiques d'investissement?», *RIT,* vol. 138(2), 1999, p 132.

375 I. Mamic, *op.cit*; B. Abriata, G. Delautre, *What drives CSR? An empirical analysis on the labour dimensions of CSR*, BIT, Working paper n°7, 2020; ILO, *Codes of conduct and multinational enterprises*, CD-ROM, 2002.

préoccupations de chaque firme sans prétendre à l'universalité. Les documents qui traduisent un accord avec une ou plusieurs confédérations syndicales contiennent souvent une dimension sociale plus marquée.

Les limites techniques tiennent encore à leur champ d'application restreint à une ou plusieurs entreprises, à leur durée de validité et surtout au flou qui entoure leur caractère obligatoire. Les règles de responsabilité sociale se cantonnent parfois à inspirer la politique des entreprises sans volonté d'assumer une obligation juridique. En outre la formulation des codes applicables aux chaînes d'approvisionnement par exemple ne permet pas toujours de savoir si ces derniers introduisent réellement une réglementation totalement nouvelle ou ne cherchent qu'à consolider le respect des dispositions légales en vigueur.

Certaines firmes se sont néanmoins engagées à respecter des conditions de travail minimales dans les contrats de nature privée qu'elles ont conclus avec leurs fournisseurs, leurs sous-traitants, leurs concessionnaires ou leurs clients ; plus souvent – mais une voie n'exclut pas l'autre – elles l'ont fait à l'intérieur de l'entreprise ou du groupe, dans des documents venus s'ajouter, à ce niveau, au règlement d'établissement. Ces codes de bonne conduite contiennent le plus souvent les engagements que prennent des entreprises volontairement. Les documents peuvent également opter pour une autre forme juridique, comme celle d'une convention collective signée avec un syndicat ou avec d'autres ONG. Plus fréquemment, ils s'analysent comme des actes unilatéraux, des déclarations publiques ou des ajouts au règlement d'entreprise.

S'agissant d'instruments juridiques, il faudra s'interroger sur leur intégration dans les droits domestiques, voire dans le droit européen. Dans le cas des multinationales, leur régime s'analysera alors en fonction de la loi nationale applicable, problème de droit international privé, voire de droit européen. On déterminera ensuite les dispositions pertinentes, en se référant le cas échéant à la réglementation sur les règlements intérieurs, sur le régime des entreprises, le droit des contrats ou celui de la responsabilité civile délictuelle.

La valeur impérative des engagements unilatéraux n'est pas facile à déceler, mais elle peut prendre appui sur des figures juridiques connues, comme l'engagement unilatéral en France, la clause implicite du contrat de travail (sauf stipulation contraire expresse) au Royaume-Uni, ou la condamnation pour déclaration publique mensongère aux États-Unis. Même si leur force obligatoire est plus facile à déterminer quand les obligations prises s'insèrent dans une convention collective de travail de portée internationale, leur contrôle en pratique ne repose alors que sur les parties signataires ou par délégation de celles-ci, et selon leur force respective.

Faut-il ajouter que ces initiatives n'autorisent pas les firmes concernées à prendre des libertés avec les lois du pays où elles opèrent, y compris les conventions internationales intégrées dans leur ordre juridique? Elles ne suffisent évidemment pas à assurer la mise en œuvre du droit national ou international du travail.

J'observe enfin qu'une responsabilité juridique peut incomber à l'employeur préalablement au document en question comme en matière de nuisances de voisinage, voire de santé au travail ou de discrimination dans l'emploi. Le code de conduite vient alors mettre en œuvre une obligation légale préexistante.

c. Leur mise en œuvre

Comment constater la violation des normes privées retenues? Les moyens auxquels recourent les entreprises multinationales pour vérifier l'application de leurs normes RSE présentent d'incontestables faiblesses, qu'elles fassent appel à des tiers indépendants ou à des inspecteurs privés engagés par la firme. Les premiers, souvent des ONG, ne possèdent pas souvent les connaissances techniques nécessaires; elles peuvent se faire manipuler. Les seconds risquent de manquer d'indépendance puisqu'ils sont recrutés par la firme. J'ai observé toutefois que les intérêts de celle-ci convergent fréquemment avec le respect scrupuleux des dispositions adoptées puisqu'il y va de sa bonne image de marque.

L'exemple suivant montre toutefois les limites de ce contrôle. La société Total fut accusée par ses concurrents et par les médias de favoriser le travail forcé au Myanmar où elle exploitait des gisements pétrolifères. Elle décida de faire appel à un ancien ministre français, conjoint d'une journaliste de télévision bien connue pour mener une enquête indépendante. Son rapport dégagea la responsabilité de l'entreprise. Les conditions de voyage et de séjour généreuses offertes à cette personnalité et à sa femme jetèrent toutefois un doute, aux yeux des medias et des firmes concurrentes, sur l'objectivité de l'enquête.

La voie judiciaire et l'application d'éventuelles sanctions restent problématiques. Elles supposent que ces initiatives s'imposent juridiquement à l'employeur. Dans la négative, il faut vérifier l'existence et la qualité des méthodes d'évaluation et de suivi, s'interroger sur l'indépendance et la compétence professionnelle des personnes chargées de l'audit. Il reste que le métier de vérificateur social est aujourd'hui largement reconnu, que les membres de la profession organisent des congrès et que la publicité dont ils jouissent garantit dans une certaine mesure le sérieux de leurs activités.

Les normes de gestion se rapprochent souvent de celles de qualité et d'environnement que l'on rencontre à l'Organisation internationale de normalisation (ISO). Dans le domaine social, la norme de cette dernière précise les mesures préventives et correctives à prendre, stimule des améliorations continues, se concentre sur des systèmes de traitement et de documentation qui prouvent l'efficacité des techniques d'audit utilisées. Le rendement de référence mis au point dans le cadre du Pacte mondial des Nations Unies constitue un autre exemple de cette approche. Il reste que la qualité méthodologique de ces mesures de l'effectivité demeure faible en matière de travail.

Paragraphe 2. Une réelle utilité

L'utilité de ces initiatives semble cependant aussi généralement reconnue que leurs insuffisances. La responsabilité sociale de l'entreprise vient en appui de l'action publique, la stimule ; elle peut même porter plus loin la réalisation de ses objectifs. Elle offre aux entreprises multinationales un cadre régulateur, même si sa valeur juridique est incertaine, quand la loi applicable ou les obligations internationales de l'État hôte n'apparaît pas clairement. Le doute vient du fait que ces firmes opèrent dans plus d'un pays ou dans des États aux structures administratives faibles.

On voit ainsi se développer une dynamique de complémentarité entre les normes de l'OIT et les politiques sociales des grandes compagnies nationales et transnationales. Ces dernières ne se substituent pas au droit de l'Organisation, mais cherchent à consolider la protection du travail dans un espace juridique "gris" ou opaque.

Ces initiatives peuvent compléter les normes de l'OIT et contribuer à leur mise en œuvre. De plus, l'Organisation de Genève ne manque pas d'influencer ces entreprises. Pour élaborer des codes de conduite ou lancer d'autres initiatives, elles s'inspirent, comme les États, de ses normes, et notamment celles reprises dans sa Déclaration de 1998. J'ai cité précédemment les exemples d'un fabricant de meubles et de tapis ou celle d'une grande société de distribution. Je peux encore mentionner les accords collectifs de grands groupes tels qu'Arcelor, Engie ou Inditex. Elles se réfèrent également aux commentaires de ses organes de contrôle pour identifier les violations. Elles recourent de manière informelle à leurs conseils, à leur expérience, à leur assistance pour résoudre des problèmes de travail. La résolution déjà citée de 2016 encourage l'OIT à renforcer sa capacité à guider les entreprises dans l'application des normes du travail dans leurs chaînes d'approvisionnement.

Bien plus, un contact informel même téléphonique avec les responsables des ressources humaines peut permettre de résoudre un problème. J'en ai connu des exemples à propos du travail des enfants chez les sous-traitants d'un fabricant de chaussures ou d´une société de restauration rapide.

De nouvelles normes internationales devraient-elles voir le jour, spécifier le contenu de la RES, préciser sa valeur obligatoire, prévoir des procédures de contrôle? [376] Sans doute serait-ce souhaitable ; assurément l'hypothèse reste improbable. Il semble plus réaliste de prôner une meilleure articulation des normes internationales de droit privé et de droit public, adoptées par des institutions de toutes natures ; leur foisonnement donne une impression de désordre qui nuit à leur efficacité.

Section II. La problématique de la clause sociale

Paragraphe 1 – Une problématique aux frontières du droit et de l'économie

L'idée d'ajouter aux traités internationaux de commerce une clause dite sociale, imposant des normes minimales ou équitables de travail, repose sur un raisonnement apparemment simple : si un pays tolère que les entreprises emploient leur personnel dans des conditions de travail et de salaires déplorables –il faudra définir ce que l'on entend par là -, il peut exporter ses produits à un prix plus bas et obtenir ainsi un avantage illégitime sur ses concurrents. D'où la proposition d'imposer à un tel pays l'obligation de garantir à ses travailleurs des droits minimaux dans le cadre de la réglementation économique internationale.

" Protectionnisme", se sont écriés les pays en développement ; ils y ont vu un moyen détourné mais efficace d'élever des barrières douanières à l'importation de marchandises produites de manière concurrentielle principalement par des États du Sud. "Nullement", ont répondu les tenants de la clause sociale, puisque celle-ci tend à corriger un abus et

[376] F. Maupain, *L'OIT à l'épreuve de la mondialisation financière. Peut-on réguler sans contraindre ?*, Genève, BIT/IIES, 2012, pp.265-266.

qu'elle offre le double avantage de soulager la vie des travailleurs dans les pays exportateurs et de protéger les industries des pays importateurs contre une concurrence fondée sur des abus. Une clause de ce genre pourrait éviter, dans ces derniers, fermetures d'entreprises et pertes d'emplois, pour le plus grand profit des salariés concernés. Mais ceux des pays, par hypothèse plus pauvres, exportateurs de produits bon marché, ne perdront-ils pas à leur tour leur gagne-pain si des obstacles s'érigent pour la vente de produits et de services à l'étranger ? En d'autres mots, ne convient-il pas de tenir compte des niveaux profondément différents de développement économique et de réfléchir sur le rôle de la coopération technique internationale ?

La question se situe au cœur de la problématique des relations socio-économiques internationales, de la réconciliation des objectifs économiques et sociaux du développement. Elle y côtoie d'autres interrogations sur l'opportunité de clauses environnementales ou de respect des droits de la personne humaine dans les accords commerciaux. Les arguments échangés et les techniques utilisées sont proches, mais non semblables.

Paragraphe 2. Quelques repères historiques

Lier commerce international et normes du travail est une préoccupation ancienne, autant sans doute que ces normes elles-mêmes. Jacques Necker, qui fut banquier genevois et ministre français, écrivait en 1788[377] déjà que, si un pays abolissait le repos hebdomadaire, il détiendrait sans aucun doute un avantage, mais seulement s'il était seul à le faire ; si d'autres pays agissaient pareillement, on en reviendrait à la situation de départ.

Ces préoccupations figurent aux origines de l'OIT. J'ai souligné qu'à ses débuts, l'Organisation consacra l'essentiel de ses efforts à l'adoption d'une législation internationale du travail qui devait amener une plus grande harmonisation des règles de protection sociale et réduire ainsi les différences entre pays du coût social des produits. D'où la démarche d'États qui ne ratifièrent des conventions internationales du travail qu'à la condition expresse de la ratification de ces mêmes instruments par leurs principaux concurrents nommément désignés. Ces réticences ensuite tombèrent un peu dans l'oubli, si ce n'est dans le domaine maritime ; du moins cessa-t-on d'y attacher la même importance. La raison s'en est trouvée vraisemblablement dans les doutes exprimés sur le poids réel des

[377] *De l'importance des opinions religieuses*, Liège, C. Plomteux, 1788, pp. 203 à 211

charges sociales. On en revient à l'analyse des nombreux éléments qui interviennent dans la fixation du prix de revient d'un produit.

L'interrogation sur les liens entre normes de travail et commerce international réapparurent quand les conditions de la concurrence se modifièrent, comme lors de l'établissement du Marché commun européen : la disparition des barrières douanières et fiscales fit craindre que le facteur social reprenne plus d'importance dans le calcul final d'un produit. Le traité instituant la Communauté européenne du charbon et de l'acier, signé en 1951, contenait, à l'article 68 (2), une clause sociale qui envisageait l'hypothèse où des entreprises établiraient des prix anormalement bas en payant des salaires inhabituellement faibles, comparés avec le niveau des salaires pratiqués dans la même région.

Des études et des discussions furent menées à partir de 1955, au BIT notamment, sur les aspects sociaux de l'intégration économique européenne. Les mêmes soucis étaient présents[378]. Le traité sur le fonctionnement de l'Union européenne contient des dispositions sociales. Les États signataires y conviennent de la nécessité de promouvoir l'amélioration des conditions de vie et de travail "permettant leur égalisation dans le progrès" (article 151). Les débats sur les agrandissements successifs de l'UE ont à nouveau laissé percer la crainte de voir un pays obtenir un avantage concurrentiel en raison du coût social moins élevé de ses produits. Réflexions économiques et mobiles sociaux se mêlaient intimement, on le voit, dans les efforts menés en vue d'harmoniser les conditions de travail pratiquées dans les États européens.

Si l'idée d'introduire une clause sociale dans un accord économique mondial n'était pas nouvelle, le contexte politico-économique dans lequel elle s'inscrivait avait changé. Les discussions évoquées jusqu'ici concernaient les effets possibles des normes de travail sur le prix de revient des produits dans des pays à niveau de développement sensiblement voisin. Les premières conventions internationales du travail contenaient des dérogations aux règles qu'elles imposaient en faveur de pays nommément désignés, comme l'Inde ou le Japon, dont le développement économique était jugé alors moins avancé. Désormais, des pays peu industrialisés étaient soupçonnés de rechercher, par un laisser-faire non seulement fiscal, mais social, un avantage déterminant dans la vente de

---

[378] BIT: *Les aspects sociaux de la coopération économique européenne*, rapport d'un groupe d'experts (Genève, 1956) ; Comité intergouvernemental créé par la conférence de Messine : *Rapport des chefs de délégation aux ministres des Affaires étrangères* (dit Rapport Spaak), Bruxelles, 21 avril 1956, pp. 63 et suiv.

leurs produits et de financer leur décollage économique en limitant les droits de leurs travailleurs.

La comparaison des niveaux de développement entre les États placés en situation de concurrence constitue un élément fondamental dans la recherche d'une solution à cette question controversée. Les porte-parole des pays du Sud se sont vivement opposés à ces propositions, au GATT puis à l'Organisation mondiale du Commerce (OMC), estimant que, sous couvert de considérations sociales, c'était de freins à la libre concurrence qu'il s'agissait. Ils n'ont pas manqué non plus de relever que de nombreuses conventions de l'OIT n'avaient pas été ratifiées par des États riches, et que leur contenu pouvait par conséquent difficilement figurer dans les clauses sociales des accords commerciaux conclus avec ceux-ci. La mise en œuvre de ces mesures rencontrait en outre de nombreux obstacles pratiques. Leurs partisans ont rétorqué que, loin d'avoir des effets protectionnistes, l'introduction, sur le plan national, de normes minimales de travail entraînerait une libéralisation des échanges (ou, selon d'autres, éviterait l'établissement de barrières douanières) entre le Nord et le Sud, tout en permettant aux travailleurs du monde entier de bénéficier d'un commerce et d'échanges financiers accrus.

La polémique sur la clause sociale dans les traités de commerce, notamment dans le cadre du GATT et des actes fondateurs de l'OMC est réapparue au moment où l'on insistait également sur la nécessité d'assouplir la législation du travail. En bref, même si les tenants de l'une et de l'autre thèse pouvaient différer, les pressions convergeaient dans plus d'un pays industrialisé pour une déréglementation chez soi et une amélioration des garanties chez les autres. Les dangers d'un nivellement par le bas de la législation du travail apparurent bien réels.

Concrètement, le désir d'insérer des normes minimales de travail dans les accords économiques visait à compléter à l'égard de pays à revenus faibles la protection établie par les normes et les procédures de l'OIT jugées insuffisantes. Elles manquaient "de dents", c'est-à-dire de sanctions efficaces, répétaient à l'envi les délégués américains.

Plusieurs accords sur des produits de base avaient déjà introduit des dispositions sur le respect de conditions de travail équitables. On s'interrogera toutefois sur les effets pratiques de telles règles qui paraissent tenir davantage de la déclaration d'intentions que d'un véritable engagement juridique. Beaucoup dépend finalement de l'équilibre des forces en présence, mais aussi de la volonté et des possibilités réelles des plus puissants d'exiger la mise en œuvre de cette clause. J'observe que les

États-Unis se montrent plus attentifs, du moins dans le domaine social, que l'Union européenne.

Paragraphe 3. Des difficultés techniques

Tel est le contexte dans lequel s'inscrit la proposition de lier davantage normes équitables de travail et commerce international, d´insérer des clauses de protection du travail dans des traités de libre-échange et de les assortir en cas de violation de sanctions financières prévues par ceux-ci. La question conduit à examiner de plus près les problèmes techniques qui surgissent pour l'exécution d'une clause sociale.

Un premier problème concerne la notion même de normes minimales ou équitables de travail. Recouvrent-elles l'ensemble des dispositions des conventions et recommandations de l'OIT, ou tout au moins celles que le Conseil d'administration estime à jour dans le cadre de sa réflexion sur les activités normatives de l'Organisation ? Dans l'affirmative, ne conviendrait – il pas de prévoir des aménagements et de retenir également, ou à la place, des instruments de l'OIT moins exigeants, mais mieux adaptés à la situation des pays concernés?

Ne faudrait pas, par réalisme, soustraire en tout cas certaines d'entre elles? Je distinguerai trois groupes de normes internationales du travail pour progresser dans cette réflexion. Le premier regarde les instruments de nature programmatique qui engage les États à adopter certaines politiques. Rédigés en termes généraux, ils ont été élaborés en tenant pleinement compte, en principe, de la situation spéciale des pays en développement. Ils constituent par exemple la base de la politique de l'OIT dans les domaines de l'emploi et de la formation professionnelle. L'intérêt d'inclure de tels sujets dans une clause sociale n'est pas évident, dans la mesure où ils fixent de grands objectifs à poursuivre par un programme d'action continue, plutôt qu'ils ne formulent des règles précises d'application immédiate qu'un État s'oblige à respecter par la ratification.

La majorité des conventions relèvent d'un deuxième groupe et possèdent un contenu technique plus précis. Elles traitent des conditions de travail et de la sécurité sociale, des relations professionnelles, de l'administration du travail, etc. Il ne paraît pas très réaliste de prôner l'intégration de l'ensemble de ces normes dans une clause sociale. Il n'est pas simple non plus, si l'on veut faire un choix, de déterminer les critères selon lesquels l'opérer.

D'où l'idée de se focaliser sur les normes relatives aux droits fondamentaux de l'homme et de la femme au travail. Celles-ci ont un caractère ou technique ou programmatique, mais elles ont toutes en commun de consacrer des principes essentiels souvent repris, d'ailleurs, de la constitution de l'OIT. Les États y ont ainsi souscrit en adhérant à l'Organisation qui en promeut l'application en priorité. La Déclaration adoptée en 1998 sur les principes et droits fondamentaux au travail l'a clairement confirmé.

Autre problème, la clause sociale doit-elle se borner à renvoyer aux normes de l'OIT ou créer des normes nouvelles ? Dans la première hypothèse, s'agit-il de se référer aux conventions ou aux principes qu'elles contiennent ?

Faut-il, d'ailleurs, imposer des règles de manière uniforme à tous les États ou établir des distinctions en fonction de leur degré de développement ? Plus précisément, faut-il placer dans des catégories différentes les États les plus pauvres et les pays émergents.

En outre, les normes retenues doivent-elles s'appliquer à tous les secteurs de l'économie nationale ou seulement à certains plus tournés vers le commerce international (zones franches d'exportation, secteurs modernes d'exportation, etc.) ? Il convient donc de délibérer sur le champ d'application de ces normes minimales de travail. L'OIT a toujours défendu la thèse que les règles qu'elle adoptait devaient avoir un caractère universel. Il reste que de nombreux instruments contiennent des clauses et formules de souplesse afin, justement, de tenir compte des disparités économiques ; elles permettent en particulier d'exclure provisoirement certains secteurs d'activité ou certaines catégories professionnelles. Faut-il les insérer ici également ?

Un troisième problème concerne la forme de l'engagement des pays signataires. Les États souscrivent normalement par une ratification formelle à l'obligation de respecter une convention internationale. Il s'ensuit qu'une clause sociale devrait être ratifiée avec le traité qui la contient. Je rappellerai toutefois que les procédures de l'OIT n'exigent pas toutes cet engagement spécifique, par les États concernés, des conventions pertinentes. Il en va ainsi des plaintes présentées au Comité de la liberté syndicale. On a suggéré en l'occurrence d'autres voies comme une modification des procédures de l'OMC, ou l'adoption d'une convention portant spécifiquement sur ce sujet. Ces projets n'ont pas eu de suite.

On peut également encourager l'élaboration de plans d'action dans des domaines précis. Si les États étaient requis par une clause sociale de les élaborer et de les mettre en œuvre, l'obligation revêtirait normalement une valeur programmatique.

Un quatrième problème porte sur la manière de constater les violations des normes retenues. Ici encore, diverses possibilités viennent à l'esprit. La première à se présenter est la procédure judiciaire, nationale ou internationale avec, le cas échéant, une instance de recours. Les parties à l'accord international préfèrent en général établir conjointement un groupe d'arbitres, voire entreprendre conjointement – avec, le cas échéant, l'assistance de l'OIT – une recherche des faits pour en tirer des conclusions. Rien n'empêche en outre de se référer aux organes traditionnels de contrôle de l'OIT ou de s'inspirer des missions de bons offices ou plus formellement de conciliation et d'investigation, menées par le BIT.

D'autres interrogations suivent, comme pour déterminer qui peut engager la procédure : un autre État ? Faut-il exiger qu'il soit lui-même tenu par les normes invoquées ? Les associations patronales et syndicales ? Toutes ? Seulement celles qui ont un intérêt direct dans l'affaire ? Convient-il – et pourquoi – de se limiter à celles qui jouissent d'un statut consultatif auprès de l'OIT ? L'instance désignée pour vérifier la conformité de la législation et de la pratique nationale avec les dispositions retenues pourrait-elle se saisir d'office, examiner les éventuelles difficultés sur la base de plaintes ou de rapports périodiques ?

Il reste encore à identifier les sources de financement des mécanismes choisis, et les moyens de traduire dans les faits, avec la plus grande efficacité, les conclusions des instances chargées du contrôle. On sait la frilosité des États à imposer des mesures punitives dans le domaine social.

La décision d'en appliquer serait-elle prise, il conviendrait de déterminer qui les prend et si on les limite aux cas très graves. Les accords de libre-échange envisagent en général, une fois constatée la violation de la norme, d'autoriser l'État plaignant à établir librement des tarifs douaniers dissuasifs ou d'adopter d'autres mesures économiques à l'encontre du pays en infraction. La décision d'appliquer de telles décisions pourrait aussi échoir à une instance indépendante. Quoi qu'il en soit, le juriste s'interrogera sur l'opportunité d'exiger un lien de cause à effet entre l'infraction et un préjudice avéré subi par l'État protestataire. La question se pose encore de savoir si la sanction doit viser le pays condamné dans son ensemble, le secteur d'activité en cause, ou l'entreprise responsable, ou encore si elle doit être conçue et exécutée au niveau national ou international.

On le voit, nombreuses sont les options possibles. Beaucoup sont utilisées dans la législation commerciale de pays ou groupements de pays industrialisés ainsi que dans les accords internationaux.

Paragraphe 4. Solutions de remplacement

1) Les procédés unilatéraux

Résistances politiques et problèmes techniques ont poussé certains pays industrialisés à choisir des alternatives et prendre des mesures unilatérales. Les États-Unis ont introduit depuis longtemps, dans leur législation commerciale des règles qui subordonnent les avantages économiques concédés à des États étrangers au respect de droits minimaux pour les travailleurs. Parmi ces dispositions, je mentionnerai le code de commerce (*Trade Act*) et les clauses de la nation la plus favorisée (en anglais *Generalized System of Preferences* - GSP). L'Union européenne applique également un schéma de préférences tarifaires généralisées[379], considérant la violation, parmi d'autres, des normes fondamentales de l'OIT comme une raison de retirer le statut privilégié. Le texte adopte en outre une approche plus positive : il accorde des avantages tarifaires additionnels aux pays en développement que le manque de diversification et d'intégration dans le système commercial international rend vulnérables ; le but est de les aider à assumer les charges découlant de la ratification et de la mise en œuvre effective notamment des conventions considérées comme fondamentales par l'OIT.

Les objections à ce type de législation dérivent naturellement de son caractère unilatéral, de la possibilité laissée à un État de définir lui-même les normes équitables de travail, d'apprécier seul leur degré d'application dans d'autres États, de lier leur respect à l'octroi, de sa part, d'avantages économiques ou douaniers, et leur violation de sanctions. Beaucoup jugent préférables, et dans l'intérêt de toutes les parties, d'élaborer sur le plan universel des instruments propres à éviter à la fois les dangers du protectionnisme et les risques de voir se multiplier les décisions unilatérales, ou les conventions à quelques-uns uniquement. Ils craignent que l'absence de tels instruments conduise à une surenchère "vers le bas" et favorise des situations d'exploitation, voire le démantèlement de la protection sociale nationale. Faut-il ajouter que les investisseurs étrangers ne sont pas les derniers à utiliser ces mauvaises pratiques de travail alors qu'ils ne possèdent pas la même liberté dans leur pays d'origine?

[379] Actuellement règlement européen no 978/2012 du 25 octobre 2012, tel que modifié.

Ces dispositions unilatérales s'inspirent souvent de normes de l'OIT, même si cette dernière n'intervient pas dans leur conclusion et leur mise en œuvre. Rien n'empêche toutefois un État, qui a conditionné l'octroi d'avantages à un autre État, au respect par ce dernier de droits minimaux au travail, de prendre en compte les commentaires formulés par les organes de contrôle de l'OIT sur les dispositions retenues comme référence. Bien plus, bien des pays demandent l'assistance de l'Organisation pour se conformer aux clauses sociales liées aux préférences tarifaires.

2) Les accords de commerce non universels avec un volet social

Les traités bilatéraux de coopération commerciale, contenant des dispositions sociales, se multiplient à l'initiative notamment du Canada, des États-Unis et de l'Union européenne. Le Japon, cherchant l'amitié de ses voisins asiatiques, et la Chine, peu sensible à ces questions, restent réservés, ce qui pourrait à l'avenir tempérer l'insistance des pays occidentaux à inclure de telles clauses. Je citerai, à titre d'exemples, les accords du Canada avec le Chili et le Costa Rica, des États-Unis avec le Cambodge, le Chili, la Jordanie et Singapour ou de l'Union européenne avec la Corée du Sud, l'Inde et Singapour. On observera que certains accords se concluent entre des États qui possèdent un niveau d'industrialisation poussé.

Le nombre des accords de commerce multilatéraux augmente également. Les traités relatifs à la construction européenne, qui vont bien plus loin dans le processus d'intégration que de simples traités de libre-échange constituent un cas à part. En revanche, l'Accord de libre-échange nord-américain révisé ACEUM (CUSMA ou USMCA selon le sigle anglais) reste un exemple souvent cité. Les États-Unis ont encore adopté avec la République dominicaine, le Nicaragua, le Salvador, le Guatemala, le Honduras et le Costa Rica, l'accord de libre-échange d'Amérique centrale (ALEAC).

J'ai déjà mentionné celui signé par l'Union européenne et le Canada, le 30 octobre 2016. Appelé AECG (CETA selon le sigle anglais), il contient un chapitre 23 sur le travail qui se réfère à l´OIT et à ses normes. Aucune des deux Parties ne peut ignorer ou abaisser les règles sur le travail pour stimuler le commerce. Les organisations non gouvernementales sont associées à la mise en œuvre des dispositions de ce chapitre. Les Signataires reconnaissent l'importance, sur les questions de travail, du dialogue entre travailleurs et employeurs, leurs organisations respectives et les gouvernements ; ils s'engagent à le promouvoir. La coopération avec l'OIT est encouragée. Enfin, un mécanisme d'exécution assure l'application de ces dispositions.

Outre les traités régionaux, je mentionnerai encore ceux conclus périodiquement entre l'Union européenne et un groupe de pays en développement d'Afrique, des Caraïbes et du Pacifique. Ces conventions ont reconnu le respect des droits de la personne humaine, droits sociaux fondamentaux compris, ainsi que des règles démocratiques, comme un élément essentiel de la relation commerciale préférentielle établie entre l'Europe et ses anciennes colonies. L'accord actuel dit de Cotonou, en cours de révision, se réfère expressément aux normes de travail fondamentales de l'OIT que sont la liberté syndicale et la libre négociation collective, l'abolition du travail forcé et des pires formes de travail des enfants, la non-discrimination dans l'emploi.

Le site internet de l'OIT contient, sous « Normes de travail » un large aperçu des accords de libre-échange concernant les droits des travailleurs. Le système d'information de l'Organisation des États Américains (OEA) se réfère également, dans les pages sur le commerce extérieur, aux accords de libre-échange entrés en vigueur, simplement signés ou en cours de négociation[380].

Paragraphe 5. L'OIT et la clause sociale

On a souvent souligné les limitations géographiques, mais aussi de fond, de ces accords. Ils s'en tiennent, même dans le cas de l'ACEUM, à des dispositions relativement générales. Leur raison d'être diffère largement de celle des conventions internationales du travail. Ils possèdent une finalité avant tout économique. L'argument de la concurrence, justifiant l'insertion de dispositions sociales, ressort très clairement de plus d'une déclaration à leur propos.

Il reste que l'objectif de pallier les conséquences sociales négatives de la libéralisation des échanges commerciaux les rapprochent des préoccupations de l'OIT. On en prendra pour preuve l'accord de commerce conclu le 20 janvier 1999 entre le Cambodge et les États-Unis dans le secteur textile. L'instrument contenait une clause sociale à la mise en œuvre de laquelle l'OIT a été associée, sur demande des deux parties. Un projet d'assistance technique fut mis en place. Il comportait une

---

[380]https://www.ilo.org/global/standards/information-resources-and-publications/free-trade-agreements-and-labour-rights/lang--fr/index.htm ; http://www.sice.oas.org/tpd_e.asp

procédure d'examen du respect de la législation du travail cambodgienne et des conventions de l'OIT, ainsi que des mesures prises pour porter remède aux défaillances relevées. Les programmes dits "Better work" en constituent une continuation dont j'ai parlé. Ils sont en cours de réalisation dans plusieurs pays d'Afrique, d'Amérique latine et d'Asie.

Au-delà, que la clause sociale existe et fasse pression sur les États aide objectivement l'OIT dans la mise en œuvre de ses normes, même si elle ne prend aucune part à ces arrangements. L'influence est triple. Le texte des clauses, on vient de le voir, fait souvent référence, explicitement ou non, aux normes de l'OIT. Ensuite les personnes chargées de vérifier leur respect examinent fréquemment les commentaires de ses organes de contrôle. Le Groupe d'experts établi en vertu de l'article 13.15 de l'Accord de libre-échange entre l'UE et la Corée du Sud (2021) s'est ainsi référé aux conclusions du Comité sur la liberté syndicale dans son rapport et a conclu que le droit coréen sur la représentation des travailleurs n'était pas parfaitement dans la ligne des principes de la liberté syndicale.

Les pays concernés enfin demandent assez régulièrement à l'Organisation de fournir une assistance technique pour surmonter les problèmes rencontrés. Le souci principal des États-Unis en insistant sur l'adjonction d'une annexe sociale à l'accord de libre-échange nord-américain - ACEUM – a été de s'assurer de l'observation effective de la législation du travail existante, au Mexique en particulier. C'est ainsi que l'OIT a mené une mission à l'usine de General Motors (GM) située à Silao, Guanajuato, pour observer le processus de légitimation de la convention collective (CBA). Elle l'a fait dans le cadre des engagements pris par le gouvernement mexicain à la suite de cet accord de libre-échange[381].

Pendant mon affectation au bureau régional du BIT pour l'Asie et le Pacifique à Bangkok, je reçus un jour une demande du ministère indonésien du travail m'expliquant que le pays risquait d'être exclu de la liste des partenaires commerciaux les plus favorisés par les États-Unis en raison de déficiences alléguées de ses relations professionnelles. Il demandait l'assistance du BIT pour résoudre ces difficultés. J'envoyai mon meilleur expert. Il aida à la révision de la législation et permit ainsi à l'Indonésie de conserver sa place dans le système américain de préférences généralisées.

[381]https://www.ilo.org/global/about-the-ilo/newsroom/news/WCMS_817138/lang--fr/index.htm.

Quelques dix ans plus tard une demande analogue me vint du gouvernement jordanien alors que j'étais responsable pour les États arabes à Beyrouth. Il s'agissait ici d'un traité de commerce bilatéral entre ce pays et les États-Unis. Il contenait une clause sociale, de nouveau en matière syndicale, que ces derniers considéraient comme non respectée. Un expert du BIT put une fois de plus aider à la révision du droit jordanien et permettre à ce pays de se conformer à l'accord.

Section III. La dimension transnationale des relations de travail

De plus en plus de différends du travail intègrent une dimension internationale. Pourtant, si les parties souhaitent habituellement une solution amiable, les droits en vigueur, nationaux ou européen, proposent des modes de règlement qui, quand ils existent, font débat. Voilà qui conduit à m'interroger sur le profit que l'on tirerait à puiser dans le droit international du travail une inspiration sur les moyens de mettre fin pacifiquement à ces conflits. Tel est l'objet de cette section.

Une première partie cherche à mieux cerner les conflits transnationaux du travail, distinguant plusieurs hypothèses de complexité croissante. Elle relève que des dispositions internationales, principalement européennes apportent une solution aux différends de droit proprement transnationaux, mais que cette réponse ne satisfait pas toujours, loin s'en faut. S'ils sont d'intérêts, ni le droit européen ni le droit international ne permettent en revanche, sauf exceptions, de les trancher sur le fond alors que les droits nationaux présentent à ce propos des différences considérables.

Une seconde partie examine les instruments internationaux et leurs procédures de mise en œuvre qui pourraient constituer des pistes pour l'élaboration de modes pacifiques de solution de ces conflits.

Paragraphe 1. Les conflits transnationaux du travail : essai de caractérisation

Un conflit de travail naît d'une contestation individuelle ou collective des conditions d'emploi ou d'une politique sociale. Encore faut-il déterminer quand le différend prend une dimension transnationale suffisante pour demander un traitement particulier. Peu d'auteurs se sont penchés sur la question[382]. Trois situations peuvent, à mes yeux, se présenter.

La contestation, première hypothèse, concerne un conflit qui surgit à l'intérieur des frontières d'un pays. Il affecte non seulement les citoyens de celui-ci, mais ceux d'autres États (par exemple pour la fourniture de marchandises). Je fus ainsi interrogé un jour par la BBC sur la manière dont les Anglais pouvaient réagir aux conséquences chez eux d'une grève purement française des transporteurs routiers. Du point de vue du droit du travail, cette action collective ne pouvait normalement pas être qualifiée de transnationale, même si elle provoquait des effets à l'étranger. Je ne poursuivrai pas par conséquent l'analyse de ces cas.

Dans la seconde hypothèse, le différend présente certes un élément d'extranéité, comme la nationalité d'une des parties, mais les activités des personnes concernées se situent dans un seul pays. S'il s'agit d'un conflit juridique, le droit international privé de ce pays - appliquant, le cas échéant les normes internationales d'un traité ou du droit européen - indiquera la juridiction compétente et la loi applicable. Ainsi l'article 5 de la convention n° 157 de l'OIT sur la conservation des droits en matière de sécurité sociale, 1982, renvoie en principe au lieu de travail habituel. Ces situations appellent à une régulation internationale plus complète. Techniquement, elle n'est pas difficile à réaliser.

Une troisième hypothèse en revanche retient davantage l'attention. Les activités mêmes qui ont un rapport avec le conflit s'étendent à plus d'un pays. Est-il de droit, la législation européenne permet d'identifier les dispositions applicables. Pourtant les solutions retenues, je le répète, ne vont pas toujours dans le sens de l'apaisement.

Envisageons en premier lieu le règlement européen n° 593/2008 du 17 juin 2008, dit "Rome I", qui détermine la loi applicable aux obligations contractuelles, y compris dans les relations d'emploi. Malgré une formulation absconse, l'article 8 privilégie le plus fréquemment le lieu habituel d'exécution du travail.

Il ne s'applique toutefois qu'aux contrats individuels de travail. Les accords collectifs relèvent des dispositions générales de l'instrument qui traitent de tous les actes générateurs d'obligations contractuelles. En vertu de l'article 3, les parties devraient avoir le choix de la loi ; à défaut, l'article 4 demande de prendre la loi du pays dans lequel la partie, qui doit exécuter la prestation caractéristique, a sa résidence habituelle, c'est-à-dire (article

[382] Voir cependant F. Morgenstern, *Les conflits de lois en droit du travail* Genève, BIT, 1986

19) pour une société ou une association patronale ou syndicale, le lieu où se situe son administration centrale. Cette solution correspond également à l'élément retenu, dans leur domaine de préoccupations, par certaines directives sur l'information, la consultation ou la participation du personnel.

Elle ne convient vraiment que pour les accords d'entreprise ou de groupe. Au-delà, s'agissant des accords conclus entre organisations d'employeurs et de travailleurs de plus d'un pays ou de niveau européen, aucune solution d'ensemble ne s'est clairement dégagée. Il n'est pas aisé en effet de déterminer, comme le prévoit encore l'article 4, la loi du pays avec lequel l'accord présente les liens les plus étroits. Et que dire des rapports collectifs de travail qui n'aboutissent pas à un accord [383]?

La mise en œuvre d'autres instruments européens encore s'avère complexe. Pensons au règlement n° 883/2004 du 29 avril 2004 coordonnant les systèmes de sécurité sociale dont l'entrée en vigueur a été longtemps retardée. Citons aussi les règlements n° 1215/2012 du 12 décembre 2012 traitant de la compétence judiciaire, de la reconnaissance et de l'exécution des décisions en matière civile et commerciale ainsi que n° 662/2009 du 13 juillet 2009 instituant une procédure pour la négociation et la conclusion d'accords entre les États membres et des pays tiers sur des questions particulières concernant le droit applicable aux obligations contractuelles et non contractuelles.

La directive européenne n° 2008/52 du 21 mai 2008 sur certains aspects de la médiation en matière civile et commerciale porte principalement sur les conflits de droit. Son dixième considérant exclut en outre son application pour les "droits et obligations dont les parties ne peuvent disposer …en vertu de la législation pertinente". " De tels droits et obligations", ajoute-t-il, " sont particulièrement fréquents …en droit du travail". La relation d'emploi porte en effet sur le corps et l'esprit d'une personne[384] et l'asymétrie entre employeurs et salariés constitue généralement la spécificité de ce rapport. De même la Conférence de La Haye de droit international privé a approuvé en 2015 des Principes sur le choix de la loi applicable aux contrats commerciaux internationaux, mais ces derniers excluent expressément les contrats de travail.

---

[383] Voir également: L. Pisarczyk, A. Boguska, "European Framework Agreements in Multinational Companies. What Role for European Labour Law?", *International Journal of Comparative Labour Law and Industrial Relations*, Vol. 39 (2), 2023, pp. 247 – 264; D. Niksova, "Transnational Company Agreements and EU Law", *ibid.* , pp. 265 – 270

[384] Voir ainsi Th. Pillon, *Le corps à l'ouvrage*, Paris, Stock, 2012.

Cette simple évocation des normes susceptibles de s'appliquer aux conflits de droit montre qu'une solution légaliste n'est pas communément la plus adaptée aux préoccupations des parties, alors que celles-ci cherchent d'ordinaire à maintenir entre elles des relations dénuées de tensions excessives et à éviter un dénouement exagérément litigieux. Bien plus, un très grand nombre de différends collectifs de travail se rapportent à des questions d'intérêts plutôt que de droit et des dispositions analogues n'existent pas dans ce cas, rendant le plus souvent impraticable une solution judiciaire.

Ces derniers n'échappent pas totalement à une réglementation puisque des normes juridiques imposent fréquemment des contraintes à la forme que prend le conflit. Une sentence ne porterait que sur la tournure prise par le conflit, non, sauf par arbitrage, sur le règlement de l'objet même de la contestation. Même alors, les normes du droit international privé national ou les règlements européens peuvent toutefois aboutir à l'application de plusieurs droits nationaux peu conciliables entre eux. Les relations professionnelles varient en effet dans une mesure considérable d'un État à un autre, même voisin.

Loin de porter seulement sur les règles juridiques applicables, les différences se manifestent dans la vision du système et la conception que se font les acteurs de leur mission. Elles regardent le régime de la grève, simple liberté ici, droit individuel ici, collectif là, , celui de la négociation collective et des accords auxquels elle aboutit, dispositions applicables à tout le personnel de l'entreprise voire à toute la profession dans de nombreux pays, mais simple engagement sur l'honneur au Royaume-Uni. Elles concernent la reconnaissance des syndicats, acquise en principe sur le Continent européen quand ceux-ci répondent à des critères de représentativité, mais obtenue de haute lutte aux États-Unis ou au Canada. Je me suis laissé dire que bien des employeurs et leurs mandataires souhaitaient une harmonisation des règles de représentation des délégations syndicales aux Comités d'entreprise européens, afin d'éviter les désordres.

Comment s'étonner dans ces conditions si un conflit collectif transnational entraîne des problèmes d'une grande complexité?

L'application du règlement européen n° 864/2007 du 11 juillet 2007, dit "Rome II", sur la loi applicable aux obligations non contractuelles ne les résout pas toutes, bien au contraire. La loi du pays dans lequel le conflit est (ou a été) engagé régit, selon l'article 9, la responsabilité d'un employeur, d'un travailleur ou d'une organisation professionnelle pour les dommages causés par une grève ou un lock-out. Il existe heureusement des exceptions à cette règle. L'article 4, paragraphe 2, ajoute que, si la partie dont la responsabilité est invoquée et la partie lésée ont leur résidence habituelle dans le même pays au moment de la survenance du dommage, la loi de ce pays s'applique.

En outre, la règle spéciale de l'article 9 est énoncée sans préjudice des conditions auxquelles l'exercice de telles actions est soumis, selon le droit national, ou du statut juridique des syndicats qui y est prévu (28e considérant). Les principes traditionnels du droit international privé apportent effectivement un tempérament à cette disposition : le règlement ne porte pas atteinte aux dispositions de la loi du for qui gouvernent impérativement la situation (article 16) ; l'article 26 réserve encore l'ordre public du for.

L'article 9, dans sa généralité, pourrait en effet conduire à l'application d'une loi considérée comme attentatoire à la liberté syndicale au sens de la convention n°87 de l'OIT sur la liberté syndicale et la protection du droit syndical. La CEACR a effectivement considéré que la menace "omniprésente" d'une action en dommages et intérêts comportait le risque de mener un syndicat dans une situation d'insolvabilité, "éventualité aujourd'hui fort plausible, compte tenu de la jurisprudence Viking et Laval" et créait une situation dans laquelle l'exercice des droits établis par cette convention internationale devenait impossible[385].

Dans le domaine particulier du détachement des travailleurs, une directive n° 96/71 du 16 décembre 1996 tend à préciser si s'applique le droit du pays d'origine ou celui du lieu d'exécution du travail. Elle a provoqué, dans l'interprétation qu'en font les arrêts *Laval, Rüffert* et *Commission contre Luxembourg* de la CJUE, des controverses bien connues. Elles portaient notamment sur le droit de grève et sa conciliation avec la libre circulation des services. Même si la Cour a plus récemment confirmé sa jurisprudence dans un arrêt *Fonnship A/S* du 8 juillet 2014 (paragraphe 41), on peut légitimement s'interroger sur la solution donnée quand, depuis le traité de Lisbonne, le droit d'action collective, a acquis, avec toute la Charte des droits fondamentaux de l'UE, une valeur égale à celle des traités. Ce changement de statut juridique corrige manifestement, en sa faveur, le déséquilibre entre les libertés économiques et ce droit social

385 Voir Conférence internationale du travail, 99ème session, 2010, *Rapport de la Commission d'experts pour l'application des conventions et recommandations*, rapport II (partie 4A), Genève, BIT, 2010, p. 212 (cas concernant le Royaume-Uni).

essentiel. Les amendements apportés à la directive par celle n° 2018/957 du 28 juin 2018 constituent un argument supplémentaire dans ce sens.

Ainsi, cette troisième hypothèse que j'ai identifiée appelle clairement l'élaboration de normes européennes et internationales pour la solution pacifique de ces différends, plus spécifiquement des procédures extrajudiciaires de conciliation, de médiation, voire d'arbitrage volontaire. Celles-ci pourraient se mouler dans une convention internationale, un règlement ou une directive européenne. Quelques-uns l'envisagent. Je pense en revanche que la conclusion d'accords-cadres par les confédérations patronales et syndicales ou la signature en commun de déclarations, mieux, de recueils de directives pratiques seraient plus adaptées à la disposition d'esprit actuelle des parties aux relations professionnelles transnationales.

Il est dans ces conditions de bonne politique de chercher dans les instruments internationaux, spécialement dans les mécanismes de contrôle de l'OIT ainsi que dans sa pratique de la médiation/conciliation, une inspiration pour la mise au point de telles dispositions quand bien même ces normes et ces procédures ne sont pas techniquement applicables.

Paragraphe 2. Les normes et les procédures internationales en tant que sources d'inspiration pour la solution pacifique des conflits transnationaux du travail

J'ai déjà insisté sur l'importance de la médiation dans les procédures de contrôle de l'OIT. Nous avons vu que la simple menace d'un débat au Conseil d'administration ou à la Conférence annuelle de l'Organisation pousse fréquemment le gouvernement critiqué à chercher des solutions amiables aux conflits. Les démarches sont entreprises par des personnalités indépendantes, par de hauts fonctionnaires du BIT, voire par des délégués de l'Organisation, au cours de missions et d'entretiens dont le formalisme varie.

Ces mécanismes obéissent à quelques principes de base. Au même titre que dans un procès, il convient de veiller aux droits de la défense. L'État critiqué doit ainsi pouvoir répliquer le dernier dans l'échange d'arguments entre les parties. Si par ailleurs les conventions doivent s'appliquer de manière uniforme et constante à tous les États, les circonstances propres à chacun, ses conditions économiques et sociales ou l'état de ses relations professionnelles doivent nécessairement être prises en compte dans le choix des moyens utilisés pour faire cesser les violations.

Quand survient un problème sérieux, le Bureau privilégie en premier lieu les contacts officieux. Leurs succès dépend non seulement de l'attitude du gouvernement concerné, mais du comportement des personnalités chargées de ces démarches : rapidité et tout à la fois sérénité, impartialité et respect de l'égalité des parties, connaissance en profondeur des dossiers, sensibilité aux exigences de la bonne gouvernance. Ce code de bonne conduite vaut également pour les discussions totalement informelles nouées avec les représentants de firmes transnationales qui demandent conseil pour la solution d'un différend.

De telles règles et principes pourraient aisément être reproduits dans des instruments juridiques européens ou autrement transnationaux consacrés aux conflits du travail qui dépassent les frontières d'un État. Il leur serait également loisible de s'inspirer des recommandations de l'Organisation, n°130, de 1967, déjà mentionnée, sur l'examen des réclamations et n° 92, de 1951, sur la conciliation et l'arbitrage volontaires. J'évoquerai successivement ces deux textes dont le premier concerne surtout les disputes individuelles et le second, essentiellement la solution pacifique des conflits collectifs.

L'Institution, on l'observe, a adopté peu de normes sur le règlement pacifique des différends. Les réticences viennent pour beaucoup des organisations d'employeurs et de travailleurs. Celles-ci craignent de voir restreintes leur liberté d'action et les modalités de leurs relations. Les droits allemand et belge ne contiennent pas non plus de règles détaillées sur ce point, et pour la même raison. Complexe aurait en outre été de concilier les approches juridiques anglo-américaine et d'Europe continentale de l'action collective ou du rôle de l'arbitrage, pour ne rien dire de la vision des pays communistes longtemps dominant en Europe de l'Est et au-delà.

a) Réclamations

On recoure fréquemment en pratique, pour les conflits individuels de droit ou d'intérêts à des instances de conciliation, de médiation, et d'arbitrage volontaire afin de trouver des solutions acceptables, un mauvais arrangement valant maintes fois mieux qu'un bon procès, ou, plus simplement, qu'une poursuite du litige. Ces méthodes de solution des différends se rencontrent notamment dans les règlements d'entreprise ou les codes de conduite des grandes firmes nationales ou multinationales. L'approche correspond à l'esprit des Principes directeurs de l'OCDE sur les entreprises multinationales qui n'apportent pas d'indication plus spécifique.

Je voudrais encore citer les accès aux voies de recours suggérés par les principes directeurs " Ruggie" relatifs aux entreprises et aux droits de l'homme souscrits par le Conseil des droits de l'homme. On sait qu'elles amplifient la signification de la notion de responsabilité de l'entreprise pour le respect des droits de la personne et offrent des règles pour la prévention et le traitement des effets négatifs de ses activités sur les droits en question.

Le paragraphe 31 énumère des qualités que les procédures extrajudiciaires de plaintes, publiques ou non, devraient réunir :

- la légitimité : inspirer confiance aux groupes de personnes pour lesquelles le mécanisme a été instauré et répondre du juste traitement des réclamations ;

- l'accessibilité : être connues de tous ces groupes intéressés et procurer une assistance adéquate à ceux qui rencontreraient des obstacles spécifiques à les utiliser ;

- la prévisibilité : prévoir une procédure claire et largement connue, avec une indication séquencée de la durée de chaque étape ; fournir des informations claires sur les types de recours, les résultats attendus et les moyens de contrôler leur mise en œuvre ;

- l'équité : chercher à s'assurer que les parties lésées aient un accès raisonnable aux sources d'information, aux conseils et à l'expertise nécessaires pour introduire un recours dans des bonnes conditions ;

- la transparence : maintenir les parties au courant du déroulement de la réclamation ; apporter des renseignements suffisants sur les réalisations de ces mécanismes pour donner confiance dans son efficacité et tenir compte de l'intérêt public en jeu ;

- la conformité aux droits humains internationalement reconnus : s'assurer que les résultats et les réparations soient en accord avec eux ;

- une source d'apprentissage permanent : tirer des mesures prises, des leçons pour l'amélioration des mécanismes mis en place et prévenir d'autres dommages et réclamations :

- des procédures fondées, au niveau opérationnel, sur l'engagement et le dialogue : consulter les groupes de personnes concernées sur le type de mécanisme choisi et sur son fonctionnement ; privilégier le dialogue pour traiter et résoudre les plaintes.

Les accords-cadres internationaux qui organisent une instance chargée des réclamations retiennent en général une procédure de recours, successifs en cas de besoin, plutôt que l'intervention d'un médiateur ("ombudsperson")[386].

Je rappellerai enfin la mise en garde de la recommandation n° 130 : lorsque des conventions collectives établissent des procédures d'examen des réclamations, les parties signataires doivent être encouragées à y inclure, pendant sa durée de validité, une renonciation à l'action directe, c'est-à-dire à favoriser le règlement des plaintes par les mécanismes prévus et à s'abstenir "de toute action de nature à en entraver le fonctionnement efficace".

b) Conciliation, médiation et arbitrage

La Charte sociale européenne demande qu'en vue d'assurer l'exercice effectif du droit de négociation collective, les États s'engagent à favoriser l'institution et l'utilisation de procédures appropriées de conciliation et d'arbitrage volontaire pour le règlement des conflits du travail[387].

A l'OIT, la recommandation n° 92 de 1951 se limite à quelques principes généraux, laissant aux parties le soin de convenir des modalités ; l'Organisation propose toutefois ses conseils pour trouver la meilleure manière de procéder[388]. Le dernier paragraphe précise, si c'était nécessaire, qu'aucune de ces dispositions ne peut s'interpréter "comme limitant d'une manière quelconque le droit de grève" ; un arbitrage obligatoire reviendrait, on le sait, à l'interdire et à entraver la libre négociation collective des conditions d'emploi.

Le texte prévoit l'établissement d'organes de conciliation volontaire qui contribuent à la prévention et au règlement des conflits de travail. Il préconise une procédure gratuite et rapide engagée à l'initiative de l'une des parties ou d'office, par l'instance de conciliation. Le Comité de la liberté syndicale a cependant admis une obligation de payer les services de conciliation et de médiation-arbitrage, si les coûts restent d'un montant raisonnable et ne nuisent pas à la capacité des parties d'y recourir, en particulier si elles ne disposent pas de ressources suffisantes[389].

---

386 http://www.eurofound.europa.eu/publications/htmlfiles/ef08102.htm, European and international framework agreements: Practical experiences and strategic approaches, 2008.
387, Article 6§3,
388 C. Vargha, *Labour Disputes Systems: Guidelines for Improved Performance*, Genève, BIT, 2013.
389 BIT, *La liberté syndicale .op. cit*, § 862.

Une instance de médiation établie sur une base conjointe devrait compter une représentation égale des employeurs et des travailleurs. Si tous les acteurs acceptent le recours à la conciliation, ils sont encouragés, pendant que la procédure suit son cours, à s'abstenir des grèves et des lock-out. Il en va de même s'ils ont consenti à un arbitrage pour règlement final ; elles devraient, en outre, être incitées à accepter la décision arbitrale.

Le Comité de la liberté syndicale a insisté pour que les parties au différend participent aux différentes étapes de la procédure. L'institution d'arbitrage devrait être rapide, indépendante, apparaître comme telle, et ne pas se voir imposer par la loi des critères fixés à l'avance pour ses conclusions. Les sentences rendues devraient s'appliquer complètement et sans délai. Les organes de contrôle de l'OIT considèrent que la conciliation et la médiation aident toutes deux les parties à conclure un accord volontaire. Ils n'ont pas privilégié une technique par rapport à l'autre, ni d'ailleurs un système de conciliation distinct de l'arbitrage par rapport à celui qui combine les deux. Seul importe que les personnes qui en sont chargées soient impartiales et apparaissent comme telles[390].

Dans la pratique, les fédérations syndicales internationales interrogées, disent préférer confier aux signataires l'exécution des accords conclus et résoudre leurs différends de manière autonome. Elles les considèrent comme les mieux placés, mais n'excluent pas que des instances tierces, tribunaux nationaux ou organes extrajudiciaires, soient, le cas échéant, appelés à leur trouver une solution. J'ai néanmoins rencontré des exemples de procédures préalables, spécialement de conciliation et de médiation, pour régler d'éventuels conflits[391]. Tel est le cas des accords-cadres GDF (16 novembre 2011) et Securitas AB (26 octobre 2012).

Paragraphe 3. Remarques finales

Résumons. Le droit en vigueur n'apporte pas souvent de solution satisfaisante, c'est-à-dire globalement acceptable pour toutes les parties, aux différends transnationaux du travail. Leur nombre pourtant s'accroît avec les progrès de la mondialisation. L'ouverture des frontières a perturbé les solutions aux conflits de droit prévues ou les mécanismes de règlement des conflits d'intérêts, par les droits existants.

---

[390] *Ibid.* §§ 863, 882, 1430.

[391] ETUC, *More and Better European Company Framework Agreements: Enhancing Trade Unions in Transnational Negotiations with Transnational Companies*, Executive Committee, Discussion Note, Brussels, 5-6 June 2012.

Les difficultés que je viens d'évoquer devraient inciter l'OIT à renforcer ses moyens d'action. Il serait certainement opportun qu'elle élabore un instrument international mondial traitant du droit du travail ou de la sécurité sociale applicable, de la juridiction compétente et de la procédure d'exécution des décisions judiciaires dans les conflits de travail transnationaux. Néanmoins, son adoption ne résoudrait pas tous les problèmes et ne mettrait pas fin à toutes les tensions, en particulier dans les conflits collectifs.

L'Organisation pourrait par conséquent puiser dans son expérience afin de systématiser et d'améliorer ses pratiques de bons offices. On trouve dans les instruments internationaux et leurs procédures d'application une riche source d'inspiration sur la manière de traiter ces litiges transnationaux.

Adopter une convention internationale, une directive ou un règlement européen sur la solution pacifique des différends a ses partisans. Pourtant employeurs et travailleurs ont toujours manifesté, à l'OIT, des réserves à l'élaboration de normes internationales sur ce point. On sait que les associations patronales et syndicales expriment plus généralement, leurs réticences à toute intervention extérieure dans leurs relations professionnelles.

Il semble socialement peu souhaitable, et politiquement peu réaliste, de vouloir passer outre à ces oppositions, quand le consentement des deux acteurs clés de la scène professionnelle reste fondamental au succès de ces procédures. Mieux vaut utiliser des méthodes moins contraignantes, encourager les bonnes pratiques d'entreprises ou de branches d'activité, les accords-cadres à ces niveaux ou sur le plan intersectoriel, pour mettre fin pacifiquement à tels conflits.

La Déclaration tripartite concernant les entreprises multinationales et la politique sociale encourage la désignation par les gouvernements, les employeurs et les travailleurs de points focaux nationaux sur une base tripartite avec pour mission de promouvoir l'application des principes qu'elle contient. J'ai rappelé que la procédure promue fait écho aux points de contact nationaux établis pour la mise en œuvre des Principes directeurs de l'OCDE à l'intention des multinationales. Leur compétence s'étend également à la médiation et la conciliation pour résoudre les problèmes pratiques qui peuvent survenir. Une différence importante existe cependant. Contrairement aux lignes directrices de l'OCDE, l'instrument ne prévoit pas la participation directe d'entreprises transnationales ou d’ONG à ces mécanismes de points focaux. On pourrait l'améliorer sur ce point.

De façon pragmatique, l’OIT a déjà été appelée et autorisée à servir de médiateur dans des conflits de travail transnationaux : la qualité et la neutralité de ses fonctionnaires, leur connaissance directe des problèmes de développement dans les pays moins industrialisés, fait de l’Organisation un tiers idéal. Une formalisation de son implication contribuerait à résoudre des conflits de travail. Ces opérations pourraient s'inspirer des missions de l’Autorité européenne du travail. Celle-ci encourage la coopération entre les États sur le respect du droit européen dans son domaine de compétence, organise des inspections coordonnées et communes, assure des médiations et facilite la recherche de solution en cas de litiges transfrontaliers.

Mention a déjà été faite en outre de la visite menée par l’OIT pour observer le processus de légitimation de la convention collective à l’usine de General Motors située à Silao, Guanajuato, dans le cadre du respect par le gouvernement mexicain des engagements pris dans le cadre de l’Accord États-Unis-Mexique-Canada sur le commerce. On peut encore tirer des leçons de l’expérience des programmes dits "Better Work" de l’OIT, que j'ai évoqués.

Ces exemples suggèrent de nouvelles approches dans l’action de l’OIT. Le but est d´apporter donner des réponses au problème soulevé au début de ce livre, à savoir si l’Organisation est capable de, et dans l'affirmative comment, construire des bases juridiques communes qui apportent une plus grande justice sociale. L'atteindre commande que soit garanti un droit égal aux libertés fondamentales, que les inégalités économiques soient maintenues dans des limites qui permettent aux personnes défavorisées de bénéficier d’une réelle égalité des chances[392] et que tous les acteurs en soient tenus responsables.

---

[392] J Rawls, *A theory of Justice* (édition révisée), Cambridge, Mass, Harvard University Press, 1999.

Pour conclure

Imparfaites sont les Institutions, comme les êtres humains dont elles sont leur œuvre. On le sait, on le répète, "la critique est aisée, et l'art est difficile"[393]. L'expérience, comme dans les sciences exactes, permet de s'abstraire des idées toutes faites.

Insister à l'excès sur les faiblesses de l´OIT, nuit à son image, affaiblit sa capacité d'action et profite aux tenants d'un libéralisme pur et dur. Mon désir d'écrire ce livre naquit de cette préoccupation. J'ai certes exprimé des réserves sur la stratégie du travail décent. L´excessive publicité qui lui fut donnée laissait toutefois dans l'ombre des programmes importants, principalement mais pas uniquement, au bénéfice des pays en développement. Partout, les normes internationales du travail conservent singulièrement une influence considérable sur les discussions universitaires, sur l'élaboration des politiques et sur l'examen des lois. Plusieurs thèses défendues récemment ont abordé longuement ces questions. J'ai ainsi participé il y a peu à l'Université de Bordeaux à un jury sur la relation entre les initiatives d'intégration économique en Afrique et ces normes.

J'ai dit la nécessité de comprendre ce qu'une organisation internationale peut, de façon réaliste, faire et ce qu'elle ne peut pas faire au stade présent de la société internationale. J'ai toutefois souligné qu'au-delà des procédures de contrôle, l'Organisation utilise pour promouvoir et faire appliquer ses normes, ses dispositions de *soft law*, sa coopération technique et différents moyens de médiation. Le droit de l'OIT continue en outre à servir de référence dans les réformes législatives, dans les systèmes de préférences généralisées, dans les traités commerciaux bilatéraux ou multilatéraux et dans les codes de conduite des grandes entreprises.

Considérable reste le rôle du droit comparé dans la construction du droit international du travail et dans l'identification des moyens de surmonter les difficultés de sa mise en œuvre. Sa connaissance approfondie constitue un atout primordial pour la réussite des actions normatives. Laissez-moi en terminant tirer quelques réflexions de mon expérience (I).

---

[393]Philippe Néricault Destouches, *Le Glorieux*, Paris, F. Le Lebreton, 1732 (https://theatre-classique.fr/pages/programmes/edition.php)

J'ai souhaité dans ce livre rendre plus concrète la vie d'un fonctionnaire international, sa grandeur et ses contraintes. Au moment de le clore, se bousculent les souvenirs. Je ne peux tous les raconter. J'en évoquerai seulement quelques-uns (II)

I. Réflexions sur le droit comparé

La comparaison des droits nationaux du travail que j'ai pratiquée était spatiale, collationnant des droits en vigueur, mais également temporelle faisant appel à leur histoire pour comprendre bon nombre d'avatars? Que le droit comparé du travail couvre non seulement les législations, la mesure de leur application, mais les accords collectifs, les sentences arbitrales, la jurisprudence et toutes les manifestations de la pratique ainsi que la doctrine compliquait la tâche. Encore doit-on aujourd'hui l'étendre aux indépendants.

Il y a les raisons de le faire et les méthodes pour le faire. J'envisagerai les unes et les autres, insistant sur le poids de la culture, avant d'évoquer brièvement l'apport du droit international. Le plus souvent, les gouvernements ont à trancher entre des priorités, à arbitrer des conflits d'intérêts, à trouver un équilibre — changeant dans le temps et d'un pays à un autre — entre des contraintes économiques et la justice sociale. Le droit de chaque État, la manière dont il est appliqué, les techniques juridiques utilisées, sont le reflet de la synthèse recherchée entre ces différents facteurs.

Section I. Les raisons de comparer

Comment comparer sans étudier en profondeur les ordres juridiques à rapprocher? Cela va sans dire, mais le répéter permet de rappeler qu'une simple juxtaposition des droits nationaux ne permet pas de beaucoup progresser. Le conseiller juridique d'une firme américaine qui s'informe de l'état de la législation du travail en France, en vue d'une éventuelle implantation, ne fait pas du droit comparé. Il n'en irait autrement que si son analyse confrontait les règles des deux droits et, le cas échéant, leurs avantages respectifs du point de vue de l'entreprise intéressée.

La démarche en droit international privé du travail s'écarte aussi de celle du droit comparé du travail. Elle porte essentiellement sur la détermination du droit applicable et de la juridiction compétente. Il reste évidemment que la mise en parallèle des législations et la connaissance du droit étranger facilite la solution des problèmes posés ici, notamment lorsque le juge tente de démonter les mécanismes juridiques pour identifier la loi applicable. Le droit comparé apparaît comme un instrument scientifique au service du juriste.

Telle est plus généralement la première raison de comparer les droits du travail : prendre de la distance vis-à-vis de son droit national, relativiser les options qu'il a consacrées, réfléchir aux structures qu'il a mises en place et aux causes des variations constatées dans d'autres droits.

Les cheminements du droit comparé permettent de rapprocher non seulement deux ou plusieurs textes juridiques traitant du même sujet ou de sujets voisins, mais les solutions choisies à un problème donné, ainsi que les motifs de ces choix. Ceux-ci trouvent leurs fondements dans l'histoire (sociale en l'occurrence), dans le contexte politique, économique, social et culturel, dans la force respective des différents groupes intermédiaires (les associations patronales et syndicales spécialement), etc.

L'examen conduit par conséquent à mettre en parallèle non seulement deux règles, deux ensembles de règles, deux institutions, mais les mécanismes profonds de deux droits, c'est-à-dire les fonctions assumées et les facteurs déterminants de création et de développement des normes et des institutions. Finalement, c'est tout l'équilibre des capacités respectives d'agir des employeurs, des travailleurs et de l'État qui transparaît, équilibre toujours fragile, synthèse ou réconciliation chaque fois que cela se peut d'intérêts inévitablement divergents.

La deuxième raison de comparer les droits du travail est politique, liée à la régionalisation, et à la mondialisation croissantes des économies nationales. Des efforts de convergence des droits du travail — ou de certaines parties de ceux-ci —se déploient dans le cadre intégré de l'Union européenne. D'autres tentatives d'harmonisation existent depuis longtemps au niveau régional — dans le cadre du Conseil de l'Europe ou de l'OHDA en Afrique par exemple — et sur le plan universel, à l'Organisation internationale du Travail en particulier. Des tendances au rapprochement se dessinent dans les législations et les pratiques de relations professionnelles. L'on a parfois grossi ces phénomènes, chez des auteurs prenant leurs désirs pour la réalité. Celle-ci se révèle plus complexe, composée de trop d'éléments — encore? — spécifiques à chaque culture nationale.

Les préoccupations qui fondent cette propension à uniformiser, à harmoniser, à faire converger vont bien au-delà du simple souci de faciliter les échanges internationaux. Elles poursuivent au moins un double objectif de justice sociale et de libre-échange économique. De justice sociale, car la mise à niveau est envisagée le plus souvent, soit "par le haut", soit en tout cas en garantissant des normes minimales de protection. De libre-échange, car on veut éviter une concurrence déloyale en raison de différences excessives des coûts sociaux. Je m'en suis expliqué. L'argument figure fréquemment dans les travaux préparatoires des textes juridiques adoptés par les institutions que je viens de mentionner.

Une troisième raison de comparer les droits de travail découle de la précédente : non seulement il accompagne les mouvements de convergence, d'harmonisation, de rapprochements, mais cette manière de procéder aide à l' élaboration de normes internationales du travail de portée régionale ou universelle.

Ces normes apparaissent à certains égards comme le produit du droit comparé. Plus précisément, elles mêlent des éléments nouveaux, fruits de la recherche et de la discussion avec une synthèse approximative des meilleures lois nationales sur un sujet donné. Elles s'inspirent des droits étatiques et les influencent tout à la fois puisqu'elles se présentent comme des modèles — en anglais *standards* —parallèlement à quelques droits étrangers choisis parce qu'ils sont des références classiques sur un sujet déterminé.

Je souligne en outre que le droit comparé constitue un outil efficace pour aider un pays à surmonter les difficultés qu'il rencontre dans l'application des conventions ratifiées.

J'ai relevé la délicate question, surtout dans un cadre aussi hétérogène que celui d'une organisation universelle, de la nécessaire souplesse — pour s'appliquer à des situations très diverses — et de la non moins indispensable rigueur, de ces normes dans leur formulation et dans leur mise en œuvre.

Le désir, la volonté d'identifier de communs dénominateurs dans le droit du travail trouve encore une expression dans la demande d'ajouter aux traités de commerce internationaux une clause dite sociale, plus précisément d'introduire dans des accords de libre-échange des normes minimales de travail à respecter par les divers partenaires commerciaux. Les objectifs économiques et sociaux se rejoignent à nouveau dans un écheveau que l'on démêle avec peine.

Il est une dernière raison de comparer les droits du travail que je voudrais signaler. Il constitue un puissant stimulant à la réflexion et à la créativité et facilite les aménagements de son propre droit. Voilà un motif sur lequel il me faut m'étendre.

Mais une mise en garde paraît souhaitable. Consultons nos classiques, Montesquieu et son *Esprit des lois*, publié à Genève en 1748. Il écrit: "les lois politiques et civiles de chaque nation ... doivent être tellement propres au peuple pour lequel elles sont faites, que c'est un très grand hasard si celles d'une nation peuvent convenir à une autre"[394]. L'avertissement résonne singulièrement si l'on envisage de transplanter un droit étranger et dicte la mesure à conserver dans cet exercice.

L'étude d'autres droits du travail constitue un comportement naturel pour un gouvernement ou un parlement, surtout lorsqu'un pays fait face à des développements inédits des relations individuelles ou collectives du travail, comme la propagation rapide du travail à distance ou l'utilisation à la fois crainte et recherchée de l'intelligence artificielle. L'histoire fourmille d'exemples de l'ascendant d'un droit étranger. C'est en outre de bonne politique, dans un cadre intégré comme celui de l'Union européenne, de se pencher spécialement sur le droit des autres États membres avant de mettre en forme finale une réforme législative nationale. L'exercice participe de la dynamique communautaire.

L'influence des droits étrangers s'observe dans différentes sphères de la vie nationale. Certes, l'analyse des dispositions pertinentes incombe principalement aux chercheurs. Néanmoins, les résultats de leurs travaux intéressent non seulement les ministres, les parlementaires, les partis politiques et leurs conseillers, mais des cercles plus larges qui couvrent les associations patronales et syndicales ainsi que les milieux judiciaires.

Aussi, les droits étrangers se reflètent-ils, au-delà de la législation nationale proprement dite, sur les arrêts des cours et tribunaux sur les sentences arbitrales, les conventions collectives et, cela va sans dire, sur la doctrine. C'est le cas, très souvent, dans les pays qui ont la *common law* en partage, comme l'Inde et le Royaume-Uni.

Qu'autant de personnes s'intéressent aux législations étrangères conduit à d'autres conséquences : quelquefois, l'emprise de celles-ci vient moins de leur contenu objectif que de la connaissance plus ou moins fragmentaire ou partisane que l'on en a, ou de l'interprétation plus ou moins précise, voire chargée de préjugés, qui en est donnée dans le pays de réception. Combien d'analyses simplistes et erronées n'a-t-on pas lu des systèmes européens hors d'Europe et des droits d'outre-mer sur le vieux continent? Il existe, il est vrai, d'heureuses et brillantes exceptions.

---

394 *De l'esprit des lois*, dans *Œuvres complètes*, t. II (Paris), NRF (La Pléiade), 1966, livre I, chap. 3, p. 23

Une fausse représentation d'un système s'explique souvent, je devrai y revenir, par des problèmes de terminologie. Un même mot peut posséder des sens différents, avoir d'autres connotations selon les cultures. Les concepts mêmes varient d'un droit à un autre.

Bien plus, le transfert d'un droit venu d'ailleurs constitue rarement une opération purement technique, surtout dans un domaine aussi associé à la vie de tous les jours que le travail. Une réforme législative poursuit normalement un objectif politique. Le modèle étranger, importé volontairement (ou non dans le cas de territoires non indépendants), est utilisé pour résoudre un problème domestique, pour répondre à des besoins nationaux spécifiques. Comment en irait-il autrement? Il suffit d'être conscient, que ce droit différent sert d'argument dans un débat interne.

Il est autrement dit fréquent que des comparaisons internationales visent à prouver qu'une disposition, qu'un système présente plus d'avantages, non point simplement techniques — dans le sens qu'ils se rapportent à des faits économiques, à des facteurs sociaux, à l'administration du pays, etc. — mais politiques — parce qu'ils conviennent à l'État et à son gouvernement, que les dispositions étrangères correspondent à leur approche des problèmes sociaux, qu'elles aident à la réalisation d'un équilibre social qu'ils souhaitent, etc. Que l'on songe aux discussions sur l'âge de la retraite en France!

En bref, la démarche vient souvent en appui d'un jugement sur les mérites dans un processus de révision, ce qui n'est d'ailleurs nullement critiquable en soi. La comparaison suppose alors non seulement l'analyse de deux dispositions ou de deux systèmes, mais l'introduction d'un troisième élément, d'une échelle de valeur à l'aune de laquelle ces dispositions, ces systèmes sont examinés. D'une manière plus générale, et en l'absence même de toute appréciation morale ou politique, l'identification de concepts "médiateurs" facilite sans aucun doute la comparaison, en particulier de droits du travail d'inspiration largement différente (comme le droit français et le droit anglais). Les normes de l'OIT jouent un rôle important à cet effet.

La comparaison porte sur l'ensemble du système de droit du travail (y compris les relations professionnelles), sur un aspect particulier de celui-ci (ce peut être la sécurité et la santé au travail ou la négociation collective), sur des dispositions spécifiques. Dans les deux premières hypothèses, l'on identifie un ou plusieurs corps de règles qui pourraient s'intégrer, plus ou moins bien, dans le pays considéré.

Les puissances coloniales ont, par exemple, transféré partiellement leur régime juridique dans leurs territoires non métropolitains. La loi syndicale et la loi sur les conflits du travail, introduites, en 1926 et en 1929 respectivement, dans les Indes, s'inspirent à la fois des techniques juridiques et de la conception des relations de travail dans la métropole d'alors. De même, l'influence de la France et du Royaume-Uni sur la législation du travail des pays qui étaient sous leur autorité en Afrique, reste significative. Il reste que ces pays n'y ont pas simplement reproduit leur droit, mais l'ont adapté en fonction de leurs politiques de puissance coloniale. Du côté francophone, le Code français d'outre-mer constitue encore la base du droit du travail, malgré les changements intervenus, parfois dans la foulée des ajustements structurels.

Les États indépendants empruntent également à des droits étrangers. Le choix des modèles n'est pas sans rapport avec les succès économiques des pays considérés. Investissements et biens commerciaux apparaissent comme des facteurs de poids. En Asie de l'Est et du Sud-Est, chacun sait que le Royaume-Uni, l'Allemagne et les États-Unis ont joué ce rôle. Le Japon exerce aujourd'hui sur les pays de la région une emprise d'autant plus forte que s'affirme en même temps une solidarité culturelle.

J'ai assisté il y a quelques années à une conférence qui réunissait, à Manille, des juristes de ces pays. J´y ai entendu des collègues malaisiens déclarer qu'ils préféraient voir intégrer chez eux des dispositions de droit écrit romano-germanique parce qu'elles présentaient plus de clarté et de précision que celles de *common law*. De la part d'experts venus de ce pays historiquement influencé par le droit britannique, la remarque prenait toute sa valeur.

Un transfert de règles juridiques soulève deux ordres de questions, la première sur la mesure dans laquelle le droit d'un pays peut aisément se transplanter dans un autre, la seconde, sur celle dans laquelle il doit s'adapter dans sa formulation et sa mise en œuvre, avant de s'appliquer dans la pratique du pays de réception[395]? L'incorporation se fait rarement de façon pure, c'est-à-dire directe et complète. Le plus souvent, les dispositions étrangères, en s'insérant, s'adaptent au contexte national et à ses composantes politiques, économiques, sociales et culturelles. La greffe acquiert en quelque sorte une vie propre et les règles implantées évoluent autrement dans leur interprétation et leur application. Les exemples

[395] Voir ainsi pour le droit japonais K. Sugeno: *Japanese Employment and Labor Law*, Dunham, Carolina Academic Press, 2002, pp. 8-10; W. Gould: *Japan's Reshaping of American Labor Law*, Cambridge (Mass.), The MIT Press, 1984.

abondent en droit du travail, dans des pays aussi différents que l'Espagne, le Japon ou la Turquie.

Section II. Traduction et culture

Dès le début, la traduction a servi de moyen évident pour permettre la comparaison des concepts, des institutions et des systèmes juridiques nationaux. Si la recherche a toujours reconnu la complexité de la tâche, l'accélération de la mondialisation a rendu plus urgent l'examen des causes sous-jacentes d'une mauvaise interprétation. L'analyse doit s'appuyer sur les différences économiques, sociales et culturelles que reflète la loi.

La mondialisation n'efface pas tous les détails. Notre maison, écrivait Gaston Bachelard, constitue l'un des plus grands pouvoirs d'intégration pour les pensées, les souvenirs et les rêves de l'être humain[396]. Les caractéristiques qui définissent chaque culture nationale continuent de jouer un rôle important dans la façon dont nous nous comportons et travaillons[397]. Les voies et moyens choisis pour élaborer et pour mettre en œuvre des règles sur le travail s'appuient sur le contexte historique, le pouvoir des associations d'employeurs et de travailleurs, l'expérience de leurs dirigeants, la place respective de la loi et des conventions collectives dans un système donné de relations industrielles. Il dépend du niveau de développement économique et de l'utilisation des techniques de pointe. Je m'en suis expliqué. Plus fondamentalement, la manière dont une règle est formulée et appliquée dépend des idées, des convictions religieuses dominantes, des coutumes, des compétences, des arts, du climat, etc., d'un peuple ou d'un groupe, qui sont transmis entre concitoyens et d'une génération à l'autre, autrement dit, elle relève de sa culture.

Les chercheurs en droit comparé savent combien les droits positifs varient dans leur contenu, mais aussi dans leur formulation et les moyens

---

[396] G. Bachelard, *La poétique de l'espace*, Quadrige/PUF, Paris, 2004, p. 26.

[397] L. Vandermeersch, Ce que la Chine nous apprend sur le langage, la société, l'existence, Gallimard, Paris, 2019; S. Austen, *Culture and the labour market*, Edward Elgar, Cheltenham, 2003; S. Roche, *Pobreza no Brasil. A final de que se trata ?*, Editorial FGV, Rio de Janeiro, 2003, especially p. 18; G. Hofstede, *Culture's consequences*, Londres, Sage, 2d ed., 2001; I. Harpaz, B. Honig, P. Coetsier, *A cross-cultural longitudinal analysis of the meaning of work and the socialization process of career starters* , *Journal of World Business*, 2002, vol. 37(4), pp. 230-244; C. Frege, *The discourse of industrial democracy: Germany and the U.S. revisited, Economic and Industrial Democracy,* 2005, vol. 26 (1), pp. 151-175; M. Pagell, Jeffrey P. Katz, Chwen Sheu, *The importance of national culture in operations management research* , *International Journal of Operations & Production Management*, 2005, Vol. 25 vol. (4), pp.371-394; S. C. Schneider et J.L. Barsoux, *Managing across cultures, London,* Prentice Hall (F.T.),Upper Saddle River (New Jersey), 2d ed., 2003.

d'application. Les psychologues et les sociologues soulignent depuis longtemps à quel point les traditions nationales façonnent les relations interpersonnelles, en particulier celles entre hommes et femmes[398]. L'OIT, dans son action normative, fait face constamment à cette tension entre le local et le global. Elle a dû prendre en compte ces droits tels qu'ils se présentent dans l'élaboration de ses conventions et recommandations. L'efficience de ces dernières dépend largement de la façon dont les deux éléments sont combinés dans la protection du travail et dans la réglementation du comportement des travailleurs.

Il convient par conséquent d'aller au-delà de la traduction au mot pour mot, mettre en lumière les pièges d'une comparaison purement littérale et le danger d'analyser le système juridique d'autres pays sans tenir compte de cette dimension culturelle. Il faut connaître ces obstacles à la compréhension mutuelle d'ordres juridiques distincts et appliquer une méthodologie propre à les surmonter. D'un point de vue pratique, cet effort doit permettre de mieux appréhender les possibilités et les contraintes d'autres ordres juridiques et stimuler le dialogue nécessaire entre partenaires sociaux au niveau transnational et entre experts de différents États ou groupes d'États.

L'ouverture des frontières a toutefois un impact durable et profond sur la culture de chaque pays. Des différences dans la vision des problèmes sociaux peuvent même s'en trouver réduites. On remarque la tendance dans les États totalitaires à se refermer pour s'en protéger ou, en tout cas, à filtrer les influences extérieures. Le processus en effet concerne également les outils intellectuels, les codes de communication et les moyens d'expression.[399]

Une clarification s'impose ici. L'anglais n'a qu'un mot, "globalisation ", pour couvrir ce qu'on appelle "mondialisation" ou "globalisation" en français et l'équivalent en espagnol ou en italien.

Le premier terme se réfère en français à l'avènement du niveau mondial, comme espace, comme société, et comme une échelle d'analyse pertinente dans de nombreux domaines. Son histoire suit l'émergence des échanges et des mouvements humains. Il souligne l'idée que les Européens ont

---

398 L. Hantrais, *Vers une mixité méthodologique en comparaisons internationales*, in J.C. Barbier and M.Th. Letablier, *Social Policies. Epistemological and Methodological Issues in Cross-National Comparison*, Peter Lang, Berlin, 2006, pp. 271-289.

399 S. Gruzinski, *Les quatre parties du monde. Histoire d'une mondialisation*, La Martinière, Paris, 2004, pp. 359-377.

commencé à transmettre, à la fin du XVe siècle, une représentation du monde[400].

La globalisation en français se réfère à la métamorphose d'un capitalisme émancipé du cadre national (ou postfordiste) et financiarisé. Elle participe à une réflexion sur la métamorphose du capitalisme et sur la recomposition du local sous l'effet du transnational[401]. Le terme s'utilise généralement pour décrire une internationalisation croissante des marchés de biens et de services, des moyens de production, des systèmes financiers, de la concurrence, des entreprises, de la technologie et des industries. Le phénomène entraîne une plus grande mobilité des capitaux, une propagation plus rapide des innovations technologiques et une interdépendance et une uniformité plus profondes des marchés nationaux[402] .

Il n'empêche. L'observation montre que la dimension culturelle, et notamment la religion, continue à influencer fortement le système de relations individuelles et, surtout, collectives de travail de chaque pays ou groupe de pays[403] et la formulation des concepts utilisés. Comparer les droits du travail ressemble par conséquent à une course d'obstacles, d'autant plus que l'attention doit se porter non seulement sur les mots employés, mais sur l'interprétation et à la mise en œuvre de ces dispositions.

En bref, la comparaison des législations présuppose une connaissance des outils ou techniques qui permettent, à un niveau plus abstrait, d'identifier des valeurs partagées inscrites dans les droits, puis d'articuler celles-ci à leur réalisation concrète à travers un processus d'interprétation et de mise en œuvre, dans chaque ordre juridique, autrement dit d'associer unité et pluralité. L'accent mis sur les particularités nationales et leur expression linguistique a des limites déjà soulignées. La dialectique du commun et du particulier oriente le sens de la recherche comparative et le succès de ses résultats.

---

400 S. Gruzinski, *op.cit.*; Boucheron Patrick (ed.), Histoire du monde au XVème siècle, Fayard, Paris, 2009.

401 C. Ghorra-Gobin, Mondialisation et globalisation , *Géoconfluences*, décembre 2017, http://geoconfluences.ens-lyon.fr/informations-scientifiques/a-la-une/notion-a-la-une/mondialisation-globalisation

402 Eurostat, IMF, OECD, UN, UNCTAD, WTO, *Manual on Statistics of International Trade in Services*, 2002, Geneva, Luxembourg, New York, Paris, Washington, D.C., 2002, Annex II, Glossary.

403 Mahdi Zahraa, *Characteristic features of Islamic law : Perceptions and Misconceptions*, *Arab Law Quaterly*, 2000, pp. 168 and ff.; S. Jahel, *Les droits fondamentaux en pays arabo-musulmans*, *Revue internationale de droit comparé*, Oct-Dec. 2004, p 795.

Section III. Les méthodes comparatives

Très naturellement, la première démarche porte sur l'objet de la comparaison. Confronte-t-on des systèmes, ensembles de règles entre lesquelles la raison repère — parfois avec quelque artifice — des liens, une dépendance mutuelle si bien que ces règles réunies composent un tout cohérent? Rapproche-t-on plutôt des institutions, formes, structures d'organisations établies et assemblées par le droit? Analyse-t-on en parallèle des normes juridiques particulières ou groupées?
Voilà des questions qui reviennent, mais dont les réponses n'apparaissent pas toujours avec netteté. Que la comparaison des droits porte non sur la seule lettre des textes, mais sur la manière dont ils sont mis en pratique, ajoute à la complexité.

L'on peut certes comparer des systèmes de droit, dans leurs rouages techniques, dans leurs mécanismes juridiques, comme du point de vue de la politique sociale. L'on accumulera pourtant les difficultés dans le maniement des concepts et dans l'analyse de l'environnement socio-économique. Grand est le risque de simplifier jusqu'à la caricature ou de tout examiner à travers le prisme de son propre ordre juridique. S'agit-il d'ailleurs de transplanter un système hors du terroir où il est né et s'est développé? J'ai déjà dit les limites de l'opération.

Un raisonnement analogue s'applique, bien que les difficultés apparaissent plus légères, à la comparaison des institutions. Il faut en tout cas s'attacher davantage à leurs fonctions qu'à leur dénomination. Mon collègue Johannes Schregle citait trois exemples évidents : les tribunaux et les conflits du travail ; les conventions et la négociation collectives ; la participation des travailleurs[404]. On pourrait mentionner tout autant les services de l'emploi ou l'inspection du travail.

Le comparatiste s'expose ainsi en droit du travail, à l'instar des autres branches du droit, à bien des périls.

Il s'aperçoit rapidement que sa précieuse terminologie, que les catégories qui lui servent à répartir et à classer ses règles, que les concepts qu'il utilise ne trouvent pas nécessairement d´écho dans le pays étudié. L'observation s'avère d'autant plus vérifiée que les droits appartiennent à des familles juridiques différentes. La manière même de formuler la norme varie. Une loi anglaise entrera plus volontiers dans les détails afin de limiter

[404] J. Schregle, "L'étude comparée des relations professionnelles: écueils et promesses", *Revue internationale du Travail*, vol. 120, janv.-fév. 1981, n° 1, pp. 21 et ss.

le pouvoir d'interprétation du juge, qui est normalement plus large en *common law* que dans le droit écrit continental. En outre, formés à une autre école, les juristes étrangers pratiquent des méthodes de raisonnement distinctes, possèdent même quelquefois une vision dissemblable de la place du droit dans leur société. Dois-je redire qu'ignorer la règle s'excuse davantage dans certaines régions et que la tolérance varie selon les sujets qu'elle traite?

L´effort de compréhension d'une pensée étrangère est sans aucun doute salutaire. Il permet en outre de relativiser les analyses et les interprétations fondées sur son propre système.

N'exagérons toutefois pas les obstacles. De nombreux glossaires bi ou multilingues permettent de retrouver son chemin, même là où — suprême danger — les mots utilisés sont identiques, mais leur signification différente. J'ai un moment participé à une telle initiative prise au niveau européen. L'OIT a aussi contribué, à travers ses conventions et ses recommandations, à fixer une terminologie avec des sens bien établis, et dans plusieurs langues.

Section IV. La référence au droit international du travail

Ces remarques valent également pour comparer un droit déterminé aux normes internationales du travail. Ici encore, il convient de distinguer les arguments juridiques de ceux de nature purement socio-économique. Ces derniers ne peuvent pas servir de prétexte pour défendre l'indéfendable et affirmer la convergence quand les différences sautent aux yeux. Je l'ai relevé à propos de la mise en œuvre des droits fondamentaux dans les anciens régimes socialistes à économie planifiée en Europe centrale et orientale. Une question est de constater la violation de la règle de droit, une toute autre, le choix des moyens retenus pour la faire appliquer. De plus en plus souvent les législations nationales et les instruments internationaux tiennent alors compte expressément des conditions économiques et sociales. Nous en avons rencontré des exemples.

On se souviendra, plus généralement, de l'importance, dans le développement des droits nationaux, de la référence, et par conséquent de la comparaison avec les normes acceptées internationalement de l'Organisation internationale du Travail.

Le droit du travail de l'OIT s'avère enfin une précieuse boussole, pour se guider dans le foisonnement des droits nationaux. A partir du moment en effet où la confrontation des textes couvre plusieurs pays, que surtout elle s'étend au-delà d'un groupe homogène d'entre eux, ses normes constituent à la fois d'utiles instruments d'analyse et des repères de qualité pour identifier de communs dénominateurs. Même elles permettent de mesurer le degré de conformité d'un droit donné avec des principes généraux admis sur le plan universel. Elles donnent enfin à la comparaison une perspective véritablement internationale.

Il n'est par conséquent guère possible — et certainement pas souhaitable — d'aborder un domaine déterminé de droit comparé du travail sans examiner les normes qui figurent dans les textes votés par la Conférence internationale du Travail et les principes qu'ont dégagés les instances de l'OIT dans leur tâche de supervision.

II. Souvenirs, souvenirs !

Laissant les pensées remonter mon histoire, je devrais encore écrire sur l'extrême pauvreté rencontrée à Sao Paulo, à Mexico, à Calcutta, à Dacca et le contraste choquant avec les quartiers les plus riches, le couvre-feu, les pages de journaux laissées blanches par la censure et les tirs à vue des militaires à Bangkok pendant la révolution démocratique de 1992, les assassinats politiques pendant mon affectation à Beyrouth, le regard porté derrière soi de peur d'être écouté au Venezuela. Je devrais dire les villes sans espoir et presque sans lumière, écrasées sous une dictature brutale.

Je devrais parler des gardes du corps, des escortes militaires acceptées ou refusées, des voitures blindées lors de certaines visites. Je devrais décrire l'énorme investissement psychologique de mes missions en Israël et dans les territoires arabes occupés, surtout pendant l'intifada (révolte) des pierres à partir de 1987 et celle d'al-Aqsa, avec armes à feu, en 2000, après l'échec du sommet de Camp-David, le refus de porter le voile des jeunes Palestiniennes face à leurs pères clamant qu'elles avaient été, contrairement à eux, aux avant-postes de la contestation, l'aveuglement de certains journalistes payant des enfants arabes, pour qu'ils puissent les filmer, à lancer des pierres sur de jeunes conscrits israéliens prêts à tirer. Je devrais remercier ces femmes collègues plus disposées que les hommes à m'accompagner dans les plus risquées de ces visites.

Je me souviens du terrible dilemme qui fut le mien pour choisir l'ambulance, israélienne ou palestinienne, qui devait emmener à l'hôpital, sans risque de recevoir une salve de tirs, un collègue arabe victime d'une crise cardiaque dans Ramallah encerclée. Mais je me rappelle aussi les repas délicieux offerts en français par les femmes des responsables cisjordaniens quand le couvre-feu nous empêchait de rencontrer ces derniers dans un local public. Je revois les moments d'extrême fatigue quand nous travaillions tous les jours de la semaine puisque le jour de repos différait selon la religion juive, musulmane ou chrétienne.

Je devrais crier l'horreur des tortures, des assassinats et d'autres barbaries, le cynisme de certains dirigeants, l'indifférence affichée ailleurs, la corruption proposée sans état d'âme et l'incompréhension devant le refus, le plaisir d'humilier le faible chez les uns, la superbe manifestée par d'autres. Je devrais hurler toute la misère du monde mais saluer le travail, le dévouement, le courage de beaucoup, honorer l'action de la Croix Rouge ou d'ATD Quart Monde.

Mais je devrais proclamer le côté lumineux de mon travail, l'accueil chaleureux de mes amis de Buenos Aires, de Cordoba, de Salta retrouvés tant de fois, les « semi-lunas » mangées à la Biela ou au café Tortoni, les couchers de soleil autour d'un café ou d'un narghilé à Ras-Beyrouth, ceux de Rio à l'atterrissage de l'avion venu d'Europe, les repas thaïs et chinois partagés à Bangkok, notre vie là-bas dans une maison ronde. Je devrais décrire les murs blancs de Jérusalem, vus au petit matin depuis le mont des Oliviers, le désert de Gobi sous un ciel bleu et un vent glacial avec les hémiones venant se désaltérer à l'un des rares points d'eau, les bistrots du vieux Montréal et leurs chanteurs à la guitare, les atterrissages entre deux océans à San José de Costa Rica, ou plus que sportifs à Tegucigalpa, les bains matinaux dans l'océan au nord de Sydney, les repas assis en tailleur à Tokyo.

Me reviennent des images des quais du Danube à Budapest où j'aimais déambuler le soir et faire le point sur ma journée, de ces dimanches matins à Montréal, à Venise, à Sidi Bou Saïd, dans d'autres villes où s'exhalent un supplément d'âme, où, dans les mots de Diego Marani, les promenades s'étirent comme "une lente immersion dans l'enchantement". [405]

Je n'ai pas montré comment, dans ma carrière intervinrent à certains moments les péripéties des événements, la fortune et l'infortune, l'insatisfaction, parfois anxieuse, soutenant mon désir d'offrir un peu de bonheur aux plus déshérités. Je me souviens pourtant de toutes ces femmes et de tous ces hommes, rencontrés au hasard des missions qui partageaient mon souci de la justice sociale, des plus célèbres aux plus obscurs, qui tous m'enrichirent de leurs connaissances et de leurs idéaux.

Je devrais souligner la facilité de mes rapports avec la Suisse, jusqu'à ses plus hautes autorités, Hans-Peter Tschudi, Ruth Dreyfuss, Micheline Calmy-Rey, qui furent Président(e)s de la Confédération, et même alors toujours prêts à écouter, à modifier leur opinion. Je devrais citer ces collègues à qui je dois beaucoup, mais dont je tairai les noms pour ne pas vexer les autres.

Je ne mentionnerai que Francis Blanchard, Directeur Général du BIT pendant 15 ans, qui consacra l'essentiel de sa vie active à défendre, avec une énergie et un courage farouches, l'avènement d'un monde socialement meilleur. Il poussa son action plus à l'Est, et plus au Sud qu'on ne l'avait fait avant lui, avec discrétion, préférant l'action au discours, mais avec une efficacité redoutée. C'était un homme généreux et d'un grand raffinement.

---

405 *L'amico delle donne*, Bompiani, 2008.

A son arrivée au Bureau, il participa aux premières activités de coopération technique. Plus tard, il s'en vit confier la responsabilité générale. Inlassablement il s'attacha à fournir aux États en développement les aptitudes nécessaires pour créer de l'emploi et lutter contre la pauvreté. Il chercha opiniâtrement, et obtint, la collaboration de la Banque mondiale et du Fonds monétaire international, champions du libéralisme économique. Il infléchit peu à peu, mais durablement, leur politique.

Très vite après son élection à la tête de l'Organisation, il fit face à une crise qui couvait. Les États-Unis dénoncèrent l'"excessive politisation" de celle-ci, notamment dans le conflit moyen-oriental. Ils envoyèrent. en 1975, un préavis de retrait de l'Organisation, provoquant la perte d'un quart des ressources budgétaires. Francis Blanchard, en concertation avec le Syndicat du BIT, sut éviter les licenciements et conserver les capacités d'action de l'Institution. Il convainquit rapidement ce grand pays de revenir siéger, de même que la Chine qui avait pratiqué la politique de la chaise vide.

Il manifesta une égale détermination vis-à-vis des pays d'Europe centrale et orientale, en particulier de la Pologne. Ardemment convaincu de l'importance du droit, singulièrement des normes internationales du travail, il se battit pareillement pour leur respect dans le combat contre l'apartheid en Afrique du Sud, contre les assassinats ou les détentions arbitraires de syndicalistes en Amérique latine, pour une analyse des faits avant la condamnation sans appel au Moyen-Orient.

Gestionnaire remarquable, il considérait l'immobilisme comme un désordre, mais que tout ce qui est excessif est insignifiant. Il pouvait être sévère envers ses fonctionnaires. Il était pourtant attentionné avec chacun et chaleureux à l'égard de ses collaborateurs directs. Il fut prêt plus d'une fois à aller rechercher un collègue disparu à la suite d'un coup d'État ou retenu indûment dans un pays totalitaire. Il fut pour chacun de nous une source d'inspiration et de volonté d'aboutir, un modèle de rigueur intellectuelle, de discipline personnelle et de morale professionnelle.

Je voudrais, en terminant, rendre également hommage à Lucien François, Philosophe, Professeur à la Faculté de droit de l'Université de Liège, Juge à la Cour constitutionnelle de Belgique, pour m'avoir ouvert aux subtilités du raisonnement juridique, puis m'avoir informer des concours d'entrée dans l'Institution à laquelle j'ai consacré de longues années de ma vie et dans laquelle je continue à puiser une stimulation pour mes travaux.

Annexes

Annexe I- Liste des sigles et abréviations

ACEUM Accord Canada-États-Unis-Mexique (CUSMA ou USMCA selon le sigle anglais)
AECG Accord économique et comme*rcial global* entre le Canada et l'Union européenne (CETA selon le sigle anglais),
ANN *Annuaire Français de droit international*
BIT Bureau international du travail
BM Banque mondiale
BO *Bulletin officiel de l'Organisation internationale du Travail*
CEACR Commission d'experts pour l'application des conventions et recommandations de l'OIT
CEDS Comité européen des droits sociaux
CE Commission européenne
Comp. Labour
Law & Pol. *Comparative Labour Law and Policy Journal*
Journal
CA Conseil d'administration du BIT
CEDH Cour européenne des droits de l'homme
CIJ Cour international de justice
CIT Conférence internationale du travail
CJUE Cour de Justice de l'Union européenne
CMT Confédération mondiale du travail
CLS Comité de la liberté syndicale du Conseil d'administration du BIT
CPJI Cour permanente de justice internationale (de 1922 à 1946)
CRP Compte rendu provisoire de la Conférence internationale du travail
CSI Confédération syndicale internationale
CUSMACanada- Mexico-United States Agreement (ou USMCA)
Dr. Soc. *Droit Social*
ECOSOC Conseil économique et social des Nations Unies
Eur. Journal I.R *European Journal of Industrial Relations*
ELLJ *European Labour Law Journal*
FMI Fonds monétaire international
GATT sigle anglais de l'Accord général sur les tarifs douaniers et le commerce

GSP sigle anglais pour le système de préférences généralisées ou clause de la Nation la plus favorisée
IIES Institut international d'études sociales du BIT
IJCLLIR *International Journal of Comparative Labour Law and Industrial Relations*
ILJ *Industrial Law Journal*
ILRReview *Industrial and Labor Relations Review*
IPEC Programme international pour l'élimination du travail des enfants (sigle anglais)
J. Dr. Europ *Journal de droit européen*
MERCOSUR Marché commun du cône sud (de l'Amérique latine)
MLC Convention du travail maritime
NAFTA sigle anglais de l'ALENA
NU Nations-Unies
OCDE Organisation de coopération et de développement économique
OIE Organisation internationale des employeurs
OIT Organisation internationale du travail
OMC Organisation mondiale du commerce
OMS Organisation mondiale de la santé
ONG Organisation non gouvernementale
ONU Organisation des Nations Unies
OUA Organisation de l'unité africaine (aujourd'hui Unité africaine : UA)
PME Petites et moyennes entreprises
PNUD Programme des Nations unies pour le développement
RCADI *Recueil des Cours de l'Académie de Droit international*
RDCTSS *Revue de droit comparé du travail et de la sécurité sociale*
RSE Responsabilité sociale des entreprises
Rev. Dr. Int. et Lég. Comp. *Revue de droit international et de législation comparée*
RDT *Revue de droit du travail*
Rev. fr. aff. soc. *Revue française des affaires sociales*
RGDIP *Revue générale de droit international public*
RIT *Revue internationale du travail*
RTDeur *Revue trimestrielle de droit européen*
SDN Société des Nations
SEWA Self-Employed Women Associatio*n*
UA Unité africaine
UE Union européenne
USMCA United States-Mexico-Canada Agreement (ou CUSMA)
UNESCO Organisation des Nations Unies pour la science et l'éducation

Annexe II

Nombre de ratifications des conventions par pays au 14. 11. 2023

Pays	Fondamentales	De gouvernance (prioritaires)	Techniques	Total
Espagne	11	4	123	138
France	10	4	116	130
Belgique	11	4	100	115
Italie	8	4	102	114
Norvège	11	4	97	112
Uruguay	9	4	98	111
Pays-Bas	10	4	97	111
Luxembourg	11	4	90	105
Finlande	11	4	88	103
Bulgarie	8	3	90	101
Brésil	8	3	87	98
Suède	11	4	80	95
Pologne	9	4	80	93
Cuba	10	2	78	90
Royaume-Uni de Grande-Bretagne et d'Irlande du Nord	10	3	77	90
Allemagne	10	4	75	89
Portugal	11	4	71	86
Slovénie	10	4	70	84

Bosnie-Herzégovine	11	4	69	84
Argentine	11	3	69	83
Mexique	10	1	72	83
Panama	9	4	69	82
Macédoine du Nord	10	4	65	79
Fédération de Russie	11	3	64	78
Pérou	9	3	66	78
Serbie	10	4	63	77
Slovaquie	10	4	62	76
Monténégro	10	4	62	76
Irlande	10	3	62	75
Danemark	11	4	59	74
Guatemala	8	4	62	74
Tchéquie	11	4	59	74
Grèce	9	3	61	73
Hongrie	9	4	60	73
Iraq	9	3	60	72
Ukraine	9	4	58	71
Djibouti	9	3	57	69
Malte	9	3	53	65
Maroc	8	4	53	65
Chili	10	2	53	65
Egypte	8	3	53	64
Tunisie	9	3	52	64
Suisse	9	3	51	63

Nicaragua	8	2	52	62
Equateur	8	3	51	62
Nouvelle-Zélande	8	3	51	62
Guinée	9	3	50	62
Colombie	8	3	50	61
Croatie	9	4	48	61
Australie	10	3	48	61
Algérie	9	3	48	60
Azerbaïdjan	9	4	46	59
Türkiye	10	3	46	59
Chypre	11	3	44	58
Roumanie	8	4	44	56
Albanie	10	4	41	55
Autriche	10	3	42	55
Venezuela (République bolivarienne du)	9	3	42	54
Kirghizistan	9	3	42	54
Lettonie	10	4	39	53
Costa Rica	9	4	40	53
Kenya	7	3	42	52
Maurice	10	2	40	52
Madagascar	11	4	37	52
Tadjikistan	10	3	38	51
République arabe syrienne	9	3	39	51

Ghana	8	2	41	51
Liban	7	2	42	51
Cameroun	9	3	39	51
Bélarus	9	3	39	51
Japon	8	3	39	50
Bolivie (État plurinational de)	8	3	39	50
Belize	9	2	39	50
Israël	9	3	38	50
Zambie	10	4	34	48
République centrafricaine	9	3	35	47
Guyana	9	3	35	47
Inde	6	3	38	47
Mauritanie	9	3	34	46
Sierra Leone	10	2	33	45
Lituanie	9	3	33	45
Burkina Faso	9	4	31	44
Sri Lanka	9	3	32	44
Nigéria	10	2	32	44
République de Moldova	10	4	29	43
Sénégal	10	3	30	43
Côte d'Ivoire	11	3	29	43
Gabon	9	3	30	42
Niger	11	3	28	42
Paraguay	8	2	31	41

Barbade	8	3	30	41
Estonie	9	4	27	40
République dominicaine	9	3	28	40
Antigua-et-Barbuda	11	3	25	39
Canada	10	3	26	39
Fidji	9	4	26	39
Philippines	8	2	28	38
République démocratique du Congo	8	2	27	37
Seychelles	9	2	26	37
République-Unie de Tanzanie	8	1	28	37
Bangladesh	9	2	26	37
Bahamas	8	2	27	37
Comores	9	3	25	37
Pakistan	8	2	26	36
Angola	8	2	25	35
El Salvador	9	4	22	35
Mali	10	3	22	35
Rwanda	10	3	21	34
Suriname	9	3	22	34
Grenade	9	2	23	34
Eswatini	8	2	23	33
Malawi	11	3	19	33

Guinée - Bissau	8	1	24	33
République de Corée	9	3	20	32
Jamaïque	9	3	20	32
Ouganda	8	3	21	32
Bénin	8	2	22	32
Burundi	8	2	21	31
Yémen	8	3	19	30
Sainte-Lucie	8	0	21	29
Libye	8	2	19	29
Arménie	8	3	18	29
Chine	7	2	19	28
Afrique du Sud	9	2	17	28
Singapour	8	2	18	28
Tchad	8	3	17	28
Togo	9	4	15	28
Congo	8	2	18	28
Saint-Vincent-et-les Grenadines	8	4	15	27
Libéria	8	2	17	27
Islande	11	4	12	27
Zimbabwe	10	3	14	27
Lesotho	11	2	14	27
Jordanie	7	3	16	26
Somalie	8	1	17	26

Dominique	8	2	16	26
Honduras	8	3	15	26
Saint-Marin	8	1	17	26
Papouasie-Nouvelle-Guinée	8	1	17	26
Kazakhstan	10	4	11	25
Haïti	8	1	16	25
Viet Nam	9	3	13	25
Myanmar	4	0	21	25
Ethiopie	9	1	13	23
Trinité-et-Tobago	8	3	11	22
Iles Salomon	8	1	13	22
Sao Tomé-et-Principe	9	2	11	22
Ouzbékistan	10	4	7	21
Mongolie	9	2	10	21
Mozambique	9	3	9	21
Indonésie	9	2	9	20
Thaïlande	8	1	11	20
Malaisie	8	2	9	19
Afghanistan	5	1	13	19
Soudan	9	3	7	19
Koweït	7	2	10	19
Arabie saoudite	7	1	11	19
Géorgie	8	2	8	18
Namibie	9	3	6	18

Botswana	8	3	6	17
Cabo Verde	9	2	5	16
Iran (République islamique d')	6	1	8	15
Guinée équatoriale	8	0	6	14
États-Unis d'Amérique	2	1	11	14
Cambodge	8	1	4	13
République démocratique populaire lao	7	1	4	12
Turkménistan	8	2	1	11
Népal	7	1	3	11
Kiribati	8	1	2	11
Saint-Kitts-et-Nevis	8	1	1	10
Samoa	8	1	1	10
Bahreïn	6	1	3	10
Maldives	8	0	2	10
Malaisie - Sarawak	0	0	9	9
Vanuatu	8	0	1	9
Emirats arabes unis	6	1	2	9
Gambie	8	0	1	9
Erythrée	8	0	0	8
Iles Cook	3	1	4	8

Soudan du Sud	7	0	0	7
République-Unie de Tanzanie.Tanganyika	0	1	5	6
Qatar	5	1	0	6
Timor-Leste	6	0	0	6
Oman	4	0	1	5
Malaisie - Péninsulaire	0	0	5	5
Malaisie - Sabah	0	0	5	5
République-Unie de Tanzanie.Zanzibar	0	0	5	5
Brunéi Darussalam	3	0	0	3
Iles Marshall	1	0	2	3
Tuvalu	1	0	1	2
Palaos	1	0	1	2
Tonga	1	0	0	1

Source: https://www.ilo.org/dyn/normlex/fr/

Bibliographie sélective

E. Ales, M. Bell, O Deinert, S. Robin-Olivier (dir.), *International and European Labour Law. A Commentary*, Oxford, Beck, Hart, Nomos, 2018.

E. Adamovich (von), M. Zernikow (dir.), *Philosophical and Sociological Reflections on Labour Law in Times of Crisis,* Cambridge Scholars Publishing, 2022,

Ph. Alston (dir.), *Labour Rights as Human Rights*, Oxford University Press, 2005.

C. Arese, *Derechos Humanos Laborales. Teoría y práctica de un Nuevo Derecho del Trabajo*, 2ème éd., Buenos Aires, Editorial Rubinzal Culzoni, 2023.

Ph. Auvergnon (dir.), *Libertés individuelles et relations de travail,* Presses Universitaires de Bordeaux, 2011.

L. Baccaro, V. Mele, "Pathologies of Path-Dependency: The ILO's Standard-Setting Model and the Challenge of New Governance", ILR Review, 65(2), April 2012, pp. 195-223.

U. Becker, B. Maydell von, A. Nussberger, *Die Implementierung internationaler Sozialstandards*, Baden-Baden, Nomos, 2006.

A. Blackett, (dir.), 'Transnational Futures of International Labour Law', *RIT*, Vol. 159(4), special issue, 2020.

Fr. Blanchard, *L'Organisation internationale du Travail. De la guerre froide à un nouvel ordre mondial*, Paris, Le Seuil, 2004

J. C. Boucinhas Filho, *Direito de Greve e Democracia*, São Paulo, *LTr,* 2013.

A. Bronstein, *Derecho internacional del trabajo*, Buenos Aires, Astrea, 2013.

S. Buarque de Holanda, *Raízes do Brasil*, 26ème éd.,São Paulo, Companhia dos Letras, 1995.

N. Castelli, *Las migraciones internacionales. Una mirada crítica a la regulación internacional y europea del punto desde la perspectiva laboral,* Albacete, Ed. Bomarzo, 2021.

H. Collins, G. Lester, V. Mantouvalou, *Philosophical Foundations of Labour Law*, Oxford University Press, 2018.

O. Cremades Chueca, *El modelo de responsabilidad laboral en los grupos de empresas: una anatomía crítica*, Madrid, Cinca, 2021.

J. d'Aspremont, *The Experiences of International Organizations. A Phenomenological Approach to International Institutional Law*, Cheltenham, E. Elgar, 2023.

G. Davidov, *A Purposive Approach to Labour Law*, Oxford University Press, 2016.

S. Deakin, J. Malmberg, P. Sarkar, " Droit du travail, chômage et part salariale: l'expérience de six pays de l'OCDE, 1970-2010", *RIT*, Vol. 153(1), 2014, pp. 1–30.

O. De Schutter, *Trade in the Service of Sustainable Development: Linking Trade to Labour Rights and Environmental Standards*, Oxford, Hart Publishing, 2015.

M. Dhermy-Mairal, S. Kott, I. Lespinet-Moret, M. Louis, *Mondialisation et justice sociale. Un siècle d'action de l'Organisation internationale du Travail*, Paris, Éditions de la Sorbonne, 2024.

V. De Stefano, " Plus compliqué qu'il n'y paraît: l'OIT et le champ d'application personnel des normes internationales du travail", *RIT*, Vol. 160(3), 2021, pp. 423–446.

Q. Detienne, *Droit économique européen et systèmes de pension de retraite nationaux. Quelles influences pour quels résultats ?* Presses universitaires de Liège, 2023.

M. Dhermy-Mairal, S. Kott, I. Lespinet-Moret, M. Louis, *Mondialisation et justice sociale. Un siècle d'action de l'Organisation internationale du Travail*, Paris, Éditions de la Sorbonne, 2024.

K. Dingwerth, C. Weinhardt, J. Eckl, T. Schöfer, S. Herr, *The Unmaking of Special Rights*, Cheltenham, E. Elgar, 2024.

J.-Ph. Dunand, A. Witzig, *La Suisse et l'Organisation internationale du travail. Fondements et portée pratique*, Bâle, Helbing, 2022.

A. D. Edgar (ed.), *Handbook on Governance in International Organizations*, Cheltenham, E. Elgar, 2023.

K.A. Elliott, *Handbook on Globalisation and Labour Standards*, Cheltenham, E. Elgar, 2022.

S. Evju, S. (dir.), *Regulating Transnational Labour in Europe: The Quandaries of Multilevel Governance, Department of Private Law*, University of Oslo, Publications Series No. 196, 2014.

V. Ferrante (dir.), *A tutela della prosperità de tutti. L'Italia e l' Organizzazione Internazionale del Lavoro a un secolo dalla sus intituzione*, Milano , Giuffrè, 2020.

R. Filali Meknassi, *L'effectivité du droit du travail et l'aspiration au travail décent dans les pays en développement. Une grille d'analyse*, Genève, IIES (document de travail), 2007.

M. Finkin and G. Mundlak (dir.), *Comparative Labor Law*, Cheltenham, E. Elgar, 2015.

L. François, *Le cap des tempêtes. Essai de microscopie du droit*, 2ème éd., Bruxelles, Bruylant, 2012.

L. François, *Introduction au droit social*, 2ème éd. Presses universitaires de Liège, 2022.

J.L. Gil y Gil (dir.), *España y la OIT. 100 años de diálogo en un mundo cambiante*, Madrid, Cinca, 2018.

B. Hepple, *Labour Laws and Global Trade*, London, Hart Publishing, 2005.

F Gamillscheg, *Rules of Public Order in Private International Labour Law*, Leiden, M. Nijhoff, 1982.

F. Gea, B. Palli (dir.), *L'avenir du droit du travail. Perspectives internationale et comparée*, Bruxelles, Bruylant, 2023.

A. Goldín, *El Derecho del Trabajo. Conceptos, Instituciones y Tendencias*, Buenos Aires, ed. Ediar, 2014.

W. Gould, *Japan's Reshaping of American Labor Law*, Cambridge (Massachusetts), The MIT Press, 1984.

S. Gruzinski, *Les quatre parties du monde. Histoire d'une mondialisation*, La Martinière, Paris, 2004.

M. Hadjiisky, L. A. Pal, Ch. Walker (dir.), *Public Policy Transfer. Micro-Dynamics and Macro-Effects*, Cheltenham, Edward Elgar, 2017.

T. Halonen, U. Liukkunen (dir), *International Labour Organization and Global Social Governance*, Cham, Springer, 2021.

M. Hansenne, *Un garde-fou pour la mondialisation. Le BIT dans l'après-guerre froide*, Geneva, Zoé, 1999.

R. Hyman, A. Dufresne, "Transnational Collective Bargaining", *Comparative Journal of Industrial Relations,* Vol. 18(2) special issue, June 2012.

O. Jacobi, M. Jepsen, B. Keller, M. Weiss, *Social embedding and the integration of markets: An opportunity for transnational trade union action or an impossible task?*, Düsseldorf, Hans-Böckler-Stiftung, 2007.

F. Jault-Seseke et E. Pataut, "La détermination de la loi applicable aux rapports collectifs de travail", *Revue de Droit du Travail*, mai 2022, pp.330-345.

A. Jeammaud, *Le droit capitaliste du travail*, Grenoble, PUG (Critique du droit), 1980.

CW Jenks, *Law, Freedom and Welfare*, London, Oceana Publications, 1963.

C W Jenks, *The International Protection of Trade Union Freedom*, London, Stevens, 1957.

C W Jenks, "Influences économiques et sociales sur le développement du droit international", *RCADI*, 1973, Vol. 1.

Y. Jorens, *Cross-border employment and enforcement. An analysis of the Labour and Social Security Law Aspects and a Quest for Solutions*, Cham, Springer, 2022.

O. Kahn-Freund, "On uses and misuses of comparative law", *The Modern Law Review*, janvier 1974, vol. 37 (1), pp. 1-27.

O. Kahn-Freund, *Labour and the Law*, 2ème éd., Londres, Stevens 1977.

Ch. Kaufmann, *Globalization and Labour Rights: The Conflict Between Core Labour Rights and International Economic Law*, Oxford, Hart Publishing, 2007.

D. Kucera et D. Sari, "Pour de nouveaux indicateurs des droits au travail: méthode de construction et tendances 2000-2015", *RIT*, vol. 158(3), 2019, pp. 461–492.

C. La Hovary, *Les droits fondamentaux au travail. Origines, statut et impact en droit international*, Geneva, The Graduate Institute of International and Development Studies, 2009.

B. Langille, A. Trebilcock (dir.), *Social Justice and the World of Work. Possible Global Futures*, London, Bloomsbury, 2023.

D. Lantarón Barquín, *La tutela internacional del trabajador: categorías y estrategias. El trabajo decente como telón de fondo*, Valencia, Tirant lo Blanch, 2019.

A. Le Quinio, "Le recours aux précédents étrangers par le juge constitutionnel français", *Revue internationale de droit comparé*, 2014, vol 2, pp. 581-604.

I. Lespinet-Moret, V. Viet (dir), *L'Organisation Internationale du Travail : Origine, développement, avenir*, Rennes, PUR, 2011.

U. Liukkunen, "Decent Wok and Economic Growth" in Michaels, R., Ruiz Abou-Nigm, V., van Loon, H. (dir.), *The Private Side of Transforming our World- UN Sustainable Development Goals 2030*, Mortsel, Intersentia, 2021, pp. 245-281.

R. Locke, *The Promise and Limits of Private Power: Promoting Labor Standards in the Global Economy*, Ithaca (NY), Cornell University Press, 2013.

N. Maggi-Germain (dir.), *L'impact des normes de l'O.I.T. sur la scène internationale,* Paris, Mare & Martin, 2021.

E. Mahaim, *Le droit international ouvrier*, Paris, Librairie de la Société du Recueil Sirey, 1913.

V Mantouvalou, *Structural Injustice and Workers' Rights*, Oxford University Press, 2023

A. Margalit, *The Decent Society*, Cambridge/EU, Harvard University Press, 1998.

D.R. Maul, *The International Labour Organization: 100 Years of Global Social Policy*, Berlin, de Gruyter, 2019.

F. Maupain, *The Future of the International Labour Organization in the Global Economy*, Oxford, Hart Publishing, 2013.

E. Mazuyer, E., *Regards croisés sur la responsabilité sociale de l'entreprise*, Paris, La documentation française, 2010.

M. Mercat-Bruns, *Droit de la non-discrimination : de l'égalité à l'inclusion*, Paris, Société de législation comparée, 2023.

N. Moisard, "L'usage des conventions de l'OIT par la Cour européenne des droits de l'homme", *Droit social*, vol. 4, avril 2014, pp. 365 et ss.

M.A Moreau., *Normes sociales, droit du travail et mondialisation. Confrontations et mutations*, Paris, Dalloz, 2006.

F. Morgenstern, *Les conflits de lois en droit du travail*, Genève, BIT, 1986.

F. Morgenstern, *Legal Problems of International Organizations*, Cambridge University Press, 2023.

J. Mulder, *Social legitimacy in the internal market: a dialogue of mutual responsiveness*, Oxford, Hart Publishing, 2018.

J. Necker, *De l'importance des opinions religieuses*, Liège, C. Plomteux, 1788.

A. Ojeda Aviles, *Derecho transnacional del trabajo*, Valencia, Tirant Lo Blanch, 2013.

G. Orwell, *The road to Wigan Pier*, Londres, Penguin Books, 1962 (edition originale:1937).

O. Oumarou Sidibé, *Repenser le statut du travail : Une contribution africaine*, Paris, Ed. de l'atelier, 2023.

C. Park, M. Wilding, Ch. Chung, *The importance of feedback: Policy transfer, translation and the role of communication*, *Policy Studies*, January 2014, vol. 35(4).

K. Pärli et al., *Arbeitsrecht im internationalen Kontext*, Zurich, Dike Verlag, 2017.

F. Pennings, *Between Soft and Hard Law: The Impact of International Social Security Standards on National Social Security*, Deventer, Kluwer, 2006.

A. Perulli et T. Treu, (dir.), *Sustainable Development, Global Trade and Social Rights*, Deventer, Kluwer, 2018.

A. Perulli, V. Brino, *Manuale di diritto internazionale del lavoro*, Turin, Giappichelli, 3za ed. 2023.

C. Phelan, *Trade Unions in West Africa. Historical and Contemporary Perspectives*, Peter Lang, Berlin, 2011.

J. Rawls, *A theory of Justice* (version révisée), Cambridge (EU), Harvard University Press, 1999.

M. Rigaux, *Droit du travail ou droit de la concurrence sociale ? Essai sur un droit de la dignité de l'homme au travail (re)mis en cause*, Bruxelles, Bruylant, 2009.

S. Roche, *Pobreza no Brasil. A final de que se trata ?*, Rio de Janeiro, Editorial FGV, 2003.

N. Rubin, E. Kalula et B. Hepple (dir.), *Code of International Labour Law: Law, Practice and Jurisprudence*, 2 vols, Cambridge University Press, 2005.

W. Sanguineti, *Teoría del derecho transnacional del trabajo*, San Sebastián, Thomson Reuters Aranzadi, 2022.

P. Sanjukta, Sh. McCrystal, E. McGaughey (dir.), *The Cambridge Handbook of Labor in Competition Law*, Cambridge University Press, 2022.

F. Salvioli, *La edad de la razón. El rol de los órganos internacionales de los derechos humanos y el valor jurídico de sus pronunciamientos*, Valencia, Tirant lo Blanch, 2022.

G. Scelle, *L'Organisation internationale du Travail et le BIT*, Paris, Dalloz, 2020 (réimpression avec une introduction d'A.Seifert).

Y. Schemeil, *The making of the world: how international organizations shape our future*, Opladen, Verlag Barbara Budrich, 2023.

J. Schregle, *Negotiating development. Labour relations in Southern Asia,* ILO, Geneva, 1982.

J. Schregle, "L'étude comparée des relations professionnelles: écueils et promesses", *RIT,* vol. 120, janv.-fév. 1981, n° 1.

A. Seifert, "The Still Complex Relationship between the ILO an d the EU: The Example of the Anti-discrimination Law", *I J C L LI R*, Vol. 29(1), March 2013, pp. 39–63.

Seifert, A. (ed.), "Right to Strike in the ILO System", *Comp. Labour Law & Pol. Journal,* Vol. 39(2 et 3), 2018.

A. Sen, *Development as Freedom*, Oxford University Press, 1999.

A. Sen, "Travail et droits", *ILR*, Vol. 139(2), 2000, pp. 129–139.

A. Sen, *The Idea of Justice*, London, Penguin Books, Cambridge, MA, Harvard University Press, 2009.

W. Sengenberger et D. Campbell, D. (dir), *Creating Economic Opportunities: The Role of Labour Standards in Industrial Restructuring*, Genève, IIES, 1994.

J.M. Servais, I*nternational Labour Law*, 7ème éd., Deventer, Kluwer, 2022.

J.M. Servais, "Organisation internationale du travail", *Droit international,* Paris, Dalloz, 2020.

J.M. Servais, "La quête contemporaine de la justice sociale", dans M. Delmas-Marty, K. Martin-Chenut, C. Perruso (dir), *Sur les chemins d'un jus commune universalisabl*e, Paris, Mare & Martin (Collection de l'Institut des sciences juridique et philosophique de la Sorbonne), 2021, pp. 151–170.

M. Seweryński, *Polish Labour Law From Communism to Democracy*, Varsovie, Dom Wydawniczy ABC, 1999.

D. Shelton (dir.), *Commitment and Compliance: The Role of Non-binding Norms in the International Legal System*, Oxford University Press, 2000.

J, T. Shotwell, (dir.), *The Origins of the International Labor Organization*, New York, Columbia University Press, 2 vols, 1934.

G. Standing, "The ILO : An Agency for Globalization?", *Development and Change*, Vol. 39(3), 2008, pp. 355–384.

K.V.W. Stone and H. Arthur (dir.), *Rethinking Workplace Regulation: Beyond the Standard Contract of Employment,* New York, Russell Sage Foundation, 2013.

K. Sugeno: *Japanese Employment and Labor Law*, Durham, Carolina Academic Press, 2002.

A. Supiot, *L'esprit de Philadelphie. La justice sociale face au marché total*, Paris, Le Seuil, 2010.

A. Supiot, *La force d'une idée. Suivi de l'idée de justice sociale*, Paris, Les liens qui libèrent, 2019.

A. Supiot (dir.), *Le Travail au XXIème siècle*, Ivry-sur-Seine, Les Editions de l'Atelier, 2019.

A. Supiot, "La faillite normative de l'Organisation internationale du travail", dans *Cheminer dans les systèmes et les espaces juridiques. Mélanges ouverts en l'honneur de Mireille Delmas-Marty*, Paris, Mare & Martin, 2022, pp. 611-625.

E. E. M. Tapsoba, *Intégration économique et normes internationales du travail en Afrique de l'Ouest (UEMOA) : potentialités et voies d'interaction positives entre intégration économique et réception des normes internationales du travail dans l'espace UEMOA*, Paris, L'Harmattan, 2021.

T. Teklé, "The Contribution of the ILO's International Labour Standards System to the European Court of Human Rights. Jurisprudence in the Field of Non-discrimination", *Industrial Law Journal*, Vol. 49(1), mars 2020, pp. 86–112.

K. Tapiola, *Building Trust in Cotton Fields: The ILO engagement in Uzbekistan*, Genève, BIT, 2022.

J.M Thouvenin et A.Trebilcock (dir.), *Droit international social*, 2 vols, Bruxelles, Bruylant, 2013.

V. Tockman, " Economie informelle, insécurité et cohésion sociale en Amérique latine", *RIT*, Vol. 146(1–2), 2007, pp. 89-116.

N. Valticos "Contrat – Convention – Traité – Loi? Les conventions internationales du travail", *Revue des sciences morales et politiques*, 1996, pp. 403–413.

N. Valticos et G.von Potobsky, *International Labour Law*, 2ème ed., Deventer, Kluwer, 1995.

J. Van Daele, M. Rodríguez García, G.Van Goethem et M. van der Linden (dir.), *ILO Histories: Essays on the International Labour Organization and Its Impact on the World During the Twentieth Century*, Berne, Peter Lang, 2010.

P. Verge, G. Trudeau et G.Vallée, *Le droit du travail par ses source*s, Editions Thémis, Montréal, 2006.

A. Wagner, A. Matulewska (dir.), *Research Handbook on Jurilinguistics*, Cheltenham, E.Elgar, 2023.

K.W. Wedderburn, *The Worker and the Law*, 3ème éd. Penguin Books 1986,

E. Weisband, "Discursive Multilateralism, Global Benchmarks, Shame and Learning in the ILO Labor Standards Monitoring Regime", *International Studies Quarterly*, Vol. 44, 2000, pp. 643–666.

M. Weiss, "Convergence and /or Divergence in Labor Law systems? A European perspective", *Comparative Labor Law and Policy Journal*, 2006, vol 23 (3).

Th. G. Weiss, T. Carayannis, L. Emmerij, L. et R. Jolly, *UN Voices: The Struggle for Development and Social Justice*, Bloomington, Indiana University Press, 2005.

V. Yanpelda, "L'économie informelle: Une lecture de la recommandation 204 de l'Organisation Internationale du Travail (OIT) aux prises des réalités camerounaises', *Revue de droit comparé du travail et de la sécurité sociale*, 2017/1, pp. 68–81.

M. Zernikow, *Les règles de conflit de lois confrontees au marché interieur. Étude en droit international privé européen du travail*, Paris, L'Harmattan, 2024.

Table des matières

Mes remerciements vont aux nombreux collègues qui ont accompagné de leurs conseils la rédaction de ce livre. Ils s'adressent spécialement à Philippe Auvergnon et à Elena Sychenko.

Structures éditoriales du groupe L'Harmattan

L'Harmattan Italie
Via degli Artisti, 15
10124 Torino
harmattan.italia@gmail.com

L'Harmattan Hongrie
Kossuth l. u. 14-16.
1053 Budapest
harmattan@harmattan.hu

L'Harmattan Sénégal
10 VDN SICAP AMITIE 3
BP 45034 Dakar-Fann
direction@senharmattan.com

L'Harmattan Cameroun
Tsinga/Derrière polyclinique FECAFOOT
BP 11486 Yaoundé
Jacques.koukam@harmattan.fr

L'Harmattan Burkina Faso
Villa 281, secteur 23 623, rue 14.32
Ouagadougou
zagbie@outlook.fr

L'Harmattan Guinée
Almamya, rue KA 028 OKB Agency
BP 3470 Conakry
harmattanguinee@yahoo.fr

L'Harmattan RDC
185, avenue Nyangwe
Commune de Lingwala - Kinshasa
matangilamusadila@yahoo.fr

L'Harmattan Congo
219, avenue Nelson Mandela
BP 2874 Brazzaville
deunovmikhael@gmail.com

L'Harmattan Mali
Immeuble Mgr Jean Marie Cissé
Aci Hamadallaye
BP 145 Bamako
syllaka@yahoo.fr

L'Harmattan Togo
Djidjole - Maison Amela
face EPP BATOME
02 BP 20680 Lomé
didieramela11@gmail.com

L'Harmattan Côte d'Ivoire
Résidence Karl - Cité des Arts
Abidjan-Cocody
03 BP 1588 Abidjan
harmattan.ivoire@gmail.com

L'Harmattan Bénin
Rue 604, (Immeuble à l'entrée
de la rue UCAO- Cite de Saint-Jean)
Cotonou
stepcorpus@gmail.com

Nos librairies en France

Librairie internationale
16, rue des Écoles
75005 Paris
librairie.internationale@harmattan.fr
01 40 46 79 11
www.librairieharmattan.com

Librairie des savoirs
21, rue des Écoles
75005 Paris
librairie.sh@harmattan.fr
01 46 34 13 71
www.librairieharmattansh.com

www.ingramcontent.com/pod-product-compliance
Lightning Source LLC
LaVergne TN
LVHW011138061026
849535LV00003B/525